한국 근대소설의 기원

증보판

저자 권보드래(權보드래, ,Kwon, Boduerae)_1969년 서울 출생. 서울대학교 국어국문학과 · 동대학원 졸업. 동국대학교 교양교육원 조교수를 거쳐 현재 고려대학교 국어국문학과 부교수로 재직 중이다. 쓴 책으로『연애의 시대 : 1920년대 초반의 문화와 유행』,『1910년대, 풍문의 시대를 읽다』가 있고, 함께 쓴 책으로『아프레걸 사상계를 읽다 : 1950년대 문화의 자유와 통제』등이 있다.

한국 근대소설의 기원 증보판

1판 1쇄 발행 2000년 6월 10일
2판 1쇄 발행 2012년 9월 10일

지은이 권보드래 **펴낸이** 박성모 **펴낸곳** 소명출판 **출판등록** 제13-522호
주소 서울시 서초구 서초동 1621-18 란빌딩 1층
전화 02-585-7840 **팩스** 02-585-7848 **전자우편** somyong@korea.com

값 28,000원

ISBN 978-89-5626-749-4 93810

한국 근대소설의 기원

The Origin of Korean Modern Novel

권보드래

소명출판

|일러두기|

1. 인용 자료가 번다한 까닭에 각주에서는 '앞의 글' · '앞의 책'이라는 용어를 쓰는 대신 글과 책 제목을 일일이 밝혔다. 단 부제 및 기타 서지 사항은 첫 번째 인용할 때만 썼다. 신문이나 잡지 기사의 경우에도 두 번째 인용부터는 필자와 기사 제목만 밝혔다.
2. 인용은 원문 표기대로 하되 독해에 지장이 없는 한에서 한자는 한글로 바꾸었고 띄어쓰기는 현대 용법에 준해 고쳤다.
3. 자료의 경우 발표 당시 기록된 이름을 저자 이름으로 채택했다. 필요할 경우 본문에 본명을 밝혀 두었다.
4. 중국과 일본 인명(人名)의 경우 근대 이전 인물은 한자 표기대로 적고, 이후 인물은 각국 발음대로 적었다.

⋮ 증보판 머리말 ⋮

10년도 전에 냈던 책을 다시 만지는 마음이란 꼭 즐겁지만은 않다. 그새 공부를 돌아보자니 미리 민망하고, 스스로 쓴 책을 정독해 가다 보니 화끈거리는 대목이 여러 군데다. 갓 서른에 박사학위논문을 별 수정 없이 냈던 책이라 잔뜩 긴장했던 흔적이 역력하다. 천편일률 '~하고 ~하고', 문장은 어찌 그리 밋밋한지, 내용은 손대지 않았지만 표현은 어쩔 수 없이 여기저기 매만졌는데, 여전히 읽는 맛이 부족할 줄 안다. 그럼에도 이 책을 읽어주고 사주고 여태 찾아준 분들께 고맙다.

박사학위논문을 쓸 당시 생각에서 맴돈 지점이 많다는 건 새 판을 준비하면서 깨달은 사실이다. 이 책을 낸 후 같은 주제로는 거의 글을 쓴 적 없고, 시기로도 주제로도 꽤 이질적인 영역을 탐사했노라 생각해 왔는데, 뜻밖에 2000년의 내가 2012년의 나와 닮은 듯해 신기롭다. 요즘은 몇 년째 '3 · 1 운동의 문화사'를 쓰겠다고 벼르고 있는 중이고, 1950~60년대를 통해서는 '현대의 기원' 속 잊혔던 가능성을 탐사해 보고 싶은데, 이 또한 첫 책의 벗들이 될지도 모르겠다.

10여 년 세월의 값이 있어 체재를 조금 손보았다. 결론 마지막 몇 단락을 제외하면 딱 한 군데 제4장에서 각주를 추가한 외에 가필한 곳은 없지만, 중국과 일본의 인명을 한자 발음대로 썼던 것을 소리 나는 대로 고쳤고 시각 자료도 조금 보충했다. 인용문을 원문대로 표기한 것도 현대어로 고치고 싶었으나 표기 문제를 다룬 제3장 2 · 3부에는 필수적인 장치인지라 결국 다 그대로 두었다. 근래는 인용문을 원문대로 표기하는 것이 관례가 된 듯 보이는데, 엄격한 실증정신이라기보다 폐쇄적인 방어욕의 소산으로 비쳐 불편할 때가 종종 있지만, 나 자신 불편함을 덜어내지 못하고 말았다. 시각 자료는, 두어 군데 보충으로 본때 날 리 없겠으나 전엔 괜찮았던 것이 지금은 초라해 보여 못 참고 손을 대고 말았다. 서 · 본론 표제도 그래서 고쳤다. 다 증보가 아니라 땜질이라 불러야 할 작업이다. 그래도 이 책이 여전히 쓰일 데 있다면 다행이겠다.

부록에서는 한두 토막을 빼는 대신 최근 발굴된 이광수의 글을 입력해 붙였다. 『학지광』 제8호와 『기독청년』 제5호에 실렸던 글들이다. 사실 둘 다 내가 권리를 주장할 만한 자료는 아니다. 『학지광』 제8호는 나주 박씨 가에 소장돼 있던 것을 한기형 · 박헌호 · 류준필 세 분이 수습한 것이고, 『기독청년』 제5호 자체는 연대 도서관에서 구한 것이지만 그 밖의 관련 자료 대부분은 동국대 이철호 선생으로부터 얻은 것이다. 『학지광』 제8호는 『민족문학사연구』에 공개할 때 해제 책임을 맡았던 인연으로, 『기독청년』 제5호는 무작정한 욕심 때문에 여러 선생들께 우겨 양해를 구한 데 지나지 않는다. 다행히 부록으로 붙인 다섯 편의 글이 고루 흥미로운 중 특히 「크리스마스밤」이나 「난 날」은 전기적 생애와의 관련만으로도 관심을 끈다.

혹 시계바늘을 되돌리는 일만 한 건 아닌가, 하는 생각이 들 때가 종종 있다. 무서명 기사를 잔뜩 훑었으면서도 결국 이인직과 이광수를 중심으로 문학사를 생각하고, 정치·사회·문화의 여러 담론을 보고도 문학 정전을 해석할 때 가장 흥미로워하는, 그런 모습을 스스로 느낄 때면 난감해진다. 스승에 해당할 4·19 세대의 기여를 엎기만 해 왔구나 싶을 때도 있고 돌아가고픈 갈증을 절감할 때도 있다. 이 길이 어디 닿을지 모르겠으나, 다만 설혹 출발한 자리로 돌아가더라도 '출발과 회귀 사이의 거리가 무無가 되지는 않으리'라고 여전히 믿는다.

가끔 고백하는 말이지만 나만큼 억세게 공부 인연이 좋은 사람도 흔치는 않을 것 같다. 대학원에 입학했던 1991년부터 지금까지 20여 년간, 서울대학교 국어국문학과 대학원, 민족문학사연구소, 연구공간 수유+너머, 상허학회 등, 내로라하는 연구 공동체에서 두루 배웠다. 감사하는 마음이 크지만 덕 보곤 등 돌리고 말았다는 자의식이 발동할 때도 있다. 어쩌랴, 마음으로 기억하고 미래에 베푸는 것밖에, 달리 갚을 길은 떠오르지 않는다. 그래도 드물게 이런 자리에서는 스승과 벗들, 선·후배와 동료들에게 인사를 전하고 싶어진다. 다 잊어버리고, 하나도 잊지 말자— 이런 턱없는 말을 건네고도 싶어진다. 오랜만에 자기 첫 책을 마주한 자의 감상이려니 용서하시길. 역시 10년 인연을 넘긴 소명출판에는 고맙고 미안하다. 교정보는 데만도 해를 넘기는 불성실을 실로 잘 참고 기다려 주셨다. 다 분에 넘치는 복이다.

2012년 8월

권보드래

⁝ 초판 머리말 ⁝

머리말을 쓴다? 책을 낸다는 실감이 오면서, 어쩔 수 없이 조금 두근거린다. 쓸데없는 의례儀禮에 가깝다고 생각했는데, 막상 겪어 보니 의례의 힘이 만만치 않다. 딱딱하게 굳은 의례 속에 또 한 세상이 들어앉아 있다. 살짝, 놀란다. 투덜거리다가 조용해진다. 오랜 세월에 걸쳐 쌓인 세상의 여러 갈피, 그 속에 얼마나 깊이 담겨 있는지 깨달을 때마다 세상은 거대해 보인다.

1900년대에 관심을 둔 것도 비슷한 맥락에서였다. 벗어나려 해도 벗어나지지 않는, 기진맥진 이 거대한 판도가 어디서 왔는지를 알고 싶었다. 반성의 힘이나마 제대로 갖추고 싶었다. 세상이 지각 변동을 일으켰던 시절로 거슬러 올라가, 새로이 음모를 획책하고 싶기도 했다.

그렇지만, 어떤 선배가 '늪'이라 표현한 바 있는 이 시대는 녹록치 않았다. 같이 공부하는 힘이 아니었다면 여기까지도 오지 못했을 것이다. 여러 대학, 여러 전공 사람들이 만나 3년 동안 함께 『대한매일신보』를 읽으면서 그나마 조금씩 상像을 잡아볼 수 있었다. 무작정 보낸 시간이 태반이고, 겨우 트이기 시작한 생각이니, 얼마 묵힌 것이 못 된다. 억지부린 구석이 많다. 허튼 소리는 하지 않으려 노력했지만, 말이 말을 낳는 연쇄를 통제할 수 없을 때도 있었다. 다 마음에 걸리지만 책은 책대로 내기로 한다. 제 생명을 지니고 세상에 나가 되도록 많이 좌충우돌할 수 있기를 바랄 뿐이다.

책 제목을 '한국 근대소설의 기원'이라 잡으면서 꽤 망설였다. 오만방자한 제목이기도 하고, 가라타니 고진柄谷行人의 『일본 근대문학의 기원』을 너무도 명백하게 연상시키기 때문이다. '덜 딱딱한', 그러면서도 '학술 서적으로 부조화를 빚지는 않을' 제목을 찾겠다고 고집하다 보니 별 뾰족한 수가 없었다고 변명해 둔다. '한 일'이 아니라 '하고 싶었던 일'을 기준으로 하면 꼭 부적절한 제목은 아닌 듯도 싶다.

한국의 근대란 지금으로선 익숙한 호흡이지만, 의심해 볼 여지는 많다. '문학'이나 '소설' 역시 마찬가지이다. 기원의 풍경 속에서 보면 지금 눈앞의 질서는 그저 어슴푸레한 가능성일 뿐이다. 여러 가지 가능성이 관계 맺는 방식, 그 가운데서 질서가 자라나는 방식 — 문제는 이 특수성이라고 생각했다. 다른 존재를 배제하면서 동시에 다른 존재를 사는 질서, 모순된 운동으로서의 질서를 보고 싶었다.

1900년대의 폭발적인 역동성은 그만큼 흥미로웠다. 새로운 문물과 사상 앞에서의 활기, 모순을 사는 생동감, 뜨거운 열정과 숱한 가능성으로, 1900년대는 한국 근대의 기원이면서도 오늘날과 판이한 시대이다. 보면 볼수록 매력적이다. 신소설을 읽다 요즘 소설을 보면 시들해지는 전도顚倒 현상까지 일어날 정도였다. 지금은 딱딱하게 굳어 있는 질서라도 1900년대 안에서는 무궁무진한 가능성이었다. 아직 아무 것도 결정되지 않았고, 모든 가치가 새롭게 형성되고 있는 참이었다.

이 책에서는 '문학'과 '소설' 범주의 형성을 살핀 박사논문과 함께 1900

년대 풍속자료 해제 열 가지를 묶었다. 마지막에는 자료로 1900년대의 인식을 압축적으로 보여주는 「서호문답」을 붙였다. 첫 번째 부록은 진작부터 써 보고 싶었던 글이다. 재미있게 쓸 수 있을 것 같았는데, 막상 일을 벌여보니 쉽지 않았다. 사상도 문화도 사회도 아닌 어정쩡한 글이 돼 버렸다. 본문에서 중국・일본을 건드린 것과 매한가지다. 지금 수준이 그러니 별 수 없지만, 크게 헛짚은 데나 없으면 좋겠다.

많은 이들이 내 안에 산다. 삶을 겪을 수 있게 해 주신 부모님, 이 책으로 그분들이 잠시라도 즐거우시면 좋겠다. 내가 어느덧 그분들을 살고 있음을 알아주시면 좋겠다. 부족함을 잘 참아 주시는 시댁 어른들, 특히 올해 정년을 맞으신 시아버님께 이 책이 작은 선물이 되면 좋겠다. 늘 든든한 의지가 되어 주신 한계전 선생님과 학문의 다양한 길을 보여주신 여러 선생님들께도 감사의 인사 올리고 싶다. 새로운 발견을 했는가 들뜨다가도, 실은 그분들이 이미 일러주신 가르침이었음을 깨닫는 때가 많다.

허술한 책이 소명출판의 정성을 거쳐 다듬어질 수 있어서 다행이다. 한국문학 연구에 대한 박성모 사장의 애정은 송구스러울 지경인데, 갚을 길이 없어 민망하다. 세상에 진 빚은 아무래도 살면서 풀어야 할 몫이겠다.

2000년 봄
권보드래

| 차례 |

제1장,
서론_민족 · 근대 · 소설

1. '1900년대'라는 시기

1876년 이후, 보다 좁혀 말한다면 1894년 이후 1910년에 이르는 시기는 그 동안 특별한 주목을 받아왔다. '개화기' · '(애국) 계몽기' · '개항기' 등 이 시기에 부여되었던 여러 가지 명칭 자체가 시기의 문제적 성격을 보여준다고 할 수 있겠거니와, 이 사정은 문학에서도 예외가 아니다. '근대'의 발원지라는 점에서, 한국의 '근대'를 어떻게 평가할 것인가 하는 태도가 직접 드러나기 쉬운 계기라는 점에서, 19세기 말에서 20세기 초에 이르는 시기는 중요한 의미를 갖고 있다.

이 시기가 처음 관심의 대상이 된 것은 1930년대의 일이다. 조선 사정 연구회 결성(1925년)이 상징하듯 '조선 연구'의 성과가 축적되면서, 또 한편으로는 1930년대 들어 시작된 세계 공황 및 그 정치 · 사회적 영향으로

'근대 이후'에 대한 기대와 의심이 함께 최고조에 달하게 되면서, 한국사의 전개 및 근대적 전환이라는 문제는 바야흐로 핵심적인 과제가 되고 있었다.[1] 비슷한 진전은 문학 연구의 영역에서도 이루어졌다. 김태준의 『조선한문학사』(1931)와 『조선소설사』(1933), 김재철의 『조선연극사』(1933) 등 경성제대 출신 연구자들의 문학사 연구 성과가 축적된 위에, 1939년에는 임화의 「개설신문학사」가 발표되어 근대문학사 연구의 개막을 알린다. 기껏해야 회고의 대상이었던 1900년 전후의 문학이 학적 연구의 대상으로 떠오르게 된 것이다.

임화는 1900년대의 문학을 살피면서 '근대적 형식'과 '시민적 정신'이라는 두 가지 잣대를 내세웠다. 임화가 보기에 이 가치는 "이식 자본주의, 타력他力에 의한 수입 근대화" 와중에서 비로소 형성된 것이다. 1900년대는 "자주적 근대화의 조건이 결여"되었던 한국이 근대 문물의 이식을 본격 개시한 시기이니, 문학사에서도 전 근대에서 벗어나 근대성의 싹을 보인 "문학사적 과도기"에 해당한다.[2] 한국의 근대를 이식 자본주의 사회로 진단하는 당시의 사회・경제사적 인식[3]과 일치하는 이러한 시각은, 자주적 발전의 길이란 불가능한 것이었음을 역설한다. 사회 일반에 있어서나 문학에 있어서나 근대화의 관건은 서구를 어떻게 모방해 내느냐에 있으며, 중요한 것은 내부적 고투 그 자체가 아니라 "그중 현대문학에 가까운"[4] 요소이다. 임화가 소설의 태반胎盤을 신소설에서 찾고 특히 이인직을 고평한 것은 이 때문이다. 김태준 역시 『조선소설사』에서 "신소설은 아직도 구미의 소설을 모방하여 아직 그 완비完備한 역域에 달

1 白南雲, 『朝鮮社會經濟史』, 改造社, 1933; 李淸源, 『朝鮮社會史讀本』, 白揚社, 1936.
2 임화, 「개설신문학사」, 『조선일보』, 1939.9.15~16 및 12.5.
3 백남운・하일식 옮김, 『조선사회경제사』, 이론과실천, 1994, 22면.
4 임화, 앞의 글, 『조선일보』, 1940.2.2.

치 못한 자”라 하여 같은 시각을 보인 바 있다.[5] 이런 시각에서, 서구적 근대는 의심할 바 없는 종착지이자 최종적 가치이다. ‘지금 여기’를 구성하고 있는 가치는 서구적 근대이며, 따라서 지난 역사를 해석 · 평가하는 데 있어서도 첫 번째 기준은 ‘현재’에, ‘근대’에 얼마나 접근했는가 하는 정도일 수밖에 없다. 1900년대의 여러 글쓰기 중에서 신소설이, 신소설 작가 중에서 특히 이인직이 주목을 받은 것은 이러한 맥락에서였다.

임화와 김태준이 보인 시각은 이후 백철 · 조연현의 문학사에서도 “신소설 문학은 이런 과도기적인 공적을 남기고 시대를 신문학과 교환하게 된 것”,[6] “『혈의 누』는 (……) 소설의 근대적 각성에서 이루어진 최초의 시험적인 산물”[7]이라는 시각으로 별 변화 없이 계승된다. 1950년대 이후 새롭게 연구 영역을 개척한 전광용의 작업에 있어서도 이인직은 확고한 중심이었다. 전광용은 1900년대 문학 연구의 실증적 기반을 다지면서 “이인직은 (……) 신소설의 새로운 문학 장르를 창시하여 서구 문학의 영향을 받은 근대 소설의 창작을 최초로 시험한 사람”[8]이라는 입장을 세워, 이인직 중심의 신소설이 1900년대 문학의 핵을 이루고 있음을 다시 확인하였다. 이후 하동호 · 이재선 등이 보다 폭넓은 실증 작업을 통해 다른 신소설 작가나 역사 · 전기물, 문답 · 토론체에까지 관심을 뻗어가면서[9] 이인직 중심의 틀은 점차 흔들리기 시작한다. 그러나 분석의 중심축을 근대적 제도에 대한 인식, 또 서술의 역전과 시점 제한 등 일련의 서사 장치에 두었던 이재선의 연구가 보여주듯, ‘시민적 정신’

---

5 김태준, 『조선소설사』, 학예사, 1939, 249면.
6 백철, 『조선신문학사상사』, 수선사, 1948, 71면.
7 조연현, 『한국신문학고』, 을유문화사, 1977, 56면.
8 전광용, 『신소설연구』, 새문사, 1986, 22면.
9 하동호, 「신소설 연구초」, 『세대』, 1966.9~11; 이재선, 『한국 개화기소설사』, 일조각, 1972; 『한국현대소설사』, 홍성사, 1979.

과 '근대적 형식'이라는 기준은 아직 완강한 것이었다.

'근대'의 내용이 본격적으로 문제되기 시작한 것은 1970년대 이후의 일이라고 할 수 있다. 역사 · 사회학계의 경우 이식과 모방으로 근대의 성립을 설명하려 한 연구는 이미 1960년대부터 점차 반성의 대상이 되고 있었다. 근대는 외부에서 들어온 것일 뿐 아니라 자생적으로 준비된 것이기도 하다는 생각이 조선 후기 사회경제사 및 사상사 연구를 통해 자라나기 시작하였고[10] 이 시각은 문학 연구에도 영향을 미쳐, 판소리나 사설시조에서 민중 의식의 성장과 중세적 형식의 붕괴를 읽어내려는 시도가 자리를 잡기 시작했다. 현대 문학 연구에서도 이른바 고전과 현대 사이의 단절을 극복하려는 시도가 나타났으며[11] 1900년대 문학의 연구에 있어서도 역시 마찬가지 변화가 일어났다. 조동일은 고전 소설과 신소설 사이의 연속성을 지적하였고[12] 송민호 · 윤명구 등은 전前 근대 양식이 어떻게 근대적 변모를 이루고 새로운 시대에 적응하려 했는지를 살폈다.[13] 최원식은 '민족문학'이라는 가치를 내세워 친일 경력의 이인직 대신 이해조를 중심으로 소설사를 재편할 것을 주장하였으며[14] 권영민은 박은식 · 신채호 등의 애국적 문장을 본격적으로 연구하기 시작했다.[15] 근대의 핵심적인 요소로 '민족주의'를 두고, 한국의 근대가 '자생적'일 수 있었다고 주장한 시각이 문학 연구에도 큰 영향을 미친 셈이다. 조선 후기의 실학파와 1900년대 개화주의자 사이에서 연계를 찾

---

10 김용섭, 『한국근대농업사연구』, 일조각, 1975; 이우성, 『한국의 역사상』, 창작과비평사, 1982.
11 김윤식 · 김현, 『한국문학사』, 민음사, 1973.
12 조동일, 『신소설의 문학사적 성격』, 서울대 출판부, 1986.
13 송민호, 『한국 개화기소설의 사적 연구』, 일지사, 1976; 윤명구, 『개화기소설의 이해』, 인하대 출판부, 1986.
14 최원식, 『한국 근대소설사론』, 창작과비평사, 1986.
15 권영민, 『한국 민족문학론 연구』, 민음사, 1988.

으려 한다거나[16] 1900년대의 자강 운동과 의병 항쟁을 '애국 계몽'이라는 포괄적인 틀 안에서 합류시키려 한[17] 역사・사회학계의 연구는 문학 연구의 시각과도 결부되었다. 신소설은 전대의 글쓰기가 "어떤 전환 과정을 통해 변용"[18]된 산물인가 하는 점에서 주목을 받기 시작하였고, 근대적 계승을 이루지 못한 문학 양식도 민족주의의 정신을 토대로 새롭게 평가되었으며, '애국 계몽기'・'애국 계몽 문학'이라는 용어가 '민족적' 근대를 이루려 한 글쓰기를 높이 평가하는 동시 '반민족적' 요소를 배척하려는 태도를 보여주는 것으로 각광을 받기도 했다.

민족적 근대, 자생적 근대의 제기가 곧 '서구적 근대' 일반의 가치를 허물 수 있었던 것은 아니다. 마루야마 마사오丸山眞男의 소라이가쿠徂徠學 연구가 그러하였듯 한국의 실학 연구나 1900년대 '애국 계몽 문학'에 대한 연구도, 전통적 사유의 해체 및 근대 의식의 성장이라는 틀을 그대로 유지하되 "바깥으로의 파괴"를 동인動因으로 꼽는 대신 "안으로부터의 (……) 해체 과정"을 조명하려 한다는[19] 편향을 멀리 떠날 수는 없었다. 새로운 변화가 보인 것은 1990년대에 접어들어서의 일이다. 최근 들어 '자생적 근대'라는 상은 실증적으로나 이념적으로나 의심을 받기에 이르렀고, "자본주의를 향한 단선적 발전"이라는 사고 자체를 의심해 보아야 한다는 의견 또한 피력되었다.[20] 1900년대 문학을 연구하는 데 있어서도 '서구적 근대'라는 기준 자체를 의문시하고 텍스트의 지평을 확대하려는 움직임이 나타나기 시작했다. 이 변화를 그려낸 것이 김

16 이광린, 『개화파와 개화사상 연구』, 일조각, 1989, 31~32면; 정옥자, 『조선 후기 문학사상사』, 서울대 출판부, 1990, 129면.
17 신용하, 『한국근대사와 사회변동』, 문학과지성사, 1980, 94~96면.
18 송민호, 앞의 책, 3면.
19 丸山眞男, 김석근 옮김, 『일본정치사상사연구』, 통나무, 1995, 309면.
20 조석곤, 「수탈론과 근대화론을 넘어서」, 『창작과비평』 1997년 여름호, 357~358면.

영민 · 한기형 · 정선태 · 김동식 등의 연구이다.[21] 이들 연구는 "서구 사회가 체험한 근대 경험의 절대화"를 비판하면서[22] 1900년대 글쓰기의 다양한 폭을 수용하려 했고, "확정된 문학성의 틀"을 깨고[23] 한국에서 근대적 문학 · 소설이 형성되어 가는 과정 자체에 관심을 두려 하기도 했다. 그러나 문학이나 소설이 안정된 체계로서 발휘하고 있는 힘은 이런 문제의식으로 일시에 지워질 수 있을 정도로 만만한 것이 아니다. 이들은 문학의 다층적 질을 보여주고자 했지만 오히려 문학의 독재적 성격은 그대로 둔 채 경계만을 넓히는 결과를 낳기도 했고, 혹은 근대 소설의 미학을 거부하면서도 비판적 리얼리즘이라는 기준으로 회귀하는 모습을 보이기도 했다. '서구적 근대'와 '현재'의 가치는, 흔들리다가도 다시 여전한 모습으로 버티는 것이다. 이 책은 바로 이곳에서 출발하고자 한다. '근대'의 단일한 틀을 거부하려는 시도와 그 틀의 강한 흡인력이 함께 얽혀 있는 자리, 이 자리는 출발점인 동시 회귀점이 될 터이다. 출발과 회귀 사이의 거리가 무無가 되지는 않으리라는 것, 이것만이 지금 걸 수 있는 기대이다.

21 김영민, 『한국 근대소설사』, 솔, 1996; 한기형, 「신소설의 근대문학적 위상」, 성균관대 박사논문, 1997; 정선태, 『개화기 신문 논설의 서사 수용 양상』, 소명출판, 1999; 김동식, 「한국에서 근대적 문학 개념의 형성과정 연구」, 서울대 박사논문, 1999. 그밖에 석사논문으로는 심보선, 「1905~1910년 소설의 담론적 구성과 그 성격에 대한 사회학적 연구」, 서울대 석사논문, 1997; 강병조, 「신소설과 개화담론의 대응양상 연구」, 서울대 석사논문, 1999 등을 참조할 수 있다.

22 한기형, 앞의 글, 8면.

23 정선태, 앞의 책, 15면.

2. 문제 제기와 연구의 시각

'개화기'・'애국 계몽기'・'개항기'라는 용어는 모두 역사・사회학계에서 제안하여 쓰게 된 용어이다. 일본에서 먼저 사용되었던 '개화기'라는 말은 19세기 후반~20세기 초 한국의 상황을 집약적으로 보여주는 용어로서 제일 먼저 널리 쓰이기 시작하였다. '애국 계몽기'는 이 '개화기'라는 말이 근대화・문명화를 지상 과제로 하는 인식에서 나온 것이라 지적하고, 근대화의 내용을 문제 삼아 국가・민족이라는 지향을 세워야 한다고 주장하면서 제기된 용어이다.[24] 그러나 이 '애국 계몽기' 주장은 민족의식이 비교적 분명하게 드러난 1905~1910년만을 1차 대상으로 하는 등 '개화기'의 함의보다 일층 짙은 이념적 태도를 드러내는 것이었으므로, 1980년대 이후로는 다시 정치・사상적 축 대신 경제・사회적 축을 세워 1876~1910년의 시기 전반을 다루려 하는 '개항기'라는 용어가 일반적인 것으로 자리 잡아가고 있다. 물론 이는 역사학계에서의 사정일 뿐, 사회・경제적 함의로 편향된 이 용어를 문학 연구 분야에서 그대로 받아들이기는 어렵다. 실제로 '애국 계몽기'라는 용어가 부상했던 1980년대가 지난 후, 문학 연구자들은 '근대 전환기'・'계몽기'・'개화 계몽 시대' 등 다양한 용어를 제안해 왔다. 그러나 이들 용어가 가리키는 시기는 1906~1917년, 1894~1919년, 19세기 중반~1910년까지로 각각 상이할 뿐 아니라[25] '개화기'나 '애국 계몽기'가 그러했듯 대상 시기에 대

24 신용하, 앞의 책, 79면; 최원식, 앞의 책, 9~10면 참조.

25 근대전환기・계몽기・개화 계몽시대라는 명칭 및 시기 설정에 대해서는 각각 김교봉・설성경의 『근대전환기 소설 연구』(국학자료원, 1991), 4면과 최원식의 「1910년대 친일문학과 근대성」, 『민족문학사연구』 14호(1999), 172~177면, 그리고 권영민의 『서사양식과 담론의 근대성』(서

한 평가를 이미 내재화한 말이므로, 본격적인 검토 없이 빌어 오기는 어려울 것으로 보인다.

'1900년대'란 이런 여러 가지 사정 때문에 쓰게 된 용어이다. 실제로 이 용어로 포괄하고자 하는 시기는 최초의 민간 신문인 『독립신문』이 발간되어 글쓰기의 다양한 양상을 확인할 수 있게 해 주는 1896년부터 한일 강제 병합이 이루어지면서 대부분의 인쇄 매체가 폐간된 1910년까지이다. 이 시기가 '1900년대'라는 용어와 정확히 일치하지는 않으나, '1910년대', '1920년대'라고 할 때 실제로는 '1910년대적인 것', '1920년대적인 것'을 가리키는 그런 정도의 폭이 '1900년대'라는 용어에도 허용될 수 있지 않을까 한다. 이 용어는 내포와 정확히 일치하지 않는다는 문제 외에도 학제學際 연구에 부적절할 수 있다는 한계 또한 지니고 있다. 역사・사회학계에서 '개항기'나 '대한 제국기', 혹은 '1905~1910년'이라는 식으로 연대를 특칭하는 명칭을 주로 쓰고 있는 지금으로서는, '1900년대'라는 용어는 역사・사회학계와의 협력 작업에 적절치 못할 수도 있기 때문이다. 그러나 이 문제는 비단 '1900년대'라는 용어만이 갖고 있는 문제가 아니다. 19세기 후반~20세기 초의 정치・사회적 근대화와 문화적 근대화를 두고 같은 시대 설정을 하기 어렵다는 문제는 계속 제기되어온 바이며[26] 어떤 시각도 이 문제에 명쾌한 답을 주지는 못했던 듯하다. 더욱이 역사학계 내부에서도 19세기 후반~20세기 초에 대한 시대 구분이 뚜렷하게 합의되어 있지 않은 이상, 여러 가지 무리를 무릅쓰고라도 '1900년대'라는 용어를 제기해 둘 수 있을 것이다.[27]

울대 출판부, 1999), 4면을 참조할 수 있다.

26 오세영, 『20세기 한국시 연구』, 새문사, 1989, 30~32면 참조.

27 역사학계에서 같은 용어가 쓰인 전례가 있다는 사실 역시 '1900년대'라는 용어를 쓰는 데 작은 근거가 될 수 있겠다. 조항래 편저, 『1900년대의 애국계몽운동 연구』(아세아문화사, 1993)가 그 예다.

1896~1910년이라는 시기를 굳이 '1900년대'라 부르려 하는 이유는, 이렇게 함으로써 이 시기를 가능한 한 '있는 그대로' 복원해 보려는 시각의 토대를 마련할 수 있으리라는 생각 때문이다. 1900년대 당시를 지배했던 인식의 일반적인 틀을 재구성해 보고자 하는 것이 이 책의 먼 목적이다. 푸코의 예를 따라 에피스테메épistémè라고 불러도 좋을 '인식 일반의 틀'이란, 한 시대를 살아가는 모든 의식을 규율하는 인식론적 배치disposition épistémologique를 말한다.[28] 1900년대 이전과 이후 한반도라는 지역에서의 삶이 완전히 달라졌다 해도, 이것이 곧 이전에 없었던 요소들이 일시에 출현하여 경험과 의식을 압도했음을 뜻하지는 않는다. 근대적 학문의 체계는 1900년대 이전에는 없었던 것이지만 이 체계에 포괄되는 각종 활동이 전무했던 것은 아니고, 마찬가지로 문학이란 근대의 산물이지만 오늘날 '문학'이라는 말로 지칭하는 실천이 근대 이전이라고 없었던 것은 아니다. 일찍이 정자程子가 거론했고 가까이는 조선 후기에서 논한, "사람을 감동하게 만들고 (……) 멀리는 천지를 움직이고 귀신이 감명할 수 있게 만드는" 문장을 탐구하는 일을 본령으로 한다는 '문장지학文章之學'[29]을 근대문학과 변별해 내기란 사실 쉬운 일일 수 없다. 문제는, 그럼에도 근대 이전의 '문장지학文章之學'과 근대의 '문학'은 판이하게 다른 것이라는 사실이다. 근대문학은 특정한 글쓰기écriture[30]를 고립시키고 그 독자獨自의 정신적 토대를 찾으며 창작과 향유에 있어서의 특수한 관습을 체계화하는 일련의 실천 속에서 비로소 생겨난 것이기 때문이다.

---

28 M. Foucault, 이광래 옮김, 『말과 사물』, 민음사, 1986, 19~21면.

29 정약용, 김지용 옮김, 『茶山詩文選(외)』, 신화사, 1983, 189면.

30 글쓰기[écriture]란 소통의 내용보다 글을 쓰는 특정한 방식을 하나의 '양식'으로 이해하게 하는 역사적 지반에 관심을 기울이는 개념이다. R. Barthes, A. Lavers & C. Smith trans, *Writing Degree Zero*, New York : Hill & Wang, 1967, pp.1~6 참조.

대상을 형성하고 재생산해 가는 일련의 실천, 앞에서 '인식 일반의 틀'이라 한 것은 바로 이 실천의 배경을 가리켜 쓴 말이다. 이 실천은 한 시대의 인식이 진전할 수 있는 방향과 경계를 지시하고 있는 것이니, 개별 사례가 보여주는 다양성은 모두 이 경계 안에서 이루어지는 것이라 할 수 있다. 아무리 보수적인, 혹은 혁신적인 정신이라 해도 쉽게 이 너머에 설 수는 없다. 이 경계는 사회적 제도 및 실천에 의해 지지되면서 개인의 영역에 침투하여, 한 시대를 살아가는 사람이라면 누구라도 벗어날 수 없는 지평horizon, 당대와 소통하기 위해서 반드시 익혀야 할 기본 용어common term를 구성해 낸다.[31] 허나 이 '지평'과 '용어'는 일관된 체계적 틀로 정리될 수 있는 것이 아니다. 한 시대를 대표하는 하나의 얼굴, 모든 사고와 활동의 원천이 되는 정신적 핵이 존재한다고 생각하기는 어렵다. 이질성은 한 시대 안에서도 맹렬하게 충돌하고 있고, 이질성 자체로 그 시대를 증명하고 있다. 일련의 요소가 어떻게 다르게 작동하면서 서로 관계하고 있는지, 상이한 계열이 어떻게 움직이면서 어긋나는 체계를 이루는지－여기서 관심은 같은 요소가 끝없이 확장되면서 탈바꿈하는 분산의 공간에 있다.[32]

특히 1900년대는 유례없을 만큼 활발한 역동성을 보였던 시기이다. 10여 년에 이르는 이 짧은 시기 동안 한국은 앞 시대와 확연한 단절을 보이면서 놀라운 속도로 변모를 거듭해 나갔다. 새로운 지식과 상상력을 왕성하게 흡수하고 세계의 상像과 자기 자리를 다시 짜는가 하면, 자기 부정을 거듭 감행하기도 했다. 세계는 나날이 다른 모습을 갖추었고 지적 생산력 역시 쉬임없이 여기 대응해 갔다. 곳곳에 학회와 기타 단체가

31 D. C. Hoy, 이경순 옮김, 『해석학과 문학비평』, 문학과지성사, 1988, 85~86면 참조.
32 M. Foucault, 이정우 옮김, 『지식의 고고학』, 민음사, 1992, 30~31면 참조.

생겼고, 10여 종의 신문과 40여 종의 잡지가 나왔으며, 근 4백 종에 이르는 단행본이 출간되고 숱한 외국 서적이 수입되었다.[33] 국망國亡이나 인종 절멸의 위기가 계속 환기되었지만, 위기는 주체의 위축을 부르는 대신 활발한 확산을 불러오고 있었다. 철도・광산 등의 이익권이 외국인에게 넘어가고 외국 자본이 속속 한반도에 진출하는 상황 속에서도 계몽의 열정은 뜨겁고 다채로웠다. 이 열정이 얼마나 '현실적'인 것이었는지에 대해서는 별도의 검토가 필요하겠지만, 적어도 1900년대 내내 사회 일반을 지배한 것이 수동적인 혼란이 아니라 능동적인 기투企投였다는 사실만은 인정할 수 있을 듯하다. 그러면서 동시에 1900년대는 계급재편성의 장場이었고, 문화 계몽의 주장과 위정척사론衛正斥邪論, 의병 항쟁의 이념이 공존하는 다기한 공간이기도 했다.[34]

이 복잡한 열정의 구도가 보인 얼굴은 하나일 수 없다. 시대를 진단하는 데서 거부하거나 수락하는 데까지, 다양한 입장이 보인 태도는 당연히 같지 않았다. 그럼에도 한 시대를 함께 살아가는 입장은 일종의 대화적 관계를 맺고 있다고 해야 할 것이다. 대화는 논쟁과 분란紛亂을 포함하고 있으며 서로 비껴가기도 하지만, 근본적으로 같은 언어 체계를 전제하고 있다. 체계에 대한 이해와 운용이 다른 경우라 할지라도 체계의 지평 자체가 부정될 수는 없다. 1900년대라는 시대 역시 마찬가지일 터이니, 이 책에서는 가능한 한 다양한 목소리를 섭렵하여 당시의 지평을 재구성하면서, 먼저 1900년대를 두고 '문학'・'소설' 등의 근대적 가치를

33 1900년대의 출판 상황에 대해서는 김근수, 『한국잡지 개관 및 호별 목차집』, 한국학연구소, 1973, 14~24면과 강명관, 「근대 계몽기 출판운동과 그 역사적 의의」, 『민족문학사연구』 14호, 민족문학사연구소, 1999를 참조할 수 있다.

34 1900년대의 여러 정치사상을 계급적 토대와 결부시켜 살펴 본 연구로는 김도형, 『대한제국기의 정치사상 연구』, 지식산업사, 1994 참조.

논하는 것이 어떤 의미를 지닐 수 있는지 따져 보고자 했다.

1900년대는 그 자체로 유다른 활력과 복합성을 보이고 있을 뿐더러, 앞뒤 시기와 각각 뚜렷한 단절을 보여준다는 점에서도 흥미로운 시대이다. 한 시대의 인식틀을 형성하는 데 결정적인 것이 '없었던 사실의 출현'이라기보다 '있었던 사실의 재배치'라고 할 때, 1900년대를 전후로 해서 서로 다른 배치의 상황을 계속 확인해 볼 수 있고, 또한 근대적 가치가 형성되어 간 맥락을 추적해 볼 수 있다. 다른 한편 1900년대 이후 오늘날까지 이어진 근대적 가치가 단일한 것이라는 사고를 깨는 데도 1900년대 및 그 전후에 대한 관심은 필요할 것이다. 자본주의가 본격적인 토대를 다지기 시작한 것이 1900년대이고 개인·사회·국가나 과학·철학·종교 같은 새로운 용어가 등장한 것 역시 이때이지만, 그렇다고 1900년대가 여러 근대적 가치의 정착을 보여주었다고 말하기는 어렵다. 1900년대는 근대의 발아를 보였고 이후 미숙한 요소의 수정·보완이 잇따랐다고 평하고 말 일도 아니다. 1900년대는 이전과도 이후와도 다른 독자적인 시대였고, 근대의 발원지이면서 동시에 오늘날의 근대와는 전혀 다른 운동을 보여준 장이기도 했다. 근대는 그 자체 끊임없는 갱신의 과정, 완성이 있을 수 없는 과정이다.[35]

그렇다면 유일하고 보편적인 '하나의 근대'를 상정하는 것은 많은 곤란을 초래하는 일일 수도 있겠다. 서구가 자생적인 근대화를 이룬 반면 그 밖의 세계는 외래적인 압력에 의해 근대로 들어서게 되었다는 시각은 물론 그 나름대로 타당한 것이다. 서구가 능동적인 질서를 구성한 반면 다른 세계는 끝없이 '미달'의 상태에 시달리고 있다는 진단 역시 분명

---

35 M. Berman, *All that is Solid Melts into Air : The Experience of Modernity*, New York : Penguin Books, 1982, 특히 pp.290~296 참조.

한 호소력을 갖추고 있다. 문제는, 이런 시각이 흔히 실제로 거쳐 온 역사나 눈앞의 현재를 외면하려는 편향을 수반하게 된다는 사실이다. 자본주의의 전 지구적 확장과 서구의 영향만이 절대적인 것이라면, 비非서구로서는 서구를 '모방'하려 할수록 거듭되는 '미달'에 좌절하게 된다는 운명에 처할 수밖에 없다. 간단間斷 없이 변화하는 운동을 모방하려는 시도는 늘 한 걸음 뒤늦은 지연의 상태를 반복하기 마련이다.

출구가 있을까? 모방과 미달이라는 구조는 너무도 익숙한 것이라, 여기서 벗어나려는 시도조차 일종의 강박으로 변질되기 쉽다. 그러므로 이 책에서는 실제로 거쳐 온 고투의 '과정' 그 자체에 주목해 보자는 소박한 제안만을 내놓기로 한다. 과정 자체에 주목하다 보면 유일하고 보편적인 '하나의 근대'라는 상은 의심스럽게 보이지 않을 수 없다. 보편이란 실체가 아니다. 보편은 언제나 보편이라는 환상pseudo-universality일 뿐, 보편을 현실로서 확인할 수는 없다. '근대'라고 할 때나 '서구적 근대'라고 할 때나 구체적으로 들 수 있는 것은 숱한 개별 사례들일 뿐이고, 사례들이 서로 맺고 있는 유사성이라는 연관family resemblance일 뿐이다.[36] '하나의 세계'는 없다. '세계universe'라는 말 자체가 '단일uni'하다는 환상을 품고 있는 말이기는 하지만, 세계의 체험이란 언제나 복수적이다. 마찬가지로 '문학'이 시대적·민족적 차이를 뛰어넘어, 또한 모방이나 영향이라는 변수 이전부터 본래적 보편성을 가지고 있다는 생각은 '영원성'을 희구하는 유럽 낭만주의에 의해 창출된 것에 지나지 않는다.[37]

'외래外來'냐 '자생自生'이냐를 따지는 시각에 대해서도 마찬가지 답을

---

36 L. Wittgenstein, 이영철 옮김, 『철학적 탐구』, 서광사, 1994, 59~60면 참조.

37 C. Guillén, C. Franzen trans, *The Challenge of Comparative Literature*, Cambridge : Harvard Univ. Press, 1993, pp.13~15 참조.

할 수 있을 것이다. 1900년대 한국에서 서구 및 일본의 영향은 막대한 것이었으나, 이 사실이 한국의 무력한 수동성을 뜻할 수는 없다. 한국은 때로 번역이나 번안의 수준에서, 때로 새로운 생산의 수준에서 외부의 자극을 받아들이면서 이를 자기 맥락 속에서의 실천적 효과로 전화시켰다. 문제는 언제나 특수한 효과를 낳는 수용자의 특수한 맥락이었다. 상황과 맥락context은 변수일 뿐 아니라 의미를 형성하는 궁극적인 인자因子이기도 하다. 같은 요소라 해도 다른 맥락 속에서는 상이한 효과를 낳을 수밖에 없고, 그렇다면 그것은 더 이상 '같은' 요소일 수 없다. 아무리 외부의 자극이 결정적인 경우라 할지라도, 그 효과를 구체적으로 실천하고 정착시키는 것은 언제나 수용자의 특수한 상황이다. 수용이라는 자기화 과정 속에서 애초의 원천source은 비판되고 재구성되며 새롭게 확장된다.[38]

이 구성constitution의 상황은 모든 존재의 상황이기도 하다. 서구라 해서 자족적이며 완결된 실체는 아니다. 서구에서도 '문학'이나 '소설'은 숱한 굴곡과 우연을 거쳐 형성된 가치였다. 근대의 '문학'이라는 범주는 미적인 것으로 인정받고aesthetization 동시에 민족적인 가치를 확보하면서nationalization 비로소 출현할 수 있었으며[39] 특히 소설이 중요한 글쓰기 양식으로 부상하면서 구상될 수 있었다. 시가 근대 이전부터 존재하면서 다른 글쓰기와 비교적 명백하게 구분되고 있었던 반면, 소설은 근대와 더불어 흥성하기 시작한 양식이다. 소설은 '민족'이라는 근대의 기본 집단을 형성하는 데 있어 중요한 역할을 담당하였다. 중세 문명권의 공동 문어

38 L. H. Liu, *Translingual Practice : Literature, National Culture, and Translated Modernity —China, 1900~1937*, Stanford : Stanford Univ. Press, 1995, pp.1~10, pp.25~27 참조.

39 R. Wellek, *Discriminations : Further Concepts of Criticism*, London : Yale Univ. Press, 1970, p.6 참조.

文語에 대항하여 속어俗語·지방어를 구축하였고, 인쇄 언어의 표준을 마련하여 특정 권역圈域을 각각 언어의 공동체로 묶어 세웠으며, 나아가 공동체의 성원 모두가 함께 기억할 수 있는 글쓰기의 사례를 제공하기도 했다. 민족 공통의 기억을 만들어 가는 데 있어 소설은 유용한 근거가 될 수 있었다.[40] 이윽고 소설은 글쓰기 자체로서도 주목받을 권리를 주장하면서 시가 독점하고 있던 미적 언어의 영역을 넓힐 것을 요구하기에 이른다. '문학'이란, 이러한 일련의 변화를 포괄할 만한 새로운 범주로서 요청된 것이었다.[41]

한국에서도 '문학'과 '소설'의 근대적 형성은 비슷한 과정을 거쳤다. 그러나 이 유사성이란 처음부터 예정되어 있었던 것이 아니다. 글쓰기라는 행위를 바라보는 새로운 시각, 새로운 구분법은 한국에서 새삼스럽게 다시 마련되어야 하는 것이었다. 서구 및 중국·일본의 사례가 자극이 되기는 했지만, 자극이 내부적 운동을 대신할 수는 없었고, 또한 똑같은 종착점을 보증할 수도 없었다. 실제로 한국의 '문학'과 '소설'에서 그 형성의 경로나 종착점은 서구는 물론 중국·일본과도 다르다 할 수 있다. 이 차이는 미세한 것에 지나지 않지만 그럼에도 본질적이다. 오늘날 '문학'·'소설'이라고 부르는 실제가 곧 미세한 차이들의 집합이기 때문이다. 한국은 하나의 '차이', 하나의 '특수'로서 보편에 참여하고 있다. 한 가지 덧붙이자면, 여기서 '특수'라는 말이 과거의 역사와 현재의 상황에 대한 일체 긍정을 뜻하지는 않는다는 사실을 짚어두고 싶다. 한국의 근대, 한국 근대의 문학과 소설이 형성되어 온 특수한 경로란 특

---

40 B. Anderson, *Imagined Communities : Reflections on the Origin and Spread of Nationalism*, London & New York : Verso, 1983; T. Brennan, "The National Longing for Form", H. K. Bhaba ed, *Nation and Narration*, London : Routeledge, 1990 참조.

41 송무, 『영문학에 대한 반성』, 민음사, 1997, 26면.

수한 문제를 낳은 것이기도 하다. 그러므로 '특수'라는 말이 함축하는 바는 자족적 질서가 아니라 다른 유사성들과의 관계이다. 한국의 사례와 다른 사례가 어떤 공통점과 차이를 갖고 있는지, 각각의 기반은 무엇이었는지, 나아가 한국의 특수성이 다른 특수성들과는 어떤 관계를 맺고 있는지 살펴보는 일은 이 점에서 필요하다 하겠다.

서로 같으면서도 다른 유사성들이 맺고 있는 관계는 특히 가까운 거리에서 잘 드러날 수 있다. 때문에 이 책에서는 한국에서 근대적인 '문학'이라는 가치가 형성되어 간 추이를 '소설' 범주 형성을 중심으로 하여 살펴보되, 중국과 일본의 사례를 되도록 널리 참조하고자 했다. 중국과 일본은 한국과 직접 많은 영향을 주고받았을 뿐 아니라, 공통점과 차이의 문제를 고려하는 데 있어서도 흥미로운 사례가 된다. 한국·중국·일본은 비슷한 시기에 비슷한 자극을 받아들였고, 같은 요소에 대응하는 같고 다른 방식을 다양하게 보여주었다. 이 다양한 폭을 일별一瞥해 보는 일은 소설·문학 등의 근대적 가치를 바라보는 지평을 보다 넓게 해 줄 수 있을 것이다. 이 책은 한국·중국·일본의 본격적인 비교 연구에 미칠 수 없었지만, 공통점과 차이의 다양한 계기를 거칠게나마 살펴봄으로써 이후 보다 나은 진전을 준비하는 데 문제 제기의 역할을 할 수 있을 것을 기약했다.

한국 근대에서 '문학'이라는 범주는 소설을 핵심에 두고 형성되었고, '민족적'이자 '예술적'이라는 토대를 마련하면서 정립되었다. 이 형성의 과정은 1900년대에 시발되었지만, 엄밀하게 말하자면 이때에는 '문학'도 '소설'도 오늘날과 같은 정립을 보지 못했다고 해야 할 터이다. 1900년대에는 근대적인 예술의 상이 있을 수 없었고, 시·소설·희곡 등의 글쓰기 구분도 있을 수 없었다. 1900년대를 이끈 인식틀은 오늘날의 것과 판이하였다(2장). 그렇지만 동시에 근대적인 여러 가치는 이 때 초보적인 형성을 보았다고 말할 수 있다. '소설'은 완전히 새롭게 구성되고 평가되기 시작하였고, 개량의 논의 또한 활발하게 이루어졌다. 여기서 '소설'의 근본적인 토대가 된 것은 '민족'이라는 새로운 집단의 성원 전체를 독자로 할 수 있다는 가능성이었지만, 민족적 가치를 언어나 글쓰기의 차원에서 어떻게 구현할 것인지에 대해서는 쉽게 합의가 이루어지지 못했던 탓에 '소설'이라 불린 글쓰기의 실제 역시 극히 복잡하였다(3장). 여기서 한 걸음 더 나아가, 소설이 '예술'로서 자리 잡은 과정까지 논하기 위해서는 1910년대를 염두에 두어야 한다. 국권의 상실 이후, 1910년대는 1900년대의 인식을 한편으로는 해체하고 한편으로는 더욱 날카롭게 함으로써 새로운 전환을 준비하였다. 근대 '문학'과 '소설'의 한국적 형성이 대략 윤곽을 갖춘 것은 바로 이 시기에 와서였으니, 1910년대 소설의 실제를 검토하는 일은 곧 한국 문학과 소설의 근거를 탐색하는 일이라 할 수 있겠다(4장). 그러나 이 탐색은 또 다른 탐색으로 이어져야 할 것이다. 근대는, 근대가 형성해 낸 가치는 변화를 멈추는 법이 없다.

제2장, '문학' 범주 형성의 배경

1. '지 · 덕 · 체'와 '지 · 정 · 의'

1) '문학'의 형성과 지 · 정 · 의론

1_ 일반적 정의에 따르자면 문학이란 "가치 있는 인간적 체험의 기록"이며 "일종의 예술"[1]이다. 이들 정의는 불완전한 것이지만 일상적인 용례를 지탱해 주기에는 충분한 것으로 보인다. '문학가', '문학 잡지', '문학 전공' 등의 단어가 새삼스러운 의심의 대상이 되는 일은 별로 없다. 문학이란 개념의 끝없는 자기 부정이 역설된다 할지라도, 이 역시 대개 제한된 수준에서의 일일 뿐, 문학이라는 범주의 존립 근거 자체를

1 최재서, 『문학원론』, 춘조사, 1960, 1면 및 11면.

위태롭게 하는 경우란 드물다 할 수 있다. 그만큼 '문학'이라는 범주는 독자적 기반을 갖는 실체로서 널리 인정되고 있다. 문학은 한편으로는 창작 행위로서의 문학에 의해, 시 · 소설 · 희곡 · 수필 등의 하위 범주를 포괄하면서 성립되며, 다른 한편으로는 교육 제도 내의 문학 분과에 의해, 각국 문학이라는 하위 범주를 두면서 자리 잡는다. 이 두 축 사이에는 불균형과 긴장이 있기 마련이지만, 역시, 이런 요소가 문학이라는 범주의 안정성을 뒤흔드는 일은 좀처럼 없다. 문학은 이미 하나의 제도로서 안정된 기반을 구축하고 있는 것으로 보이며, 언어라는 매체를 공유하고 있는 다른 글쓰기 양식과 분명한 거리 조정distantiation을 이루고 있는 것으로 비친다.

실상 이 안정성이 생겨난 것은 그리 오래된 일이 아니다. 오늘날의 '문학'에 상응하는 글쓰기가 이전부터 있어 왔다 하더라도 "'문학적인' 특이한 언어의 고립화"를 동반한 '문학'이라는 단어는 최근에야 형성된 것이며[2] 따라서 "문학이란 비시간적 대상, 비시간적 가치가 아니라, 하나의 한정된 사회 내에서 이루어지는 온갖 실천과 가치의 총체"[3]임을 잊어서는 안 된다. 서구에서도 그렇지만 한국의 경우에는 이 형성 · 구성의 상황을 더욱 분명하게 확인해 볼 수 있다. 일찍이 김태준이 『조선한문학사』에서 지적하였듯, '문학'이라는 한자어는 본래 육예六藝의 총칭이었고 학문을 닦는다는 뜻이었으며 혹은 관직을 가리키는 말이었다.[4] 약 1백 년 전, 1900년 전후까지만 해도 '문학'은 주로 일반적인 학술 · 문화를 가리키는 용어로 쓰였다. 유길준은 『서유견문』에서 서구 사상사

2 M. Foucault, 이광래 옮김, 『말과 사물』, 민음사, 1980, 347면.
3 R. Barthes, 유기환 옮김, 『문학은 어디로 가고 있는가』, 강, 1998, 11~12면.
4 김태준, 『조선한문학사』, 한성도서주식회사, 1931, 1면.

의 변천을 서술하면서 "일천사백년시대에 至ᄒᆞ도록 世人의 학업이 詩文을 숭상ᄒᆞ야 소설의 공부를 務修ᄒᆞ고 실용잇는 학업을 타기ᄒᆞ더니", "일천사백이십삼년에 及ᄒᆞ야 泰西에 板刻ᄒᆞ는 법이 始出홈으로 문학이 大振ᄒᆞ야 성리학과 시학과 사학의 종류가 其盛홈을 극진히 ᄒᆞ"[5]였다고 하여 문학을 성리학·시학·사학을 모두 포괄하는 개념으로 사용하였고, 이종태는 『진명휘론進明彙論』(1905년)에서 '문학'이라는 항목 아래 '학문지원류문류學問之源流門類'·'학교지제學校之制'·'중국학술지발달中國學術之發達'이라는 소항목을 두어 이 용어를 교육·학술의 상위 범주로 이해하는 감각을 보여주었으며, 장지연 역시 『만국사물기원역사萬國事物起源歷史』(1909년)에서 '문사文事'라는 다소 모호한 이름 아래 서계書契 문자와 육경에서부터 장章·주奏·표表·소疏 등 고문의 여러 종류, 사史·시가詩歌·운서韻書·소설小說, 신문지에 인쇄술이며 속기법에 필기도구까지를 잡다하게 다룬 바 있다. 이들 예에서 볼 수 있듯 문학이라는 용어는 아직 전통적인 문文 개념의 자장 안에 있었고, 문학이라는 말로 따로 지칭될 만한 독자의 영역도 아직 형성되어 있지 않았다. 이때까지 문학은 "與天地竝生者"[6]로서 시·서·예·악을 두루 포괄하고 있었던 터였다.

2_ 한 세대 후, 김태준은 이들 견해를 "謬見"으로 비판하면서 "그러면 문학이란 무어냐?"를 묻고 있다. 김태준에 따르면, 일체 학술의 성질은 심리학상으로 따져 세 가지로 구분할 수 있다고 한다. 과학은 지적知的

5 유길준, 『서유견문』, 교순사, 1895, 330면. 인용문의 경우 한자 표기는 될 수 있는 한 한글로 바꾸고 띄어쓰기도 현재 원칙에 따라 고친다.

6 "文之爲德也, 大矣. 與天地竝生者, 何哉.", 「原道」, 『文心雕龍』.

학문이어서 진을 추구하고, 문학은 정적情的 학문으로 미를 추구하며, 철학은 의적意的 학문으로 선을 추구한다. 그러므로 문학이란 미적 감정을 갖춘 것, 즉 "실생활의 이해를 따라서 예술화한 것"이어야 한다.[7] 말하자면 문학이란 정=미=예술이라는 틀로 정의되는 것이다. 문학을 과학·철학과 동렬同列의 '학문'이라고 전제하고 있음에도 불구하고, 여기서 문학이라는 범주를 추동하고 있는 힘은 예술로서의 특질이다. 이처럼 정=미=예술이라는 틀로 문학을 새롭게 정의하고자 했던 첫 번째 예는 이광수에게서 찾아볼 수 있다.[8] 잘 알려져 있다시피 이광수는 「문학의 가치」(1910년)에서 "정의 분자를 포함한 문장"[9]을 문학이라 정의했으며, 6년 후 발표한 「문학이란 하何오」에서는 지·정·의라는 구분을 세운 뒤 특히 정과 관계된 활동에 문학·음악·미술 등이 있다 하고 "과학이 人의 知를 만족케 하는 학문이라 하면 문학은 人의 情을 만족케 하는 서적"[10]이라고 주장하였다. 비슷한 시기 『학지광』에는 지·정·의 혹은 지·정의라는 심리학상의 구분을 들어 "요하건대 문학은 글 가운데에 情意를 늣는 것"[11]이라 결론지은 최두선의 글이 실렸으며, 백대진은 한 걸음 앞서 『신문계』에 "문학은 문장에 情意를 부착흔 자"라고 주장하는 글을 발표하기도 했다.[12]

이러한 일련의 정의는 지·정·의 혹은 진·선·미라는 구분을 내세

---

7 김태준, 『조선한문학사』, 2~3면.

8 이에 대한 연구로는 황종연, 「문학이라는 역어」, 문학사와비평연구회, 『한국문학과 계몽 담론』, 새미, 1999와 이현식, 「문학의 자율성, 주체의 발견, 근대라는 미망」, 『문학과지성』, 1998년 가을호 등을 참조할 수 있다.

9 이광수, 「문학의 가치」, 『이광수 전집』 1, 삼중당, 1962, 504면. 이하 1962년판 전집은 '전집'으로만 표시한다.

10 이광수, 「문학이란 하오」, 『전집』 1, 508면.

11 최두선, 「문학의 의의에 관하야」, 『학지광』 3호, 1914.12, 28면.

12 백대진, 「문학에 대한 신연구」, 『신문계』 4권 3호, 1916.3, 13면.

워 문학에 접근하려 했다는 점에서 공통적이다. 인간의 제반 활동은 어떤 심리학적 필요를 충족시키느냐에 따라 나뉠 수 있다는 것, 이때 심리학적 필요는 지・정・의로, 그것이 각각 목표로 하는 가치는 진・미・선으로 규정될 수 있으며 따라서 문학은 정을 충족시킴으로써 미를 추구하는 활동이라고 정의해야 한다는 것이 이들의 논리이다. 또 정의 충족과 미의 추구라는 특질이 문학에서 음악・미술로 점차 확장되어 가면서 마침내 '예술'이라는 용어가 등장하고 있음을 보면, 문학이란 여기서 예술이라는 상위 범주로 포괄됨으로써 제자리를 찾고 있음을 알 수 있다. 지・정・의라는 구분을 그대로 이어받은 김태준의 『조선한문학사』에 "예술화"라는 말이 직접 나오고 있다는 점은 이 사실을 확인시켜 주는 것이며, 초기 국학國學을 대표한 안확이 「조선의 문학」을 쓰기 직전 「조선의 미술」이라는 글을 먼저 발표하고 미술을 "審美心의 감성"이라는 측면에서 규명하려 했다는 점[13] 또한 이렇게 보면 예사롭지 않다. 1900년대에 미술이라는 용어는 때로 오늘날의 '예술'과 같은 뜻으로 쓰였다. 그렇다면 안확이 말한 '미술' 역시 '예술'과 같은 뜻이거나 적어도 겹치는 뜻일 가능성을 추측해 볼 수 있을 터인데, 실제로 안확은 「조선의 문학」에서 "문학미술"이라는 말을 여러 번 씀으로써 이 가능성을 뒷받침해 주고 있다.[14] '예술'이라는 용어나 그 함의가 완전히 정착된 것은 아니었지만, 문학이 정=미라는 가치에 발판을 두고 있다는 생각은 점차 '예술'이라는 상위 범주의 윤곽을 발견해 가고 있었던 것이다. 이처럼, 1910년대 당시에는, 문학이란 정의 충족이고 미의 추구이며 '따라서' 예

13 안확, 「조선의 미술」, 『학지광』 5호, 1915.5, 47면.

14 안확, 「조선의 문학」, 『학지광』 6호, 1915.7에는 "문학미술"이라는 말과 함께 "예술"이라는 용어도 쓰이고 있다. 그렇다면 '미술'이 곧 '예술'의 뜻이었다고만 보기는 어려울 듯한데, '미술'・'예술'이라는 용어를 둘러싼 구체적인 상황은 2장 2절에서 살피기로 한다.

술의 한 갈래라는 생각이 문학의 독자적인 의의를 논하고 새로운 정의를 내리게 하는 기본적인 동력이 되고 있었다.

지·정·의 혹은 진·선·미론이 이처럼 정과 미의 가치를 강조하는 쪽으로 수렴되고 있음은 1910년대의 여러 논의에서 거듭 확인할 수 있다. 지·정·의론이 지知 혹은 의意의 가치에 대한 역설로 연결되는 예란 좀처럼 없었고, 반면 정이라는 개념은 근대적 의미의 문학을 정초하는 정도를 넘어 세계상 전반을 재편하려는 시도로까지 발전하여, "人은 실로 情的 동물이라"[15]는 선언까지 낳기에 이른다. 표제에서부터 정을 역설적으로 강조한 이광수의 『무정』이 "어둡던 세상이 평싱 어두울 것이 아니오 무정ᄒᆞ던 세상이 평싱 무정ᄒᆞᆯ 것이 아니다. 우리는 우리 힘으로 밝게 ᄒᆞ고 유정ᄒᆞ게 하고 질겁게 ᄒᆞ고 가멸게 ᄒᆞ고 굿세게 ᄒᆞᆯ 것이로다"[16]라는 말로 마감되었다는 사실에서 엿볼 수 있듯, 정이라는 말은 당시 세계를 진단하고 나아갈 방향을 모색하는 데 있어서도 중요한 기준이 되고 있었다. 이때 쓰인 정이라는 말은 물론 상티망le sentiment 혹은 게퓔das Gefühl의 번역어이지만, 그 자체로 새로운 용어는 아니었다. 문이나 문학이라는 말이 그러했듯, 정이라는 말 역시 동아시아의 전통에서 고유한 역사를 갖고 있는 개념이었기 때문이다.

원시 유가에서 정은 만물을 생성하는 우주의 동인이라고 생각되었다. 또 희로애락의 순수 감정이야말로 인간성의 근원이자 인식의 근거라고 여겼으므로 정은 부정되어야 할 대상이 아니라 "발현하여 모두 절도에 들어맞"아야 하는 조율의 대상이었고, '화和'라고 불린 이 상태는 천하가 이르러야 할 도道로 역설되기도 했다.[17] 정과 더불어 거론된 성性

---

15 이광수, 「금일 我韓 청년과 情育」, 『전집』 1, 474면.

16 이광수, 『무정』, 신문관, 1918, 623면.

역시 개별 존재의 현실에 뿌리를 두고 있다 했으며, 이처럼 성과 정을 통합적으로 이해하는 시각은 위진魏晉 시대에 이르기까지도 일반적인 것이었다. 그러나 당대唐代에 이르러 성과 정이 분리 인식되기 시작하면서 정은 삼가고 억제해야 할 것이 된다. 한유韓愈는 인仁・의義・예禮・지智・신信의 오상五常과 희喜・노怒・애哀・락樂・오惡・욕欲의 칠정七情을 나누고 각각에 성과 정을 대응시킴으로써 억정론抑情論의 기반을 마련했으며, 이후 송대의 신유학에서도 성은 무불선無不善이어서 천리天理 그대로인 반면 정은 혹선혹악或善或惡이라는 인식은 그대로 계승되었다.[18] 1910년대의 이른바 정육론이란 이런 전통을 십분 의식한 자리에 세워진 것이라 보지 않으면 안 된다.

1910년대 이전, 정의 억제를 설파하는 소리가 주류를 이루고 있는 가운데서도 정을 주장하는 목소리가 없었던 것은 아니다. 천天・천기天機・자연 등의 개념을 내세워 성정性情의 '진실한' 발로를 주장하는 이견은 꾸준하게 존재・성장하고 있었고, 특히 조선 후기 들어 성・정에 대한 전통적 이해는 심각한 도전을 받아 왔다.[19] 정이라는 개념은 긴 역사 속에서 중층적인 의미를 쌓아온 만큼 일괄적으로 정리되고 일괄적으로 부정될 수 있을 만한 것은 아니었다. 지・정・의론이 본격 등장하기 직전인 1900년대의 경우도 마찬가지이다. 이 시기에는 "性則一而常하야 在聖不增하며 處犯無滅이오 情則七而變하여 接物生解하며 依境取名하나니"[20]라 하여 전통적인 성・정의 구분을 그대로 받아들인 논의도 있

17 "喜怒哀樂之未發謂之中, 發而皆中節謂之和. 中也者天下之大本也, 和也者天下之達道也.", 『中庸』.

18 이종민, 「근대 중국의 시대 인식과 문학적 사유 : 梁啓超・王國維・魯迅・郁達夫를 중심으로」, 서울대 박사논문, 1998, 77~78면.

19 김흥규, 『조선 후기의 시경론과 시의식』, 고려대 민족문화연구소, 1982 참조.

20 김태은, 「성정론」, 『태극학보』 3호, 1906.10, 31면.

었지만, 다른 한편 "任情率意"하고 "감정을 陶融"[21]하는 것이 시의 특징이라 하면서 이를 적극적으로 평가한 논리도 있었다. 후자의 경우는 정을 "歡呼, 憤叫, 凄凉哀泣, 呻吟狂啼 등의 情態"[22]로 구체화하여, 감정의 자유분방한 노출을 억제하고자 했던 기왕의 성정론에 비추어 보자면 파격적인 주장을 펼치기도 했다.[23] 그러나 문제는 이 경우에 있어서조차 정의 강조란 궁극적으로 "사회의 공덕을 陶鑄"하고 "軍國民의 감정을 제조"[24]하자는 목표로 통합되고 있었다는 데, 또한 1910년대의 논자들에 있어 전대의 전통이란 모두 "지와 의만 중히 여기고, 정은 賤忽히 하여 此를 배척하며, 멸시하여 온 고로 정을 主하는 문학도 한 遊戲疎開에 불과"[25]하게 되었던 것으로 정리되고 있다는 데 있다. 한국에서 최초로 근대적 의미의 문학을 구상하고 실천해간 이들은 정이 지와 의에, 혹은 윤리의 권위에 눌려 있었다고 생각하였고, 이들에게 있어서는 1900년대의 글쓰기 역시 '부정해야 할 역사의 연장'에 다름 아니었다.

3_ 1910년대에 새롭게 부각된 정이란 "自動自進으로 자유자재"[26]할 수 있는 힘이다. 정은 개인으로서의 솔직한 반응을 요구하며, 저마다 능동적인 주체로서 생각하고 행동할 것을 기대한다. 여기서 중요한 것은 집단이나 보편이 아니라 자연인으로서의 개인이다. 1914년에 창간된 『학지광』에 이르면 뚜렷하게 보이는 이 의식은, 그러나 불과 몇 년 전만 하더라도 형성되어 있지 않았거나, 적어도 본격적으로 표현되고 있지

21 「천희당시화」, 『대한매일신보』, 1909.11.13, 11.16.
22 위의 글, 『대한매일신보』, 1909.11.23.
23 임형택, 『한국문학사의 시각』, 창작과비평사, 1984, 255면.
24 「천희당시화」, 『대한매일신보』, 1909.11.25.
25 이광수, 「문학의 가치」, 504면.
26 같은 곳.

않았다.[27] 『학지광』과 마찬가지로 유학생 잡지였으며 『학지광』에 몇 년 앞서 발간된 『태극학보』 『대한흥학보』의 논조를 살펴보더라도 이 사실을 확인할 수 있다.

1906년 8월에 나온 『태극학보』 창간호 서序는 "吾儕도 또훈 我 이천만 동포의 각 일분자라 각 一臂의 力을 出ᄒᆞ야 국민의 천직을 만분일이라도 盡홈이 有ᄒᆞ면 此는 吾儕의 충심으로 열망ᄒᆞ는 바로다"라는 말로 끝나고 있다. 1909년에 창간된 『대한흥학보』 역시 학보의 취지를 설명한 「보설報說」에서 침착웅후沈着雄厚한 영웅, 충용의열忠勇義烈의 쾌남, 박극시무博極時務의 사士[:원문에는 土], 자립자강의 조操 등을 갖출 것이라 다짐한다. 후일 정과 관련되어 개인성의 토대를 마련했던 미라는 범주도, 여기서는 "自國質素의 미"와 같은 맥락에서 쓰이고 있다. 국가라는 가치는 모든 가치를 수렴하는 절대의 가치였고, 개인의 자리란 그 가치에 어떻게 기여할 것인가에 따라 결정되어 있었다. 반면, 『학지광』에서 발간의 변을 끌어가는 것은 "대저 자기 실현과 자기 표현은 우주의 근본 사실이 아닌가?"라는 물음이다. 발간자에 따르면 이처럼 '자기'를 근본으로 세계를 이해하는 일이 필요하므로, 잡지의 목적 역시 "外 우주를 解觀ᄒᆞ며 내로 자기 통일과 자기 확립의 광명 되기는 원하는 바"에 있다고 한다.[28] '자기'·'자아'라는 낯선 단어는 여기서 비로소 문제적인 것으로 떠오른다. 자아란 세계를 해명하는 열쇠이며 내부와 외부를 가르는 기준이고, 자유로운 활동과 최고의 표현을 요구하는 주체이다. 이 "심령의 자기 표

27 개체의 절대성과 자유를 주장하는 논리는 1900년대에도 존재하고 있었다. "인간의 개체는 객관세계에 제한한 一介粒에 불과하나 주관계에 至하야서는 무한한 절대적 원만"(유전, 「인격의 발달」, 『태극학보』 3호, 1906.10, 27면)이라거나 "소위 자기라 하는 의의를 明定"(김영작, 「인생 각자에 관한 천직」, 『태극학보』 6호, 1907.1, 7면)해야 한다는 주장이 그 예라 하겠다. 그러나 이런 논리의 등장은 간헐적이었고 그 논조는 대개 혼란스러웠다.

28 장덕수, 「학지광 제3호 발간을 임하야」, 『학지광』 3호, 1914.12, 3~4면.

현"이 없다면 공자도 석가도 기독도 있을 수 없다. 우주 역시 상제上帝의 신성한 전일全一이 표현을 얻은 것이니, 진 · 선 · 미란 그 각 방면을 나타낸 것이다. 당시 큰 영향을 미쳤던 에머슨R.W.Emerson을 변주하고 있는[29] 이 의식은 이윽고 "인생의 최고 목적은 예술적 되는 그곳에 있다"[30]는 생각으로 연결되어 미와 예술의 절대화를 낳기도 한다. '자기'의 대두, 세계상의 구도로서의 진 · 선 · 미의 출현, 미 · 예술에의 가치 부여—『태극학보』『대한흥학보』와 『학지광』 사이에 있는 몇 년의 시간은 이런 근본적인 변화를 의미하고 있다.

정과 그 주체로서의 '자기'가 강조되면서, 그때까지의 세계상은 근본적으로 흔들리기 시작한다. 그리하여 생겨난 틈새로 떠오르는 것이 세계의 중심은 자기이니 자기의 순수 감정이야말로 중요하다는 생각, 그러나 보편의 안정성을 잃은 자아는 불안과 고독에 시달릴 수밖에 없다는 초조, 이를 치유할 수 있는 길은 공감과 사랑밖에 없다는 다짐 들이다. 1910년대에서 1920년대 초에 이르기까지 인식의 근본틀을 형성한 것은 바로 이런 사고라고 할 수 있다. 자기의 역설과 고독의 토로, 사랑의 갈구를 세 점으로 하는 이 사고는, 그러나 조화롭게 발전하지 못하고 계속 균열하고 갈등한다. "진실로 자기 심중에 태산 갓흔 확신과 蒼天갓흔 사상과 화산 갓흔 열정이 잇스면 (……) 日月이 낙하ᄒᆞ고 천지가 動鳴할지라도 이를 막지 못ᄒᆞ리로다"라는 선언을 대담하게 제창하는가 하면 곧 사회란 조난자가 생겨도 냉정하게 항해해 가는 배와 같으니 "이

29 "세계는 이와 같이 영혼에게는 미의 욕망을 만족시키기 위하여 존재한다. 이를 나는 궁극적 목적이라고 부른다. 왜 영혼이 미를 갈구하는지, 그 이유를 물을 수도 없고 대답할 수도 없다. 미는 가장 넓은 의미에서 또 가장 심오한 의미에서 우주를 나타내는 한 가지 표현이다. 신은 전적인 아름다움 그것이다. 진 · 선 · 미는 동일한 '전체'의 서로 다른 양상이다." R. W. Emerson, 신문수 옮김, 『자연』, 문학과지성사, 1998, 37면.

30 김억, 「예술적 생활」, 『학지광』 6호, 1915.7, 60면.

와 갓치 어름갓흔 사회"에서 어떻게 살아갈 수 있겠느냐는 불안을 토로하고, 이어 "우리의 찬 가슴을 듸는 쌋듯훈 동정의 淚와 고독훈 우리 심령을 위로ᄒᆞ는 아름다운 사랑"을 기대하는 식이다.[31] 시대적인 의미에서나 개인적인 의미에서나 이제 갓 '자기'를 발견한 존재에게 있어, 여러 가능성은 하나의 구도로 통합되지 못하고 서로 엇갈리는 궤적이 된다. 이 시대의 문학을 대표한다 할 수 있는 이광수를 보더라도 사정은 같다. 「자녀중심론」(1918년) 등의 공격적 평론에서 보이는 "최선이라고 단정하는 바를 실현하기 위하여서는 우리가 기탄할 아무것도 없다"[32]는 단언과 초기 단편에 보이는 "아니 나는 혼자요"[33]라는 감상성, 「동정」(1914년) 등의 글에서 보이는 "人道의 기초는 동정이니, 동정 없는 인도는 상상키 불능할 바"[34]라는 생각은 이광수에게 있어 통합되는 것이라기보다 서로 균열하는 것이다. 『무정』은 이 균열을 구조화한 소설로서도 주목받을 만하다.

그러나 『무정』에 이런 구조화의 힘을 마련한 근거는 계몽의 사상이다. 인간의 가능성을 최대로 하자는 기획으로서의 계몽이라기보다는 단순히 이념을 대중적으로 전파・선전한다는 속류적인 의미에서의 계몽, 이것이 곧 『무정』 내의 균열을 잇는 끈이었다. "사름의 싱명도 결코 일 의무나 일 도덕률을 위ᄒᆞ야 존지ᄒᆞ는 것이 아니오 인싱의 만반 의무와 우쥬에 딕한 만반 의무를 위ᄒᆞ야 존지ᄒᆞ는 것"이고 따라서 "사름의 싱명의 발현은 다죵다양"[35]하다고 하면서도 『무정』의 세계는 조선인을

31 장덕수, 「학지광 제3호 발간을 임하야」, 3~4면.
32 이광수, 「자녀중심론」, 『전집』 17, 47면.
33 이광수, 「방황」, 『전집』 14, 67면.
34 이광수, 「동정」, 『전집』 1, 560면.
35 이광수, 『무정』, 262~263면.

구제한다는 하나의 목적 아래 모든 인물을 흡수해 버리고 있다. "인싱을 작란으로 보아" 형식과 전연 다른 인물형인 양 보였던 우선은 물론이고, 주인 노파나 기생 어미 명색마저 이 흡인력에서 빠져 나올 수는 없다. 개인의 서로 다른 성격과 이력은 민족 구제의 이념 앞에 미소微小한 것일 뿐, 구체적인 인간은 문제가 되지 않는다. 지・정・의라는 세계 이해의 자리에서라면 계몽 역시 개인의 서로 다른 가능성을 최대로 한다는 매개를 거쳐야 하겠지만, 『무정』의 계몽은 이런 매개를 모른다. 지・정・의라는 기획에서 출발했음에도, 『무정』을 장편 소설일 수 있게끔 한 동력은 삼랑진 장면으로 상징되는 추상적 계몽의 구도이다. 정을 갈구하는 개인의 목소리는 추상적인 계몽의 무게에 묻혀 버리고 마는 것이다. 주요한이 『무정』을 평하면서 자기 세대는 사회에 대해 발언할 때면 참 자기를 숨기는 경향이 있다고 말했을 때[36] 지적한 것은 바로 이 점이다.

정은 이미 세계를 재편하기 시작했으나, 새로운 구도가 완전히 정착된 것은 아니었다. 자기 보존에는 수단을 가릴 수 없으니 살육도 반드시 악은 아니라는 선언이 있었는가 하면[37] 이천만 민중이 감각의 생생한 작용을 되찾고 진미珍味와 능라綾羅를 즐기게 되기까지는 자기 역시 예술을 운위할 수 없으리라는 의식[38] 또한 있었던 것이 이 시기의 상황이었다. 지・정・의라는 새로운 구도는 바야흐로 형성 중이었던 것이다. 인간을 이해하는 데 가장 중요한 것은 심리의 이해이며 인간의 제반 활동은 그런 근거 위에서 배치될 수 있고, 문학이라 불리는 특수한 글쓰기

36 주요한, 「『무정』을 읽고」, 『매일신보』, 1918.8.18.
37 이상천, 「새 도덕론」, 『학지광』 5호, 1915.5, 19면.
38 최승구, 「감정적 생활의 요구」, 『학지광』 3호, 1914.12, 18면.

양식이 그 배치에서 하나의 독자적인 영역을 차지한다는 생각이 자리 잡기 위해서는 좀 더 긴 시간이 필요하였다. 이때까지도 인간과 세계에 대한 새로운 이해는 정착되어 있지 않았으며, 앞선 시기는 더욱 그러했던 것이다. 그렇다면, 이때 발아하여 지금 나름의 합의에 이른 결론, 세계의 기본 단위는 개인이며 문학은 무엇보다 예술로서의 특수성을 지닌다는 결론을 소급 적용하려는 것은 성급한 일일 터이다. 지나간 역사는 오늘날을 만들어 낸 원천일 뿐 아니라 그 자체로 독자적인 구성체이기도 하다. 그러므로 이제 우리가 던질 수 있는 질문은 다음과 같다 : 지・정・의론이 형성되기 전에 사고들을 형성하고 글쓰기를 지배한 것은 어떤 인식이었는가? 그 인식의 실제는 어떠했는가?

2) 지・덕・체론과 '문학' 이전의 세계상世界像

1_ 중국의 경우, 정을 바탕으로 문학을 설명하려는 시도는 만만찮은 저항을 겪어야 했다. 량치차오梁啓超는 지・정・의라는 구분을 익히 알고 있었으면서도 이를 문학을 설명하는 논리로 동원하려 하지 않았고, 더 나아가 장빙린章炳麟은 "文辭는 사람의 감정을 증대시키는 것"이라는 견해를 엄격하게 비판하였다. 장빙린은 문文이란 죽백竹帛에 기록된 것 일체이고 문사文辭란 구두句讀가 있는 유구두문장有句讀文章을 일컫는 데 지나지 않으니, 문사 일반을 감정의 문제와 연결시킬 수는 없다고 주장한다. 역사적 통계치의 기록이나 논리학의 개진에서 감동을 느낀다고 하기는 어려운 일이고, 대개 성정性情에서 벗어나지 않는 풍風・아雅・송頌과 간하고 경계하는 것을 주로 하는 부賦를 함께 묶기도 힘든 일이

다. 이런 논리를 바탕으로 따지자면, 문언文言에서 무엇을 느끼는가는 받아들이는 사람의 마음에 달려 있으므로, 학술의 몫은 지식의 계발이고 문사의 몫은 감정의 증대라는 식의 일반화는 성립할 수 없다고 할 수도 있다.[39] 이처럼 중국에서 근대적 의미의 '문학'에 반발할 수 있는 토대가 된 것은 문의 전통이었다. 문학의 근대적 근거를 마련하려는 쪽에 왕궈웨이王國維·저우쭤런周作人 등이 서 있었던 한편, 문의 포괄성을 우선시하는 다른 축 역시 의연하게 버티고 있었다. 문은 죽백에 기록된 것 일체라든가, 문곡文曲 자체에서도 정情과 사辭에 대한 강조점이 그때그때 달라지는데 어찌 정만을 들어 말할 수 있겠느냐는 논리 등은 근대적 '문학'이 아닌 전통의 '문'에 기반해서 나온 발언이다. 장빙린이 문학이란 무엇인가를 물었을 때, 루쉰魯迅이 정이라는 특색을 들어 질문에 답하자 장빙린은 그 견해를 반박했다는, 그리고 루쉰은 일단 침묵했지만 강의가 끝나자 "선생은 낡은 생각을 갖고 있다"고 했다는 일화[40]는 이 '문'과 '문학' 사이의 충돌을 생생하게 증언해 주고 있다.

중국과 마찬가지로 동아시아 한문 문명의 전통 위에 서 있었던 한국에서도 이런 충돌의 가능성은 있었다고 보아야 할 것이다. 그러나 '문학'이라는 개념의 성립 과정에서 이 가능성이 현실화된 적은 없었던 것으로 보인다. 근대적 문학 개념이 형성되기 시작한 1910년대 이후까지 전통적인 문 관념이 남아 있었음에도 이 둘이 뚜렷한 긴장 관계를 형성한 적은 없었던 셈이다. 한국의 경우에는 그만큼 전통적 인식과 새로운 사유가 적극적으로 길항하지 못한 것인지도 모른다. 한국에서, 정을 바탕으로 근대적 문학 개념을 형성해 나가는 데 실제로 문제가 된 것은 지·

39 章炳麟,「國故論衡·文學總略」,『中國歷代文論選』下, 台北 : 木鐸出版社, 1981, pp.374~376.
40 許壽裳,『亡友魯迅印象記』, 北京 : 人民大學出版部, 1955, p.205.

정・의라는 구분 직전에 있었던 또 다른 구분법, 인간의 활동을 지・덕・체의 영역으로 나누어 생각한 구분법이었다. 1895년 지육・덕육・체육이라는 목표를 천명한 교육입국 칙어가 공포된 이래 점차 체계적인 세계상[41]으로서의 자리를 굳혀 온 지・덕・체론은, 1910년 이후 정의 가치가 본격적으로 제기되기 시작했을 때는 이미 일반적인 인식틀로서의 의의를 분명히 하고 있었다. 당시 사회적 담론의 중심 주제가 교육론이었고, 교육의 문제는 대개 지・덕・체라는 체계로 귀결되고 있었기 때문이다. "무숨 교육을 위션 힘쓸고 홀진뎐 톄육 덕육 지육 세 가지를 불가불 몬져 힘쓸지니"[42] 등으로 표현된 지・덕・체론의 예는 일일이 열거하기 어려울 정도이다. 지・덕・체라는 구분은 신소설이나[43] 교과서에[44] 활용될 정도로 일반화되어 있었고, 1900년대의 세계상은 이 논리를 중요한 축으로 하여 구성되어 있었다. 세계에 대한 새로운 인식은 이 인식틀을 참조하고 넘어서야만 했으며, 정의 가치나 문학・예술의 구상이란 그런 후에야 논의될 수 있는 것이었다.[45]

---

41 여기서 말하는 世界像(Weltbind)이란 세계에 대한 像이 아니라 세계를 像으로 파악하는 행위 자체, 즉 "'상을 가짐'이라는 표현 안에는 어떤 것을 잘 앎, 잘 준비되어 있음, 거기에 자신을 자리매김 함이 함축되어 있다"는 의미에서의 像과 연결된 것이다. M. Heidegger, 최상욱 옮김, 『세계상의 시대』, 서광사, 1995, 42~43면 참조.

42 「나라의 쇠잔함은 실로 완고한 노물의 부패심으로 인함이오 나라의 흥왕함은 전혀 천년을 교육하는 단체력에 있다 함」, 『대한매일신보』, 1908.3.25, 기서.

43 박이양, 『명월정』, 유일서관, 1912, 75면 : "딕져 이 셰상에 교육밧은 쟈는 덕육과 지육을 밧는 것이 남녀를 불굴ᄒᆞ고 장릭 ᄉᆞ업에 향복이어니와 쏘 톄육이라 ᄒᆞᄂᆞᆫ 것은 건젼ᄒᆞᆫ 신톄로 건젼ᄒᆞᆫ 정신를 너어 완젼히 싱활ᄒᆞ주는 목덕인ᄃᆡ (……)." 신소설 작가의 경우, 판권지에 기록된 저작자를 작자로 표시해 두는 것을 원칙으로 하되, 책 내부에 원저자가 따로 명기되어 있거나 선행 연구에서 원저자를 밝힌 경우에는 원저자의 이름을 쓰기로 한다.

44 이원긍, 『초등여학독본』, 보문사, 1908, 1면 : "교육은 지육과 체육으로 爲用ᄒᆞ고 덕육으로 爲基ᄒᆞᄂᆞ니."

45 지・덕・체라는 틀이 일제시대 내내 유지되었고, 특히 戰時 체제가 강화된 1930년대 이후에는 '체육'이 크게 강조되었다고 생각할 수도 있다(김진균・정근식・강이수, 「보통학교체제와 학교규율」, 『근대 주체와 식민지 규율권력』, 문화과학사, 1988, 106~107면 참조). 이렇게 보면

2_ 일본의 경우 지·덕·체론은 지와 덕 두 가지 능력의 함양만을 강조하는 논의를 비판하면서 성립하였다. 일찍이 후쿠자와 유키치福澤諭吉는『문명론의 개략』에서 지혜와 덕의를 인간의 두 능력이라 하고, 이 둘을 함양하여 국가의 힘을 키울 것을 제창한 바 있다.[46] 근대 초기 일본의 사상적 지형도를 형성했던 이 지·덕론은 노세 사카에能勢榮·모리 아리노리森有禮 등에 의해 비판을 받으면서 지·덕·체라는 삼분법으로 전환된다. 모리 아리노리는 '신체의 능력'이라는 연설(1879년)에서 지식·덕의·신체의 세 능력을 구분하고 이 중 신체가 가장 중요하다고 주장했으며, 초대 학무대신으로 취임한 후 1894년에는 '소학교에 있어서의 체육 및 위생에 관하여'라는 훈령을 발표하여 당시 교육계의 지식 중시 풍조를 강하게 비판하기도 했다. 이런 모리 아리노리의 노선에 큰 영향을 끼친 것으로 알려져 있는 노세 사카에는 1899년 일본 최초의 교육학 저서인『교육학』을 출간, 지육론·덕육론·체육론이라는 장을 마련함으로써 지·덕·체론에 최종적인 이론적 윤곽을 부여하였다. 이들은 지·덕 편향을 비판하기 위해 체육의 가치를 강조하였고, 이 논리가 정책적으로 반영됨으로써 이후 일본 교육에서는 체육이 현저하게 강화되었으며, 아울러 학교 위생 및 운동회 등이 체육 사상의 제도적 장치로 발전하게 되었다.[47] 지·덕·체론이란 체육 사상이라는 형태로 제기되어 정립되고 실현되어 간 셈이다. 지·덕·체론을 제창한 것으로 알려져 있는 로크J.Locke와 스펜서H.Spencer의 교육 사상[48]이 수용될 때 강조된 항

지·덕·체와 지·정·의란 시대에 따라 갈리는 것이라기보다 官과 民間이라는 구분에 따라 갈리는 것이 되겠다. 여기서는 일단, 지·덕·체와 지·정·의 사이의 거리가 '시대적 변화 역시' 표하는 것이라는 정도를 전제해 두기로 한다.

46 福澤諭吉, 정명환 옮김,『문명론의 개략』, 홍성사, 1986, 103면.

47 吉見俊哉,「運動會の思想」,『思想』845号, 東京 : 岩波文庫, 1994.11 및 김성학,「서구 교육학 도입과정 연구」, 연세대 박사논문, 1995, 62~63면 참조.

목 역시 체육이었다. 모리 아리노리나 노세 사카에 역시 미국 유학 당시 스펜서를 공부했다고 알려져 있거니와, 각각 『낙극씨교육사상洛克氏教育思想』(1895년)과 『사씨교육설斯氏教育說』(1880년)이라는 책으로 일본에 소개된 로크·스펜서의 교육론은 '건전한 신체'나 '신체의 규율'이라는 구절로 압축되고 있었던 것이다.

이 중 일본에 먼저 소개된 스펜서의 교육론은 특히 그 수용의 맥락에서 기억해 둘 만하다. 사회학자로서 스펜서는 '개인 능력의 함양'과 '사회 유기체의 발전'이라는 목표를 함께 강조하였다. 교육의 목적도 궁극적으로는 이 둘에 있었고, 신체를 훈련하고 규율할 필요 역시 그 전제 조건으로 요구되었다. 그러나 "인생에서 성공을 거두는 제일 조건은 '제대로 동물일 것'"이라거나 "제대로 동물인 자들이 국가를 이루는 것이 국가의 번영에 있어 제일 조건이다 (……) 상업 경쟁도 한편으로는 생산자들의 신체 내구력에 의해 결정되는 것이다"[49]라는 등의 스펜서의 주장은, 결국 우승열패·약육강식이라는 진화론의 맥락 속에서 해석되어 '강強에 도달할 수 있는 근본이자 첩경'으로 체육을 이해하게 한 것으로 보인다. 스펜서에 앞서 지·덕·체론을 세웠으나 일본에는 뒤늦게 수용되었던 로크의 경우도 마찬가지이다. 로크의 교육 사상은 "건전한 마음은 건전한 신체에 있다"는 표어로 요약되었고[50] 이는 스펜서와 같은 맥락에서 체육의 가치를 설득하는 구호로 널리 알려지게 되었다.

지·덕·체론이 사실상 체육을 강조하는 사상으로 받아들여진 것은 한국의 경우도 마찬가지이다. 로크의 교육론이 "건전훈 신체에 건전훈

---

48 조명렬, 『체육사상사 개론』, 교학연구사, 1984, 100~136면 참조.

49 H. Spencer, 三笠乙彦 譯, 『智育·德育·體育論』, 東京 : 明治圖書出版株式會社, 1972, p.173.

50 J. Locke, 大日本教育會 譯, 『洛克氏教育思想』, 東京 : 大日本教育會事務所, 1895, p.1.

心意가 존재훈다 홈"[51]이라는 요지로 소개되는 가운데, 민지民智 계발이나 지력知力의 양성이 숱하게 강조되었음에도, 교육에 대한 체계적 인식의 필요가 제기되면서 지·덕·체가 등장할 때 조명되는 쪽은 대개 체육이었다. 1900년대 인식의 한 정점을 보여준다 할 수 있는 「서호문답」에서 서호주인은 지·덕·체 중에서 무엇이 가장 중요하냐는 객의 물음에 "왈 체육이라"고 답한다. "지혜를 구ᄒᆞ는 쟈ㅣ 몸이 건장치 못ᄒᆞ면 긔부가 슈쳑ᄒᆞ고 혜두가 막힘으로 지혜가 나지 못홀 거시오 덕을 구ᄒᆞ는 쟈 몸이 건장치 못ᄒᆞ면 뢰슈가 촉상ᄒᆞ야 ᄆᆞ음이 합지 못홈으로 덕이 나타나지 못홀지라 몸이 건장치 못ᄒᆞ면 지혜와 덕이 온젼키가 어려온 고로 몬져 톄육을 힘쓸 거시오"라는 것이 「서호문답」의 논리이다.[52] 이광수의 선진 역할을 했다는 문일평도 마찬가지로 "於此 三者에 체육이 其一에 居홈은 何야오 曰 신체가 存훈 연후에야 정신이 生ᄒᆞ나니 수목에 比컨ᄃᆡ 신체는 근저오 정신은 지엽이라"고 언급한 바 있으며, 『기호흥학회월보』에 실렸던 「정신적 교육」이나 『서우』 창간호 교육부의 글에서는 아예 체·덕·지라는 명칭을 쓰며 체육의 중요성을 논하고 있다. 특히 「정신적 교육」은 지육에만 힘쓰면 기술에만 바쁘고 벼슬자리에만 마음쓰는 "노예적 학문"을 양성하게 된다는 발언[53]을 하고 있다는 점에서 주목된다. 여기서 표제인 '정신적 교육'은 신체와 대비되는 의미에서의 정신에 기초한 것이 아니라 "기계적 교육이 아니고 정신적 교육"[54]이라는 의미에서의 정신적 교육이며, 따라서 "武器를 숭상하는 교육"[55]의 일부로 포섭될 만한 교육이다.

51 「대영국학사 록씨의 교육의견」, 『대한매일신보』, 1906.1.5~6, 잡보.
52 「서호문답」, 『대한매일신보』, 1908.3.12.
53 이윤영, 「정신적 교육」, 『기호흥학회월보』 3호, 1908.10, 19면.
54 변영만, 「大呼敎育」, 『기호흥학회월보』 1호, 1908.8, 17면.

자강을 위해서는 "開民智로써 第一義"[56]를 삼아야 한다는 원칙이 대세를 이루고 있었음에도 불구하고 지·덕·체론이 이처럼 체육을 강조하는 쪽으로 흐른 것은 어찌 보면 기이한 일이다. 지식의 가치는 계속 강조되고 있었고 체계적인 지식론의 소개도 계속 시도되고 있었지만, 막상 지·덕·체론이라는 논리에 포섭될 때 지식의 의의란 극히 불분명하거나 부차적인 데 그치고 있었던 것이다. 덕육이 때로 종교와 관련하여 부각되었던 반면, 지육은 실리주의나 기술적 교육으로 폄하되었을 뿐이다.[57] 이러한 불균형의 원인을 살펴보기 위해서는, 지·덕·체론이 당시로서는 대단히 낯선 인식 체계였다는 사실을 먼저 기억해야 하겠다. 체·덕·지 삼육三育이 무엇인지 모르고 "夷狄의 법이니 이단의 學이니 最極的 반대로 狂言亂說"[58]을 퍼붓는 이들이 많았다는 사실은 여러 자료에서 확인할 수 있는 것이거니와, 지·덕·체론의 의의는 바로 이렇듯 전대와의 단절을 명확하게 했다는 점에 있었다. 지·덕·체 각각이 상호 배제적인mutually exclusive 범주를 이루면서도 동시에 총체로서는 인간 활동의 전 범위를 포괄한다는 '체계'의 기획 자체가 동아시아의 전통에서는 낯선 것이었던 데다가, 특히 체육이란 전적으로 새로운 영역이었던 것이다. 체육이 서구에서 시작된 것이기는 하지만 예전의 '무도舞蹈'와 통한다 하여[59] 체육까지도 전통의 맥락에서 해석하려 한 시도가

---

55 「무기를 숭상하는 교육의 필요함」, 『대한매일신보』, 1908년 4월 14일자 논설 에서는 무기를 숭상하는 방법을 "일 일반 국민으로 ᄒᆞ야곰 신톄교육을 발달케 ᄒᆞ야 웅걸ᄒᆞ고 활발ᄒᆞᆫ 긔상이 잇게 홈이오 / 이 각죵 학문을 긔계(긔계ᄂᆞᆫ ᄉᆞᄉᆞ로 활동ᄒᆞᄂᆞᆫ 힘이 업고 다만 사ᄅᆞᆷ이 놀니ᄂᆞᆫ ᄃᆡ로 운동ᄒᆞᄂᆞᆫ 것)과 ᄀᆞᆺ치 ᄀᆞᄅᆞ치지 말고 반ᄃᆞ시 ᄋᆡ국ᄒᆞᄂᆞᆫ 졍신을 발동케 ᄒᆞ야 국가의 릉욕을 방어ᄒᆞᄂᆞᆫ 셩질을 보젼케 홈"으로 논하고 있다.

56 박은식, 「학교총론」, 『서우』 2호, 1907.1, 13면.

57 『대한매일신보』, 1908.3.25, 기서에서는 지를 "젼혀 실디상 리익을 완젼케 ᄒᆞᄂᆞᆫ 주의"라 했으며, 『서우』 창간호, 교육부의 글에서도 지육은 "全히 실리주의라"고 평가되고 있다.

58 계봉우, 「학교의 폐해」, 『태극학보』 26호, 1909.11, 18면.

드물게 있기는 했지만, 일반적으로 보자면 체육의 역할은 문약文弱을 공격함으로써 전통의 가치를 뒤흔드는 데 있었다.[60] 지·덕이 낯설지 않은 범주여서 새로운 세계상으로 재구성되기까지 더 많은 경로를 거쳐야 했던 반면, 체육은 보다 극적으로 전대와의 단절을 선언할 수 있었던 셈이다. 지식 내부의 새로운 배치는 그만큼 극적인 효과를 발휘하지 못했다.

이렇게 생각해 보면, 신소설의 주인공들이 흔히 신교육을 받거나 외국 유학을 떠나는 것으로 설정되어 있음에도 막상 이들이 경험하는 교육의 실상에 대한 서술이 거의 없다는 사실 역시 시사적이다. 최초의 신소설인 『혈血의 누淚』에서 옥련이 미국으로 가 다섯 해 동안 받은 교육은 "ᄒᆞ로도 학교에 아니가ᄂᆞᆫ 날이 업시 다니며 공부를 ᄒᆞᄂᆞᆫᄃᆡ 지조 잇고 부지런ᄒᆞᆫ 사ᄅᆞᆷ으로 그 학교 녀학ᄉᆡᆼ 즁에ᄂᆞᆫ 제일 칭찬을 듯ᄂᆞᆫ지라"[61]라는 한 문장으로 요약된다. 이 사정은 『은세계』의 옥순과 옥남, 『빈상설鬢上雪』의 정길, 『치악산』의 정식 등에 있어 모두 비슷하다. 이들이 신교육을 받는다는 사실은 "학도모자에 쓰메에리 양복"[62] 정도로 표상될 뿐, 구체적인 학업의 내용이 나오는 것은 남주인공 영창이 "쳥년 문학가"가 되어 "소셜를 져술"[63]한다는 『추월색』에 이르러서이다. 『추월색』이 출간된 1912년경 이후에는 수학修學 분야도 정치학·경제학 등으로 점차

59 장지연, 「체육론」, 『경남일보』, 1910.11.27 : "體育之說雖起於希臘然原其本則實舞蹈之遺意也."

60 최창렬, 「체육을 권고함」, 『태극학보』 5호, 1906.12, 48면, "我韓은 不然ᄒᆞ야 백여 년 이래로 교육의 대방침이 문예에 귀일ᄒᆞ야 체육을 전연 부지ᄒᆞᆷ으로써 국민의 신체가 日益殘弱ᄒᆞ고 활발한 정신과 건강한 기력이 日日漸襄ᄒᆞ야 ······ "; 이종만, 「체육이 국가에 대한 효력」, 『서북학회월보』 15호, 1909.8, 29면, "余ᄂᆞᆫ 大聲叱呼ᄒᆞ야 曰 我邦 自來敎育에 체육이 결핍ᄒᆞᆫ 소이로 금일 吾人과 금일 吾國이 되얏다 ᄒᆞ노라."

61 이인직, 『血의 淚』, 김상만 책사, 1907, 69면.

62 김교제, 『치악산』 下, 동양서원, 1911, 92면.

63 최찬식, 『추월색』, 회동서관, 1912, 63면.

다양해지지만, 1900년대의 신소설에는 풍문만 있을 뿐 신교육의 구체적 모습은 없다고 해도 지나치지 않다. 예외가 없는 것은 아니어서, 『고목화』에 구원자로 등장하는 조박사, 『현미경』에 역시 일종의 구원자로 등장하는 박참위, 법관이 되어 권선징악의 근대적 형식을 실현하는 『구마검驅魔劍』의 종필 등에 대해서는 교육의 내용 및 결과가 제시되고 있으나, 이들은 모두 주변적 인물일 따름이다. 더욱이 이들이 활약하는 범위가 의학·군사·법률 정도로 극히 제한적이라는 점도 주의해 보아야 한다. 이 제한의 범위는 물론 의학교·법률학교·사관학교 등의 관제가 먼저 마련되었던 교육 제도의 실상[64]과 함께 고려해야 할 사항이겠지만, 약육강식론에 맞설 수 있는 가능성으로 주목받았던 법률과 함께, '체육'이라는 범주와 관련된 의학·군사가 일찍부터 뚜렷한 분화의 대상이 되었다는 점은 그것대로 또 중요한 사실이기 때문이다. 1917년에 발표된 『무정』에 이르러서도 체육 사상의 흔적은 희미하게나마 남아 있는 것으로 보인다. "뜻을 아는 자가 없"으면서도 여러 주인공들이 각자 공부할 분야를 피력하는 『무정』의 마지막 장면은 지적 활동 내의 분화가 개시되었음을 알려주는 징표라 할 만한데, 주인공 이형식은 여기서 생물학을 자기 분야로 택하고 있다.

3_ 체육—몸의 문제와 관련된 담론은 두 가지로 나누어 볼 수 있다. 하나가 위생과 관련된 쪽이라면, 다른 하나는 상무尙武와 관련된 문제이다. 위생 문제는 일찍이 김옥균이 「치도약론治道略論」(1882년)에서 위생·농상·도로 정책의 중요성을 설파했을 때부터 주목되었고, 1890년

64 손인수, 『한국근대교육사』, 연세대 출판부, 1971 참조.

대 이후 가장 활발하게 논의된 주제 가운데 하나였다. 현실적으로도 위생 관련의 새로운 규칙이 여럿 마련되어, 경무청 및 내부 위생국의 지도 아래 흰 옷 금지, 담뱃대 금지, 오예물 방출 금지, 청결비 수납, 창기 위생 검사 등 각종 제도가 시행되었다. 이러한 제도는 일상생활의 수준에서 큰 변화를 불러오면서 때로 격렬한 저항을 낳았으며[65] 일본의 각종 산업이 진출할 수 있는 발판을 마련하기도 했다. 바야흐로 한국은 병리학적으로 진단되고 처방되기 시작하고 있었다.[66]

위생의 문제란 일차적으로는 물론 개인의 문제이다. 그러나 "건전한 몸에 건전한 정신"이라는 표어가 "나라에는 부강ᄒᆞᄂᆞᆫ 근원이 되며 사름에게는 힝복을 누리ᄂᆞᆫ듸 쥬장"이 된다고 해석한 데서 엿볼 수 있듯, 개별 신체를 관리하는 위생의 문제는 동시에 사회·국가라는 층위에서 고려되기도 했으며, 좀 더 정확히 말하자면 개체의 차원보다는 국가라는 차원으로 수렴되고 있었다. "만일 우리를 교휵을 잘ᄒᆞ야 의복 음식 거쳐를 학문이 잇게 ᄒᆞ거드면 동양즁에 뎨일 가는 인죵이 될터이니 만일 우리가 뎨일가는 인죵이 되거드면 나라도 ᄯᅡ라셔 뎨일 가는 나라가 될 터이니"라는 논리를 앞세운 후 위생 문제를 살펴, 위생을 위해서는 반드시 물을 끓여 먹어야 한다는 주장을 개진한 『독립신문』의 논설[67]은

65 『대한매일신보』 1908년 10월 23일자 시사평론란에 실린 가사를 참조해 보자 : "원슈로다 원슈로다 위싱국이 셜시되면 가가호호 청결ᄒᆞ야 무병홀 줄 알앗더니 푼젼난득 이 내 산업 일본슌사 뎌 등쌀에 식뎡ᄭᅡ지 뎐당 잡혀 ᄯᅩᆼ통 셜시 ᄒᆞ얏ᄂᆞᆫ듸 놀보집이 아니어든 ᄯᅩᆼ텬디가 무슴일고 그 즁에도 청결비를 미호미간 이젼식에 제 ᄯᅩᆼ 주고 갑을 내니 긔화ᄉᆞ법은 이러ᄒᆞᆫ가 쟝릭 위싱 고샤ᄒᆞ고 금일 당쟝 못 살겠네 놈의 ᄐᆞᆺ을 홀 것 잇나 ᄯᅩᆼ구멍이 원슈로다."

66 식민지에 대한 병리학적 통제에 대해서는 강상중, 이경덕·이성모 옮김, 『오리엔탈리즘을 넘어서』, 이산, 1997, 99~103면 참조. 그러나 위생이 식민지 통제의 한 방법으로 동원된 것이라 해도, 1900년대 당시의 위생 사상을 '제국주의에 의해 유포된 것'이라고만 하기는 어렵다. 대부분의 학회에서 위생부를 설치하는 등, 위생이 중요한 문제라는 인식은 이때 일반적인 것이었고, 이는 다양한 층위에서 인식과 경험의 새로운 장을 형성해 나갔다. 여기서 주목하고자 하는 문제는 이 형성이 '어떻게 시발되었는가'라기보다는 '실제로 어떤 효과를 가져왔는가'이다.

이런 사유 구조를 잘 보여주는 예라 할 수 있다. 물을 끓여 먹어야 한다는 개인 위생의 문제는 국가의 부강이라는 거대 담론으로 바로 흡수된다. 개인의 '행복'이라는 기준이 국가의 '부강'이라는 기준으로 전화되고 있으면서도 이 기묘한 전화에는 어떤 매개도 동원되지 않는다. 개인의 행복과 사회의 발전이라는 두 축이야 물론 계몽주의 이후 계속 관심을 끌어온 문제축이다. 그렇지만 어떤 사상가보다 사회의 가치를 역설했으며 1900년 전후 동아시아의 사회 인식에 지대한 영향을 미쳤던 스펜서[68]조차, 개별 주체만이 느낄 수 있는 '행복'이라는 기준을 사회로 모두 통합하려 하지는 않았다.[69] 스펜서는 개인이 자기완성을 기하는 개개의 작업이 서로 일종의 '예정 조화'를 이루면서 사회가 커다란 유기체처럼 진화해 나갈 수 있게 된다고 보았지만, 밀J.S.Mill의 영향을 받은 사상가답게, 진보의 지표가 되어야 할 '행복'이 최종적으로는 개인 차원의 가치임을 승인했던 것이다.

그러나 1900년대의 한국에서, 개인의 안녕이란 개별 주체의 수준에서 논의되는 가치가 아니라 보다 상위의 범주, 국가로 통합됨으로써 가치를 가지는 부분이었다. "민권은 즉 국권이라"[70]는 선언은 이러한 사고를 분명하게 보여주고 있다. 개인의 가치란 "만일 닉가 업스면 나라에 일개인이 업셔셔 나라의 일분 힘이 감ᄒᆞᄂᆞ니 그러ᄒᆞᆫ즉 닉가 곳 나라를 맛튼 자라 어찌 귀중치 아니ᄒᆞ오릿가"[71]라는 측면에서 강조되었으며, 개인의 자유와 권리 역시 나라의 독립・부강에 기초가 된다는 점에서

67 『독립신문』, 1896.5.2.
68 전복희, 『사회진화론과 국가사상』, 한울, 1996, 47~49면 참조.
69 H. Spencer, 『智育・德育・體育論』, p.250 참조.
70 『제국신문』 1898.10.6, 논설.
71 현채, 『유년필독』, 휘문관, 1907, 1~2면.

긍정되었다. 국가의 권리가 곧 개인의 권리라는 발상은 따라서 "인민은 절대적으로 국가에 복종ᄒᆞ는 의무가 有ᄒᆞ니 (……) 권력과 복종이 有ᄒᆞᆫ 연후에 국가적 단체가 始成ᄒᆞ야 국민의 자유가 보장될"[72] 것이라는 생각, "천부인권 평등설은 / 지식발달 연후사라"[73]는 사고로 이어지기도 했다. 이런 사고에 균열이 생기면서 시민적 자유가 보다 체계적으로 논의되고, 국가가 자유로운 개인들의 결사체라는 의식이 형성된 것은 조금 후의 일이었다. 국가와 개인은 아직 아무 매개 없이 직접 연결될 수 있었기 때문에 국가란 "춤 나", "큰 나"라는 맥락에서 받아들여졌고[74] "국가에 유익ᄒᆞᆫ 일이면 비록 몸이 죽고 집이 망홀지라도"[75] 무릅써야 한다는 결론도 나올 수 있었다. 나라의 모든 문제가 "나 하나 ᄶᅢ문"에 비롯된 것이라는 생각 역시 이 당시에는 낯설지 않았다. 국가가 직면하고 있는 문제가 이때는 "다만 나 ᄒᆞ나이 학문만 잇셧스면 다 잘될 거슬 내가 학문이 업셔셔 이러케 되는"[76] 것으로 해석될 수 있었던 것이다. 사정이 이러했다면 '소설'이라는 표제를 달고 발표된 여러 글쓰기에서 보이는 애국적 열혈주의는 오히려 당연했다고 하겠다.

4_ 국가와 개인이 직접 연결될 수 있음을 가장 잘 보여주는 존재는 영웅이다. 그리고 실제로 이 시기에는 영웅을 대망하는 논의가 널리 행해졌다. 민족 영웅의 사적을 기록하여 국가 정신을 진작시키려 한 이른바 역사전기물은 이 영웅론의 흔적이라 할 수 있겠는데, 주의해야 할 점은

72 옥동규, 「인민자유의 한계」, 『서우』 2호, 1907.1, 28~29면.
73 「취업진보사」, 『대한매일신보』, 1907.2.12, 광고.
74 「큰 나와 적은 나」, 『대한매일신보』, 1908.9.16, 논설.
75 「경고동포」, 『대한매일신보』, 1908.3.10, 기서.
76 『제국신문』, 1898.8.24, 논설.

영웅론이 흔히 생각하듯 '구원자의 탄생을 기다리는' 자세와는 거리가 있었다는 사실이다. "아마도, 시긔를 문득는 쟈, 영웅인가"[77]라는 식의 인식이 없었던 것은 아니나, 영웅에 대한 논의 대부분은 오히려 특출한 구원자를 기다리는 태도를 비판하는 내용이었다. "其國 국민의 勇㤼優劣은 專혀 其國의 一二 先覺 영웅에 고무 격려의 如何를 視ᄒᆞ야 進退ᄒᆞᄂᆞᆫ 바"[78]라 하여 영웅의 절대적 가치를 논하다가 점차 '국민'과 '민중'을 강조하는 방향으로 태도 변화를 보인 신채호의 경우가 1900년대 영웅론의 추이를 대표한다고 할 수 있겠다.[79] 영웅론에 기반한 역사·전기물에도 경계의 태도는 있었고[80] "치위를 막자 ᄒᆞ면, 구타여 비단옷가 / 국ᄉᆞ를 ᄒᆞ자 ᄒᆞ면, 하필 영웅이랴 / 아마도, 국민의 동심합력이, 뎨일일듯"[81]처럼 수동적인 영웅 대망론을 비판하는 시가가 창작되기도 했다. 그렇지만 '영웅'이라는 단어 자체가 포기되지 않았다는 사실에서 짐작할 수 있듯, 섣부른 영웅 대망을 경계하는 논의가 영웅 자체를 부정하는 방향을 취하고 있는 것은 아니다. 이들 논의가 지향하는 바는 오히려 '국민 모두를 영웅으로 만드는' 길이다. "제갈량은 누구이며, 화셩돈은 별인이랴 / 그도사름 나도사름, 피ᄎᆞ사름 일반이라 / 아마도, 장부의 ᄉᆞ업셩취키는 / 지셩 이자"[82]라는 것이다.

영웅은 있어야 하지만, 지나치게 신비화되어 접근할 수 없는 존재가 되어서는 곤란하다. 계몽의 효과를 최대로 거두기 위해서는 영웅을 '따

---

77 「조시기」, 『대한매일신보』, 1908.12.30, 사조.

78 신채호, 『을지문덕』, 광학서포, 1908, 79면.

79 이만열, 『단재 신채호의 역사학 연구』, 문학과지성사, 1990, 161~202면 참조.

80 예컨대 嵩陽山人, 『애국부인전』, 김상만 책사, 1907, 24면에는 "오날날 이러ᄒᆞᆫ 시국을 당ᄒᆞ여 엇더ᄒᆞᆫ 영웅 호걸에게 이러ᄒᆞᆫ 칙음을 맛겨두고 우리는(……) 나라의 위틱ᄒᆞ고 망ᄒᆞ는 것만 한탄ᄒᆞᆫ들 무엇에 유익ᄒᆞ며 무슨 란을 구ᄒᆞ겟소"라는 서술이 나오고 있다.

81 「하필영웅」, 『대한매일신보』, 1909.10.15, 사조.

82 「지성」, 『대한매일신보』, 1909.10.19, 사조.

『초등소학수신서』에 실린 '동자군(동자군)'의 모습. 당시 학교 체육의 광경을 연상시킨다.

를 수 있는 모범'으로 제시하는 방법이 가장 효과적이다. 영웅론은 자기 일을 다하고 애국심을 갖추면 누구나 영웅이 될 수 있다는 전언을 전파하고자 한다. 그렇지만 쉽게 추측할 수 있다시피 자기 일에 충실해야 한다는 직분론이 영웅의 사상과 쉽게 화합할 수 있는 것은 아니다. 신소설 『송뢰금松賴琴』에서 청년 실업가 우초는 "지금 현샹을 보게 졍치 실업 사회 가뎡이 무비부픽ᄒᆞᆫᄃᆡ 엇더ᄒᆞᆫ 영웅이 도라가는 풍됴를 ᄒᆞᆯ연이 막을고"라 탄식한다. 이에 친구 근암은 "우리 나라 사람의 오히가 무비 이것이니 한 두 사람의 힘을 빌어 이 일을 엇지 다 ᄒᆞ기를 바라리요 사람마다 각각 졔 일만 잘 ᄒᆞ면 그 후에 소소ᄒᆞᆫ 분ᄌᆞ의 ᄌᆞ립이 일국에 ᄌᆞ립이 되는 것이지"라고 대꾸하고 있다.[83] 영웅의 대망과 직분의 강조는 여기서 분명히 갈라진다. 직분론을 강조하는 방향으로 나간다면, 활동 부문으로서 실업이 강조되는 동시에 층위로서는 개인의 윤리가 강조되기 쉬울 것이다. 그러나 1900년대 당시 식산흥업의 주장이나 직분의 논리가 영웅론과 분명한 차별선을 그었다고

83 육정수, 『松賴琴』, 박문서관, 1908, 27면.

보기는 어렵다. "전국 인민이 국가 대테는 차차로히 도라볼셰치고라도 자긔 일신상에 일들만 부지런히 직혀 갈 것 ᄀᆞᆺᄒᆞ면 얼마 아니되여 국가 부강되기ᄂᆞᆫ 거울을 ᄃᆡᄒᆞ여 그 그림ᄌᆞ를 보기와 ᄀᆞᆺᄒᆞᆯ지라"(강조—인용자)[84]는 주장처럼 명백하게 직분을 우선시하는 방향이 대세를 이룬 적은 한 번도 없었다. 직분론은 어디까지나 애국주의를 기반으로 한 주장이었고, "그 챵ᄌᆞ에ᄂᆞᆫ 피박휘가 ᄒᆞᆼ샹 돌아단니며 그 눈의ᄂᆞᆫ 피눈물을 ᄒᆞᆼ샹 흘리며, 그 몸은 피로 목욕을 ᄒᆞ며, 그 ᄆᆞ음은 피로 갈아셔 그 ᄇᆡᆨ셩은 피ᄇᆡᆨ셩이 되고, 그 나라ᄂᆞᆫ 피나라이 되어야"[85] 한다는 열혈주의는 여전히 인식의 장을 압도하고도 남음이 있었다.

이 열혈주의를 규율하는 중요한 축 가운데 하나가 곧 상무의 정신이다. 역사·전기물의 주인공은 대부분 무장이었으며, 그밖에도 상무의 정신은 학교 교육에서 군사적 요소의 도입을 통해 현실화되었다. 체조라는 교과목의 강조, 운동회의 성행 등은 이 상무의 정신을 통해 체육 사상이 구체화되었음을 알려주는 징표이다. 신소설로서는 드물게 교육의 현장, 즉 학교라는 제도의 실제를 보여주고 있는 『고목화』의 한 장면을 보자. 오랫동안 주인의 행방을 알지 못하던 갑동이 주인의 아들 옥남을 만나게 되는 이 장면에서 배경은 다름 아닌 운동회 장소이다. "가슴이 시원ᄒᆞ게 툭 터진 벌판에 차일를 구름갓치 치고 사ᄅᆞᆷ이 ᄇᆡᆨ두산 모이듯 ᄒᆞ엿ᄂᆞᆫᄃᆡ 펄펄 날니ᄂᆞᆫ 긧발들이 팟종 드러 ᄇᆡᆨ이듯ᄒᆞ고 귀밋마다 머리 싹고 쌴시 쓴 아ᄒᆡ들이 일ᄌᆞ로 ᄯᅦ를 지여 늘어"서 있고 입구에 "솔닙으로 홍예문을 틀어세우고 티극 그린 ᄀᆡ를 엇ᄉᆞ괴야 ᄮᅩ잔"[86] 운동장은

84 『매일신문』, 1898.4.28, 논설.

85 「학계의 꽃」, 『대한매일신보』, 1908.5.16, 논설.

86 이해조, 『고목화』, 박문서관, 1908, 93면.

백두산–독립문–태극기로 이어지는 민족주의적 정서를 유감 없이 보여 주고 있는데, 운동회가 일종의 무장 시위였다는 사실을 이해하면 이 장면의 함축성은 더욱 분명한 것이 된다.[87] 운동회는 외국어학교 학도들이 고종 앞에서 체조와 운동을 했다거나[88] 영어학교 학생들이 "나라 샤긔에 쳐음"으로 대운동회를 열었다는 기사에서 보이기 시작한 후[89] 학부대신 이윤용의 일본 대운동 시찰[90] 등을 거치면서 급속하게 전파되어, 1900년대 후반에는 매일이다시피 신문지상에 오르내리기에 이른 새로운 제도였다. 그 핵심은 상무의 정신이었으니, 예컨대 1908년 5월 17일 『대한매일신보』 잡보란에 실렸던 「굉장한 운동」은 이 사실을 극적으로 보고하고 있는 것이 된다. 이 기사는 강화군 보창학교에서 열린 연합 대운동회를 취재한 것인데, 여기에는 강화의 공사립 80여 학교 및 인근 20여 학교가 참여했으며, 참가 학생이 2,630명에 구경꾼은 3만여 명에 달했다 한다.

> 이십여과졍을 각각 난호와 경징ᄒᆞ야 ᄒᆞᆫ갈ᄀᆞᆺ치 샹을 주고 ᄯᅩ 일반 학도를 좌우로 난호와 포격ᄒᆞ기를 시작ᄒᆞᄂᆞᆫᄃᆡ 적십ᄌᆞᄃᆡᄂᆞᆫ 각각 량편에 잇서 상ᄒᆞᆫ 군ᄉᆞ를 낫낫치 병원으로 메여가며 총소릐ᄂᆞᆫ 련속ᄒᆞ야 량진이 셔로 진퇴ᄒᆞᆯ 즈음에 량편 쟝관들은 쟝검을 놉히 들고 군병을 지휘ᄒᆞ며 망원경을 들어 뎍진에 형셰를 살피더니 ᄒᆞᆫ번 호령을 발ᄒᆞᄆᆡ ᄒᆞᆫ편 진즁으로셔 결ᄉᆞ군 일ᄃᆡ가 홀연 내다라 음습ᄒᆞ야 치니 뎍진이 항오를 일코 ᄌᆞ상쳔답ᄒᆞ며 패ᄒᆞ야 다라나거ᄂᆞᆯ 군악소릐가 태극기 밋헤셔 훤쟈ᄒᆞ며 손벽을 치고 츔을 추어 ᄒᆞᆫ번 큰

---

87 최원식, 『한국근대소설사론』, 창작과비평사, 1986, 62면.

88 『독립신문』, 1896.6.25.

89 『독립신문』, 1897.6.19.

90 『제국신문』, 1898.9.23.

셩황을 뵈엿다더라

여기서 확인할 수 있는 것은 명백히 군사 훈련의 모습이다. 여러 학교의 연합이라는 형식, 운동회 장소까지의 행진, 두 편으로 갈라 모의 전투를 벌이는 것을 정점으로 하는 운동회 내용은 모두 이때의 운동회가 유희나 축제라기보다는 군사 훈련에 가까웠음을 보여주고 있다. 학생들은 "힝진ᄒᆞ야 총들을 메고" 운동회 장소까지 가곤 했고[91] 해산 광경까지도 "독일 戰勝에 比斯麥의 回軍", "미주 독립에 華盛敦의 개선" 같은 군사적 상상력 속에서 평가되었다.[92] 1908년 9월에 반포된 사립학교령에서도, "혹 라팔을 불고 북을 ᄯᅮᄃᆞ려 세상사름의 이목만 현황케 ᄒᆞ며 ᄯᅩ 병식의 훈련과 운동을 열심히 ᄒᆞ야 뎡ᄒᆞᆫ 과업을 등한히 ᄇᆞ리며 심ᄒᆞᆫ 쟈는 망녕되히 대운동회를 셜힝ᄒᆞ야 수일 혹 십여일 과업을 폐지ᄒᆞ는 일을 근릭에 ᄀᆞ쟝 만히 보는 바"[93]라고 운동회의 성행을 언급한 후 이런 폐단을 버리도록 경고하고 있음을 볼 수 있다.

1900년대에 운동회란 일종의 군사 훈련과도 같았으며, 단순한 요식이 아니라 여러 날을 바칠 만큼 중요한 행사였다. 후일 운동회가 가장 행렬 등이 중심에 놓이는 축제로 탈바꿈했다는 사실[94]에 비겨보면, 이 당시 운동회가 얼마나 독특한 행사였는가는 어렵잖게 짐작할 수 있다. 위에서 말한 사립학교령이 반포되었을 때도 일반적인 논란에 이어 제일 먼저 문제된 것은 바로 체육 및 운동회 축소에 대한 규정이었다. 일부에서는 체육이나 운동회가 지나치게 강조되고 있으므로 축소되는 것이 마땅하다

91 『독립신문』, 1897.6.19.
92 「本會春期運動」, 『대한흥학보』 2호, 1909.4, 63~64면.
93 「학부훈령」, 『대한매일신보』, 1908.9.12, 별보.
94 전영택, 「춘기 육상대운동회 스켓취」, 『학지광』 20호, 1920.7 참조.

는 태도를 보인 반면, 다른 편에서는 "목하에 한국이 렬국의 경징ᄒᆞᄂᆞᆫ 틈에 홈ᄭᅴ 서기를 도모ᄒᆞᆯ진ᄃᆡ 불가불 군ᄉᆞ롤 숭샹ᄒᆞᄂᆞᆫ 교육을 힘쓸 거시며 군ᄉᆞ롤 숭샹ᄒᆞᄂᆞᆫ 교육을 힘쓸진ᄃᆡ 톄조 교육을 맛당히 권쟝ᄒᆞᆯ 거시어ᄂᆞᆯ"[95]이라며 반발했던 것이다. 여기서 확인할 수 있는 점 또한, 운동회로 표상된 체육 사상의 배후에는 국가라는 심급이 있었다는 사실이다. 체육의 사상은 이 지점에서 상무와 위생의 두 항을 통합할 수 있게 되고 지·덕·체라는 논리의 핵심에 자리할 수 있게 되며, 또 이 지점에서, 개인의 절대 가치를 비추는 정의 구도와 결정적으로 갈라지게 된다. 지·덕·체론과 지·정·의론이 근본적으로 다른 인식 체계라고 주장하는 것은 바로 이 점에서이다. 그리고 한국에서 근대적인 '문학'이 지·정·의라는 인간 이해에 바탕하여 비로소 가능해졌던 이상, 지·덕·체가 인식의 판도를 짰던 1900년대, 문학의 윤곽은 아직 분명할 수 없었다.

2. '미술' 개념의 추이와 예술

1) 식산흥업殖産興業의 이념과 '미술'

1_ "현금 조선 사람 중에 대개는 아직 가정 소설을 됴화하오, 통속 소설을 됴화하오, 흥미 중심 소설을 됴화하오. 참 예술적 작품 참 문학적

95 「교육이 발흥할 조짐」, 『대한매일신보』, 1908.9.22, 논설.

소설은 닐그려 하지도 아니하오."[96] 1910년대 말 이런 탄식이 나왔을 때, 여기에는 이미 "예술적 작품"・"문학적 소설"만이 가치 있는 것이라는 태도가 분명히 나타나 있다. 소설과 문학과 예술이 일직선상으로 연결됨으로써 "卑低한 통속 소설가류" 등은 진정한 소설가의 자리에서 추방되고, 소설은 통속이나 흥미와 구별되는 진정성을 바탕으로 새롭게 정립될 수 있게 된다. '예술적'인, '문학적'인 소설만이 참된 소설이다. 그러나 이런 표현은 1910년대에 와서야 비로소 가능하게 된 것이다. 바로 전대인 1900년대에는 '문학'이라는 말이 다른 함의로 채색되어 있었고, '예술'이라는 말은 거의 쓰이지도 않았다. 이들 용어는 1910년대에 새롭게 해석되고 새롭게 쓰이게 된 용어였다. 특히 '예술'이라는 말은 더욱 그렇다. '정'이나 '문학' 등과 마찬가지로 '예술' 역시 오래 전부터 있었던 용어이기는 했으나 비교적 드물게 쓰였기 때문이다.

'예술'이라는 말은 『후한서後漢書』에서 처음 보인 것으로 알려져 있다. 『후한서』「효안제기孝安帝記」에는 유진劉珍 및 오경박사五經博士를 시켜 동관오경東觀五經 및 제자諸子, 전기傳記, 백가예술百家藝術을 교정하게 했다는 기사가 나오는데, 여기서 예藝란 서書・수數・사射・어御를, 술術은 의醫・방方・복卜・서筮를 가리키는 용어였다.[97] 예藝와 술術 모두 오늘날 예술의 핵심이라 하는 '미의 창조'와는 관계가 먼 분야였던 셈이다. 1900년대까지도 예란 주로 예禮・악樂・사射・어御・서書・수數의 육예六藝라는 뜻으로 쓰였고, 한편 '미'라는 가치와 연결된 범주로는 '미술'이라는 새로운 조어가 등장하고 있었다. 1884년 3월 『한성순보』 기사에 처

---

96 김동인, 「소설에 대한 조선 사람의 사상을」, 『학지광』 18호, 1919.1, 45면.

97 Lydia H. Liu, *Translingual Practice : Literature, National Culture, and Translated Modernity — China 1900~1937*, Stanford : Stanford Univ. Press, 1995, p.305.

음 등장한 것으로 알려져 있는 이 '미술'이라는 용어[98]의 상황은 그러나, 쉽게 정리해 낼 수 있는 것이 아니다. 미술은 "미술・조각・회화"[99]라는 식으로 시각 예술을 드는 가운데 사용되는가 하면 "書畵琴歌"가 모두 미술의 지류라는[100] 포괄적인 용법으로 쓰이기도 했으며, "농산물・공업물・수산물・임업물・광산물・미술품"[101]이라는 나열의 맥락에서 거론되기도 했다. 이 여러 가지 용법 가운데 오늘날의 미술과 가까운 쪽은 물론 첫 번째 예이다. 그러나 1900년대 당시 '미술'이라는 말이 회화・조각 등 시각 예술을 가리키는 뜻으로 쓰인 경우는 오히려 드물었다. 회화・조각 등과 연결되는 경우일지라도 '미술'이란 그밖에 흔히 창가・음악 등을 포함하였으며[102] 이 포함의 범위는 대개 예술 일반으로 쉽게 확장될 수 있을 만한 것이었다. 이 점에서 '미술'의 첫 번째 용법은 곧 글씨・그림・악기 연주・노래 등을 모두 미술의 지류로 치부했던 두 번째 용법에 닿는다.

'미술'을 오늘날의 '예술'에 가깝게 사용했던 이 두 번째 용법은 비단 한국만의 것이 아니다. 일본의 니시 아마네西周는 『미묘학설美妙學說』(1877년)에서 "서양에서 지금 미술로 꼽는 것은 畵學, 造像術, 조각술, 工匠術"이라 하면서도 "시가, 산문, 음악, 또 한자 서예도 이 종류로 모두 미묘학의 원리에 적당한 것이며, 또한 연장한다면 무악舞樂, 연극의 종류에까지 미친다"[103]라 하여 '미술'이라는 말로 미술・음악・문학・무용・연극 등 예술 활동의 대부분을 망라했으며, 20년 후 중국에서는 캉여우웨이康有爲

---

98 이구열, 「근대한국미술사료」, 『근대한국미술논총』, 학고재, 1992, 487면.

99 「만국역사」, 『대한매일신보』, 1905.9.1.

100 변영주, 「大和隨聞錄」, 『대한유학생회학보』 2호, 1907.4, 84면.

101 「농상공부 진열관 규칙」, 『황성신문』, 1903.7.23 잡보.

102 椒梅, 「세계문명사」, 『태극학보』 21호, 1908.5, 22면.

103 柳父章, 『飜譯語成立事情』, 東京 : 岩波書店, 1982, p.70에서 재인용.

가『일본서목지日本書目志』(1897년)에서 명치 이후 일본 서적을 소개하면서 미술문門 아래 미술·회화·서화 등은 물론이고 음악·연극·체조·유희에 점서占筮·관상觀相 등의 항목까지 두루 포함시킨 바 있다. 쓰보우치 쇼요坪內逍遙는 유명한『소설신수小說神髓』(1885년)의 첫머리를 "소설이 미술인 까닭을 분명히 하려면, 또 미술이란 무엇인가를 알지 않으면 안 된다"[104]로 시작하기도 했다. 이처럼 미술은 흔히 시각 예술 외에 음악·무용·연극까지 가리키는 용어였고, 경우에 따라서는 시·소설 등 문학과도 연결되었다. 후일 안확이『조선문학사』에서 "문학은 본래 일종의 미술"[105]이라 하고, 최남선이『조선상식문답』(1947년)에서 조각·건축·공예를 공간미술로, 음악·시문을 시간미술로, 무용·연극을 종합미술로 설명한 것[106]은 이런 용례가 멀리까지 흔적을 남긴 경우라 할 수 있다.

그러나 1900년대 한국에서 '미술 곧 예술'이라는 생각이 확고하게 안정된 용법을 얻을 수 있었던 것은 아니다. 미술은 "학술적의 眼으로써 見ᄒᆞ면 일대 진리의 顯現이오 심미적의 眼으로써 見ᄒᆞ면 일대 미술이오 도덕적의 眼으로써 見ᄒᆞ면 最上善의 表彰이라"[107]고 우주를 설명하는 구절에서 보이듯 학술=진리이고 도덕=선이라면 심미=미술이라는 진·선·미의 도식과 함께 나타나기도 했고, 인간 본성을 지智·감感·동動의 세 범주로 나눈 후 감感이란 정情에 속하는바 미색美色·음성音聲이 감感이 기뻐하는 종류라 하고 그 교육상의 의의를 "富於美術思想"에서 구하는 논의[108] 속에 출현하기도 했으나, 정 혹은 미에 기반한 이들

104 中村完·梅澤宣夫 註釋,『坪內逍遙集』, 東京 : 角川書店, 1974, p.43.
105 안확,『조선문학사』, 한일서점, 1922, 131면
106 최남선,『조선상식문답 속편』, 삼성문화재단 출판부, 1972, 256~257면.
107 玄玄生,「천국과 人世의 歸一」,『태극학보』16호, 1907.12, 53~54면.
108 심의성,「論師範養成」,『대한자강회월보』13호, 1907.8, 21면.

논의는 자체의 체계를 마련하는 데로 나아가지 못한 채 단편적인 데 그치고 있었다. 예술로서의 '미술'이 언급된 것은 대개 "문학라[sic] 미술은 인민의 명예와 행복에 필요ᄒᆞᆫ 자"[109]라는 정도의 애매한 맥락에서의 일이었다.

2_ 루쉰이 1913년 발표한 「미술 보급에 대한 의견서」는 "미술이라는 말은 옛날 중국에서는 사용되지 않았다. 이 말이 사용된 것은 영어의 아트art or fine art를 번역하면서부터이다"[110]라는 문장으로 시작된다. 루쉰은 여기서 누구보다 분명하게 미술의 어의語義를 규정해 내고 있다. 미술은 아트의 번역어로 등장한 말로서 이전에는 존재하지 않았던 개념이다. 여기 속하는 하위 범주는 조소·회화·문장·건축·음악 등으로 이들은 모두 "문화를 표현할 수 있다." 그러나 동시에 "미술은 경제를 구원할 수 있"는 위력을 갖고 있는 것이기도 하다. '미술'의 이 두 가지 의의는 지금 관점에서 보자면 부적절한 조합에 가깝다. 미술이 아트의 번역어라고 명기하고 있는 만큼 '미술' 대신 '예술'이라 칭해 본다 해도 마찬가지이다. 예술이 문화를 표현할 수 있음은 물론이다. 그렇지만 어떻게 예술이 경제를 구원할 수 있단 말인가? '예술' 아닌 '미술'을 고집하고 있었던 루쉰은 "미술이 크게 떨치고 작품이 스스로 뛰어나면 시장의 상점에 진열해 두었을 때 다른 지방으로 건너갈 수 있을 것"[111]이라고 주장한다. 공연히 국산품을 애용하자고 말할 것이 아니라 미술을 떨쳐야 한다는 것이다. 이러한 루쉰의 주장은 미술에 대해 "모든 고등 기술의 진보는

109 『대한흥학보』 5호, 1909.7, 54면.
110 魯迅, 「擬播布美術意見書」, 張望 編, 『魯迅論美術』, 北京 : 人民美術出版社, 1982, p.1.
111 위의 글, 3면.

모두 이리 귀착된다"[112]고 한 량치차오의 발언을 상기하게 한다. 동시에 이는 미술품을 농산물·공업물 등과 나란히 거론한, '미술'이라는 용어가 사용된 세 번째 맥락을 환기시키는 주장이기도 하다.

1900년 전후의 시기 동아시아에서 '미술'은 다른 새로운 용어가 그러하듯 자강과 문명화라는 지상 목표로 수렴되고 있었다. "無論 某國ᄒᆞ고 미술이 발달된 후에야 문명에 진보ᄒᆞᆯ 터이니"[113]라는 발상이야말로 미술에 관심을 기울이게 한 요인이었고, 미술 발달로 따지면 한국이 "동양의 이태리"라 할 만하거늘 "셔양 이태리ᄂᆞᆫ 지금에 그 졔조물픔이 아름답고 진보가 되"었는데 한국은 그렇지 못하니 이유가 무엇이냐는 탄식[114]이 미술을 주장하는 저변에 늘 깔려 있었다. 미술을 '예술'이라는 뜻으로만 받아들인다면 이런 주장은 온전히 이해하기 어렵다. 미술 곧 아트란 서양 제국諸國이 쌓은 부강 일반을 표상하는 것이었고, 다른 새로운 가치들과 마찬가지로 아직 낯설고 모호한 개념이었다. 미술은 여유로운 교양을 표상하는 동시 공업 발달의 근인根因으로 평가되기도 했다. 서양 남녀가 자유로운 만남을 갖고 애정을 키워나가는 『지환당』(1912년)의 공간이 미술관이었다면, 『용정촌』(1926년)에서 전기학 공부라는 독특한 길을 택하는 여학생이 수예품을 팔아 학비를 마련하는 공간 역시 미전美展이었다. 이 진폭의 한끝에 미술품의 예로 옷·투구·화살·칼 등을 드는 감각[115]이 놓여 있다. "칠기와 도자기와 조각과 직물과 자수와 칠보와 회화"[116]가 모두 미술이라는 개념 아래서 열거되고 "造船·양

112 梁啓超, 『飮氷室文集』 下, 上海 : 廣智書局, p.195.

113 「美術將明」, 『대한매일신보』, 1907.7.10, 잡보.

114 「고물진열소에서 고려 자기를 보고 감탄함을 이기지 못하노라」, 『대한매일신보』, 1910.3.25, 논설.

115 위의 글.

116 「淸韓賓館 韓國部 博覽會 觀覽 說明書 大略」, 『황성신문』, 1903.5.4, 잡보.

잠・공예 등의 미술"[117]이라는 언급이 나오는 것은 모두 이 맥락에서의 일이다. 미술이 문명 발전의 초석이라는 식의 발언을 이해하기 위해서는 먼저 이런 상황을 염두에 두어야만 한다.

여기서 '미술'이란 실상 공예나 공업의 뜻에 가깝다. 미술을 시각 예술이라는 뜻으로 한정하고, 예술이란 개인적 작업이며 또 다른 현실을 창조하는 작업이라고 이해하는 시각에서 보자면 이 용법은 물론 부적절한 것이겠다. 그러나 1900년대 당시 실용적 목적을 위한 대규모 상품 생산과 미적 목표에 헌신하는 개인의 예술적 작업은 명백하게 갈라지지 않았다. '미술'이 시각 예술만을 가리키는 용어로도 쓰이는 등 미술이 일차적으로 시각과 관련된다는 점에 대해서는 대체적인 동의가 있었던 듯하지만, 그 내적 변별에 대한 의식은 불명료했던 것이다. 동아시아에 진화론을 전파한 사상가이자 미학 사상의 소개에서도 선구적 역할을 했던 페놀로사E.F.Fenolosa가 그러했듯, 미술을 수용需用과 구별한다 해도 그 의의는 부가적 "장식"이라는 선에 지나지 않았다.[118] "鍮器 諸種에 미술품을 가ᄒᆞ야"[119] 상품 가치를 높이자는 식의 언급은 그러므로 극히 자연스러운 것이었다. 독자적인 분야로서의 미술이 고려되고 '미술가'라는 명칭이 나타날 경우에조차 그 실제는 흔히 사진 및 원색 인쇄라는 '기술'을 가리키고 있었다.[120] 이런 인식은 시각 예술을 보는 관점에까지 영향을 미쳐, 회화보다는 사실적인 사진이 심미 교육에 더 효과적이리라는 진단이 나오기도 했다.[121] 회화보다 사진이 진상眞相을 보여주

117 岳裔, 「지리와 인문의 관계」, 『대한흥학보』 10호, 1910.2, 32면.
118 E. F. Fenolosa, 「美術眞說」, 『明治文化大系』 12, 東京 : 日本評論社, 1928, p.160.
119 「栗谷先生復活期」, 『황성신문』, 1909.3.28, 논설.
120 이구열, 『근대한국미술사료』, 517면.
121 김수철, 「가정교육법」, 『대한흥학보』 1호, 1909.3, 37면.

는 데 더 나으니 사진이 "심미적 완구"로 더 적절하다는 이 진단에 창조성이나 상상력 등의 가치가 개입할 여지는 없다. 미는 창조성이나 상상력과 무연無緣한 자리에 세워진 모호한 가치이다.

여기에는 또 '미술'이라는 새로운 용어가 사실적인 회화의 소개와 결부되어 있었다는 사정이 있을 것이다. 시각 예술이라는 뜻으로 '미술'이 쓰일 때, 이는 눈에 보이지 않는 정신을 그려 내고자 한 전통적 화론畫論에 대한 비판을 함축하고 있는 말이었다. '미술'은 실제 모습을 그대로 그려낼 것, 즉 사실寫實을 목표로 하는 작업이었고, 후에 가서는 문학에 있어서의 사실 정신과도 만나게 되는 정신적 태도를 내포하고 있었다.[122] 정신의 표현보다 실재의 재현이 일층 중요하다는 인식은 1900년대부터 준비되고 있었던 셈이다. 서구의 시각 예술을 처음 접하게 된 근대 초기, 평가의 초점은 "엇더케 저러케 경묘하게 그렷는고(……) 풀은 꼭 풀과 같고 꽃은 꼭 꽃과 같게 어떻게 저렇게 정묘하게 그렸는고"[123]라는 데 있었다. 더욱이 사진이 널리 보급되지 못했던 당시 회화는 때로 사실 기록의 몫까지 담당해야 했고, 특히 일본은 러일 전쟁에서 취재한 일단의 그림을 전람회 형식으로 거듭 대중에게 선보이고 있었다. "아라ᄉᆞ 본란아보 디방에 기셜ᄒᆞᆫ 일본 회화젼람회ᄂᆞᆫ 아라ᄉᆞ 군ᄃᆡ를 릉욕ᄒᆞᆫ 그림을 버려노흔고로 아라ᄉᆞ 총독이 그 젼람회를 폐쇄ᄒᆞ라고 명령ᄒᆞ엿다더라"[124] 같은 기사에서 보이는 이 전람회는 사실적인 화풍이 곧 새로운 회화의 특장特長이라는 인상을 대중적으로 심어 놓았고, '미술'이라는 용어를 모사模寫와 연결짓게 하는 데 기여하기도 했다. 당시의 미술 교과

122 이정훈, 「5·4 시기 周作人 문학이론 연구」, 서울대 석사논문, 1994, 25면 참조.
123 이광수, 『무정』, 397~398면.
124 「폐쇄명령」, 『대한매일신보』, 1910.5.7, 외보.

서 『도화임본圖畫臨本』이 '회화'가 아닌 '제도製圖'를 중심으로 구성된 것[125]은 이런 상황 속에서의 일이었다.

3_ 동아시아에서 '미술'이라는 용어가 처음 쓰인 것은 1873년의 일이라고 한다. 일본에서 빈 만국박람회 출품 규정을 번역하면서 '미술' 부문을 들고 괄호 안에 "서양에서 음악, 畵學, 像을 만드는 기술, 詩學 등을 미술이라고 함"이라고 병기倂記한 것이 최초의 용례였다. 괄호 안의 내용을 참조하면 이때 '미술'이라는 용어는 오늘날의 '예술'에 가까운 것처럼 보이지만, 실상 그 원어는 공예 미술이라는 뜻의 독일어 쿤스트게베르베Kunstgewerbe이다. 같은 출품 규정에서 조금 뒷자리에도 '미술'이 등장하는데, 이는 또 조형 미술이라는 뜻을 가진 빌던데 쿤스트Bildende Kunst의 번역어였다.[126] '미술'이라는 말은 처음부터 예술이자 공예이자 미술이었던 셈이다. '미술'은 실리적 이익을 추구하는 산업 분야이면서 동시에 심미적 차원에 속하는 활동이기도 했다. 이 이중성은 일본에서 각 항을 대변한 오카쿠라 텐신岡倉天心과 고야마 쇼타로小山正太郎 사이의 논쟁을 불러오기도 했으나[127] 1900년대 한국의 경우에는 뚜렷하게 의식되지 못했던 것으로 보인다.

중국을 통해 근대 문물을 학습하려는 시도가 활발했던 1881년, 중국에서 무기 제조 기술을 익혔던 이는 유명한 화원畵員이었던 조석진・안중식이었다. 조석진은 1903년 공업 교육 기관인 공업전습소 강사로도

---

125 정형민, 「한국 근・현대 미술 용어의 변천과 정체성」, '미술 용어의 정체성 : 한국・중국・일본 근・현대 미술 용어의 수용과 정착' 심포지움 자료집, 1999, 3면.

126 佐藤道信, 『'日本美術' 誕生 : 近代日本の'ことば'と戰略』, 東京 : 講談社, 1996, pp.34~35.

127 김현숙, 「근대기 서・사군자관의 변모」, 한국미술의 자생성 간행위원회, 『한국미술의 자생성』, 한길아트, 1999, 472면.

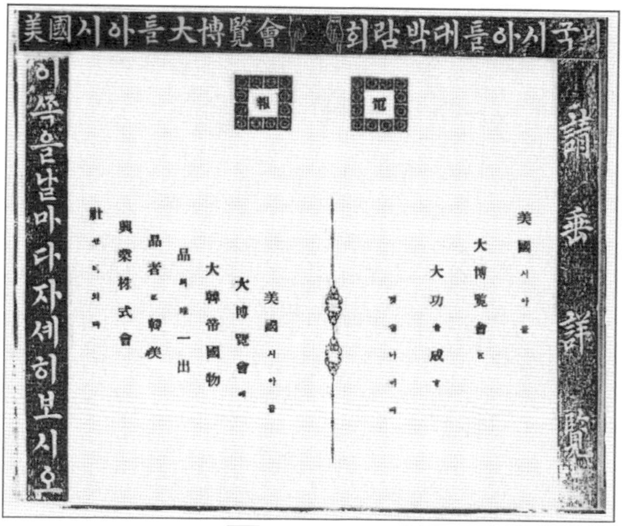

'한미흥업주식회사'의 박람회 선전. 아래는 위 광고에서 선전한 1909년 시애틀 박람회 공식 조감도.

활약했고, 조선 후기의 대표적 화가 장승업에게서 사사師事했던 안중식은 제자 이도영을 역시 공업전습소 기수로 보낸 바 있었다.[128] 화원의 기능을 물품 생산과 같은 차원에서 생각한 것이 아니라면 이런 교차의 양태는 이해하기 어렵다. 실제로 조선 시대에 시 · 서 · 화 일치라는 문인화의 전통과 화원의 작업은 엄격하게 구분되는 것이었다. 문인화가 심

128 최석태, 「이도영 미술의 근대성」, 위의 책, 369~372면.

미적 가치뿐 아니라 정신적 가치까지 품은 것으로 이해되었다면 화원의 작업은 장인의 작업과 함께 실용품 생산에 그치는 저급한 것으로서 평가되었다.[129] 생산자의 신분 역시 사대부와 상민, 심지어는 천민으로 갈려 있었고, 목적이나 기능에서도 문인화와 화원・공장工匠의 작업은 엄연히 달랐다.

'미술'이라는 용어는 두 가지 전통 중에서 화원이나 공장의 실용적 작업에 먼저 주목한 셈이다. 교육과 식산흥업이 문명화의 두 길로 역설되고 있었던 당시, '미술'이라는 새로운 용어와 겹칠 수 있는 활동 가운데 식산흥업의 방향과 가까이 닿아 있는 공장의 축이 부상한 것은 어찌 보면 당연한 일이다. 1900년대에 '미술'이라는 용어와 관련하여 가장 빈번하게 등장했던 한성미술품제작소의 존재는 이 사실을 한층 흥미로운 것으로 만든다. 신문 기사 등에서 주로 '미술품 공장'으로 칭해졌던 한성미술품제작소[130]는 1908년 설립되었는데, 그 목표는 "조선 고유의 미술 意匠을 보유"하자는 것이었다.[131] 이 기구는 1911년 이왕직미술품제작소로, 1922년 주식회사 조선미술품제작소로 명칭이 바뀌면서 1937년 경까지 존속되었다.[132] 금공・목공・염직의 세 부를 제작실 산하에 두고 있었던 한성미술품제작소는 궁중 수요에 부응하는 외에 수출에 기여할 것을 중요한 역할로 맡고 있었으며, 국제 박람회 출품작 제작을 담당하기도 했다.

이 맥락에서 또한, 일본에서 '미술'이라는 용어가 박람회 출품 규정을 번역하면서 출현했던 것과 마찬가지로 한국에서의 '미술'도 박람회 출

---

129 김현숙, 「근대기 서・사군자관의 변모」, 470~471면.

130 「이씨 불충」, 『대한매일신보』, 1909.4.9, 잡보; 「박물관에 출품」, 1910.7.29, 잡보.

131 『매일신보』, 1911.2.23.

132 최공호, 『한국 현대 공예사의 이해』, 재원, 1996, 33~48면.

품으로 상징되는 수출 진흥책 속에서 주로 쓰였다는 사실을 기억할 필요가 있다. '미술'이라는 용어는 국가 주도의 정책 속에서, 식산흥업이라는 목표와 관련하여 최초의 정착을 보인 것이다.[133] 한국이 처음 참가했던 1900년 파리 박람회를 참조하면 당시 출품작은 각종 명주・장롱・도자기・향로・칼・병풍・불상・책 등이었음을 확인할 수 있다. 또한 박람회 파견 대표였던 민영익이 물건이 정려치 못해 전혀 판매가 없었다고 보고하고 있음을 볼 때, 이들 출품작의 일차적 목적이 미적 감상이 아니라 실제 판매・수출이었음도 짐작할 수 있다.[134] 한성미술품제작소가 설립된 이후의 사정도 별 변화가 없어 1910년 영일英日 박람회의 출품 품목은 발簾・부채・자수・직물 등으로 규정되고 있는 형편이었다.[135] 박람회가 "미술의 巧妙함을 고무하며 제조의 견실함을 장려"[136] 하는 제도라는 평가는 이 점에서 썩 적절했던 셈이다. '미술'과 '제조'는 상호 교섭하면서 서로 경계를 흐리는 식으로 연결되고 있었고 박람회는 이 연결을 상징하고 있었기 때문이다.

'미술'과 '제조'의 연결은 그러나 두 속성을 절충하는 식의 중간 지대에서 이루어진 것이 아니었다. 지금 시각에서 보자면 공예가 바로 이 중간 지대에 해당할 것이나 1900년대에 공예는 대규모 기계 생산과 전혀 구분되지 않는다. 상품 제작이란 곧 수공업적 제작을 뜻했으므로, 물건을 제작한다는 '공工'의 공통성이 중요한 것이었을 뿐, '예藝'와 '업業'이 오늘날 그려내고 있는 차이는 문제가 될 수 없었다. 『황성신문』에 실린 논

133 일본에서 '미술'이라는 용어가 官制 용어로 나타나 국가 주도로 보급된 사정에 대해서는 佐藤道信, 『'日本美術' 誕生』, p.35를 참조.
134 이구열, 『근대 한국미술사의 연구』, 미진사, 1992, 154~157면.
135 「박람회 출품규정」, 『황성신문』, 1909.9.11.
136 「박람회 소감」, 『황성신문』, 1907.9.11, 논설.

설 「청년회의 공예과」는 "청년회에서 특별히 工業을 발달케 홀 주의로 工藝 一課를 增置ᄒᆞ니"라 하여 공예와 공업이 동의어처럼 쓰였던 사정을 잘 보여주고 있거니와[137] 어떤 자료를 보더라도 상황은 크게 다르지 않다. 『만국사물기원역사』의 '공예' 항목에서는 조상술造像術 · 사진술寫眞術 · 부조술腐雕術[:浮彫術] 등과 함께 주조술鑄造術 · 석판술石版術과 파리玻璃 · 도기陶器 · 자기磁器 제조소를 소개하고 있고, 제일 뒤쪽에서는 자래화自來火[:自來畵] · 화학畵學을 들고 있기도 하다.[138] 자유화 등의 회화 예술, 조각 등의 조형 예술이 함께 분류되어 있는 것은 물론이고, 인쇄 · 유리 제조 등의 공업과 도기 · 자기 제조 등의 공예가 '공예'라는 표제 하에 함께 섞여 있는 것이다. 『진명휘론』의 경우 역시 '공예'라는 항목에 '공예지중요工藝之重要' · '중국지공예中國之工藝' 등과 함께 '구주공업지진보歐洲工業之進步'나 '장려공업지도獎勵工業之道'의 내용을 넣어두고 있었다.[139] 공예는 공업과 상통하는 어휘일 뿐 아니라 공업을 포괄하는 상위 개념이기도 했다. 소규모의 수작업과 대규모 기계 생산의 구별이 제기될 수 없었던 상황, 대규모 산업의 가능성을 사고할 수 있게 되기까지는 여러 해를 더 보내야 했던 상황에서, '공예'는 지금 일컫는 미술 · 예술에서 공업에 이르기까지 실로 다양한 활동을 포괄하는 용어로 자리하고 있었다. 1900년대에 '미술'이란 바로 이 다양성을 함축하는 용어였다. 미술과 예술, 미술과 공예, 공예와 공업은 아직 명백하게 분화될 수 없었다. 또한 한성미술품제작소가 조금씩 명칭이 바뀌면서 1930년대 후반까지 존재했다는 사실이 보여주듯, 이 복잡한 상황은 1900년대로 끝난 것이 아니

137 「청년회의 공예과」, 『황성신문』, 1909.3.12, 논설.
138 장지연, 『만국사물기원역사』, 황성신문사, 1909.
139 이종태, 『進明彙論』 下, 주한영 책포, 1905.

라 후일까지도 여진餘震을 남기고 있었다. 1910년대 신문 논설에서 "일반 공업에 유지훈 자는, 수예의 敏活홈보다, 미술의 사상을 배양홀지어다"[140]라 하고, 미술 전람회에 금세공·염직 등이 계속 등장한 것[141]은 작은 징표에 불과했다. 체계적 인식 수준을 보여주는 안확의 「조선의 미술」에서도 "百般의 공업이 발달하야 日用 萬物의 편리를 享함은 都是 미술적 사상에서 從出함"[142]이라는 사고는 아직 남아 있었으니, '미술'을 종교·도덕·학예學藝와 함께 사회의 "理想 기관"으로 보려는 시각[143]은 1900년대에 당연히 주변적이거나 단편적이었다.

2) 서화書畵의 새로운 부각과 '예술'

1_ 1910년대 들어 '미술'이라는 용어의 축을 공장工匠의 기능적 전통에서 찾으려 한 시각은 일대 변화를 일으킨다. 이 변화를 일으킨 동인으로 먼저 주목되는 것이 1910년 창설된 미술연구회이다. 1911년 3월부터 '서화미술시회書畵美術詩會'·'미술 보존회'·'미술원 시회' 등의 명칭으로 신문 기사에 등장하기 시작한 미술연구회[144]는 김윤식·조민희·이완용·조중응 등 구 관료들이 대거 참여한 관변 단체였다. 이 단체는 신문 지상에 계속 나타나는 가운데 1912년에는 바로 전해 윤영기·방한덕이 설립했던 서화미술원을 인수, 강습소를 설치하여 미술가 양성을 시작하였고, 1913년과 1915년에는 각각 전람회를 개최하기도 했다. 안중

140 「미술사상의 배양」, 『매일신보』, 1912.5.1, 사설.
141 「배재학당의 학예품 진열을 觀함」, 『신문계』 4권 12호, 1916.12, 24면.
142 안확, 「조선의 미술」, 47면.
143 牧丹山人, 「최선의 문명개화는 각종 산업의 발달에 在함」, 『태극학보』 18호, 1908.2, 9면.
144 『경남일보』, 1911.3.24, 3.26, 3.28.

식・조석진이 강사로 활약한 서화미술원 강습소에서는 이상범・김은호 등의 화가를 배출하여, 1910년 고희동에게서 시작된 일본 미술학교 유학과 더불어 전문 화가를 배출해 내는 중요한 통로가 된다. 이 두 흐름은 1918년 서화협회의 결성으로 통합의 시도를 보였고, 일제 강점기 내내 총독부 주관의 조선미술전람회에 맞서 민전民展인 서화협회전을 개최하였다.[145] 일본의 귀족 미술 단체 류지카이龍池會를 본뜬 것으로 보이는 미술연구회[146]가 1910년 이후 '미술'이라는 용어를 규율해 가는 데 중요한 축이 된 것이다. 한성미술품제작소가 '미술' 관련의 핵심적인 기관이었던 1900년대와는 달리, 1910년대에 이르면 미술연구회・서화미술원이 '미술'과 관련해 가장 빈번하게 언급되고 거기서 내세운 '서화'가 중요한 어휘로 자리 잡아 간다.

반면 국운을 회복하자는 전망 속에서 설파되었던 식산흥업의 축은 국가의 소멸 이후 조선 총독부가 주도하는 실업 교육이라는 방향으로 변질되어 갔다. 조선 총독부에서는 일본어를 '국어'로 조정하고 한국어의 위상을 '언문'・'조선어'로 격하하는 한편 교과서 내용을 개편해 가면서, "실업교육에 관훈 지식과 흥미를 添"하고 "식산, 농림, 광업, 공예 등의 개발에 관훈 사상은 함양"할 것을 꾀하고 있었다.[147] 이에 따라 수의隨意 과목이었던 수예와 수공手工이 필수 과목으로 조정되었고[148] 실업학교 확장이 추진되었다. 『매일신보』에는 '실업계'라는 난이 생겼고, 유일한 민간 신문이었던 『경남일보』도 1면을 실업 관련 기사에 할애하여 「양계법養鷄法」・「과수원의 설치」・「상업 경영법」 등을 길게 연재하였

145 조정육, 「한국 미술사에서 서화협회의 성과와 한계」, 『근대한국미술논총』 참조.
146 龍池會의 성격에 대해서는 佐藤道信, 『'日本美術' 誕生』, pp.190~191 참조.
147 「교과서 내용」, 『경남일보』, 1910.11.7, 잡보.
148 「普通校 변경」, 『경남일보』, 1910.11.5, 잡보.

다. 실업에 유의하겠다는 총독부의 정책은 대중적으로도 급속하게 전파되어, 자산 없이 실업에 종사하겠다 나서는 사람이 많으리라는 염려까지 이는 형편이었다.[149] 그러나 1910년 이후의 실업 진흥책이 1900년대의 식산흥업론과 같을 수는 없다. 1900년대 식산흥업론이 자연적인 지세地勢조차 "독립긔상을 씌여"[150]라고 묘사하는 애국적 기상 속에서 전개되었다면 1910년대의 실업 진흥책은 일제가 주도한 신민화臣民化 정책의 일환으로 추진되고 있었고, '미술'이라는 용어를 공예·공업이라는 뜻으로 읽을 때 그 너머에 있었던 '국가'라는 지평은 이미 사라져 버리고 없었다.

'미술'이라는 용어가 시각 예술을 가리키는 뜻으로 축소된 것은 이러한 변화 속에서였다. 1900년대에 '미술'은 식산흥업론과 결부되어 있었지만 1910년 이후 이 유대가 해체될 수밖에 없었던 중, 여기서 공장의 축 대신 서화의 축이 새롭게 '미술'이라는 용어를 지지支持할 만한 버팀대로 떠올라왔던 것이다. 기계 공업이 발전하고 공工이 능숙한 손기술 대신 기계의 단순 작업을 가리키게 되면서 '미술'과 식산흥업 사이의 연계는 점차 옅어질 것이었으나, 1910년의 강제 병합이라는 정치적 사건은 이 변화를 일층 신속하고 명백한 것으로 만들어 놓고 있었다. 1876년 미술학교의 설립 이후 회화·조각·공예를 미술의 하위 범주로 정립하기에 이른 일본의 경험[151]이 본격 유입되기 시작했다는 사실 또한 중요한 변수가 되었다. 일본에서 '미술'이라는 용어가 시각 예술을 가리키는 말로 한정되고 동시에 '예술'이라는 말이 새로 등장한 것은 이미 1890년

149 「신분조사의 오해」, 『경남일보』, 1910.12.1, 잡보.
150 육정수, 『松賴琴』, 25면.
151 教育史編纂會, 『明治以降 教育制度發達史』 1, 東京 : 龍吟社, 1938, p.714.

대의 일이었지만[152] 그간 한국은 일본의 결론을 그대로 받아들이는 대신 '미술'이라는 용어를 둘러싼 나름의 고투를 새롭게 겪고 있었다. 고투의 지반이었던 '국가'가 무너진 1910년대에 이르러서야 일본의 영향은 보다 전면적인 것이 된다. 1910년 고희동의 유학을 시작으로 하여 김관호・김찬영・나혜석 등도 속속 일본에 유학하여 전문적인 서양화 훈련을 받았으며, 이들의 귀국 이후 새로운 '미술'의 보급은 더욱 활발해질 수 있었다.

시각 예술에 한정되기에 이른 '미술'의 새로운 윤곽은 미라는 가치와의 친연성을 점차 확고히 해 나간다. 교육 제도에서 '미술'을 반영한 과목이라 할 수 있는 도화에서 본래 천명된 목적은 "眞像을 畵홀 능력을 得케 ᄒᆞ고", "겸ᄒᆞ야 美感을 養"한다는 두 가지였다.[153] "眞像을 畵"하게 한다는 목적은 곧 제도製圖의 기술을 익힌다는 목적과 통하는 것이었으니, "간단한 형체로부터 漸進ᄒᆞ야 實物 혹 畵帖에 就ᄒᆞ야 教授ᄒᆞ고", "혹 簡易ᄒᆞᆫ 幾何畵法을 教授"한다는 취지가 이에 연관된 사항이었다. 도화라는 교과가 "물체를 정확히 식별홈에 필요ᄒᆞ고 특히 미술 기예 공업 발전상에 缺치 못홀 자"라 평가한 예 역시 마찬가지였다.[154] 그러나 식산흥업론이 그 근거를 잃은 1910년대, 공예 발달을 기期하는 태도는 약화될 수밖에 없었다. 시각 예술과 관련된 활동에서 남은 것은 "美感을 養"한다는 목적이었던 만큼 '미술'은 이를 중심으로 새롭게 재편되어야 했다. 음악 분야의 사정 역시 크게 다르지 않았다. 1900년대에 음악은 '미술'만

152 上田敏의 「美術の翫賞」, 1895에는 '미술'과 '예술'이 함께 아트에 대응하는 개념으로 쓰이고 있다. "세상에서 美라고 말하고 藝라고 말하는 것"이라 썼던 식이다. 柳村, 「美術の翫賞」, 稻垣達郎・佐藤勝 編, 『近代文學評論大系』 2, 東京 : 角川書店, 1972, p.13.

153 1906.8.27 학부령 제23호 「보통학교령 시행 규칙」, 이원호, 『개화기 교육정책사』, 문음사, 1983, 267면에서 재인용.

154 장응진, 「교수와 교과에 대하야」, 『태극학보』 15호, 1907.11, 15면.

큼 활발하게 논의되지 못했으나 창가라는 교과목을 통해 새로운 터전을 다져가고 있었다. 창가는 "활발훈 군가와 고상훈 찬미가"[155]를 높이 평가하는 맥락에서 수용되었으며 특히 교육 현장에서는 "軍樂音調로 製造敎習"되었던 것으로 보인다.[156] 개교식에서 개교가・예비가豫備歌・애국가・흥학가興學歌・국가가 차례로 불릴 정도로 창가의 역할은 컸는데[157] 그 근거가 된 정신은 역시 애국과 계몽이었다. 일본에서도 서구 음악은 1872년 군악대의 조직으로 처음 제도화된 바 있었고[158] 중국에서는 량치차오가 군가의 미비를 중국이 쇠퇴한 원인의 하나로 꼽으면서 음악의 중요성을 설파하기도 했다.[159] 이렇듯 1900년대에는 음악 역시 '국가'라는 지평과 긴밀하게 연결되어 있었다. 이 지평이 해체된 후 음악에 남은 입지는 "美趣를 感得ᄒᆞ야 德性을 함양홈"이라는 것뿐이었다.[160]

미술과 음악이 유사성을 공고히 할 수 있었던 것은 이처럼 수동적인 위치에서였다. 1900년대에도 미술과 음악을 연관시킨 예는 적지 않았다. '미술'이라는 용어 자체가 때로 오늘날의 예술과 비슷한 뜻으로 쓰였던데다, 서우학회 내 교육서화관에서 습자・도화・창가・음악을 가르치는 등[161] 시각 예술과 음악의 훈련이 함께 다루어졌던 경우도 드물지 않았기 때문이다. "일어나 영어마듸"가 함께 묶이는 것처럼 "음악 미슐 등에도 셥렵케" 한다 하여 음악・미술이 나란히 열거되었고[162] 대문

155 박은식, 「文弱之弊는 必傷其國」, 『서우』 10호, 1907.9, 5면.
156 『대한매일신보』, 1906.9.16, 광고.
157 「개교식 성황」, 『대한매일신보』, 1906.6.22, 잡보.
158 教育史編纂會, 『明治以降教育制度發達史』 1, p.714.
159 梁啓超, 「飮氷室詩話(選錄)」, 『中國歷代文論選』 下, 台北 : 木鐸出版社, 1981, p.349.
160 장응진, 「교수와 교과에 대하야」, 15면.
161 「美術將明」, 『대한매일신보』, 1907.7.10, 잡보.
162 육정수, 『松賴琴』, 28면.

호가 · 명회화가 · 교巧조각가 · 대음악가가 연이어 거론되기도 했다.[163] 미감의 양성이라는 특징으로 도화와 음악을 함께 묶은 일도 있었다.[164] 그러나 이 같은 공통성의 자각이 미술 및 음악을 인식하는 데 핵심적인 것은 아니었다. '미술'이라는 용어는 공예이자 예술이자 미술이라는 복잡한 상황에 있었고 식산흥업론과 결부되어 의미의 핵을 형성하고 있었으며, 음악 역시 상무 정신을 표상하는 군악음조軍樂音調로 편향되어 있었다. 식산흥업의 사상과 상무의 정신이라는 각기 독립된 기반에 '미술'과 음악이 서 있었던 셈이다. 오늘날 말하는 시각 예술로서의 미술은 뚜렷하게 인식될 수조차 없었고 음악 역시 대개는 창가라는 특수한 예에 고착되어 있었다. 사정이 일변한 것은 식산흥업의 사상과 상무 정신에 함께 전제되어 있던 '국가'라는 심급이 사라지면서부터이다. 1910년 이후 '미술'과 음악은 혼란스러운 대로나마 형성 중에 있던 정체성의 축을 잃어버렸고, 식산흥업론이나 상무 정신이 무효화된 가운데 새로운 가치기반을 찾아야만 했다. 미라는 가치, '예술'이라는 용어는 바로 이 새로운 정립 가운데서 떠오른 것이다.

2_ '예술'이라는 용어는 '미술'이 시각 예술을 가리키는 용어로 한정되어 가면서 출현하였다. 실상 '예藝'란 아트라는 개념을 받아들이기 시작한 초기부터 문제되었던 말이다. 루쉰은 "아트라는 말은 본래 그리스어에서 나온 것으로 그 뜻은 藝"라 했으며, 그러나 "지금은 아트라는 말이 美麗라는 뜻을 갖고 있으니, 이러한 것(藝에 해당하는 활동) 전부를 미술이라 부를 수는 없다"고 보았다.[165] 아트의 본래 뜻을 따진다면 예라는 말

163 조언식, 「정신적 교육」, 『기호흥학회월보』 4호, 1908.11, 3면.
164 장응진, 「교수와 교과에 대하야」, 15면 참조.

이 적절한 대응을 이룰 법하나 서구에서 아트라는 말은 점차 미의 가치를 내포하게 되었으므로, 단순한 기술인 예를 아트와 동일시할 수도, 예라는 말을 아트의 번역어로 동원할 수도 없다고 생각했던 것이다. 루쉰과 달리 예를 아트의 번역어로 활용할 때는, 예가 예禮・악樂・사射・어御・서書・수數의 단순 기예만을 가리키는 것이 아니라는 첨부가 필요하였다. '기예技藝'와 구별되는 '상예上藝'라는 범주를 구별한 뒤 "기예가 적절한 쓰임으로 제 몫을 하는 것이라면 上藝는 아름다움으로 제 몫을 하는 것"이라 함으로써, 상예는 소용 여부에 구애받지 않는다는 단서를 붙이는 식이었다.[166] 그러나 둘 중 어떤 경우이든, 예 혹은 예술이란 '아트'를 번역하고 그 핵심 자질을 추리는 과정에서 처음부터 문제된 용어였다.

서구에서 아트라는 용어가 겪어 온 역사를 생각하면 이런 대응은 꽤 적절한 것이었다 할 수 있다. 아트란 그리스어 테크네tekne에서 유래한 어휘로 모든 방면의 기술skill을 가리키는 말이었다. "물건이나 집, 동상, 선박, 침대, 도기, 의복 따위를 만드는 데 필요한 기술과 나아가서 군대를 지휘하거나 땅을 측정하거나 청중을 사로잡는 데 필요한 기술"은 모두 아트라고 불렀다. 체득하고 숙련해야 할 일련의 규칙이 곧 아트였으므로, 예컨대 영감과 상상력에 의지하는 시는 아트로 포괄될 수 없었다. 아트가 후일의 근대적 의미를 획득하기 위해서는 아트라 불린 활동 가운데서 '정련된fine' 혹은 '우아하고 유쾌한elegant and pleasant' 같은 자질이 따로 추려내져야 했으며, 이에 의거해서 학문이나 단순한 수공업 기술은 아트의 영역에서 추방되어야 했다. 16세기에서 18세기 중엽에 걸쳐 이

165 魯迅, 「擬播布美術意見書」, p.1.
166 이종태, 『進明彙論』 下, 78~79면.

러한 작업이 완료되자 '정련된' · '우아하고 유쾌한' 등의 수식어는 더 이상 필요 없는 것이 되었다. 이 수식어는 시각 예술을 가리키는 보다 협소한 용례로 축소되었으며 동시에 아트는 그 말 자체로 오늘날의 '예술'이라는 의미를 갖게 되기에 이르렀다.[167]

'미술'과 '예술'이라는 동아시아의 용어는 기이하게도 서구에서 '아트'라는 용어가 거쳤던 역사를 변주해 냈다 할 수 있겠다. 본래 기술의 숙련을 뜻했던 '예술'이 아트의 번역어로 자리 잡고, 한때 '예술'과 경쟁했던 '미술'이 파인 아트fine art의 번역어가 된 대응의 양상은 꽤 인상적이다. 그러나 어찌 보면 이런 대응은 그다지 기이한 것이라 할 수 없다. 마치 한국에서 '미술'이라는 용어를 받아들일 때 그랬듯이 동아시아에서 '아트'라는 말을 처음 받아들일 때도 용어의 종착점만이 문제가 된 것은 아니었다. 아트가 이미 오늘날 일컫는 예술로서의 의미를 분명히 하고 있었다 해도 그 의미가 의심할 나위 없는 완결성으로 받아들여지지는 않았으리라는 말이다. 새로운 용어는 유래와 변천의 역사, 그 나름의 맥락과 함께 수용되었고, 동시에 수용된 맥락에서의 변화 또한 거쳐야 했다. 아트의 번역어로 '예술'과 '미술'이 동시에 고려되고 '미술'이 일반적인 용어로 채택되며, '미술'이 식산흥업 사상과의 긴밀한 연관 속에서 전파되다가 중심축을 잃으면서 의미의 축소를 경험한 후 다시 '예술'이라는 용어가 부상해 왔다는 이 복잡한 상황은, 그 자체로 개념의 수용과 굴절에 있어서의 전형적인 예를 보여주고 있다.

1910년대 이후 '예술'이라는 용어가 일순간에 독점적 지위를 누리게 된 것은 물론 아니었다. 『매일신보』에 장편 『무정』이 연재되기 시작했

167 W. Tatarkiewicz, 이용대 옮김, 『여섯 가지 개념의 역사』, 이론과실천, 1990, 21~35면.

을 때도, 양건식은 이 소설이 "소설은 즉 미술의 일부"라는 사실을 확인시켜 줄 수 있으리라는 기대를 피력하였다. "므롯 과학과 미술이란 것은 세계 인생을 설명ᄒᆞᄂᆞᆫ 二樣의 방법"이니 과학은 추상적 · 추압적抽押的으로, 미술은 구상적具象的 · 직관적으로 세계를 설명해 내는 것이며, 소설이란 "사물을 냉정ᄒᆞ게 분석 추론"하는 과학의 성격을 공유하고 있기는 하지만 기본적으로 '미술'에 속한다는 것이었다.[168] 여기서 '미술'이라는 단어는 물론 오늘날의 예술에 상응한다. 그러나 비슷한 시기에 '예술'이라는 용어는 오늘날과 같은 용법을 일반적으로 구축하고 있기도 했다. 최승구는 사실파와 인상파, 이상주의와 유실물론唯實物論을 거론하면서 "예술의 혁명"이라는 말을 동원하였고[169] 김억은 "예술 이뤌 인생 아니여서는 아니된다"고 주장하기도 하였다.[170] '미술'과 '예술'이라는 말은 함께 아트의 번역어로서 쓰이고 있었다. 안확의 「조선의 문학」이나 백대진의 「문학에 대한 신연구」에서는 '문학미술'과 '예술'이라는 말이 같은 자리에서 동원되기도 했다. "**문학미술**의 독립은 교훈적 의식을 去하고 자유의 사상을 **예술**상에 顯"하는 것이라 하거나[171] "결코 **문학미술**을 지식상에 符號로 간주ᄒᆞ지 아니ᄒᆞ고 但히 **예술** 취미下에 출생ᄒᆞ엿도다"(강조—인용자)라고 쓰는 식이었다.[172] 1910년대 중반까지도 '예술'은 '미술'이라는 용어와 경쟁을 벌이고 있었고, 그러나 병존 속에서 차츰 미적인 창조 활동이라는 의미를 독점해 가게 되었다.

'미술'이라는 용어가 최초의 보급 이후로도 오래도록 공예 · 미술 ·

---

168 菊如, 「춘원의 소설을 환영하노라」, 『매일신보』, 1916.12.28.
169 최승구, 「너를 혁명하라!」, 『학지광』 5호, 1915.5, 12면.
170 김억, 「예술적 생활」, 61면.
171 안확, 「조선의 문학」, 64면.
172 백대진, 「문학에 대한 신연구」, 15면.

예술 등의 개념이 잡거雜居하는 양상을 보여주었다면, '예술'이란 정·미에 기반한 창조적 활동이 고립·특수화되면서 비로소 일반화된 용어이다. '예술'은 "문학·음악·미술 등"을 포괄하면서 정의 만족을 구하는 활동으로 정의되었다.[173] 서로 무관한 활동에 가까웠던 음악과 시각 예술, 그리고 글쓰기의 특정한 종류가 하나의 범주 아래 연결되기에 이른 이 과정은 사뭇 문제적이다. 이 과정을 거쳐 "기싱도 일죵 예술가다 (……) 그네는 음악을 ᄒᆞ고 무도를 ᄒᆞ고 시와 노래를 짓고 그림을 그렷다"[174]는 진술이 나올 수 있게 된 것이다. 기생의 서화·가무와 문장을 '예술'이라 칭하는 감각은 서화를 서권기書卷氣·문자향文字香으로 높이는 반면 장인의 작품은 실용품으로 취급하고, 혹은 예악禮樂의 가치를 존숭하는 반면에 민간의 악樂은 경시해 왔던 태도[175]에서 가치의 서열을 지워야만 가능해질 수 있었다. 재도載道의 가치를 지녔던 문文 역시 미적 가치라는 기준으로 다시 평가되어야 했으며, 또한 이렇듯 재평가된 제반 활동이 유사한 것으로 함께 취급될 수 있어야 했다. 1881년 동경제국대학에 심미학이라는 과목이 마련되는 등, 일본에서는 유독 일찍부터 제도화되었던 미의 가치[176]는 이 과정을 통해서야 실천적 지반을 마련할 수 있게 될 것이었다.

문학이 1910년 무렵부터 정과 미에 기반한 활동으로서의 의미를 다지고 있었다면, 미술과 음악은 각각 식산흥업론과 상무 정신이라는 토대를 잃은 후 "미감을 양성"한다는 또 하나의 축에 기대어 자기 정립을 꾀

173 이광수, 「문학이란 何오」, 508면.

174 이광수, 『무정』, 456면.

175 김현숙, 「근대기 서·사군자관의 변모」, 471면; 張法, 유중하 외 옮김, 『동양과 서양, 그리고 미학』, 푸른숲, 1999, 91면.

176 김문환, 「한국 근대미학의 前史」, 권영필 외, 『한국미학시론』, 고려대 한국학연구소, 1994, 299~304면.

하고 있었다. "실리를 鄙薄ᄒᆞ고 高趣를 是認ᄒᆞ야 미술 문학 등으로써 교육의 목적이라 ᄒᆞᄂᆞᆫ 자"를 "優美主義"라 칭했던 것 같은 용법이 일반적 설득력을 얻기에 이르렀던 것이다.[177] 그러나 이 과정은 미 자체의 기준을 검증하는 것 못지않게 글쓰기와 시각적·청각적 구성물을 생산해 내는 기술의 일반성에 초점을 맞추고 진행되었으므로, 결과적으로는 '예藝'의 의미를 중시한 것이기도 했다. '미술'과 '예술'이 혼재하고 있었던 1910년대, 정·미와의 연관을 일찍부터 따졌던 문학에 대해서는 '문학미술'이라는 표현을 쓰면서도 미술·음악을 함께 포괄할 때는 '예술'이라 했던 것도 쉽게 넘겨버릴 수 있는 일은 아니다. 문학이라 불리는 글쓰기 종류와 정·미와의 친연성이 1910년 무렵부터 익숙하게 호명되었던 반면 미술·음악은 예 즉 기예로서의 성격을 거점으로 삼은 상태에서 차츰차츰 정과 미로써 주초柱礎를 삼게 되었다. '미술'의 미와 '예술'의 예가 그 의미 규정의 차이를 잃어버린 채 보다 포괄적인 단어인 '예술' 쪽으로 통합을 보게 된 것은 이 와중에서의 일이었다.

식산흥업론의 자취 역시 1910년대 들어 완전히 사라져 버린 것은 아니다. 앞서 쓴 대로 식산흥업론은 1900년대에 '미술'이라는 용어를 만들어 내면서 그 의의를 강조하는 데 기여하였다. 완물상지玩物喪志라 하여 여기餘技로나 다루어야 한다고 거듭 역설되었던 시각적 창조 활동[178]은 이로써 지위 상승을 꾀할 수 있었고, 미술이 문이나 악과 함께 '예술'로서 동등한 자리를 차지할 수 있었던 것 역시 이에 힘입은 결과였다. 감각의 위상이 제고된 데도 역시 식산흥업론의 영향이 컸다. 식산흥업의

177 정영택, 「교육의 목적」, 『기호흥학회월보』 1, 1908.8, 31면.

178 '玩物喪志'의 이념적 효과 및 18세기 京華世族의 骨董書畵 취미에 대해서는 강명관, 『조선시대 문학예술의 생성공간』, 소명출판, 1999, 286~287면 참조.

사상을 배경으로 한 '미술'은 정신의 표현으로서의 초월적 가치보다 시각에 대한 직접적 호소력을 더 중시하였으니, 그 결과로 1910년대의 '예술' 역시 감각에 호소하는 기교의 능력을 높이 산다는 특징을 지니게 되었다. 미술과 음악에 관련된 활동은 정·미의 정신적 가치이기 이전에 신기한 기교로 보이기도 했다. 그러나 문학과 미술·음악이, 또 연극·무용 등이 함께 '예술'로 조명될 수 있었던 것은 무엇보다 이들 활동에 공통의 가치를 부여할 수 있는 근거가 갖추어져 갔기 때문이다. 정과 미라는 근거가 각 활동과 관계 맺은 시기나 경로가 일정하지는 않았다 할지라도, 또한 연관의 타당성에 대한 검토가 의식적으로 이루어진 것이 아니라 할지라도, 이들을 모두 '예술'로 묶을 수 있었던 힘은 인간 존재에 대한 새로운 이해, 정적이고 미적인 인간의 발견이었다.

3_ 1900년대에 지·덕·체라는 인식이 대세를 이루고 있는 가운데서도 정적인 혹은 미적인 존재로서의 인간에 대한 개안이 없었던 것은 아니다. 당시 큰 영향을 끼쳤던 중국의 량치차오부터 지·정·의라는 이해 방법에 무지한 것이 아니었으므로, 량치차오를 번역하면서 지·정·의라는 설명을 동원한 일도 있었고[179] "인간 문화를 개척하는 사업의 意的 되는 것과 갓치 혹은 知的 혹은 情的으로 의무를 盡ᄒᆞ나 其 공훈에 至ᄒᆞ야셔는 동등이라"처럼 지·정·의라는 구분에 입각한 서술을 단편적으로 보이는 일도 있었다.[180] 그러나 량치차오가 한동안 지·정·의에 대한 지식을 국부적인 지식의 수준에서만 보여주었듯 1900년

179 예컨대 이기, 「梁氏學說」, 『호남학보』 1호, 1908.6, 24~25면에서는 梁啓超의 「교육정책 私議」를 소개하면서 신체·지·정·의·自觀力이라는 다섯 항목을 잣대로 유·소년기의 발달 단계를 설명하고 있다.

180 유전, 「인격의 발달」, 27면.

대 한국에서도 지·정·의란 그리 울림이 큰 말이 아니었다. 장응진이 양심의 문제를 논하면서 "心에 知情意의 三作用이 有홈과 如히 一狀態되는 양심에도 此 三作用이 有ᄒᆞ니"라고 한 부분[181]이나 심의성이 사범師範 양성의 필요를 역설하면서 인간 본성을 지智와 감感(情)과 지志(意)로 나누어 이해할 수 있다고 풀이한 대목[182]이 지·정·의라는 구분에 대해 가장 깊은 관심을 보여준 사례라 할 수 있는 정도이다. 심의성은 이어 개화 교육의 공효를 지식 개척, 미술 사상의 함양, 고상하고 진취적인 의지의 계발 세 가지에서 찾는다. 이 셋은 각각 지·정·의에 대응되는 것이니 실상 1910년대의 지·정·의론에서 제안한 핵심은 여기 이미 모두 응축되어 있다 할 수 있다. 그럼에도 불구하고 이 글 역시 지·정·의에 대해 초보적인 인식 수준을 크게 벗어나지 못했다고 말할 수 있는 까닭은, 글쓴이의 관심이 온통 인민 교육이라는 계몽적 과제에 가 있기 때문이다.

지·덕·체와 지·정·의라는 두 가지 체계의 기반은 전혀 다르다. 지·덕·체의 기반이 교육론이라면 지·정·의의 기반은 심리학이며, 지·덕·체론이 내부 항목 사이에 위계를 세우려 하는 반면 지·정·의론은 "此 三者에 何優何劣이 無히 평등하게 吾人의 정신을 구성"한다고 주장한다.[183] 적어도 한국에서의 상황은 그러하였다. 또 위계화의 성향을 띠고 있었다는 사실에서 짐작할 수 있듯 지·덕·체론이 처음부터 계몽의 담론으로 제출된 것이었다면, 지·정·의론은 계몽의 일반적 구도에 거리를 두고 있었다. 이렇게 보면 이광수가 「문학의 가치」나 「금일

181 장응진, 「양심론」, 『태극학보』 12호, 1907.8, 6면.
182 심의성, 「論師範學校」, 『대한자강회월보』 13호, 1907.8, 20면.
183 이광수, 「문학이란 何오」, 508면.

아한我韓 청년과 정육情育」(1910년)에서 쓴 '정육'이라는 단어는 좀 기묘한 것이라 하지 않을 수 없다. 정육이란 정이라는 가치에 교육의 의도가 결부되어 나온 단어일 터인데, 지·정·의는 교육학적 발상이 아니었기 때문이다. 지육·덕육·체육이라는 명칭이 익숙하게 쓰였던 반면 지육·정육·의육이라는 명칭은 제기된 바 없었다는 사실에서 확인되듯이,[184] 또 지·정·의를 말한 논자들이 늘 심리학을 앞세웠다는 점에서도 알 수 있듯이, 지·정·의란 교육의 구상이 아니라 인간 심리의 구도를 바탕으로 하는 것이었다. 그렇다면 1910년 무렵 이광수가 쓴 '정육'이라는 단어는 과도기적인 것이었다고 볼 수 있음직하다. 실제로 이광수는 1910년대 이후로는 이 단어를 쓰지 않고 있으며, 「문학이란 하何오」에서는 지·정·의가 "人의 心"의 세 작용임을 명백히 하고 있다.

그러나 정육이라는 단어의 문제가 이런 진단으로 사라지는 것은 아니다. 정 또는 미의 가치에 교육의 기획을 연결시킨다는 발상은 중국에서도 문제적인 무게로 나타난 바 있었다. 일찍이 왕궈웨이는 「교육의 종지宗旨를 논함」(1906년)에서 교육의 주 영역을 체육과 심육心育으로 나누고 심육에서 다시 지육智育·덕육德育·미육美育의 구분을 두었으며, 이 넷에 모두 주의를 기울임으로써 완전한 인간을 양성할 수 있다고 보았다. 또한 특별히 미육을 논하는 자리에서는 미육의 첫째 목적이 감정의 조화에 있고 지육·덕육의 수단으로 쓰이는 것은 두 번째 의의라고 보았으니, 교육론의 구도 속에서 미의 독자적 의의를 인정한다는 이중적 태도를 보인 셈이었다.[185] 여기서 미육은 지·덕·체의 육성에 부가되어

---

184 研究生, 「학문의 목적」, 『태극학보』 17호, 1908.1, 16면에는 예외적으로 "금일 보통으로 唱論ᄒᆞᄂᆞᆫ 지육·정육·의육·체육"이라는 언급이 보인다. 그러나 지·정·의에 '체육'이 개입해 있다는 사실에서 짐작되듯, 이 명칭은 임시적이고 일회적인 데 그친 것으로 짐작된다.

185 孫世哲, 『蔡元培魯迅的美育思想』, 沈陽 : 遼寧教育出版社, 1990, pp.3~4.

있는 애매한 목표이면서도 나름의 독자성을 인정받고 있다. 10여 년 후 차이위엔페이蔡元培가 다시 미육의 필요를 들고 나왔을 때도 주창의 논리는 왕궈웨이와 크게 다르지 않았다. 차이위엔페이는 「보통교육과 직업교육」(1920년)이라는 강연에서 체육·지육·덕육과 더불어 미육을 학교에서 실시할 방책을 논의하였고, 1930년대에 이르기까지도 "미학의 원리를 응용한 교육"이라는 말로 미육을 정의하였다. 정과 미는 이렇듯 지·덕·체에 부가된 가치로 처음 제기되었다. 교육의 공식적인 경로를 인정하되 정과 미에서 "諸 의무의 원동력"이 될 수 있는 자발적인 힘을 찾는다는 시각이 오래도록 동아시아에서 제기되고 있었던 것이다. 그러나 이러한 시각의 다른 한켠에는 "情이 發한 곳에는 권위가 無하고, 의리가 無하고, 지식이 無하고, 도덕·건강·명예·수치·死生이 無"하다는 주장 역시 숨 쉬고 있었다.[186]

정과 미에는 이 두 가지 길이 내내 잠재해 있었다 해도 좋겠다. 원칙적으로 따지자면 정과 미는 인간의 의식 내부에서나 근거를 찾을 수 있는, 어떤 외적 지표도 발견하기 힘든 가치이다. 정이나 미를 논할 때라면 표상과 실재를 구분하기 어렵고, 끝없이 주관화되는 세계를 제어하기 힘들다.[187] 적어도 근대적인 의미에서의 정과 미라면 이 선에 가까울 것이다. 인간의 내적 감성과 미적 판단은 나름의 자율적인 공간을 구축할 수 있고 누구와도 다른 독자적인 개별성을 주장할 수 있다. 보편의 정과 보편의 미를 발견해 나가는 것은 이 개별성에 기초해서이다. 그리하여 예술은 최고의 개성을 발휘함으로써 보편적 공감을 끌어낼 수 있고, 문학 역시 자기만의 나신裸身을 드러냄으로써 공통의 정서를 환기할

---

186 이광수, 「금일 我韓 청년과 情育」, 『전집』 1, 474~475면 참조.

187 L. Ferry, 방미경 옮김, 『미학적 인간』, 고려원, 1994, 28~29면 및 79~80면 참조.

수 있다는 것이다. 그러나 동시에 정과 미는 근대의 일반적인 기획으로 제출된 것이기도 하다. 자기 내부의 살아 있는 정을 깨우치고 주체적인 미감의 자각으로 그 사실을 증명해야 한다는 요구는 모든 이들 앞에 던져져 있다. 개별성이라는 가치는 이미 보편적으로 요구되기 시작하였다. 한국에서의 정육이나 중국에서의 미육 주장은 바로 이 지점에서 제기된 것이었다. 개별성의 자각을 집단적인 기획으로 제출한 것, 이것은 정과 미의 가치를 발견해 나가는 과정이었을 뿐 아니라 정과 미에 내재해 있는 모순적 성격을 드러내 주는 장면이기도 했다. 근대의 '예술'은 이 모순 속에서 싹트고 자라는 것이었다.

3. '문文' 개념의 함의와 근대문학

1) '문文' 담론의 양상

1_ 19세기 후반, 시 · 소설 · 희곡 · 수필을 하위 범주로 하는 미적 글쓰기로서 근대문학의 개념이 동아시아에 소개되기 시작했을 때, 무엇보다 문제가 된 것은 이 낯선 개념을 어떻게 번역할 것인가였다. 리터래처literature라는 단어는 문文 · 문자文字 · 문학文學 · 자묵字墨으로 번역되었고, 혹은 단순히 '문학'이나 '글자 아는 것'으로 번역되기도 했다. '문학'과 '문도文道'가 함께 리터래처의 번역어로 수록된 일도 있었다.[188] '문예' · '문사文事'와 '작문' 역시 리터래처를 번역하는 과정에서 문제적인

역할을 한 어휘였다. 그러나 다양하게 시도된 번역어가 모두 리터래처의 미적 자질을 성공적으로 수용해 낸 것은 아니다. 이들 번역어는 글자를 읽고 쓸 수 있는 능력 일반에 초점을 맞추는 가운데 능력의 급에도 관심을 둔다는 정도의 의미를 띠고 있었으므로, 말 그대로 '문' 또는 '자字'를 요체로 했다. 리터래처라는 단어가 서구에서 겪어 온 우여곡절을 생각한다면 단어의 번역이 이렇듯 '문'과 '자'를 중심으로 행해진 것은 묘하게 적절한 일이었다고도 할 수 있다. 리터래처의 모태가 된 라틴어 리테라투라literatura는 본래 그리스어 그라마티케grammatike를 옮긴 말로, 문자를 읽고 쓸 수 있는 능력을 의미했고 때로는 문자 자체를 뜻했다. 훌륭한 취향, 박학, 달변 등의 전의轉義를 포함하게 된 후에도 리터래처란 여전히 문자 행위를 구심점으로 하는 의미였고 미적 제한이 가해지기 시작한 후에도 역시 그러했다. 동아시아에 이 단어가 소개되기 직전인 19세기 중반까지도, 문자 행위의 분명한 내포에 비한다면 "철학도 역사도 박학도 비평도 아닌" 미적 자질의 영역이란 모호하고 불분명한 것에 불과하다는 반박의 소리가 들리기도 했다.[189] 읽고 쓸 수 있는 능력, 곧 문자 행위의 능력을 의미의 근간으로 하고 있다는 점에서 '리터래처'와 '문학'은 같다. 또한, 문자 없는 민족을 '문학 없는 민족'과 동일시하고 문학의 단위를 표기 문자에 따라 설정할 가능성을 제기한다는 점에서도 두 개념은 일치한다고 할 수 있을 터이다.

동아시아에서의 '문' 개념은 그러나 단순한 문자의 의미를 넘어선다. 문이란 천지만물에서 형태화할 수 있는 모든 것을 가리키는 말로, 내재

188 鈴木貞美, 『日本の'文學'概念』, 東京 : 作品社, 1998, pp.125~127.

189 R. Wellek, *Discriminations : Further Concepts of Criticism*, New Haven & London : Yale Univ. Press, 1970, pp.4~7.

적인 가능성에 그치지 않고 외현된 것이라면 무엇이든 문이라 부를 수 있었다. 이 범위는 인간 세계에만 그친 것이 아니고 전 자연, 전 우주로 확장되었으니, 동중서董仲舒의 『춘추번로春秋繁露』 이래 천天・지地・인人 삼재三才가 하나의 통일된 원리 하에 있다는 사고가 뿌리를 내려 문의 사상과 결부되었던 때문이다. 천문天文・인문人文・지문地文이 각각 하늘의 질서, 인간 세상의 질서, 땅의 질서를 가리키는 말로 생겨났고, 이는 곧 문이 우주적 질서의 외현임을 의미했다.[190] 문이 이 층위만을 칭했던 것은 아니지만, 문의 저층에는 언제나 이 포괄적・통합적인 의미가 존재하였다. 문이 문자 행위라는 좁은 영역을 가리킬 때도 그 배경에는 하늘의 질서를 헤아리려는 점복占卜의 도구가 문자의 기원이 되었다는 역사가 전제되어 있었고[191] 고대 문에 대한 지식을 문이라 특칭할 때도 이를 통하여 고대의 질서를 복구할 수 있으리라는 희망이 피력되고 있었다.[192] '문학'은 이러한 문의 파생어 중 하나였다.

1900년대에도 '문' 혹은 '문학'에 이처럼 포괄적・통합적인 의미가 전제되어 있는 경우는 드물지 않았다. 문은 개인에서 국가에 이르기까지 사회의 전 단위를 유지시키는 힘으로 선전되었으며[193] "藉於文學ᄒᆞ야 以補天資之不足"[194]한다 하여 정리되지 않은 바탕인 질質을 보완・발현할 몫을 문학에 기대하는 일도 있었다. 특정 지방을 일컬어 "일쳬의 정치와 문학과 미슐과 실업 등의 즁심뎜"[195]이라 한다든가 "수빅년 문학을

190 이종민, 「근대 중국의 시대인식과 문학적 사유」, 60~61면 및 김일권, 「고대 중국과 한국의 천문사상 연구」, 서울대 박사논문, 1999, 19~20면 참조.

191 魯迅, 「漢文學史講要」, 『魯迅全集』 9, 北京 : 人民文學出版社, 1981, pp.343~344.

192 이종민, 「근대 중국의 시대인식과 문학적 사유」, 62~63면.

193 장지연, 「文弱之弊」, 『韋庵文庫』, 국사편찬위원회, 1956, 351면 : "蓋文也者, 政治制度之具也, 文化之盛, 煥乎其章, 郁乎其明, 光輝燦爛, 發越炫耀."

194 안종화, 「興學이 爲國之急務」, 『기호흥학회월보』 11호, 1909.6, 4면.

195 「기호 선비의 제일 첫걸음」, 『대한매일신보』, 1908.1.28, 논설.

숭상ᄒᆞ던 호서",[196] 혹은 "論文學之盛者ㅣ 以嶠南爲最"[197]라 하듯 문학이라는 말로 한 지역의 문물・역사를 요약해 내려 한 시도 역시 문의 통합적 의미에 크게 기대고 있는 것이었다. "포쳔은 수빅년릐로 문학을 슝샹ᄒᆞᆷ으로 나라ㅅ가온ᄃᆡ 일홈이 쟈쟈ᄒᆞ더니",[198] "례안은 곳 션싱의 구긔로 풍속이 돈후ᄒᆞ고 문학이 빈빈ᄒᆞ여 수빅년릐 령남 젼부의 의양ᄒᆞ던 바ㅣ라"[199]는 식으로 크고 작은 지역 단위의 문물제도를 설명할 때도 역시 마찬가지였다. 개인에 대해 문학이라는 말을 쓸 때도 사정은 비슷하다. 1907년 9월 예산에서는 이름난 학자였던 이남규가 아들 형제와 함께 일병日兵에게 살해당한 사건이 일어났다. 이른바 '남한대토벌'의 와중 의병 검거에 혈안 되어 있던 일병日兵의 눈에 이남규가 "글도 잘ᄒᆞ고 지혜가 만흐니 의병 니르킬 줄을 가히 알겟다"고 비친 것이 화근이었다는데, 격분한 어조로 이 사건을 보도하고 있는 기사에서 이남규는 "문학 지상",[200] "문학이 고명ᄒᆞᆫ 사ᄅᆞᆷ"[201]으로 지칭되고 있다. 여기서 문학이란 학식과 덕망을 두루 가리키는 용어이다. "학부 편집국 위원 김택영씨는 본시 문학가로 저명한 人"[202]이라든지 "전 진사 황현씨는 山林 문학의 宿望으로 (……) 山林이 皆其文章風節을 景仰ᄒᆞ더니"[203]라 한 예에서도 마찬가지이다. 문학이라는 말은 학식과 덕망, 시문 창작의 재능과 치세治世의 능력을 동시에 아우르는 말이었고, 문물과 풍속을 두루 지칭하는 말이기도 했다. "文章名筆과 博學巨儒"[204]・"通古今 達事理"[205]라는 문학의

196 「호서학생 부형에게 권고함」, 『대한매일신보』, 1909.1.13, 논설.
197 「警告嶠南人士」, 『황성신문』, 1908.6.27, 논설.
198 「포천에 밝은 빛」, 『대한매일신보』, 1909.2.18, 논설.
199 「영남 진보당의 선봉」, 『대한매일신보』, 1910.3.31, 논설.
200 「이씨 피해」, 『대한매일신보』, 1907.10.2, 잡보.
201 『대한매일신보』, 1907.10.8, 시사평론.
202 「快哉此行」, 『대한매일신보』, 1905.10.29, 잡보.
203 「梅泉先生絶筆」, 『경남일보』, 1910.10.11.

용법은 우주적 진리의 외현이라는 문의 의미를 간직한 채, 1900년대까지도 생생하게 재생산되고 있었다.

2_ 1900년대에 '문학'이라는 용어가 이처럼 포괄적인 의미로만 쓰였던 것은 아니다. 홍명희는 이때 이미 쓰보우치 쇼요의 책을 언급하면서 밀튼·셰익스피어 등의 명언을 소개하고 있었고,[206] 최남선 역시 일찍부터 『태양』·『와세다早稻田 문학』 등 일본 문예 잡지를 구독하면서 "신문예 건설자로 반도문학으로 하야곰 세계상에 光色이 잇게 하야 보겟다"고 마음먹었었다 하며, 『소년』을 창간할 때도 "순정치에 偏하게도 아니오 또 순문예에 偏하게도 아"닌 잡지를 만들어 보겠다는 생각을 품었다고 토로하고 있다.[207] 이광수가 소설 습작을 시작한 것 역시 1905년에 시작된 1차 일본 유학 시기의 일로서 이때 그는 일본 문인의 작품을 탐독하는 한편 톨스토이·바이런 등에 심취해 있었다 한다.[208] 진학문의 소설[209] 「요죠오한四疊半」은 당시 일부 유학생 사이에 번져 있던 이런 풍조를 잘 보여주고 있다.

이층 위 남향한 「요죠오한」이 함영호의 침방, 객실, 식당, 서재를 겸한 방

---

204 「큰 나와 적은 나」, 『대한매일신보』, 1908.9.17, 논설 : "내가 문학을 깃버ᄒᆞ면 쳔만리 밧긔 문장 명필과 박학거유가 모다이 나며."

205 「학생의 다섯 가지 근심」, 『대한매일신보』, 1909.8.12, 논설 : "문학으로 말ᄒᆞ면 통고금 달ᄉᆞ리를 못ᄒᆞ고."

206 假人, 「서적에 대하야 고인의 찬미한 말」, 『소년』 3권 3호, 1910.3, 65면 : "두어 말삼 여러분게 말삼하여 두을 것이 잇스니 첫재는 본인이 서양서책에셔 번역한 것이 아니라 일본 坪內 박사의 저서(文學その折折)에서 중역하온 것이라난 말삼이외다."

207 公六, 「『소년』의 기왕과 밋 장래」, 『소년』 3권 6호, 1910.6, 13~17면.

208 김윤식, 『이광수와 그의 시대』 1, 솔, 1999, 243~247면.

209 「요죠오한」의 작가는 '夢夢'으로 서명되어 있다. 夢夢이 곧 진학문이라는 근거에 대해서는 김학동, 「순성 진학문론」, 『문학의 해석』, 서강대 출판부, 1988 참조.

이라. 장방형 책상 위에는 산술 교과서라 수신 교과서라 중등 외국地誌 등 중학교에 씨는 日課冊을 ᄶ진 冊架가 잇는데 그 녑흐로는 동써러진 대륙 문사의 소설이라 시집 등의 독본이 면적 좁은 게 한이라고 늘어싸혓고 新舊刊의 순문예잡지도 두세 종 노혓스며, 학교에 다니는 책보자는 열십자로 매인 치 그 밋헤 바렷스며, 벽에는 勞役服을 입은 ᄶ오리씨와 바른손으로 볼을 버틘 투우르궤네브의 小照가 걸녓더라.[210]

「요죠오한」의 함영호는 학교에 다녀오면 책보는 풀어 보지도 않은 채 소설이나 시집 읽기에 열중한다. 그는 좁은 방에 초상을 붙여 둘 정도로 고리끼와 투르게네프를 흠숭하고 있고, 또한 톨스토이를 즐겨 읽던 벗과 유일하게 친교를 맺고 있다. 고리끼의 이름이라고는 "로국 소셜가 맥심 골기씨는 젼 분요 즁에 포박되엿더니 다시 방면되엿다더라"[211]라는 짤막한 기사에서 보인 것이 고작이었던 한국의 일반적 상황을 생각해 본다면, 이들은 이 세계와는 전혀 다른 공기를 호흡하고 있었던 인물이라 해도 좋겠다. 영호와 친구 채蔡, 둘이 대화를 나눌 때면 "학생계에셔 별노 쓰지 아니하는 셧훌은 문예상 문자"가 오가고, 채蔡는 허무주의에서 사회주의로, 자연주의에서 도덕주의로의 사상적 전환을 논하기도 한다. 그러나 이들은 같은 유학생조차 낯설어 하는 문제로 고민하는, 아직 고립된 세계에 사는 인물이다. 더욱이 이들조차 '문학'을 감상의 수준을 넘어 체계적으로 이해했던 것은 아니다. 근대문학에 대한 최초의 이론적 접근인 이광수의 「문학의 가치」는 1910년에 씌어졌지만, 이 글의 논의는 문학을 정과 연결시키는 단선적인 것이었고, 지・정・의라는 인

---

210 夢夢, 「요죠오한」, 『대한흥학보』 8호, 1909.12, 23면.
211 『대한매일신보』, 1905.2.16.

식을 논하고 시 · 소설 · 희곡 · 평론을 따지는 입체적인 논의는 「문학이란 하오」(1916년)에 와서야 확실한 것이 될 수 있었기 때문이다.

1900년대에 '문'이나 '문학'과 관련하여 실제로 가장 자주 보였던 논의는 문의 전통을 '문약文弱' · '허문虛文'으로 공격하는 쪽이었다. "우리 한국은 원릭 문치를 슝샹ᄒᆞ던 나라"라는 평가는 긍정적 자부심으로 이어지기보다 "그 말류의 폐단이 인민을 압졔ᄒᆞ여 활발ᄒᆞᆫ 긔운으로 움치러지고 펴지를 못ᄒᆞ게 ᄒᆞ"[212]엿다는 부정적 진단의 근거가 되었으며, 국가 쇠퇴의 원인에서도 중문경무重文輕武 · 허문무실虛文無實이 문제적인 결점으로 거론되고 있었다.[213] 김부식이 "뎌 외국을 슝빅ᄒᆞᄂᆞᆫ 편벽된 소견"으로, 최치원이 "글ᄉᆞᄌᆞ나 ᄒᆞᄂᆞᆫ 적은 지됴를 픔고 (……) 지나를 슝비ᄒᆞᄂᆞᆫ 주의를 ᄀᆞ득 픔"었다는 이유로, 과거제를 마련했다는 쌍기가 "시부로 션비를 취하는 법을 뎡ᄒᆞ야 쳔여 년 동국 션비의 정신을 부패케"했다는 명목으로 단죄되었던 당시,[214] 무武과 실實의 가치를 높이고 문을 그 장애물로 비판하는 인식은 어쩌면 당연했다고 하겠다. 문과 문학의 역사를 대표함직한 인물들이 혹독하게 비판을 받는다는 몽유 형식에서, 판관判官은 다름 아닌 광개토대왕 · 연개소문 · 을지문덕 · 최영 · 이순신 등의 무장이었고, 이 자리를 주재하는 인물은 민족의 상징 단군이었다. 상무의 정신이 곧 민족주의인 반면 문의 전통은 사대주의에 결부되어 있다는 시각을 이처럼 뚜렷하게 보여주는 글도 드물다. 문 전통이 이렇듯 가혹한 비판을 받지 않을 때라 하더라도 역대의 이름난 문신이나 거유巨儒는 말류의 폐단을 빚어냈다는 책임을 면할 수 없었다. 저승

212 「오늘날은 우리 한국 인민의 활동할 시기」, 『대한매일신보』, 1910.7.17, 논설.
213 윤상현, 「告사회지사제공」, 『기호흥학회월보』 3호, 1908.10, 17면.
214 「허다한 옛 사람의 죄악을 심판함」, 『대한매일신보』, 1908.8.8, 논설.

에서 송시열 · 허목 · 이율곡 등 조선 시대의 대표적 거유를 만나고 환생했다는 몽유 형식에서, 이들은 "피골만 남은 로인"의 모습으로 "우리 주손들이 몃빅년을 나려오며 우리들의 일홈만 팔아 놀고 먹는"다는 근심을 절절하게 토해내고 있다.[215]

문의 절대성은 전통 학문의 수련을 쌓은 사람들 사이에서도 흔들리고 있었다. 장지연은 문의 본래적 가치를 인정하면서도 문승文勝 혹은 문성文盛의 폐단을 경계하였고[216] 박은식은 "崇文賤武"는 승평세월의 사정일 따름이라 했다.[217] 국가 진흥에 있어 학문의 중요성을 논하면서 '문학'이라는 말을 쓴 적도 있었으나 이때 문학이란 농학 · 광학鑛學 · 의학 · 격치학格致學 등의 근저로서 조명되는 것이었다.[218] 신채호는 더 나아가 그때까지의 역사 서술을 "국민의 敵愾 정신을 奪ᄒᆞ고 文弱思想을 與"[219]해 온 것으로 논죄하고 조선 시대의 역사를 전면 부정하면서, 상무정신의 원천으로서 상고사上古史를 연구할 필요를 제기하였다. 삼국 시대까지의 고대가 상무의 기상으로 가득 차 있던 시대이자 민족정신의 보고인 반면, 조선 시대는 사대事大의 폐단을 빚어낸 허약한 문의 거처였다고 본 것이다. 한반도의 역사에 대한 이런 이분법적 시각은 무와 문 사이의 거리를 절대적인 것으로 치부했던 당시의 감각을 잘 전해 주고 있다. 이런 이분법에 따르자면 삼국 시대와 조선 시대 사이는 특별한 가치 판단을 내리기 힘든 시대, 일종의 어정쩡한 과도기가 되어 버릴 터이고 또 실제로 오늘날까지도 역사 연구의 현황은 이에 가까운 모습을 보

215 『협성회회보』, 1898.3.26.
216 장지연, 「文弱之弊」, 352면.
217 박은식, 「文弱之弊는 必傷其國」, 『서우』 10호, 1907.9, 2면.
218 박은식, 「論國運關文學」, 『박은식 全書』 中, 단국대 출판부, 1975, 21~24면.
219 신채호, 「역사와 애국심의 관계」, 『대한협회회보』 3호, 1908.6, 5면.

여주고 있는 터이지만, 보다 문젯거리가 됨직한 사실은 문과 무가 불상용不相容의 대립항처럼 설정되었다는 사실 자체이다.

문은 본래 무와 더불어 완전해지는 것이라 한다든지[220] 한국사를 "實爲獨立"·"文武兼備"로 총평하는 시각[221]도 드물게 있기는 했으나, 주류를 이룬 것은 어디까지나 문의 전통을 허문과 문약으로 비판하는 목소리였다. "昇平日久에 문예를 徒事ᄒᆞ야 국민의 武氣武習을 멸시 억제"했던 탓에 "맛춤닉 虛弱無常ᄒᆞ고 恥辱莫甚ᄒᆞᆫ 금일 상황을 呈出ᄒᆞ"게 되었다 했고,[222] "實業을 不務ᄒᆞ고 단 其 虛文만 尙ᄒᆞ"여 국정國政과 경제가 곤란에 빠지게 된 것이라는 진단도 나왔다.[223] "문치를 숭상ᄒᆞ며 농ᄉᆞ를 힘쓰ᄂᆞᆫ 이 몃 가지 정칙은 녯적에 태평무ᄉᆞᄒᆞ야 나라를 잠그고 디경 안만 직희고 드러안졋던 시딕에 ᄒᆞ던 일"[224]인만큼, 쇄국의 시절이 간 이상 상무의 기상과 상공商工의 업에 힘써야 한다는 주장이 종합적인 처방이었다. 이렇듯 문을 낮추고 무를 높이는 논리는 체육의 강조와 짝을 이루는 것이었으니, "교육의 대방침이 문예에 歸一하야 체육을 전연 不知"[225]했다든가 "교과는 체조와 문예 이과에 大別"[226]할 수 있다는 시각에서, 문과 대립항을 이루면서 신체와 상무 정신을 강조하는 데 근거가 되었던 활동이 바로 체육이었던 까닭이다.

3 한국에서 문의 전통이 허문과 문약의 악습을 빚어냈다는 이유로 비

---

220 윤돈구, 「敎育正鵠捱」, 『교남교육회잡지』 2호, 1909.5, 31면.
221 여병현, 「我國 학계의 풍조」, 『대한협회회보』 4호, 1908.7, 13면.
222 구자욱, 「武備論」, 『태극학보』 8호, 1907.4, 6면.
223 한창우, 「農商工의 필요」, 『기호흥학회월보』 12호, 1909.7, 17면.
224 「사민의 순서를 개량함」, 『대한매일신보』, 1910.5.27, 논설.
225 최창렬, 「체육을 권고함」, 『태극학보』 5호, 1906.12, 48면.
226 장응진, 「교수와 교과에 대하야」, 『태극학보』 13호, 1907.9, 5면.

판받고 있었던 반면, 중국이나 일본의 상황은 조금 달랐다. 후쿠자와 유키치는 근대 학문을 닦아야 할 필요를 역설하면서 "학문이란 자는 다만 난해의 문자를 多知ᄒᆞ며 난해의 章句를 多讀ᄒᆞ며 시가를 能吟能作ᄒᆞᄂᆞᆫ 등 無實의 문학이 아니라"[227]고 했고, 중국에서는 장즈둥張之洞·궈샤오위郭紹虞 등이 팔고문八股文 등 고문古文의 형식이 실생활과 유리되어 있음을 강하게 비판하기는 했으나,[228] 일본의 경우 무의 전통이 강했고 중국의 경우 문의 가치가 한국보다 일층 포괄적이고 뿌리 깊었다는 사정이 있었다. 무사 계급의 지배로 상무 전통이 강했던 일본은 문의 가치가 패퇴敗退하는 변화에 빠르게 대응할 수 있었고[229] 중국에서 문 전통은 내적 변화를 요청받았을 뿐 여전히 이어야 할 가치였다. 량치차오는 중국이 모든 분야에서 다른 사람 뒤에 처져 있는 중에 문학만은 서역西域보다 윗길이라 했고, 상무 정신의 부족을 지적하면서도 이것이 문학 자체의 결점이 아니라 국운이 침체한 탓이라 보고 있다.[230] 그러나 한국에서 문은 힘들여 부정해야 할 문제적인 표적이었다. 단번에 떨쳐버릴 수도 없고 무한한 원천으로 둘 수도 없는, 그렇기에 더욱 문제적인 가치가 문이었던 것이다.

> 物與事ᄂᆞᆫ 국가를 배양ᄒᆞᄂᆞᆫ 元素也ㅣ오 文은 사물에 隨從ᄒᆞ야 服役ᄒᆞᄂᆞᆫ 부속품에 불과ᄒᆞᆫ 자라 (……) 고로 서적만 盈溢ᄒᆞ고 사물이 微少ᄒᆞ거나 문화만 귀중ᄒᆞ고 실업에 背馳ᄒᆞ고ᄂᆞᆫ 국가을 보존ᄒᆞᆫ 자ㅣ 未有ᄒᆞᆫ지라 (……)

227 福澤諭吉, 「권학론」, 『태극학보』 24호, 1908.8, 24면.
228 이보경, 「20세기 초 중국 지식인의 '문학(文)'의 해체와 구성」, 『중국현대문학』 16호, 1999, 52~55면 참조.
229 丸山眞男·加藤周一, 『飜譯と日本の近代』, 東京 : 岩波書店, 1998, p.7.
230 梁啓超, 「飮氷室詩話(選錄)」, pp.348~349.

> 或者 우매훈 邦國엔 質的훈 사물은 銷削ᄒ고 공허훈 文氣가 橫肆ᄒ야 浮虛훈 議論과 華靡훈 詞章으로 自相競爭타가 필경 국가를 소멸ᄒ나니 (……) 今此 支那로 言之ᄒ면 (……) 文弱이 자심ᄒ고 부강이 無期훈 根因을 考據홀진틴 소위 三唐 爲始ᄒ야 文性이 물질에 過去홈으로 人世의 眞格을 減損ᄒ얏고 소위 兩宋 이후로는 사물의 정신은 全失ᄒ고 문자의 顏面만 徒取ᄒ야 國格의 元氣를 傷敗ᄒ얏스니 孰怨誰尤ᄒ리오[231]

밀아자蜜啞子 유원표는 『몽견제갈량夢見諸葛亮』에서 문이 물物과 사事보다 뒤에 와야 하는 가치임을 분명히 한다. 출중한 지략을 갖추었던 전인적全人的 인간, 「출사표出師表」를 쓴 문사이면서 탁월한 무장으로도 널리 알려져 있는 제갈량조차 유원표의 눈에는 "원래 지나에 生長ᄒ야 문학에 종사ᄒ심으로 속상에 잠습이 되야 차 문자의 폐해됨을 省悟키 難훈 자"로 비칠 뿐이다. 실물實物과 실사實事의 가치 대신 문을 앞세우는 것은 "우매훈 邦國"의 일이며, 이 점에서 중국은 '우매'하다는 평가를 피할 수 없다. 중국과 중국 고전에 대한 혁명적 격하를 함축하고 있는 이 대목에서 문은 우주의 본래적 질서가 아니라 실재의 부속품일 뿐이다. 문은 실재의 표현과 소통을 위해 생겨난 것이니, 이 사실을 잊는다면 문을 부당하게 격상시켜 문명의 쇠퇴와 국가의 소멸을 재촉하는 결과를 빚어내게 된다. 유원표는 선한先漢 시절에 문・무가 갈리면서 병폐가 시작되었다 보고, 문의 병폐를 전형적으로 드러낸 예를 "李白의 (……) 淸平詞 三首"나 "소위 士林의 (……) 可憎훈 鏡花水月의 紙上空文"에서 찾으면서 동아시아 제국諸國이 모두 "文病大醉人"이었다고 주장하고 있다.[232]

231 유원표, 『夢見諸葛亮』, 광학서포, 1908, 42~44면.
232 위의 책, 47~50면.

문은 단순한 부속물, 표현과 소통의 도구로 축소됨으로써 비판의 대상이 되었다. 문이 실·사에 부수되는 가치일 따름이라면, 실질이 아닌 기교나 정취는 용납할 수 없는 것이다. 전대의 문은 이런 부정적 요소만을 보여주었던 것으로 재평가되었다. 고문古文을 외우고 수사修辭를 익히는 것이 한문 글쓰기의 전부였으니, 이는 곧 "虛文의 연습 즉 浮華훈 수사학과 閑雅훈 시가"[233]에 지나지 않는다. 이런 문의 능력을 재는 것을 중심으로 했기에 "科擧學과 詞章學은 原是浮文虛調로 인재를 敗攘"[234]하게 되었고, 교육 또한 공소空疏해지지 않을 수 없었다. 중국 고전과 시가를 중심으로 학생을 가르치면 진취적 기상을 빼앗고 자국 정신을 쇠하게 하는 폐까지 생기기도 한다. "오언당음이라 ᄒᆞᄂᆞᆫ 글이니 곳 마상에 봉한식ᄒᆞ니 도즁에 쇽모츈이라 ᄒᆞᄂᆞᆫ 글과 ᄀᆞᆺ흔 거시라(……) 집 싱각ᄒᆞᄂᆞᆫ 사ᄅᆞᆷ의 완만훈 글귀가 ᄋᆞ히들 교육에 무슴 유익홈이 잇스며 그 다음에ᄂᆞᆫ 칠언당음이니 곳 려산폭포쾌쟝쳔이라 ᄒᆞᄂᆞᆫ 글귀와 ᄀᆞᆺ흔 거시니 슯흐다 뎌 어린ᄋᆞ히들이 져희 싱쟝훈 곳에도 어ᄂᆞ 산이며 어ᄂᆞ 물을 능히 분변치 못ᄒᆞᄂᆞᆫ 거슬 졸연히 쳔리 만리에 잇ᄂᆞᆫ 려산폭포를 ᄀᆞᄅᆞ침은 무슴 ᄯᅳᆺ이뇨"[235]라는 것이었다. 문은 허튼 고문, 특히 기교 위주의 한시라는 영역으로 축소되고 일면화됨으로써 비판의 대상이 될 수 있었다. 문약의 폐가 생겨난 것을 "支那 문물 수입의 餘風" 탓이라 하고 "小中華의 칭호를 感受自樂"한 역사를 통박한 인식[236] 또한 문을 비판하는 데 연결되었다. 문은 한문 및 중국 고전의 존숭尊崇을 뜻했고, 그런 만큼 자국 정신과 실제적 정신을 소홀히 여기게 한 원인이기도 했다. 세계의 질서 일

---

233 유동작, 『서우』 1호, 1906.12, 12면.

234 「栗谷先生復活期」, 『황성신문』, 1909.3.28, 논설.

235 『대한매일신보』, 1907.11.6, 기서.

236 김하구, 「청년 번민열의 청량제」, 『대한흥학보』 6호, 1909.10, 39~40면.

반을 문이라 했던 전통적인 의식은 이 지점에서 균열을 보이지 않을 수 없다. 자국 정신과 상무의 가치, 덧붙여 식산흥업의 이념이 지배했던 1900년대에, 문의 최고 구현으로 평가되어 왔던 고문은 이미 '중국' '고대'의 것일 수밖에 없었던 것이다.

2) 자국어와 정情의 가치

1_ 문의 우주론적이고 통합적인 가치가 무너지면서 문과 문학은 새로운 인식이 삼투해 들어올 수 있는 균열을 보인 셈이 되었다. 문의 역사는 단순한 기교 · 수사로 정리되었고 '허문'과 '문약'으로 비판되었으니, 기왕의 가치가 부정된 자리에 새로운 함의가 들어설 수 있게 된 것이다. 한대漢代 이래 문이라는 글자는 수사의 기교라는 좁은 뜻 역시 한켠에 계속 지니고 있었다. 문이 도道의 전달체가 되어야 한다는 송宋 이후의 문이재도론文以載道論에서도, 도가 본本이고 문은 말末이라든가 도덕에 힘쓸 줄 모르고 문사文辭에만 능한 것은 기예일 따름이라는 평가는 계속되었다. 문은 그 자체 "經國之大業, 不朽之盛事"의 드높은 가치였던 한편 "道之枝葉"에 불과한 것이기도 했다.[237] 1900년대 한국의 문 의식은 이러한 이중성 가운데 후자만을 일방적으로 부상시킨 것이다. 문이재도라는 사고틀 속에 포섭되어 있던 문의 수사적 특성만이 독립함으로써, 문은 거점을 잃어버린 수사, 단순한 기교로 낮추어졌다. 문에 대한 새로운 포괄의 시도가 생겨난 것은 이 자리였으니, '문학'을 전문 분야의 하나로 소개하는 인식이 주목을 받은 것도 바로 이 지점에서였다.

---

237 이종민, 「근대 중국의 시대인식과 문학적 사유」, 74~79면 참조.

리터래처literature에 상당하는 '문학'이라는 용어가 처음 등장한 것은 세계사를 요약・소개하는 역사서에서였던 것으로 알려져 있다. 밀튼・셰익스피어나 라신・코르네이유・몰리에르 등 서구 문학가의 이름을 거론하면서 문학의 역사를 개관했던 이들 역사서에서, 그러나 '문학'이 어떤 위치에 있고 어떤 특질을 갖는 활동인가는 거론되지 않았다. '낭만주의'・'자연주의' 등의 용어가 소개된 일까지 있었지만 이는 모두 단편적인 데 그쳤을 뿐이다.[238] '문학'이 다른 분야와의 관련 속에서 소개된 것은 "디금 세상은 專業時代라"[239]는 인식이 문제되기 시작하면서부터이다. 천天의 이치와 운행, 인세人世의 흥망성쇠, 지세地勢와 풍토를 함께 '문'으로 논의할 수 있는 시대는 이미 지났다. 이제 학자는 "萬有 과학 즉 온갓 학문을 統히 修習 연구ᄒᆞᄂᆞᆫ 것이 아니라 문학은 문학가, 理學은 理學家ᄒᆞ야 각각 전문가가 有"한 상황에 처해 있다. 문학과 이학이라는 구분에서 끝나는 것도 아니다. 더 세세하게 나누자면 "가령 문학 一科라도 就中에 혹 史學을 專究ᄒᆞ고 혹 철학을 專修ᄒᆞ며 혹 언어학을 主ᄒᆞ고 혹 순문학을 主"한다는 식이므로, 모든 활동은 전문화의 구도 속에서 다시 배치되어야만 한다. 이 글은 전문화의 의의와 새로운 '문학'의 등장을 예외적일 만큼 명쾌하게 설명해 내고 있지만, 그렇지 못한 경우에도 '문학'은 다른 전문 분야와 나란히 서는 활동을 가리키는 용어로 등장하기 시작한다. "법률 경제 의학 문학 등 제반 전문학"[240]이라 하여 문학을 전문학의 하나로 들고 "문학 정치 법률 경제 數理 의학 약학 농림 農商"[241] 등을 전문학교의

238 '문학'이라는 단어의 새로운 의미 형성 및 서구 문학 지식의 소개에 관한 연구로는 김학동, 『한국개화기시가 연구』, 시문학사, 1981, 234~288면; 김동식, 「한국에서 근대적 문학 개념 형성과정 연구」, 서울대 박사논문, 1999, 76~78면 참조.

239 崔生, 「지리학 잡기」, 『대한유학생학보』 2호, 1907.4, 45면.

240 抱宇生, 「스스로 교육할지어다」, 『태극학보』 23호, 1908.7, 22면.

241 이응종, 「學典」, 『기호흥학회월보』 12호, 1909.7, 11면.

실례로 소개하며 교과목 역시 법률·경제·상업·공업·문학·의학·이학理學·농학[242]이나 물리·화학·수학·정치·법률·심리·의학·공학·상학商學·병학兵學·농학 등[243]으로 정리하기 시작한 것이다.

문학이 여러 전문학 중에서 핵심적인 위치를 차지한 것은 아니었다. 전문학의 제도화라 할 수 있는 전문학교는 법률·경제의 두 과로 구성되어 있었을 뿐이며, 애초의 계획을 따져 보더라도 법률·정치·경제·농업·상업의 다섯 과가 논의되었을 뿐이지 문학의 자리는 아직 없었다.[244] 일본 유학생의 실상을 보더라도 1910년을 기준으로 할 때, 전문학부에 재학 중인 172인 중에서 정치·경제와 실업 전공이 각각 90인과 72인이었던 반면 문학 전공자는 10인에 불과한 형편이었다.[245] 더욱이 이때 문학이란 '종교철학교'라는 전공에 대한 부연으로 괄호 안에 동원된 용어에 불과했으므로, 오늘날의 문학에 상당하는 활동은 아직 없었다고 해도 과언이 아니다. 교과 과정에서 논의된 '문학'의 경우도 마찬가지였다. '문학'은 배재학당이나 이화학당의 교과명으로 등장한 바 있었고[246] '문학초계文學初階'라는 제목의 교과서도 간행되었으나,[247] 전자의 경우 그 실상은 문법·독서·작문을 총칭하는 것이었고 후자 역시 근대적 문학을 전제한 것은 아니었던 듯하다. 학년별 교과를 구상하면서 '국문학사'라는 이름을 거론한 예도 있었으나 그 내용은 고문古文·사기史記·몽구蒙求·논어論語라는 고전 학습에 그치고 있었다.[248]

242 이동초, 「소년 국민의 양성」, 『태극학보』 16호, 1907.12, 9면.
243 박유병, 「수학의 유희」, 『태극학보』 16호, 1907.12, 38면.
244 「賀 보성전문학교 졸업식」, 『황성신문』, 1908.1.30, 논설.
245 「유학생 수」, 『경남일보』, 1910.10.3, 잡보.
246 김동식, 「한국에서 근대적 문학 개념의 형성과정 연구」, 56면; 송민호, 『개화기 소설의 사적 연구』, 일지사, 1976, 14면.
247 『대한매일신보』, 1906.6.5, 광고.
248 「학과의 要說」, 『서북학회월보』 9호, 1909.2, 7면.

그럼에도 '문학'이 전문적 활동으로서 제기되었다는 사실 자체는 '문학'의 내용을 새롭게 특수화시킬 가능성을 보여주는 것이었다. 드물게나마 이 가능성이 실제화된 예도 있었다. 성격 유형을 나눈 후 "감정이 贍多훈 자는 문학 방면에 步武를 진출후고 냉정훈 人은 과학 연구에 甘味를 調適"하는 것이 적절하다 하여 '풍부한 감성'이라는 특징을 '문학'과 연결시키려 한 시도가 있었는가 하면,[249] "순문학"·"순수한 서정시"·"순전훈 문학" 등의 용어를 쓰면서 중국 고대의 문학은 교훈주의·실리주의 때문에 이에 미치지 못했다고 평한 글도 나왔다.[250] 고대 그리스나 근세 프랑스를 '문학'과 연결시킨 경우 역시 문학의 근대적 함의를 암시한 것이라 할 수 있겠다. "이태리의 미슐을 옴겨오는거시 한국을 흥왕케 훌 계칙이 될가 영국의 헌법정치를 강론후며 법국의 문학을 모범후는거시 한국을 흥왕케 훌 계칙이 될가"[251]라는 구절에서 엿볼 수 있듯, 이탈리아가 미술을, 영국이 헌정 질서를, 프랑스가 문학을 대표한다는 식의 사고에서 '문학'은 이미 서구의 문화적 가치와 연관된 범주이다. "희랍은 문예와 학술로써 隣邦에 전파후며"[252]라거나 "문학을 알고져 후는 쟈는 희리니어를 비홀 거시오"[253]이라 할 때의 함의 역시 마찬가지이다.

2_ 전문 분야로서의 '문학' 인식은 독자적인 근거를 요청하고 있었다. 한국의 경우 이 근거로 제출되었던 것이 곧 정의 가치로서, 정은 지·

249 研究生, 「청년의 심리학 응용」, 『태극학보』 19호, 1908.3, 36면.
250 椒梅, 「세계문명사」, 20~21면.
251 「한국을 흥왕케 할 계책」, 『대한매일신보』, 1910.3.12, 논설.
252 장응진, 「양심론」, 『태극학보』 12호, 1907.8, 8면.
253 「어학의 의논」, 『대한매일신보』, 1909.2.19, 논설.

덕·체라는 사고를 비판하면서 제 자리를 마련하고 나아가 문학과 예술의 근거가 되어야 했다. 『대한자강회월보』에 실렸던 유근의 글은 정이라는 범주의 확립이 근대적인 문학 개념의 정립과 연결되어 있다는 사실, 또한 그 확립의 과정이 지·덕·체론을 대타적으로 인식하는 가운데 이루어진 것이라는 사실을 흥미롭게 예증해 주고 있다.[254] 유근이 역술譯述한 것으로 되어 있는 「교육학 원리」는 『대한자강회월보』가 발간되는 내내 연재되었는데, '정'의 가치가 처음으로 본격 제기된 것은 바로 이 글에서이다. 유근에 따르면 인간의 교육에 정이 중요함을 처음 주장한 사람은 루소였으며 이 주장은 칸트에 의해 계승되었다 한다. 루소의 『에밀』과 칸트의 『판단력 비판』을 상기시키는 이 대목에 이어, 유근은 정육의 여러 종류를 꼽는다. 그 중에서 가장 중요하게 강조되는 것이 심미감을 키우는 미육美育인데, 심미감 없이는 사람이 "一可憐可鄙의 동물"에 불과한 까닭이다. 심미감의 양성이 이처럼 중요하다면 실제 양성의 방법은 무엇일 수 있는가? 「교육학 원리」에서는 특히 미육에 기여할 수 있는 교과가 있다 하고 그 예로 음악·작문·수공·습자·도화·자연 연구 등을 꼽는다. 특히 여기서 작문은 "一己의 언론으로써 自由發著하야 人人이 皆修辭코져 하는고로 亦 족히 써 其 심미감정을 養"[255]하는 교과로 평가되고 있다. 진작부터 교과나 시험 과목으로 채택되었음에도 특별히 취급된 바 없었던 작문이라는 분야가 이 글에서 처음 다루어졌다는 사실은 주목을 요한다. 이 글에 따르면 작문이란 자유롭게 표현

254 유근, 「교육학 원리」, 『대한자강회월보』 7~13호, 1907.2~8. 이 글은 '譯述'로 명기되어 있으며 다른 자료에서도 마찬가지 경우는 드물지 않다. 그러나 여기서는 譯述의 원천을 밝힌 경우가 아니라면 창작 저술과 역술을 굳이 구분하지 않았다. 1900년대에는 譯述이라 하지 않아도 실제 글이 번역 수준에서 크게 벗어나지 못한 사례가 많았던 데다, 譯述 대상의 선택과 소화 자체가 인식 수준을 보여주는 것이기도 했기 때문이다.

255 위의 글, 『대한자강회월보』 12호, 1907.7, 12면.

한 글이고, 수사라는 특징을 갖고 있으며, 특히 미적 감정에 호소한다. 작문이 막연한 글쓰기로 다루어지는 대신 특정한 종류의 글쓰기, 오늘날의 문학에 상응하는 내포로 다루어지고 있는 것이다. 비록 '문학' 대신 '작문'이라는 용어를 쓰기는 했지만 「교육학 원리」라는 글은 글쓰기의 특수한 양상으로서 다른 글쓰기와 본질적으로 구분되는 문학의 범주를 정초해 내고 있다. 이광수 역시 "수학에 천재가 있으면, 수학으로 일생의 목적을 삼아야 그 사람이 공을 이룰 일이지, 만일 그 사람이 작문으로 일생의 목적을 삼고 보면 아주 말씀 못되게 썩어질 것이오"[256]라는 대목에서 '작문'을 오늘날의 '문학'에 대응하는 개념으로 쓴 일이 있었다는 사실을 떠올리면, 이 '작문'이라는 용어의 함의는 더욱 분명해진다.

그러나 「교육학 원리」에서 작문이라는 용어가 그때까지의 용례에 비추어 대비적으로 검토되고 있는 것은 아니다. 또한 음악・작문・도화 등 오늘날의 예술 범주에 해당됨직한 교과와 함께 '자연 연구'가 같은 미육의 범주로 묶여 있는 것을 보더라도, 이 글에서 새로운 세계상의 형성이란 그리 분명한 것이 아니라고 할 수 있다. 유근은 정을 강조하면서도 지・정・의라는 구분으로 가지는 않으며, 심리에 주목하는 대신 여전히 교육학에 머무르면서, 단지 지・덕・체라는 구분을 보완하기 위한 요소로 정을 활용한다. 전체적으로 보면 「교육학 원리」의 구성은 체육・지육・정육을 논한 후 덕육을 덧붙여 논하는 어중간한 것으로, 지・덕・체의 구분에 정이라는 새로운 범주가 침범해 들어오는 식이라 할 수 있다. 그렇지만 아직 새로운 구도를 마련하지 못한 만큼 지・덕・

256 이광수, 「천재」, 『전집』 1, 482면.

체라는 옛 구분에 대한 원저자의, 또한 역술자 유근의 비판은 더욱 날카롭다. 그는 "體幹을 발육홈은 醫生의 책임"인데 "교육의 목적은 其 정신을 배양"하는 데 있으므로[257] 체육을 배제할 수는 없으나 지육과 동등한 자리에서 체육을 논할 수도 없다고 주장한다. 지·덕·체론을 계승했다는 스펜서 등에 대한 비판도 꽤나 매서워, 지·덕·체를 주장한 이들이 지행志行을 박약케 만드는 결과를 초래하였다고 논하기도 한다. 지·덕·체론은 새로운 세계상을 정립하기 위해 비판하고 넘어서야 할 표적이었던 것이다. 지·정·의가 대타적으로 의식한 구분이 지·덕·체였음은 이광수의 글에서도 확인할 수 있다. 이광수는 「금일 아한 청년과 정육」에서 처음으로 '정육'의 문제를 논하면서, "지육·덕육·체육 삼자는 교육의 주안이라"는 말을 첫 줄에 내세웠다. 이광수에 따르면 이들 세 범주의 중요성을 부정할 수는 없다. 그러나 지·덕·체는 자발적 '낙樂'이 아닌 규범적 '호好'만을 가르칠 수 있을 뿐이다. 인간의 가능성을 최고로 펼치기 위해서는 "毋論 도덕과 지혜와 건강이 有하려니와 此이 원동력이 아니며 단 정의 力"이 필요하다.[258] 말하자면 지·덕·체라는 가치만으로는 충족되지 않는 부분이 있으니 정은 이를 충족시키고 지·덕·체를 보완하기 위해 필요하다는 것이다.

정이라는 범주는 지·덕·체로 포괄되지 않는 영역을 담당한다는 명분으로 출현하기 시작한다. 이어 "과학이 人의 지를 만족케 하는 것이라면 문학은 人의 정을 만족케 하는 서적"[259]이라는 식으로 지와 정이 대등한 자리로 조정되고, 이윽고 지·정·의라는 새로운 삼분법이 생겨나

257 유근, 「교육학 원리」, 『대한자강회월보』 9호, 1907.4, 17면.
258 이광수, 「금일 我韓 청년과 情育」, 473~474면.
259 이광수, 「문학이란 何오」, 508면.

게 된다. 지・덕・체론에서 지・정・의론으로의 이동은 이렇듯 점진적으로 이루어졌다. 1910년대 이전에도 때때로 언급되었지만 분명한 체계를 이루지 못했던 지・정・의라는 구분[260]은 이 과정을 거쳐 비로소 인간의 제반 활동에 대한 통찰로서의 자리를 획득하게 되었다. '문학'이 최초의 이론적 윤곽을 드러낸 것은 바로 여기서였다.

3_ '문학'의 근대적인 윤곽이 조금씩 나타나기 시작한 후에도 시・소설・희곡・수필 등이 함께 '문학'이라는 공통 범주를 구성한다는 사고는 한동안 보이지 않는다. 한국에는 희곡에 상당하는 글쓰기 전통이 없었던 데다 수필 혹은 평론이라는 글쓰기 양식이 자립하지도 못했고, 시와 소설 사이의 거리는 너무도 먼 것이었기 때문이다. 시와 소설은 모두 1900년대에 글쓰기 양식으로서의 독자성을 모색하기 위해 새로운 고투를 벌이고 있었지만, 그때까지의 전통 속에서 각각이 이해되어 온 방법은 너무나 다른 것이었다. 시는 일찍이 '사무사思無邪'라는 가치로 표방된 이래 문의 위엄을 대표하는 글쓰기로 자리를 잡았고, 반면 '소설'은 상당한 인기를 누렸음에도 '패관잡서'로 혹평하는 시각을 좀처럼 벗어나지 못했다. 조선 후기 들어 시를 진솔한 성정性情의 표현으로 재기 시작하고 '소설'에서도 인정과 세태를 담아낸다는 긍정적 측면을 인정하게 됨으로써 이 둘은 함께 정이라는 가치로 묶일 수 있는 가능성을 확보한 셈이었지만, 이 가능성은 극히 흐릿한 데 불과했다.

1900년대 들어 시의 위상이 급락하고 소설의 의의가 제고되면서 이

---

260 이기, 「梁氏學說」, 『호남학보』 1호, 1908.6, 24~25면에서는 양계초의 「교육정책 私議」를 소개하면서 신체・지・정・의・自觀力의 다섯 항목을 잣대로 유・소년기의 발달 단계를 설명하고 있고, 유전, 「인격의 발달」, 27면에는 "인간 문화의 개척하는 사업의 意的 되는 것과 갓치 혹은 知的 혹은 情的으로 의무를 盡ᄒᆞ나 其 공훈에 至ᄒᆞ야셔는 동등이라"는 언급이 나온다.

런 상황에는 일대 변화가 일었다. 시의 위상이 급격하게 추락한 것은 물론 문 일반을 허문과 문약으로 비판하는 의식이 등장한 때문이었다. 이때 문은 타국의 문, 곧 한문을 뜻하는 것이었는데, 1900년대까지도 시란 한시를 의미했으므로 문이 비판의 대상이 되면서 시 역시 추락의 조짐을 보이게 되었다. 더욱이 문을 허문으로 요약하는 데는 "詩을 숭상ᄒᆞ고 浮華를 務修ᄒᆞᆯ ᄲᅮᆫ이니 문학이 쇠퇴ᄒᆞ고 학자의 風紀가 絶滅ᄒᆞ야"처럼 시의 과도한 숭상을 문제 삼는 시각이 개입해 있었다.[261] "文學家者流들아 부패ᄒᆞᆫ 性名의 空談과 章句의 末技[:末技]가 槪是太平時代에 所遣ᄒᆞᆯ 자료에 불과ᄒᆞᆯ 것이 아닌가"라는 공격 역시 마찬가지였다.[262] '문'과 '문학'이 허문으로 비판될 수 있었던 것은 "性名의 空談"과 "章句의 末技"로 요약될 수 있었기 때문이었고, 후자의 부정성은 특히 시에서 쉽게 확인되는 것이었다. 이에 반해 '소설'의 위상은 1900년대 들어 놀라울 만큼 높아지고 있었다. 비록 무격巫格과 산명算命 등의 잡술과 소설을 한 자리에서 취급하는 인식이 남아 있기는 했지만[263] 소설이야말로 국민의 풍기風紀를 이끄는 데 결정적인 작용을 하니 "쇼셜은 국민에게 지남침과 ᄀᆞᆺ흔쟈"라는 시각[264]이 점차 우세해지고 있는 터였다.

전통적인 의미를 잃은 '문학'이라는 말이 새롭게 구축되기 시작한 것은 바로 이때였다. 1900년대 이전의 문·문학에는 결코 포함될 수 없었던 '소설'이 차츰 시야에 들어오기 시작하면서, 의미 기반을 잃었던 '문학'이라는 용어가 새로운 정체성을 찾아나갈 수 있었던 것이다. 본래 '문학'과 '소설'을 관계 짓는다는 것은 기묘한 시도에 속했다. 1900년대

261 「구학과 신학의 관계」, 『대동학회월보』 2호, 1908.3, 19면.
262 松南, 「竊爲我咸南紳士同胞放聲大哭」, 『태극학보』 23호, 1908.8, 6면.
263 「諸術宜禁」, 『대한매일신보』, 1907.1.22, 잡보.
264 『대한매일신보』, 1909.12.2, 잡동산이.

에 들어서서도 그러했으니, "슉향젼 소대셩젼을 샹등 문학으로 알던 구시딕"라 하여 '소설'을 '문학'으로 치부하는 태도를 책한 예가 있을 정도였다.[265] 그러면서도 한편에서는 '문학'의 의미 변화와 함께 '소설'에 대한 시각의 변화를 보인 사례도 있었다. 고대 중국에서는 "소설 · 희곡 등 순전한 문학이 戱具로" 취급되었다고 평가하기도 했고[266] 프랑스의 나폴레옹이 "시집과 연희ᄒᆞᄂᆞᆫ 글과 쇼셜칙"을 즐겨 읽었다 전하면서 시 · 소설 · 희곡을 가까이 두기도 했다.[267] 주한영 책사에서 광고를 통해 교과서 및 지도류, 역사서 및 전기류라는 식으로 서적을 분류하면서 "소설 및 문예서류"를 항목화한 일도 있었다.

이 중에서도 "소설 및 문예서류"라는 분류는 시사하는 바 크다. 1900년대 당시 대부분의 잡지에서는 '문예' 혹은 '문원文苑'이라는 고정란을 두고 있었다. 각각 문장을 꾸미는 기예와 시문 모음을 의미하는 문예 · 문원이란 진작부터 있었던 말이었지만, 이 시기에 와서 점차 글쓰기의 특정한 종류를 가리키는 용어로 변모한다. 이 난에서 제일 큰 비중을 차지하고 있었던 것은 한시이다. 문이란 늘 한문이었고 문예 · 문원 또한 한시에 초점을 맞춘 말이었음을 생각하면 한시 우위의 구성은 당연한 것이었다. 시작詩作은 연면한 전통 속에서 자기 정체성을 확인할 수 있게 해 주는 행위였으며, 세계의 안정과 조화를 꿈꿀 수 있게끔 하는 계기였다.[268] 『대동학회월보』나 『기호흥학회월보』 같은 경우 이 같은 한문 · 한시의 중심성은 비교적 확고하다. 지금 보기에 문학적인 글쓰기

---

265 「여자와 노동사회의 지식을 보급케 할 도리」, 『대한매일신보』, 1908.12.29, 논설.

266 椒梅, 「세계문명사」, 21면.

267 「나파륜의 일과」, 『대한매일신보』, 1909.2.16, 논설.

268 '詩'의 의미에 대해서는 민정기, 「晩淸 시기 上海文人의 글쓰기 양상에 관한 연구: 王韜를 중심으로」, 서울대 박사논문, 1999, 173~174면 참조.

를 포함하고 있는 난으로서는 『대동학회월보』에 문원·사조詞藻·담총談叢, 『기호흥학회월보』에는 사조가 있었는데, 여기서 사조란 한시에만 배타적으로 할당된 난이었다. 『대동학회월보』의 문원과 담총을 채운 것도 대개 한문 글쓰기여서, 때로 국한문의 틈입이 없지는 않았으나 그 비중은 미미한 정도였다. 그밖에 『기호흥학회월보』의 잡조雜俎에서 국한문으로 된 다양한 기사를 취급하면서 때로 '소설' 등을 싣기도 했지만, 임부姙婦의 섭생법에서 동서東西 격언까지 망라할 정도로 다양성의 폭이 넓었던 탓에 글쓰기로서의 정체성은 분명하지 않았다. 『기호흥학회월보』의 경우 문예·문원으로서의 정체성을 가깝게 부여받은 것은 '예원수록藝苑隨錄'이라는 표제를 단 사조였다고 할 수 있겠다. 이들 예에서 사조는 한시라는 경계를 엄격하게 지키고 있었고, 문원·예원 역시 한문으로서의 문이라는 틀에 비교적 충실하였다.

그러나 노선이 다른 매체가 더욱 많았다. 『대한매일신보』 국문판은 1909년부터 '사조'라는 난에 시조를 게재했고 국한문판 역시 조금 뒤늦게 같은 길을 걸었으며, 그밖에 『태극학보』도 사조에 국문풍월을 싣는 시도를 보였다. 사조에 한시만을 용납하는 엄격한 경계가 무너진 이상 문은 곧 한문이라는 사고 역시 흔들릴 수밖에 없었다. 마찬가지 기조 속에서 사조 란을 문예라는 상위 항목에 포괄시키려는 시도를 『대한흥학보』 등이 보여주는 가운데, '문예'를 국문과 한문의 다양한 글쓰기를 함께 아우르는 명칭으로 삼으려는 움직임을 보여준 매체도 여럿 나타났다. 위에서 든 『대한흥학보』는 사조 외에 국한문체 서간이나 만필漫筆 등을 문예란에 포함시켰고 『서북학회월보』는 제16호부터 문예란을 신설하면서 「교활혼 성성猩猩」 류의 국한문체 우화를 여기 배치했으며, 『태극학보』에서는 국문 가사와 서구 소설의 국한문체 번역을 아울렀다. 또한 『야뢰夜雷』의 문예란은 소설과 인물전, 한문 부賦와 고시古詩, 그 위에 해가諧歌라는 표제 하에 실은 국한문 가사까지 함께 취급하고 있었다. 문이 한문이나 한시뿐 아니라 국문 시가와 산문을 함께 일컫는 명칭이 된 것이다. 저속한 글쓰기로 단죄되었던 '소설'은 이렇듯 1900년대의 재평가에 힘입어 문의 영역으로까지 진입한다. 문은 한문에만 국한되어 있던 데서 국문과 한문 글쓰기를 모두 포괄하는 데로, 한문 글쓰기 전반을 가리키는 데서 글쓰기의 특정한 종류를 지칭하는 데로 점차 나아가고 있었다.

한 걸음 더 나아가, 1910년대 들어 새롭게 정의된 '문학'은 자국어로 된 글쓰기만이 문학으로서의 의의를 인정받을 수 있다는 주장에 기초하기에 이른다. '문학'이란 자국어로 된 것이어야 한다는 관념은 '문학'이 정에 호소하는 글쓰기여야 한다는 전제에 못지않게 강력한 것이 되었다. "조선서는 古來로 한문이 아니면 文이 아닌 줄로 思"하였으되, 진정한 문학이란 온갖 사상・감정을 자유롭게 적을 수 있어야 하는 만큼 신문학이라면 모름지기 "순현대어・일용어"를 사용해야 하며, 조선 문학이라 하면 "조선인이 朝鮮文으로 作한 문학"만을 일컬어야 한다는 것이다.[269] 이리하여 '문학'은 민족 단위로 제기되고 실현되는 활동으로 자리 잡기에 이른다. 정의 충족과 자국어 글쓰기라는 두 가지 조건이 그만큼 핵심적이었던데다 정의 자연스런 유로流露를 드러내려면 자국어가 필수적이라는 논리로 둘 사이에 유기적 연결까지 형성되어 있었기 때문이다. 글쓰기는 옛 전적典籍에 조회하는 것이 아니라 지금의 일상에 대응하는 것이 되어야 했다. 교육 과정에서의 문장 훈련을 "현대 저술가

269 이광수, 「문학이란 何오」, 510면, 515면, 517면.

의 평이훈 기사문 서사문 연설 담화 書牘 及 신체시 등"을 통해 하자고 제안했던 1900년대의 외로운 목소리[270]가 1910년대에는 일반적인 의견으로 자리 잡았던 것이다. '문학'이란 곧 민족의 문학이고 자국어로 된 글쓰기를 가리키게 되었다. 역사를 통해 보더라도 그때그때의 진솔한 생활 감정을 담아내는 일은 자국어로써만 가능했다는 의견이 대세를 이루었으니, "조선 문학이란 것이 순전히 조선 문자인 「한글」로서 향토 고유의 사상 감정을 기록한 것이라고 할진대 다만 조선어로 쓴 소설, 희곡, 가요 등이 이 범주 내에 들 것"[271]이라는 인식이 처음 뿌리를 내린 것도 1910년대였다고 할 수 있다. '문학'은 음성의 실제에 기반한 것이 되었고 '소리'로서 상징되었으며 "가진 소리를 지닌 줄"[272]이나 "아름다운 내 소리"[273]라는 비유에서 최초의 상상력을 드러내게끔 되었다. 1910년대 이후, 일제 주도 하에 경학원經學院이 신설되고 한학 부흥의 움직임이 일어나면서 '문학'의 주축을 한문학 쪽으로 되돌리려는 시도가 한때 활발했으나[274] "우주 古今에 森羅훈 萬事 萬物의 理"[275]를 온전케 하겠다는 이 시도로 꺾어 버리기에는 '문학'의 새로운 구성이 너무도 명백한 것이 되어 있었다. '문학'이나 '문예'를 "당세의 文華者流를 萃集ᄒᆞ야 한문강습소를 置ᄒᆞ며 각종 서적을 편집ᄒᆞ며 각종 문자를 저술ᄒᆞ며 각종 서적을 印行"[276]한다는 의미로 고정시키려는 일부 한학자들의 노력은 이미 고립된 지대에서 울리는 쓸쓸한 목소리에 지나지 않았다.

---

270 「학과의 要說」, 9면.
271 김태준, 『조선한문학사』, 4면.
272 이광수, 『무정』, 2면.
273 최남선, 「時文讀本」, 『최남선 전집』 8, 현암사, 1973, 474면.
274 김동식, 「한국에서 근대적 문학 개념의 형성과정 연구」, 81~83면 참조.
275 「문학사상의 쇠퇴」, 『매일신보』, 1911.7.7, 논설.
276 「문예구락부」, 『매일신보』, 1911.8.2, 논설.

제3장,

'개량'의 의미와 소설의 민족성

1. 소설 개량론과 '풍속'의 의의

1) 영웅의 상(像)과 자국어의 발견

1_ 1900년대의 '소설'이라는 용어가 근대적인 소설 개념과 거리가 먼 것이라는 사실은 거듭 지적되어 왔다. 박은식 · 신채호 등의 사상가들이 소설을 역사와 구분하지 않았던 반면 신소설 작가들은 소설을 허구의 영역으로만 한정하고자 하는 등 1900년대 내부에도 문제적인 편차가 있기는 하나[1] 일반적인 인식을 기준으로 따지자면 당시에는 역사 서술이나 전기를 소설 갈래로 인식하였다고 보아야 하며[2] 대화나 토론의

1 권영민, 『한국 민족문학론 연구』, 민음사, 1988, 29면.
2 문성숙, 『개화기 소설론 연구』, 새문사, 1994, 30면.

형식 역시 소설로 포괄할 수 있으리라는[3] 것이다. 이렇게 보면 1900년대의 소설이라는 명칭은 서사 양식 일반의 문제를 제기하는 것이 될 터이며, 따라서 경험적 서사양식과 허구적 서사양식을 함께 염두에 둘 필요성을 제기하는 것이기도 하다.[4]

이 지적대로 1900년대에 '소설'이라는 표제를 달고 행해진 글쓰기는 오늘날 '소설'로 지칭되는 글쓰기보다 그 폭이 훨씬 넓었다. 『한성신보』나 『제국신문』은 야담식 설화에 종종 '소설'이라는 표제를 달았으며 『황성신문』은 백화체白話體 공안公案 「신단공안神斷公案」을 소설란에 게재했고, 『대한매일신보』 국한문판에서는 고소설투의 「청루의녀전靑樓義女傳」이나 시정市井의 풍자적 대화를 기록한 「거부오해車夫誤解」를 역시 소설란에 실었다. 『대한매일신보』 국문판의 소설란 구성은 더욱 문제적이다. 여기에는 「보응」, 「옥랑젼」 같은 고소설투가 실렸는가 하면 일본 소설을 번안한 「국치젼」, 독일 소설가 주더만H.Sudermann의 작품을 옮긴 「매국노」[5]가 연재되기도 했고, 「근셰 뎨일 녀중영웅 라란부인젼」 「슈군의 뎨일 거룩훈 인물 이순신젼」 「동국에 뎨일 영걸 최도통젼」 등의 전기나 「미국독립ᄉᆞ」라는 역사 서술이 등장하기도 했다. 천상과 지상의 경계에서

3 김준오, 『한국 현대 장르비평론』, 문학과지성사, 1990, 128면에서 장르 혼합이 보이는 글쓰기의 경우 우세 장르의 명칭을 따를 것을 제안하고 있다.

4 권영민, 『한국 민족문학론 연구』, 30면. 이재선, 『한국현대소설사』, 홍성사, 1986; 김교봉 · 설성경, 『근대전환기 소설 연구』, 국학자료원, 1991 등에서도 비슷한 시각을 찾아볼 수 있다. 이 시각은 '소설'에서 '서사'일반으로의 전환을 요구하는 것이며, 이 점에서 R. Scholes & R. Kellog, *The Nature of Narrative*, New York : Oxford Univ. Press, 1966, pp.3~16에서 쓴, 경험적인 것[the empirical]과 허구적인 것[the fictional]을 모두 '서사'의 범주로 이해하자는 제안을 상기시키기도 한다.

5 '덕국 소덕몽 저'라고 되어 있는 '소덕몽'이란 곧 주더만(H. Sudermann)이며, 「매국노」는 중국에서도 번역된 바 있었다(阿英, 전인초 옮김, 『중국근대소설사』, 정음사, 1986, 318면). 주더만은 19세기말~20세기초에 활동한 독일 작가로, 소설 『우수부인』 『외나무다리』와 희곡 「명예」를 발표하면서 자연주의 작가로 명성을 떨쳤다. 사후에는 저널리즘적 유행을 좇았을 뿐이라는 혹평을 받기도 했으나 생전에는 높은 평가를 누렸고, 특히 일본에서는 종종 셰익스피어나 괴테와 같은 층위에서 거명되기도 했다.

펼쳐지는 우국지사의 만유漫遊를 그린 「디구셩미릐몽」이 연재된 것 역시 소설란이었다. 신문뿐 아니라 잡지의 경우도 사정은 크게 다르지 않다. 장편 연재가 많았던 신문에 비해 잡지에 실린 '소설'은 모두 단편이었는데, 그 폭은 표기상으로는 이해조의 「잠상태岑上笞」 같은 백화체에서 진학문의 「쓰러져 가는 딥」 같은 순국문체, 양식상으로는 『기호흥학회월보』나 『야뢰』의 소화笑話에서 진학문의 근대 소설투에까지 미친다. 량치차오의 「동물담」 「애국정신담」이나 박지원의 「허생전」 역시 '소설' 이라는 표제 하에 실렸다. 이 다양한 폭 가운데는 오늘날의 '소설'과 별 무리 없이 연결되는 예도 있었으나, 그렇지 않은 경우도 물론 많았다. 량치차오의 번역이나 박지원의 재수록 역시 문제적인 경우이겠으나, 새로운 창작으로 추측되는 글쓰기 중에서도 '소설'의 근대적 함의와 상충을 빚을 법한 예는 적지 않다.

①「무－히리, 슈예－」/ 賣卜誦經이 必生大事業이오 禳禍求福이 絶世妙手段이라 街路上 賣卜聲은 非歌非哭的妙曲이오 隍堂裏誦經聲은 非哀非樂的奇調로다[6]

②余ㅣ 少居萬頃ᄒᆞᆯᄉᆡ 有地師 南宮仁瑞氏ᄒᆞ야 蒼顔白髮이 飄然道人也라 嘗到其友人家ᄒᆞ야 覓紙作冊ᄒᆞ야 書之曰 縣北五里許에 有某形地ᄒᆞ야 出守牧幾人ᄒᆞ고 자손이 번창이라 ᄒᆞ고 縣南十里許에 有某形地ᄒᆞ야 出將相幾人ᄒᆞ고 富貴雙全이라 ᄒᆞ야 如是者ㅣ 凡數十所라[7]

6 윤태영, 「골계소설」, 『야뢰』 1호, 28면.

7 이기, 「소설」, 『대한자강회월보』 4호, 1906.11, 52면.

③ 외교는 締盟國과 交를 厚케 ᄒᆞ야 通商의 이해를 考量홈에 불과ᄒᆞᄂᆞ 然ᄒᆞᄂᆞ 외교 방침은 천하의 至難ᄒᆞᆫ 事라[8]

④ 蜋이 蟬을 捕ᄒᆞ야 蟬의 일부 軀殼이 蜋腹에 活埋ᄒᆞ니 海山斜陽에 광경이 愁慘ᄒᆞ고 碧樹樓臺에 풍운이 적막ᄒᆞ도다[9]

⑤ 亂紛紛梨花가 滿天ᄒᆞ고 撲刺刺烈風이 嗚壑ᄒᆞ야 山也如玉簇ᄒᆞ고 村也似銀粧ᄒᆞ니 正是三白時節이로다 / 吼一聲亂起터니 有也學究先生이 教育村秀才로구나[10]

⑥ 話說 海之東 漢之北에 有一人ᄒᆞ니 성명은 不用許多ᄒᆞ고 혹 타인을 대ᄒᆞ면 每道 北嶽山人이라 行年 四十有餘에 古昔聖賢을 師尚ᄒᆞ고 今古文章을 朋交ᄒᆞ야 數間茅廬에 萬卷詩書를 싸아놋코 堯舜孔孟의 道을 종교로 숭배터니 시국을 環顧ᄒᆞ미 孔孟의 종교가 不振ᄒᆞ고 程朱의 傳道가 幾墜라[11]

위의 여섯은 모두 직·간접적으로 '소설'이라는 표제를 달고 있는 창작에서 뽑은 인용문이다. ①은 맹인 여럿이 코끼리의 부분 부분만을 만져본 채 자기가 감지한 모습이 코끼리의 참모습이라고 다툰다는 유명한 이야기이다. '사맹무상四盲撫象'이라는 부제가 붙어 있으며, 마지막에는 두 눈이 성한 사람도 이들 맹인처럼 전체 진상을 보지 못하고 잘못된 의견을 고집하는 일이 많으니 어리석은 일이라는 논평이 첨부되어 있

8 한기준, 「외교담」, 『대한자강회월보』 11호, 1907.6, 68면.
9 성낙윤, 「골계소설」, 『기호흥학회월보』 5호, 1908.12, 31면.
10 震庵山人, 「장원례」, 『기호흥학회월보』 8호, 1909.3, 40면.
11 北嶽山人, 「春秋夢」, 『교남교육회잡지』 2호, 1909.5, 39~40면.

다. ②는 해학海鶴 이기가 지은 무표제 소설로, 참언讖言을 일삼는 지관 이야기에 이어 미식을 찾으면서 감식력은 없는 관리, 광해군 당시 이이첨의 수족이 되었다 패가敗家한 윤인의 일화를 차례로 짤막하게 거론하고 있다. 잇달아 실려 있는 홍필주의 「소설 속續」도 비슷한 구성이다. ③은 소설란 속 「외교담」이라는 표제의 글이다. 이는 위의 예 중에서 가장 이질적이라 할 만한데, 외교의 중요성을 역설하면서 비스마르크와 제갈량의 외교 수완을 예시하고 있는 이 글에서 근대 '소설'과의 친연성을 찾아내기는 대단히 힘든 일이기 때문이다. 비스마르크와 제갈량의 일화가 제시된다는 점, 또 '담談'이라는 말을 표제에 포함하고 있다는 점을 근거라 할 수도 있겠으나, 단순히 편집상의 착오였을 가능성도 배제할 수 없다. '소설'이라는 표제를 단 비슷한 예로는 『조양보朝陽報』 제2권 11호에 실렸던 「외교시담外交時談」 정도를 들 수 있을 뿐이다. 연재가 예고되어 있음에도 다음 호부터는 보이지 않는다. 그밖에 ④는 거미에 잡혀 죽는 매미의 처지를 국가 형세에 비기고 각종 곤충의 행태를 들어 교육으로 자강의 길을 열 것을 주장한 글이고, ⑤는 적절한 안목 없이 엉터리 한시를 짓고 칭찬하는 제자와 스승을 풍자한 글이며, ⑥은 꿈속에서 궐리闕里라는 동네에 가 유교 덕목에 기초한 이상적 모습을 목격하고 성인을 만나 『춘추春秋』를 얻는다는 몽유 형식이다. ④와 ⑥은 각각 잡조란 내에 '소설'이라는 표제를 달고 실렸다.

③의 「외교담」을 제외하고 보면, 이들 '소설'은 대개 우화나 일화임을 확인할 수 있다. ①, ②, ④, ⑤는 구체적인 시간 설정 없는 우화이거나 오랜 과거를 배경으로 한 일화이고, ⑥은 '융희 3년'이라는 당대를 배경으로 하고 있으나 글쓴이의 이념적 환상을 펼쳐내고 있는 몽유록이다. 이 '소설'들은 "현실의 인생 내용을 중심으로 한 사건"을 "미적으로 질서

화"한 산문이 소설이라는[12] 근대적 소설관과 멀리 떨어진 자리에 있을 뿐 아니라, "架空構虛之說에 의해 도덕적 진실성을 추구"[13]한다는 조선 후기의 소설과도 닿기 어려운 곳에 있다. 문제는 이러한 특이성이 일관된 것이었는가 하는 점, 말하자면 '소설'에 대한 나름의 정의를 낳을 만한 것이었는가 하는 점이다. 앞질러 말하자면 이에 대한 답은 부정적이다. 이기나 홍필주의 '소설'이 옛 일화를 소개한 것과 마찬가지로 『대한자강회월보』 6호에서는 유근이 박문수 일화를 정리·소개하고 있으나, 여기에는 '소설' 대신 '계원패림桂苑稗林'이라는 표제가 붙어 있다. 『태극학보』 24호에는 『야뢰』의 「골계소설」과 비슷한 우화가 실려 있으나 그 게재란 명名은 '담총談叢'이고, 『서우』의 「몽배을지장군기夢拜乙支將軍記」나 『태극학보』의 「장원방령莊園防靈」 「무하향만필無何鄕漫筆」 등 몽유 형식도 적지 않으나 이들 역시 별도의 표제 없이 잡조란 등에 게재되어 있다. 1900년대 '소설'의 함의를 따질 때 가장 문제적인 양식이라 할 수 있는 역사·전기물이나 대화·토론체의 경우도 마찬가지이다. 짤막한 역사 서술이나 위인 소개가 실린 일은 적지 않았으나 이들 글쓰기를 위해서는 '역사담'·'인물고人物考'·'아동고사我東古事' 등의 별도란이 주로 마련되었고, 대화·토론체는 『서북학회월보』에서 고정란을 확보하는 자리로까지 올라갔으나 난 제목은 '담총談叢' 내의 '가담街談'이었다.

'패림稗林'이나 '담총'·'가담'이 모두 '소설'과 통용通用하는 어휘였다고 주장할 수도 있음직하다. 실상 『한서漢書』 「예문지藝文志」에 소설이 "街談巷語 道聽塗說"로 해설되어 있었다거나 패설稗說·소설고담小說古談이라는 말도 흔하게 쓰였음을 생각하면, 소설과 이들 용어 사이의 거리를

12 『한국문예사전』, 어문각, 1988.

13 조동일, 『한국소설의 이론』, 지식산업사, 1977, 74면.

재기는 쉽지 않다. 그러나 이들 용어는 이미 조선 후기부터 '소설'의 새로운 양상을 포괄하기 어려운 낡은 용어로 치부되기 시작한 것이었고[14] 1900년대에 소설을 논하는 자리에서는 거론되지 않은 용어였다. 소설·패설稗說·패서稗書·잡서雜書·언서諺書·소품小品·고설古說 등의 여러 명칭 가운데 조선 후기의 변화를 견디고 1900년대의 개량론까지 통과해 낸 것은 '소설'뿐이었던 것이다. 이 점에서 '소설'이라는 표제가 갖는 무게는 결코 만만치 않다. 의식적으로 소설이라는 표제를 앞세우는 것은 조선 후기의 변화를 잇는 동시 1900년대의 새로운 논의에도 부응하겠다는 의식을 의미하기 때문이다.

이 문제적인 표제를 일관되게 내세운 쪽은 신소설 계열의 작품이었다. 신문 연재의 경우에나 단행본 출간 시에나 신소설은 의식·무의식의 차원에서 모두 '소설'이라는 자기규정을 내리고 있다. 반면 일화식의 소품, 몽유록, 대화체나 토론체, 역사 서술이나 전기물이 '소설'임을 내세우는 경우는 비교적 제한되어 있었다. 『제국신문』의 무표제 소설이나 『경향신문』 소설란의 기사가 보여주듯 민담·설화나 일화·소화笑話가 '소설'로 불린 경우는 적지 않았으나, 1900년대 후반에 이르면 이 계열은 '편편기담'·'대한고적'·'담총' 등의 별도란으로 수용되는 것이 일반적인 관습이 되었다. 몽유 형식으로 '소설'이라는 표제 아래 분류된 것은 앞에서 든 「춘추몽」 정도에 지나지 않았고, 대화 형식 역시 마찬가지였다. 1900년대에 대화나 문답 형식은 매일이다시피 신문지상에 등장했으나 「거부오해」만이 소설이라는 표제를 달았을 뿐, 「쇼경과 안즘방이 문답」 「향로방문의생鄕老訪問醫生이라」 등 숱하게 실렸던 대화 형식에는

14 위의 책, 77면.

아무 표제도 없는 것이 통례였다. 마찬가지로 역사 서술 중 소설임을 표명한 것은 「미국독립ᄉᆞ」라는 예외에 그치고 있다.[15]

보다 논쟁적인 관건은 영웅이나 위인의 사적을 기록한 이른바 전기물이다. 『대한매일신보』 국문판에 실린 롤랑 부인과 이순신・최영의 전기에 '소설'이라는 표제가 붙어 있다는 사실이 보여주듯, 전기물의 경우에는 소설임을 내세운 경우가 꽤 눈에 띈다. "夫小說者ᄂᆞᆫ 感人이 最易ᄒᆞ고 入人이 最深"[16]하다는 서序로 유명한 『서사건국지』도 빌헬름 텔이라는 스위스 국가 영웅을 내세운 전기물이며, 잔다르크의 행적을 그린 『애국부인전』은 표지에 '신소설'임을 명기하고 있다. 전기물이 더욱 관심을 끄는 것은, 1900년대에 소설에 대한 새로운 시각을 창출해 내는 데 크게 기여한 소설 개량론에서 제안한 새로운 소설의 내용이 이와 깊은 관련을 맺고 있다는 점에서이다. 이전 소설을 "荒誕怪詭ᄒᆞᆫ 說이 풍쇽을 敗壞ᄒᆞ며 인민을 陷溺ᄒᆞᆷ이 홍수보다 尤甚"하다고 비판하며 등장한 개량의 논의는 소설에서 "역사적 國性을 感發ᄒᆞ며 문화를 誘導ᄒᆞᆯ 意旨"가 솟아나기를 기대하였다.[17] "라빈숀의 표류긔 ᄀᆞᆺ흔 긔이ᄒᆞᆫ 쇼셜", "안졍덕의 나라를 구원ᄒᆞ던 것과 ᄀᆞᆺ흔 쇼셜"[18]이 이 목적을 위해 추천되었고 "구미렬강국에 건국ᄒᆞ며 ᄋᆡ국ᄒᆞ던 영웅의 ᄉᆞ젹"[19], "을지문덕전, 김유신전"[20]이 모범으로 거론되었다. 국가 영웅의 사적을 기록하여 널리 읽히면 국민의 애국정신이 고양되고 사회 기풍이 진작되어 국가의 재흥을 기약할

---

15 이는 일본인이 발행한 매체는 염두에 두지 않은 결론이다. 『한성신보』 소설란에 「孀婦寃死害貞男」, 「木東涯傳」, 「經國美談」이 실리는 등, 오늘날의 기준으로 보자면 소설이라 부르기 어려움에도 日人 신문에 '소설'로 발표된 글쓰기 또한 적지 않았다. 일부는 明治초기의 반향일 것이다.

16 박은식, 『서사건국지』, 대한매일신보사, 1907, 1면.

17 「부정의 소설을 금지ᄒᆞᆷ」, 『경남일보』, 1909.11.26, 사설.

18 「연극장에 독갑이」, 『대한매일신보』, 1908.11.8, 논설.

19 『대한매일신보』, 1907.12.21, 시사평론.

20 「朝鮮魂이 稍稍還來乎」, 『황성신문』, 1908.3.20, 논설.

수 있으리라는 것이 소설 개량을 주장한 논자들의 기대였으므로, 전기물은 이 기대를 가장 적절하게 충족시킬 수 있는 양식이었다.

2_ 소설 개량론에 따르면 전기물은 소설의 새로운 형식이어야 했다. 그러나 소설이라는 주장은 있었을지언정, 전기물 일반이 소설로서 실제로 인식되었다고 말하기는 어렵다. 1900년대 당시의 서적 광고에서 전기물이 지칭된 방식을 보더라도 이 사실을 확인할 수 있겠다. 가장 대중적이고 요약적인 방법으로 자기규정을 피력하는 형식이라 할 수 있는 광고에서 전기물이 '소설'이라 칭해지는 일은 거의 없다. 『이태리건국삼걸전伊太利建國三傑傳』 광고문(1907.12)[21]은 "此書"라는 말로 시작하여 마치니·가리발디·카부르 세 영웅의 경력이 독자의 충정을 감발하고 애국심을 격기激起할 것이라 기대하고 있으며, 『갈소사전葛蘇士傳』 광고(1908.5)는 "本書"라는 호칭을 사용하면서 헝가리 애국자 코수쓰의 생애가 영웅 숭배의 감상을 일으킬 호好 재료라고 선전하고 있고, 『화성돈전華盛頓傳』 광고(1908.6) 역시 "此冊"이라는 규정 아래 비슷한 기대를 표하고 있다. 마찬가지로 『을지문덕』의 광고(1908.6)도 "本書"·"此書"라는 표현을 쓰면서 비열한 무리의 성질을 없애고 차가운 피를 끓는 피로 바꿀 수 있는 효과를 예견하고 있으며, 조금 범위를 넓혀 보면 『미국독립사』『파란말년전사波蘭末年戰史』『법국혁신전사法國革新戰史』 등의 역사 서술(1899.4)이나 『몽견제갈량』 같은 몽유 형식(1908.8) 등도 "史" 혹은 "是書"로 칭해지고 있음을 볼 수 있다. 『몽견제갈량』은 본문 첫 장에 '밀아자蜜啞子 소설'임을 밝히고 있으나 역시 "是書는 저자 蜜啞子가 夢見諸葛孔明

21 당시 서적 광고는 여러 날, 심지어는 여러 달에 걸쳐 게재되었고, 동시에 여러 신문에 게재되는 일도 흔했다. 광고의 출처는 간단하게 연월만 밝히는 것으로 한다.

於隆中草堂ᄒᆞ고 握手 談論ᄒᆞᆫ 바"라는 말을 앞세우고 있다(1908.8). 이처럼 역사·전기물이 '책'으로 규정되고 있다는 사실은, 신소설 광고의 경우 예외 없이 '소설'이라는 자기규정이 앞머리에 온다는 사실과 분명한 대조를 이룬다. '책'이란 지식 일반의 운반체일 뿐 글쓰기의 질에 대해서는 별다른 규정을 수반하지 않는다. 책이라는 명칭은 함유되어 있는 지식이 긴요한 관심사임을 의미하며, 글쓰기 자체로서의 특질은 부차적인 것임을 뜻한다. 이 점에서 역사·전기물은 글쓰기의 특정 양상으로 인식되기 전에 지식 일반으로서 수용되고 있었다 볼 수 있다. 소설 개량론에 큰 영향을 미쳤던 중국의 량치차오조차 역사·전기물을 '서書'라고 지칭하여 소설과 달리 취급했다는 사실 역시, 같은 맥락에서 시사적이다. 량치차오는 국민을 새롭게 하려면 먼저 소설을 새롭게 하지 않으면 안 된다고 주장하였고 도덕·종교·정치 및 풍속·학예를 새롭게 하기 위해 '신소설'을 계속 실험했으면서도, 그 자신부터 이 새로운 시도를 '소설'로 실감하지는 못했던 것이다.

한국의 상황 역시 마찬가지였다고 할 수 있다. 한국에서 전기물 광고 가운데 '소설'이라는 명칭이 나타난 예가 없었던 것은 아니다. 『서사건국지』 광고(1907.8)는 "此冊은 정치소설이니 志士의 救國 救民ᄒᆞᄂᆞᆫ 사상과 인민의 애국심을 揚上하는 데 긴요ᄒᆞᆫ 책자오"라 하여 정치 소설임을 명기하고 있으며 『애국부인전』 광고(1907.11)는 '신소설'이라는 표제를 제목 앞에 적은 후 "右冊은 순국문으로 세계에 유명ᄒᆞᆫ 法國 부인 若安씨의 애국 事蹟을 譯出ᄒᆞ얏ᄉᆞ오니 毋論 남녀ᄒᆞ고 愛國性이 有ᄒᆞ신 동포ᄂᆞᆫ 맛당이 보실 書冊이오니 陸續 購覽ᄒᆞ심을 望ᄒᆞᆷ"이라는 소개를 붙이고 있고, 『라란부인전羅蘭婦人傳』 광고문(1907.8)은 "이 쇼셜"이라는 규정으로 시작해 역시 "일반국민의 ᄋᆡ국ᄉᆞ상을 비양ᄒᆞᄂᆞᆫ 칙"임을 알리고 있다.

그러나 『서사건국지』나 『애국부인전』처럼 표제에서 소설임을 주장하는 것은 아직 의식적 차원에서의 주장에 지나지 않는다. 미세한 실천의 차원에서 효력을 발휘하려면 이 주장은 다시 무의식의 차원에까지 침투해 들어갈 수 있어야 한다. 『서사건국지』『애국부인전』에서 이 조건은 충족되고 있지 못한 듯 보인다. 이들은 자기를 설명하는 데 있어 다른 역사・전기물과 마찬가지로 '책'이라는 말을 앞세움으로써 '소설'과 '책' 사이의 갈등에서 결국 후자로 기울고 있다. 예외적인 경우는 『라란부인전』에서 찾아볼 수 있다. 『라란부인전』은 신문 광고를 "이 쇼셜"이라는 말로 열고 있는데, 이는 기타의 역사・전기물 광고에서는 볼 수 없는 현상이다. 하지만 『라란부인전』은 역사・전기물로서는 색다른 특징을 갖고 있는 출판물이니, 곧 『애국부인전』과 더불어 순국문으로 창작된 드문 사례인 것이다.

이 표기 문자 문제는 '소설'이라는 규정을 내리는 데 있어 부차적인 변수에 그치지 않고 중요한 역할을 했던 것으로 판단된다. 국문판과 국한문판을 동시 발간했던 『대한매일신보』의 소설란을 비교해 보더라도 비슷한 결론을 얻을 수 있다. 『대한매일신보』 국문판이 발간되기 시작한 1907년 이후 국문판에는 소설란이 늘 고정되어 있었다. 이순신・최영의 전기와 미국 독립의 역사가 실린 것도 소설란이었다. 반면 『대한매일신보』 국한문판에서는 똑같은 이순신・최영의 전기가 '위인유적偉人遺蹟'이라는 표제 하에 연재되었으며, 「세계역사」는 아무 표제 없이 게재되었다. 국한문판에서 '소설'이라는 표제가 허용되었던 경우는 「청루의녀전」과 「거부오해」에 지나지 않았지만 국문판에서는 소설란이 빠짐없이 등장하였다. 소설의 비중은 국문 표기의 체계에서 훨씬 컸으며, 같은 내용의 글쓰기가 소설이라 불릴 수 있는 가능성 또한 국문의 세계에서 더 컸던 셈이다.

전기물의 광고에서 나타난 '소설'과 '책' 사이의 갈등은 곧 전기 형식이 소설의 새로운 형식으로 자리 잡아야 한다는 주장과 소설에 대한 실제 시각 사이의 불균형을 말해 주고 있다. 조선 후기부터 서서히 각광을 받기 시작한 소설은 1900년대 들어 급속하게 부상하여, 국민의 풍기風紀 진작에 결정적인 역할을 할 활동으로 기대되고 있었다.[22] 그러나 이 놀라운 힘이 기존의 소설을 그대로 잇는 자리에서 나올 수 있었던 것은 아니다. 이전 소설에 대한 부정은 격렬할 만치 단호하여, 중추원에서는 소설 금지를 헌의하기도 했고[23] 법률로 금지하는 것이 당연하다는 여론이 일기도 했다.[24] 『조웅전』 『소대성전』이나 『삼국지』 『임진록』 등이 모두 "日曆만 費홀 뿐 아니라 또훈 痴癖을 永結"하는 "無根훈 怪談과 無理훈 小셜"로 치부되었을 뿐 아니라,[25] 『창선감의록彰善感義錄』 『사씨남정기謝氏南征記』 등 조선 후기에는 소설 부정론자들도 그 가치를 인정했던 소설조차 일괄 부정의 대상이 되기도 하였다.[26] "츈향젼은 음탕 교과서오 심쳥젼은 쳐량 교과서오 홍길동젼은 허황 교과서라 홀 것이니 국민을 음탕 교과로 가르치면 엇지 풍속이 아름다오며 쳐량 교과로 가르치면 엇지 장진지망이 잇스며 허황 교과로 가르치면 엇지 졍디훈 긔상이 잇스리가"[27]라는 『자유종』의 유명한 구절은 이러한 전대 소설 비판의 기축基軸을 전형적으로 표현한 것이다.

『자유종』은 『춘향전』을 음탕으로, 『심청전』을 처량으로, 『홍길동

---

22 조남현, 『소설원론』, 고려원, 1982, 33~34면.
23 「諸術依禁」, 『대한매일신보』, 1907.1.22.
24 「부정의 소설을 금지홈」.
25 白雲山人, 「告매일신보」, 『대한매일신보』, 1906.9.26.
26 「연극장에 독갑이」.
27 이해조, 『자유종』, 광학서포, 1910, 10~11면.

전』을 허황으로 고발한다. 문부 관리들에게 법적 제재를 제안할 정도로 강도 높은 이 고발은, 그러나 또 다른 각도에서 관심을 끈다. '교과서'라는 어휘의 동원이 그것이다. 『춘향전』 『심청전』 『홍길동전』이 단죄되는 이유는 단지 음탕 · 처량 · 허황이라는 특징에 있는 것이 아니라 그것을 '가르쳐' 국민의 풍속을 흐리고 전진의 기상을 꺾고 있다는 점에 있다. 소설은 국민을 교육하는 교과서인데, 그 기능이 부정적인 방향으로 행사되고 있다는 것이다.[28] 그렇다면 소설 개량의 방향은 명명백백하다. 좋은 교과서를 구상하고 그것을 소설의 내용으로 삼으면 된다. 중국의 량치차오 역시 서구 교과서 가운데 소설에서 나온 것이 많다는 말을 남겼듯이[29] 1900년대 한국에서도 소설은 종종 교과서와 같은 층위에서 논의되었다. "現時代에 至ᄒᆞ야는 국문으로 발행ᄒᆞ는 신문 잡지와 소설 등속이 皆 보통교육의 기관"[30]이라 했으니, 신문 · 잡지 · 소설이 함께 교과서의 층위로 조정되었던 셈이다. 실제로 당시 노동 야학에서는 『교육월보』를 교과서로 사용하고 있었으며[31] 신문을 교과서로 삼는 외국의 사례 또한 소개된 바 있었다.[32]

이들 새로운 지식의 매체는 전대前代에 소설이 차지하고 있었던 자리를 대치해 가야 한다. 신문과 월보月報를 열심히 구독하고 『애국부인전』을 즐기다 보면 『소대성전』 『장풍운전』 등은 일체 폐지하게 된다는 식이다.[33] 국민의 애국심을 양성하려면 "동서 각국 근세사기와 유명ᄒᆞᆫ

28 1900년대 당시 '소설'이 교과서라는 층위에서 인식되고 있었음은 김동식, 「한국에서 근대적 문학 개념의 형성과정 연구」, 서울대 박사논문, 1999, 56면에서 논의된 바 있다.

29 심형철, 「근대전환기 중국의 소설론 연구」, 서울대 박사논문, 1997, 41면.

30 「柴商談話」, 『황성신문』, 1904.4.28, 논설.

31 「여자와 노동 사회의 지식을 보급케 할 도리」, 『대한매일신보』, 1908.12.30, 논설.

32 「신문지 교과서」, 『대한매일신보』, 1910.4.26, 외보.

33 「柴商談話」.

인물의 사적과 각종 학업의 문자롤 혹 국한문을 交用ᄒᆞ야 譯述ᄒᆞ며 혹 순국문으로 以ᄒᆞ며 혹 소설로 以ᄒᆞ며 혹 가요로 以ᄒᆞ야" 쉽게 이해하고 쉽게 감응할 수 있게 하면 될 것이라 하기도 했다.[34] 소설의 내용으로는 역사와 위인의 생애, 그리고 기타 학문이 추천되었다. 이 구성은 교과서와 별 차이가 없는 것이었으니, 실제로 최초의 교과서 『국민소학독본』(1895년)에서는 가필드・징기스칸과 함께 을지문덕・강감찬의 생애가, 대표적인 민간 교과서 『유년필독』(1907년)에서는 을지문덕・양만춘・성충・계백・김유신과 강감찬・이순신・김덕령 등의 사적이 주요 내용이 되고 있어, 소설 개량의 논의와 교과서 구상 사이의 연결점을 시사해 주고 있기도 하다. 여기서 거론된 인물들은 19세기 말 내린 학부 훈령에서도 높이 평가된 인물들이었다.[35]

3_ 1900년대에 새롭게 주장된 소설과 전대 소설은 '연속'이 아니라 '대체'의 관계에 있다. 소설 개량의 논의가 전대 소설을 전면 부정하는 중, 그 부정의 강도는 소설적 자질 모두를 지워 버리려는 것으로 비칠 정도로 거셌다. '소설'이라는 용어를 둘러싼 이 경쟁과 갈등의 관계에 비해 보면 민담이나 일화를 소설이라 칭한 몇몇 예는 차라리 삽화적인 데 지나지 않는다. 역사・전기물 역시 서사 형식인 이상 소설로서의 자질이 전무할 수는 없겠으나, 또한 근대 소설이라는 가치를 절대의 기준점으로 삼는 것이 아니라면 여기서도 세계에 대한 서사적 발언을 읽어낼 수 있을 것이나[36] 전대 소설의 특징 중 1900년대의 역사・전기물에 의해

34 「서적이 爲開發民智之指南」, 『대한매일』, 1905.10.12, 논설.

35 유민영, 『한국근대연극사』, 단국대 출판부, 1996, 84면.

36 예를 들어 '서사 일반'에 관심을 돌린 N. Frye, 임철규 옮김, 『비평의 해부』, 한길사, 1982, 50~51면 및 78~101면을 참조하면 1900년대의 전기물은 "정도에 있어서 다른 사람들보다 뛰어나지

계승된 요소는 찾아보기 어렵다. 역사・전기물에서의 역사가 그때까지의 역사와 근본적으로 다른 것이었음을 상기한다 해도 사정은 마찬가지이다.

최초로 새로운 역사 방법론을 논했던 「독사신론讀史新論」에서, 이전까지의 역사는 가보家譜를 전하거나 재이災異를 기록하는 데 불과했던 것으로 평가된다. 새로운 역사는 "必也 其國의 주인되는 一種族을 先 發現하여, 此로 주제를 作한 후에" 그 우여곡절을 써 나가는 '정신의 역사'가 되어야 한다.[37] 중국・일본에서의 새로운 역사 구상과 상통하는[38] 이러한 입장에 따르자면 역사란 과거의 경험에 서사적 질서를 부여하는 일이 된다. 민족을 주인공으로 하여 내적 계기에 의한 연속성, 인과에 따른 질서를 찾는 작업이 되는 것이다. 유럽에서 19세기 역사주의 학파에 의해 정교화되었던 역사의 신학적・미학적・철학적 함의[39]가 동아시아에서도 태동하게 된 셈이다. 그러나 문약을 비판하고 상무 정신을 고취하면서 눈을 돌리게 된 상고사의 영역에서는 사실의 흐름을 구성할 만한 자료를 찾는다는 일 자체가 불가능한 것으로 보였다. "我韓四千載神聖歷史를 汚衊ᄒᆞ고 위대 영웅은 埋沒에 一任"[40]하여 겨우 몇 줄의 기록만 전하는 상황에서, 중요한 것은 흩어진 자료를 모으고 끊긴 고리를

만, 자신의 타고난 환경보다 뛰어나지 못"한 주인공을 내세운 상위 모방인 동시에, 이야기 자체보다 관념 또는 지적 사상에 강조점을 두는 주제적 양식이라고 정의할 수 있을 것이다.

37 一片丹生, 「讀史新論」, 『대한매일신보』, 1908.8.27.

38 梁啓超, 『飮氷室文集』 下, 上海 : 廣智書局, 1905, p.195 : "예전의 史家는 사실을 기록하는 데 불과했으나, 근세의 史家는 반드시 사실의 관계를 원인・결과와 함께 설명해야 한다. 예전의 史家는 권력 있는 한두 사람의 흥망성쇠를 기록하는 데 불과하여, 이름을 史라 하기는 했으나 한 사람이나 한 집안의 족보를 만드는 데 지나지 않았다면, 근세 史家는 인간 전체의 운동과 진보, 즉 국민 전부의 경력 및 상호 관계를 찾고 살펴야 한다."

39 R. Kosellek, 한철 옮김, 『지나간 미래』, 문학동네, 1998 참조.

40 신채호, 『을지문덕』, 광학서포, 1908, 3면.

잇는 능력이다. 직접 기록이 없을 때는 "史文을 參互ᄒᆞ야 伊時 사상을 細究"[41]하는 데 보태, 사실 여부를 뛰어넘어 인물이나 사건 자체를 재창조하기도 해야 했다. 『강감찬전姜邯贊傳』 서序는 강감찬에 대해 전하는 설화가 허황하여 믿기 어렵다는 세평世評을 거론하는 데서 시작하여, 서경덕·허목의 일화나 잔다르크의 영웅담도 마찬가지이니, 중요한 것은 그런 이야기를 엮어 쓴다는 사실 자체요 진위를 판별하는 일이 아니라는 결론을 내리고 있었던 터였다.[42]

이런 발상은 사史나 실전實傳의 전통에 비추어 보면 대단히 낯선 것이었다. 동아시아에서 역사란 객관적 서술이어야 한다는 '실록實錄' 정신은 당대唐代 이후 일반적인 전제가 되어, 『사통史通』의 저자 유지기劉知幾처럼 문文과 사史 사이 분기를 명언한 사례도 적지 않았다.[43] 사실 여부가 아니라 이야기의 효과가 문제라는 사고법은 곧 소기所期의 효과를 위해서라면 허구를 만들어 낼 수도 있다는 말이었고, 따라서 사의 전통에서는 용인되기 어려운 가능성이었다. 1900년대의 역사 서술이나 전기 형식이 소설 전통에 닿아 있는 대목은 바로 이 지점이다. "사실을 그대로 적은 것이 역사요, 저작자의 목적을 따라 그 사실을 좌우하거나 첨부혹 變改하라는 것이 아니"라는 시각 또한 중요하게 부각되고 있었으나, 이 객관성의 주장은 타방他邦의 기록이란 신뢰할 수 없으니 자주적으로 자국사를 써야 한다는 요구로 수렴되고 있는 형편이었다.[44] 역사는 사실 기록의 객관성과 민족 정체성 형성이라는 두 가지 요구 사이에서 분열하면서 결국 후자 쪽으로 기울어 가고 있었다. 그리고 이때 후자는 불

41 위의 책, 15면.

42 현채, 「姜邯贊傳序」, 『姜邯贊傳』, 일한도서인쇄주식회사, 1908, 1면.

43 홍상훈, 「전통 시기 중국의 서사론에 관한 연구」, 서울대 박사논문, 1999, 97~111면.

44 신채호, 「朝鮮上古史」, 단재 신채호선생 기념사업회, 『단재 신채호 전집』 上, 형설출판사, 1972, 35면.

가피하게 허구적 요소의 도입을 수락하는 것이었으니, 새로운 역사는 이 점에서 기왕의 역사와 다를 수밖에 없었다. 특정 인물에 초점을 맞춰 그 생애를 서술한다는 전기물의 구상은 역사 개념에서 한 걸음 더 이탈해 나온 것이었다.

그렇다고 역사·전기물이 최고의 친연성을 발견할 수 있었던 글쓰기가 전대의 소설이었다고 결론짓기는 어렵다. 역사·전기물이 사의 정신에서 벗어나고 있었다고는 해도, 가담항설街談巷說의 잡스러운 이야기에 지나지 않았던 '소설'과의 거리는 역시 먼 것이었다. 글쓰기의 대상이나 글쓰기 자체의 특징을 두고 볼 때 역사·전기물은 여전히 사나 실전實傳에 더 가까웠다. 역사·전기물에서 허구적 요소의 도입이란 아직 미미한 정도였으며, 한편 '소설'이라는 글쓰기에서도 오늘날 말하는 허구란 핵심적인 것이 아니었다. 허탄무거虛誕無據나 구허착공構虛鑿空이라는 말은 어디까지나 부정적인 평가를 담고 있는 어휘로서, 요약하자면 오늘날 거론하는 것 같은 허구, '사실'과 대타적인 거리를 유지하면서 독자적인 근거와 질서를 요구하는 허구는 1910년 이후에야 형성을 본 것이었다. 그럼에도 역사·전기물이 '소설'로 도약할 수 있었던 이유는 무엇이었는가?

> 뎌 샹말과 쇽담으로 지어노흔 칙자는 그러치 아니ᄒᆞ야 일톄 우부우부와 ᄋᆞ동주졸의 편벽되어 즐겨보ᄂᆞᆫ 바이라[45]

> 소설이라 云ᄒᆞᄂᆞᆫ 者ᄂᆞᆫ 여항 인민의 풍쇽 습관에 의ᄒᆞ야 淺近ᄒᆞᆫ 言辭로 切

45 「근일 국문소설 저술하는 자의 주의할 일」, 『대한매일신보』, 1908.7.8, 논설.

要훈 의의를 포함ᄒᆞ야 인민으로 ᄒᆞ야곰 感發의 效를 奏케 홈이니[46]

그 말이 친근ᄒᆞ고 그 쓴 거시 공교ᄒᆞ여 아모리 무식훈 로동쟈들 ᄭᅵ지라도 쇼셜은 능히 보지 못ᄒᆞ는 쟈ㅣ 드믈며 ᄯᅩ 보기 됴와 아니ᄒᆞ는 쟈ㅣ 업ᄂᆞ니[47]

대뎌 신긔훈 거슬 됴와ᄒᆞ고 평상훈 거슬 슬혀홈은 사ᄅᆞᆷ의 ᄯᅥᆺᄯᅥᆺ훈 셩졍이라 이름으로 음담패셜노 소일ᄒᆞ던 거슨 평싱을 지내여도 긔억을 ᄒᆞ여 닛지 아니ᄒᆞ되 셩경현젼의 공부는 몃 ᄃᆞᆯ이 못 되어 혹 니져ᄇᆞ리고 혹은 싱면목ᄀᆞᆺ치 듯지도 못ᄒᆞ던 것 ᄀᆞᆺᄒᆞ며 례졀을 찰히고 규모를 직희는 쟈리에는 가기를 됴와 아니ᄒᆞ되 방탕ᄒᆞ게 노는 마당에는 가면 도라올 줄 모르ᄂᆞ니 그런즉 쇼셜과 연희는 심샹훈 부인녀ᄌᆞ와 시졍무식ᄇᆡ의 뎨일 감동ᄒᆞ기 쉽고 뎨일 즐겨ᄒᆞ는 바ㅣ라[48](강조—인용자)

1900년대에 소설이 주목받은 이유는 무엇보다 "우부우부와 ᄋᆞ동주졸", "인민", "무식훈 로동쟈들", "심샹훈 부인녀ᄌᆞ와 시졍무식비"가 즐겨 보는 것이라는 데 있었다. 여성이나 어린이, 노동자 등 이전에는 문제되지 않던 계층이 '국민'으로 포섭되면서 각광받은 글쓰기가 바로 소설이었던 것이다. "텬하에 큰 ᄉᆞ업은 을지문덕이나 합소문 ᄀᆞᆺ흔 큰 영웅이나 큰 호걸이 지어내는 것이 아니라 우부 우부와 ᄋᆞ동주졸이 지어내는 거시며 샤회의 크게 붓좃게 ᄒᆞ는 거슨 죵교나 정치나 법률 ᄀᆞᆺ흔 큰 학문으로 바르게 ᄒᆞ는 거시 아니라 언문 쇼셜노 바르게 ᄒᆞ는 바"[49]라는 사

46 「부정의 소설을 금지홈」.
47 『대한매일신보』, 1909.12.2, 잡동산이.
48 「소설과 연희가 풍속에 상관되는 것」, 『대한매일신보』, 1910.7.20, 논설.
49 「근일 국문소설 저술하는 자의 주의할 일」.

고야말로 소설에 주목하는 근거였다. 국가를 이끌어가는 동력이 개인이나 일부 계층에서 나오는 것이 아니라 '국민' 전체에서 오는 것이 되었으므로, 지식의 체계 역시 '국민'이라는 새로운 추상에 호소하는 것이 되지 않으면 안 됐다. 소설의 의의는 바로 여기 있었다. 소설은 쉽고 친근한 말로 되어 있는데다가 호기심과 흥미를 자극하여 누구나 접할 수 있는 글쓰기라고 판단되었다. 이 글쓰기를 활용하면 여성・어린이・노동자 등에의 통로를 뚫을 수 있을 것이라 기대되었고, 이 통로는 곧 계몽의 통로가 될 수 있을 것이라고 생각되기도 했다. 이러한 일련의 논리에서 최고의 근간이 된 소설의 자질은 "상말과 속담"・"淺近한 언사"로 되어 있으며 "그 말이 친근"하여 접근하기 쉽다는 점이었다.

물론 '소설'이 폭넓은 인기를 누릴 수 있었던 까닭이 여기에만 있었던 것은 아니다. 절요切要한 의의를 포함하고 있고 내용이 공교工巧하다든가, 혹은 더 나아가 정론正論보다 기이한 것을 즐기는 사람의 천성에 호소한다는 등의 특징 역시 중요한 것이었다. '국민'이라는 새로운 집단에 편입됨으로써 가장 극적인 존재 전이를 경험한 주변 집단, 즉 여성・어린이・노동자까지도 소설을 즐기는 것은 이 때문이기도 했다. 중국에서의 논의를 빌면, "장엄한 것을 꺼리고 해학을 좋아하며", "옛 음악을 들으면 그저 잠이 올 것 같지만 鄭과 衛의 음악을 들으면 마음이 쏠려 싫증낼 줄 모르는 것"이 사람의 보편적인 성정이라는 것이었다.[50] 소설은 평이하고 친근한 언어로 씌어졌다는 사실 외에, 인류 공통의 성정에 기반하고 있다는 점에서 인기를 끄는 것이라 했다.[51] 이

50 梁啓超, 「譯印政治小說序」, 『中國近代文論選』, 臺北 : 木鐸出版社, 1982, p.155.

51 嚴復・夏曾佑, 「國聞報館附印說部緣起」, 심형철, 「근대전환기 중국의 소설론 연구」, 55~56면에서 재인용.

두 가지 요소가 함께 소설의 본질적 특징을 구성한다고 보았던 것이다. 그러나 후자가 개량의 논의에서 일관되게 긍정된 일은 없었다. 도리어 소설의 신기新奇 취미는 "음란ᄒᆞ고 허탄ᄒᆞᆫ", "괴이ᄒᆞᆫ" 요소로 극력 비판되면서 개량의 필요를 제기하고 있었다.[52] 이렇듯, '소설'의 생명이 글쓰기로서의 특질에 있는 것은 아니었다. 누구나 접근할 수 있다는 사실 자체야말로 소설의 생명이었고, 소설 개량의 논의는 이 점을 유일한 전제로 해서 펼쳐졌던 것이다. 소설 개량의 논의를 펼치기 몇 해 전, "속어俚語만을 써서 널리 갖가지 책을 지어야 한다"[53]고 하여 문제의식의 출발점을 보였던 량치차오의 사례는 이 사실을 뚜렷하게 보여주고 있다. 량치차오는 여기서 '소설'이라는 말은 한 번도 쓰지 않으면서도 "위로는 성인의 가르침", "아래로는 역사"를 속어로 써야 한다고 주장했으니, 소설 개량론은 이 논의에 '소설'이라는 틀을 살짝 얹은 데 지나지 않았다. 속어로 갖가지 책을 지을 것을 주장한 논리와 소설을 개량해야 한다는 논의는 완전히 동일했던 것이다. 그리고 한국의 경우 '속어', 평이하고 친근한 언어에 주목할 때 제일 먼저 문제된 문제틀은 '자국어'라는 것이었다.

1900년대 이전에 소설은 자국어 글쓰기로 유일하다시피 한 예였다. 편지글이라면 국문으로 씌어진 경우가 많았고 국문 시가 역시 활발하게 창작되었으나, 편지는 대중적 유통과 거리가 먼 글쓰기였고 시란 무엇보다 한시를 뜻했으므로 이 둘이 국문 글쓰기를 대표하는 예가 될 수는 없었다. 언해諺解는 한문 원전에 종속되는 것이었으므로 더더욱 독자

52 「근일 국문소설 저술하는 자의 주의할 일」.

53 梁啓超, 「變法通議・論幼學第五・說部書」, 심형철, 「근대전환기 중국의 소설론 연구」, 41면에서 재인용.

적인 글쓰기로의 권리를 주장할 수 없었다. 국문이라 하면 누구나 글쓰기 유형으로서는 소설을 연상했으니, "근일에 신학문이라 ᄒᆞᄂᆞᆫ 책자를 심심건으로 간혹 열람ᄒᆞᆫ즉 혹 古談冊과 갓치 순국문으로 저술ᄒᆞᆫ 것도 有ᄒᆞ며 혹 국한문으로 교작ᄒᆞᆫ 것도 유ᄒᆞᄂᆞ"[54]라 하여 순국문체를 곧 소설의 문체로 인식했다든가 "如欲學國文則 閭巷小說과 街頭稗史를 *夜夜短燈*에 歌之讀之者ㅣ 不限其數則必不待學校之設"(강조 - 인용자)[55]이라면서 소설·패사를 읽는 것으로 국문을 익힐 수 있다 본 것은 모두 그 예가 된다. 훈민정음 창제 후 4백여 년 간 국문은 "唯閭巷婦女ㅣ 讀小說" 외에는 독자적인 쓰임새를 갖지 못했던 것으로 비치고 있었다.[56]

바로 이 점에서, 주류적인 자국어 글쓰기였던 소설은 자국어로 씌어졌다는 사실 자체로 주목을 받을 수 있었다. 이 사실이야말로 소설의 다른 자질이 가혹하게 비판받는 와중에도 결코 공격받을 수 없는 가치였다. 또한, 소설의 핵심이 자국어로 씌어졌다는 점에 있는 이상, 이 가치를 공유하고 있다면 어떤 글쓰기라도 '소설'로 불릴 수 있었다.[57] '어떤 글쓰기라도'— 그러니까 명백하게 다른 글쓰기 양식에 속하는 것이 아니라면, 혹은 전대 소설과 희미한 유사점이라도 갖고 있다면 자국어 글쓰기는 모두 '소설'로 취급될 수 있었다. 1900년대에 이른바 역사·전기물을 소설이라고 '주장'할 수 있었던 것은 이 때문이다. 역사 서술 및 전

---

54 이규철, 「無何鄕」, 『태극학보』 20호, 1908.5, 45면.

55 中瘦, 「內地 각 학교 廢設의 情形」, 『태극학보』 25호, 1908.10, 15면.

56 이기, 「一斧劈破」, 『호남학보』 2호, 1908.7, 2면.

57 여기서 말하는 '자국어'란 국문에만 한정되지 않는다. 국문과 한문 글쓰기만이 주류를 이루었던 15~19세기에 대해서라면 '자국어'가 곧 국문을 가리키는 말이 되어야겠지만, 1900년대는 국가의 공통 언어, 즉 '자국어'를 어떻게 만들어 갈 것인가를 두고 다양한 실험이 벌어지고 있었던 시기였다. 이 실험을 구성하고 있었던 표기 양식이라면 무엇이든, 국문은 물론 국한문이나 국한문에 토다는 식의 표기도 모두 '자국어'로 평가하고 들어가야 할 것이다. 자세한 논의는 3장 2절로 미룬다.

기 형식은 사나 전傳이라는 전통적 글쓰기 양식에서 비껴나기 시작하였고, 이 이탈의 방향이 서사적 자질을 풍성하게 하는 쪽이었던 까닭에, 전대 소설과의 만남은 더욱 쉽게 이루어질 수 있었다. 자국어 글쓰기로서의 소설을 고평하게 된 배후에 '민족'이라는 심급instance이 있었다는 사실 또한 역사 · 전기물과 '소설'의 만남을 더욱 설득력 있는 것으로 만들었다. 언어의 층위에서 민족의 가치를 구현해 낸 '소설'은, 정신에 있어서도 응당 민족적 가치와 연결되어야 할 것이었다. 역사 · 전기물은 이 두 가지 구상을 동시에 충족시킬 수 있는 전망으로 보였다. 실제 인식을 따지자면 역사 · 전기물은 '소설'이었다기보다 '책', 즉 특정한 글쓰기 양식이었다기보다 지식 일반이었지만, '민족'의 가치와 직결되어 있다는 점에서 거듭 '소설'로 역설되고 있었던 것이다.

2) '기記'의 의식과 풍속 개량

1_ 소설 개량의 방향을 영웅상의 부조浮彫를 통한 애국심 고취로 잡은 논의에서 이른바 신소설은 좀처럼 긍정적 평가를 받지 못했다. 신소설은 모리謀利의 소견으로 지어낸 것일 따름이니 "녯 쇼셜에 비교ᄒᆞ면 곳 오십보를 다라난 쟈가 빅보를 다라난 쟈를 웃ᄂᆞᆫ 것과 ᄀᆞᆺᄒᆞ"[58]며 "샤회상에 도덕을 해롭게 ᄒᆞ며 보ᄂᆞᆫ 사ᄅᆞᆷ으로 ᄒᆞ여곰 정신을 혼미케"[59] 할 뿐더러 "음풍을 ᄀᆞᄅᆞ치ᄂᆞᆫ 거스로 쥬지를 숨"[60]으려 한다는 것이 대체적인 평가였다. 신소설은 역사 · 전기물과는 달리 전대 소설과 단호하게 선을

58 「근일 국문소설 저술하는 자의 주의할 일」.

59 「연극장에 독갑이」.

60 『대한매일신보』, 1909.12.2, 잡동산이.

긋지 못하면서 이전 소설의 유습 일반을 받아들이고 있는 것으로 보였다. 그러니만큼 적극적인 개량의 이념은 신소설의 몫이 될 수 없었다. 역사·전기물의 작자가 활발하게 소설 개량의 논의를 펼쳤던 반면 신소설 작가들은 언론 활동에 주도적으로 참여하고 있었으면서도 본격적으로 소설론을 전개하지는 않았다. '소설' 창작의 수를 감안한다 해도 신소설 작가의 활동이 훨씬 압도적이었지만, 개량의 논의가 창도唱導된 것은 언제나 역사·전기물 작자 편에서였다.

그렇다고 신소설 작가가 소설 개량의 논의를 무시했던 것은 아니다. 『혈의 누』는 "국민의 정신을 感發ᄒᆞ야 毋論男女ᄒᆞ고 血淚ᄅᆞᆯ 가히 灑ᄒᆞᆯ 신사상이 有"하다 선전하여(1907.4) 역사·전기물이 내건 것과 같은 의의를 천명하였고, 다른 신소설에 대해서도 "가정 裡面의 鄙風敗俗을 鑑戒"(『鬼의 聲』, 1907.6)하고 "풍긔을sic ᄀᆡ량ᄒᆞ고 도덕을 발휘ᄒᆞᆯ"(『송뢰금』, 1909.1) 만한 효력을 갖고 있으니 "풍속 개량의 일대 機關"(『은세계』, 1909.1)이 될 수 있으리라는 기대는 빈번하게 피력되고 있었다. 고부姑婦 간 암투를 신·구 사상의 충돌이라는 틀로써 다룬 『치악산』은 "此 소설은 이선생이 我國 가정의 怪異ᄒᆞᆫ 풍기를 개량코져 ᄒᆞ야 십수 년의 정력을 費ᄒᆞ야 저술ᄒᆞᆫ 것"(1908.12)이라는 사실을 강조하였고, 과부의 재혼이라는 첨예한 주제를 다룬 『홍도화』는 "종래 我國에 조혼ᄒᆞᄂᆞᆫ 痼習과 靑霜의 참상은 일반 有志者의 개탄ᄒᆞᄂᆞᆫ 바어니와 此風을 개량 整正코져 ᄒᆞ야"(1908.12) 발간한 소설이라는 점을 역설하였다. 풍속 개량에 기여할 수 있으리라는 주장은 역사·전기물에 못지않게 신소설 역시 강조하는 바였다. 신소설은 풍속 개량이라는 취지에 편승함으로써 자기 지위를 제고할 것을 꾀하고 있었다.

특기할 만한 점은 신소설이 풍속 개량의 방향을 소설의 기록적 가치에서 찾고 있다는 사실이다. 역사·전기물 창작과 연결된 소설 개량의 논의가 사회의 풍기를 진작시킬 수 있는 방법을 국가 영웅을 생생하게 묘사해 내는 데서 찾고 있었다면, 신소설은 당대의 사실을 있는 그대로 기록함으로써 풍속 개량의 효과를 거둘 수 있으리라고 주장한 것이다. 최초의 신소설 『혈의 누』가 "평양성중에 옥련이이라는sic 김씨 여아가 무한ᄒᆞᆫ 곤란을 經ᄒᆞ고 외국에 遊離ᄒᆞ며 유학한 實事가 有하니"라 하여 실제 사건을 바탕으로 했음을 주장한 이래, 당대의 사건에서 취재取材한 것이라는 선언은 신소설에서 핵심적인 요소로 자리를 잡았다. "근일에 져슐ᄒᆞᆫ 박정화 화셰계 월하가인 등 수삼죵 쇼셜은 모다 현금의 잇ᄂᆞᆫ ᄉᆞᄅᆞᆷ의 실지 샤젹이라"면서 "이졔 ᄯᅩ 그와 ᄀᆞᆺ튼 현금 사ᄅᆞᆷ의 실젹으로 화의 혈(花의 血)이라 ᄒᆞᄂᆞᆫ 쇼셜을 ᄉᆡ로 져슐ᄒᆞᆯ시 허언랑셜은 한 구졀도 긔록지 안이ᄒᆞ고 뎡녕히 잇ᄂᆞᆫ 일동일졍을 일호 차착업시 편즙ᄒᆞ노니"[61]라고 창작의 의의를 표명한 『화의 혈』의 서문에서 가장 요약적으로 표현되고 있는 이 '기記'의 의식은, 후일까지도 "엄후작이 엇던 ᄌᆡ상이며 평양집 대구집이 엇던 마々이며 유모 로파ᄂᆞᆫ 엇던 녀인임을 자셰히 알고져 ᄒᆞ지 말지어다 (……) 그 일홈을 바로 가ᄅᆞ치지 안이ᄒᆞ고 동을 가ᄅᆞ처 셔를 말ᄒᆞ고 붉은 것을 가ᄅᆞ처 푸른 것을 말ᄒᆞ얏노라"[62]고 하는 식으로 주인공 및 사건의 실재성을 암시하는 데 이어진다.

당대 사실의 기록임을 적극적으로 천명하지 않았음에도 사실과의 연관이 드러나 보이는 경우도 있다. 『혈의 누』의 주인공 옥련이 이화학당의 첫 여학생 별단[63]이나 이토 히로부미伊藤博文의 양녀 배정자[64] 등의 사

61 이해조, 『花의 血』, 五車書廠, 1917, 1면.

62 김동진, 『千變萬化 九尾狐』, 덕흥서림, 1921, 69면.

63 이화 1백년사 편찬위원회, 『이화 1백년사』, 이화여대 출판부, 1994, 50~52면 참조.

64 「배씨득배」, 『대한매일신보』, 1907.12.18, 잡보 : "ᄇᆡ정ᄌᆞᄂᆞᆫ 현금 한국에 긔명ᄒᆞᆫ 부인이라 어려

연을 연상시키는 것과 마찬가지로 『홍도화』의 태희는 당시 장안을 떠들썩하게 했던 김윤식 외손녀의 재혼 건을 떠올리게 하며,[65] 『은세계』에 등장하는 탐학 관리 정감사의 경우는 1890년대 말 강원 감사를 지낸 정헌시를 모델로 했다 하여 연극 상연 당시 한바탕 풍파를 불러일으킨 바 있었다. 이 중 실제 후손들의 항의를 받았던 『은세계』의 경우는 말할 것도 없거니와, 『홍도화』 역시 과부의 재혼이란 극히 이례적인 사건이었다는 점에서, 또한 재혼 후 시모媤母와 갈등을 겪는다는 사연 역시 김윤식 외손녀의 후일담과 일치한다는 점에서 실제 사건과의 관련을 비교적 자신 있게 추론해 볼 수 있는 사례에 속한다.

신소설에 있어 기록의 가치란 이렇듯 중요하였다. 허탄무거하다고 비판받아 왔던 소설은, 실제 사실에 기반해 있음을 주장함으로써 비판의 여지를 없애려 했던 것이다. 신소설은 '사실'에서 소설의 재료를 찾았을 뿐 아니라 이를 적극적으로 드러냈다. 이처럼 기록으로서의 의의가 거듭 강조된 데 비해 허구성에 대한 논의는 영성零星한 편이었다. 1900년대에 허구성에 대한 의지가 강하게 천명된 예로는 "소설의 성질이 눈에 보이고 귀에 들리는 실적만 들어 기록하면 취미도 없을 뿐 아니라 한 기사에 지나지 못할 터인즉 소설이라 명칭할 것이 없"[66]다 한 『탄금대』 후기 정도를 들 수 있을 뿐이다. 『화의 혈』 후기에도 "소셜이라 ᄒᆞ는 것은 ᄆᆡ양 빙공착영憑空捉影으로 인졍에 맛도록 편즙"한다는 소론이 나오지만, 이는 곧 "방불ᄒᆞᆫ 사ᄅᆞᆷ과 방불ᄒᆞᆫ 사실이 잇고 보면 ᄋᆡ독ᄒᆞ시는

셔 부모를 여희고 류리ᄒᆞᆯ ᄃᆡ경에 일본인 숑미원조씨가 불샹이 녁여 일본에 ᄃᆞ리고 가셔 일어를 ᄀᆞᄅᆞ쳣더니 병신년에 류학ᄒᆞᆫ 녀ᄌᆞ를 ᄐᆡᆨ용ᄒᆞ실 ᄣᆡ를 당ᄒᆞ야 귀국ᄒᆞ미."

65 유원표, 「민속의 대관건」, 『서북학회월보』 1권 4호, 1908.9; 「가정불화」, 『대한매일신보』, 1908.7.22, 잡보 참조.

66 이해조, 「탄금대」, 『한국신소설전집』 5, 을유문화사, 1968, 268면.

렬위 부인 신ᄉᆞ의 진진ᄒᆞᆫ ᄌᆞ미가 일층 더 싱길 것"[67]이라는 사실성의 논의로 이어지고 있었다.

가공구허나 빙공착영이 이미 조선 후기 소설론에서 여러 차례 조명받았던 특질임을 기억한다면 신소설이 기록적 가치를 강조한 의의는 더욱 선명하게 드러난다. 홍만종이 소설을 "鑿空構虛"한 것이라 칭하고 『천군연의天君緣義』의 작자 정태제가 "虛而修之"를 지적하는 등[68] 조선 후기의 소설 논의에서 소설의 허구성에 주목한 논의는 드문 것이 아니었다. 그러나 이때 허구성에의 주목이란 소설의 긍정적 자질에 대한 발견이 되지 못했고, 대개 터무니없고 근거 또한 없다는[虛誕無據]라는 부정적 특질에 대한 지적으로 수렴되고 있었다. 소설은 다만 "긴 밤과 한가ᄒᆞᆫ 아춤에 (……) 쏘ᄒᆞᆫ 일쟝환쇼ᄒᆞ면 이 죡히 쓰인다 ᄒᆞᆯ"[69] 것이라 하여 유희의 영역에 할당되어 있었을 뿐이다. 신소설은, 이 지적을 전복시켜 허구성을 긍정적 가치로 주장하기 이전에, '사실'의 후광에 기대어 소설의 자리를 새롭게 조정하려 시도했던 것이다. 당대 사실에서 취재한 후 그 부정성과 긍정성을 분별하고 긍정적 성격이 보상받는 서사를 보여줌으로써 사회의 풍속 개량에 일조할 수 있다는 것이 신소설의 주장이었다. 1900년대 말로 갈수록 이 '기記'의 가치나 풍속 개량의 주장은 허구성이나 흥미의 발견 쪽으로 조금씩 변모해 나가, 예컨대 앞에서 든 『탄금대』 후기나 "但히 덕의심만 鼓發 배양ᄒᆞᆯ 쑨 아니라 간간히 무한ᄒᆞᆫ 자미가 有"하다 한 『치악산』 광고처럼 허구성이나 흥미라는 특징을 절충시키려 한 시도가 등장하게 되지만, 발생 초기의 신소설을 지배한 것은

67 이해조, 『花의 血』, 100면.
68 김경미, 「조선 후기 소설론 연구」, 이화여대 박사논문, 1994, 133면.
69 「졔일긔언 서문」, 류탁일, 『한국고소설 비평자료집성』, 아세아문화사, 1994, 186면.

기록과 풍속 개량의 의의였다.

2_ 신소설 작가들이 자신을 '기자記者'라 칭했다는 사실 역시 이 맥락에서 이해해 볼 만하다. 단행본 판권지에는 작가 혹은 발행자가 '저작자'로 명기되어 있었음에도 신소설 작가들은 자기 자신을 가리키는 호칭으로 거의 예외 없이 '기자'를 택했다. '저작자'라는 호칭을 쓴 보기로는 "져작자 왈 (……) 지어죠션ᄒᆞ야는 녜젹 풍속도 비울 만ᄒᆞ고 현금 문명시ᄃᆡ에 ᄀᆡ량홀 것도 젹지 아니ᄒᆞ도다"[70]라 한 『명월정』과, 역시 "저작쟈 왈"이라는 말로 시작하여 사건의 후분後分을 다 밝히지 못한 이유를 적은 『금金의 쟁성錚聲』 말미 정도를 들 수 있을 뿐이다.[71] 반면 "본 긔쟈는 이 쇼셜을 긔록홈이"[72]라거나 "긔ᄌᆞ왈 (……) 부부될 사람이 서로 의합ᄒᆞᆫ 후에야 피차 몸을 허락ᄒᆞ고 부모에게만 맛겨두지 안ᄂᆞ니 이것을 ᄌᆞ유혼인이라 ᄒᆞᄂᆞᆫ 바라",[73] "본 긔쟈ᄂᆞᆫ 홍감ᄉᆞ에 일에ᄂᆞᆫ 잠간 붓을 멈추고 리히운에 력ᄉᆞ만 긔록ᄒᆞ려 ᄒᆞ오",[74] "긔쟈 왈 (……) 긔단취쟝ᄒᆞ고 턱션양악을 ᄒᆞ오면 인심샤회에 풍화상 적이 보익이 될 것은 본 소셜 사실 가온ᄃᆡ 잇ᄉᆞ오니"[75] 등 작가가 '기자'라고 스스로를 칭하며 서사 중간에 개입하거나 서·발문에서 소설을 해설한 예는 일일이 들기 어려울 정도로 많다. '기자'라는 호칭에 걸맞게 소설 창작의 행위 또한 '기록'이라 칭하는 경우가 많았다. 앞에서 든 대로 "쇼셜을 긔록"한다든가 "리히운에 력ᄉᆞ만 긔록"하겠다는 자세도 그렇고, "본 긔ᄌᆞ가 (……) 이 ᄎᆡᆨ을 긔록ᄒᆞ

70 박이양, 『명월정』, 유일서관, 1912, 126면.
71 남궁준, 『금의 錚聲』, 유일서관, 1913, 88면.
72 이해조, 『花의 血』, 100면.
73 박건병, 『광악산』, 박문서관, 1912, 62면.
74 이상춘, 『서해풍파』, 유일서관, 1914, 88면.
75 노인규, 『雲外雲』, 광문사, 1914, 167면.

야 일반 동포에게 전파홈은 풍속 기량에 만분지일이라도 도움이 잇슬가 바람이로다"[76]라고 적는 경우가 또한 그러했다.

역사 · 전기물에서도 작자가 스스로를 '기자'라 칭한 경우가 없지는 않지만 그 빈도를 신소설에 견주기는 어렵다. "無恥生이 同社의 朋友를 辭ᄒᆞ며 膝下의 자녀를 抛ᄒᆞ고"[77]라 하여 상징적인 호號를 들거나 "余가 평양에 유람 見ᄒᆞ니",[78] "余ㅣ가 고구려 대신 을지문덕의 역사를 讀ᄒᆞ다가"[79]라 하여 그저 '여余'라는 호칭을 쓰는 등, 역사 · 전기물 계열의 저작은 '기記'의 의식을 드러내는 데 소극적이었던 때문이다. 이와 달리 신소설 작가는 '기자'를 자기 호칭으로 택함으로써 창작에 임하는 의식을 명백하게 드러내고 있다. 사실을 그대로 적는다는 뜻이자 한문 문체의 한 종류를 가리키기도 했던 '기記'라는 글자를 근간으로 한 '기자'란, 『사기史記』 등에서부터 용례를 찾아볼 수 있는 오래된 어휘다. 그러나 이 어휘가 사실 기록의 책무에만 독점적으로 연결되어 있었던 것은 아니다. '기자'는 저자 일반을 가리키는 말이기도 했고, 메이지 초년 일본에서는 라이터writer의 번역어로 기재되기도 했다. '기자'가 라이터라는 일반 용어 대신 저널리스트journalist라는 특수 용어와 짝지어지게 된 것은 몇 년 후, 신문이라는 제도가 자리 잡고 특수한 전문가 집단이 생겨나면서부터였다.[80] 신소설 작가들이 사용한 '기자'라는 말은 이 새로운 의미망 속에서 조정된 새로운 어휘였다. '기자'라는 말 자체가 낯설지는 않았다 해도 소설 작가가 자신을 '기자'로 칭하게 된 것은 낯선 일이

76 박건병, 『광악산』, 64면.
77 박은식, 「夢拜金太祖」, 『박은식 전집』 中, 단국대 출판부, 1975, 193면.
78 박은식, 「泉蓋蘇文傳」, 위의 책, 317면.
79 신채호, 『을지문덕』, 1면.
80 惣郷正明 · 飛田良文, 『明治のことば辭典』, 東京 : 東京堂出版, 1986, pp.94~95.

었으며, 신문 필진과 소설 작가가 나란히 '기자'임을 자처했다는 사실은 일층 문제적인 일이었다. 신소설 작가는 스스로를 '기자'로 한정함으로써 작가 역시 개인적 인격임을 드러내었고, 편재遍在의 전능한 위치에서 내려와 독자와 나란히 설 수 있게 되었으며, 그러면서도 사실의 객관적 보도와 계몽이라는 몫을 자임함으로써 소설을 일종의 공기公器로 제시하고자 했다.

소설 저술은 자유로운 창작이기에 앞서 공적인 기록이었다. 적어도 이것이 신소설의 '명분'이었고, 따라서 기록자의 개성적 의미는 아직 충분히 주목받을 수 없었다. '저작자'의 위치에 대한 개념이 불분명했던 점 또한 이 각도에서도 설명될 수 있을지 모른다. 널리 알려져 있는 일이지만 신소설의 경우에는 소설의 실제 작자가 '저작자'의 자리를 차지하지 못한 일이 많았다. '저작 겸 발행'이라 하여 출판사 소유주의 이름만이 판권지에 명기되어 있는 경우는 대개 실제 작자가 드러나지 않은 예라 볼 수 있을 터인데, 심지어 『명월정』이나 『서해풍파』처럼, "이 글은 박이양朴頤陽씨의 저작"·"원저자 開城 이상춘"임을 각각 소설 말미와 서두에 밝혔는데도 판권지상 저작자는 출판사 소유주로 적혀 있는 경우도 있었다. 이는 물론 근대적 출판 관행의 미비와 소설의 사회적 위상 문제를 먼저 생각하게 하는 현상이지만, 판권지에 '복제불허'라는 문구를 명기하는 관습이 일반화되기 시작한 시점을 보면 1910년대에는 초보적으로나마 저작권의 개념이 생겼다고 할 수 있을 법한데, 이때까지도 실제 작자가 '저작자'로서의 권한을 늘 행사할 수는 없었던 것이다. 책이라는 상품에 대한 출판사의 소유권이 인정된 후에도 개인적 노작勞作으로서의 소설에 대한 작가의 소유권은 좀처럼 굳건해지지 않았다. 『치악산』이 상권은 이인직 저작, 하권은 김교제 저작이라는 기이한 형식으로 이루어져 있었다는 사실도 이 맥락에서 주의를 끈다. 소설을 개인적 창조의 소산으로, 개인의 정신과 사상이 깃들어 있는 구성체로 이해한다면 이런 형식은 존재하기 어렵다. 그러나 1900년대에 소설은 개인적 창조이기에 앞서 공적인 기록이었고, 개성의 발휘이기에 앞서 계몽의 도구였다. 신소설 작가는 자기 작업을 '창작'이 아니라 '기록'으로 평가하고 있었고 자기 위치 역시 '작가'라기보다 '기자'라고 정의하고 있었다. 이처럼 '소설'을 기록의 가치로 재조정하려는 시도는 '소설'이란 곧 구허構虛요 구날構捏이라고 보았던 전대에 비하자면 획기적인 전환을 보이는 것이었지만, 개인의 자리가 문제되지 않는다는 점에서는 별 차이가 없었다. 신소설은 '기록'의 가치로 허탄무거라는 전대의 평판과 절연하였지만, 개인적 창작이라는 상과는 멀리 떨어진 자리에 있었다. 시야를 넓히자면 '개인'이라는 가치 일반 또한 아직 형성을 보지 못한 터였다.

사실을 '기록'한다는 의식에 압도된 것이 신소설 작가만의 사정은 아니었다. 장응진은 선구자의 다난한 생애를 그린 단편 「다정다한多情多恨」(1909년)을 발표하면서 '사실寫實 소설'이라는 표제를 달았고,[81] 이광수 역시 단편 「무정」(1910년)에 "此篇은 사실을 부연한 것"[82]이라는 사족을 붙인 바 있었다. 이처럼 기록으로서의 의의를 전면에 내세우는 관습은 1910년대 초까지도 이어졌던 것으로 보인다. 1912년 발표된 현상윤의 「박명薄命」은 동경 유학에 나섰던 청년이 아깝게 병사病死하고 고향에 남아 있던 아내도 뒤따라 목숨을 끊는 비극을 그린 소설인데, 그 말미에 작가는 "이 한 편은 年前에 (……) 친구 두 사람이 나와 함긔 평양 ○○학

81 김윤재, 「백악춘사 장응진 연구」, 『민족문학사연구』 12호, 1918, 192~195면에서 「다정다한」의 三醒 선생이 三醒 金鎭植임을 증명하였다.

82 이광수, 「무정」, 『전집』 1, 533면.

교에 와서 공부하다가, 可痛하게도 두 사람 다 長逝의 사람이 된 사실을 合틀어 뼈로 하고, 약간 고기를 부친 것"[83]이라는 설명을 덧붙이고 있다. 이런 설명이 필요했던 이유는 "이것을 보시는 여러분은 몬저 이것이 과연 사실이냐 안이냐 하는 말부터 나오리다"라는 작자의 염려였으니, 여기서 '사실성'은 허구의 그럴 듯함reliability을 통해서가 아니라 실제로 있었던 일을 그렸다는 '외부적 사실'의 강조를 통해 달성되고 있는 것이다. 이 점에서 「박명」의 언급은 서사적 장치 이전, 외부로부터의 진지한 첨언添言으로, 소설의 가치를 실제 사실의 기록에서 찾으려는 노력의 소산이었다.

1900년대에 '사실'과 '허구'는 오늘날과 전혀 다른 지형을 그리고 있었다고 할 수 있다. 1900년대의 허구, 즉 '구허構虛'란 믿을 수 없는 거짓이라는 뜻에 가까웠으며, '사실事實'이란 실제 일어난 일이라면 무엇이든 가리키는 말이었다. '사실'에서 중요한 것은 합리적이거나 개연성이 있다는 등의 기준이 아니라 실제로 있었던 일이라는 주장 자체였다. 그러므로 허구로서 사실성을 추구해야 한다는 식의 인식은 있을 수 없었다. 실제는 실제이고 거짓은 거짓이었을 뿐 이 둘이 밀접한 상호 관계 속에서 규정되지 않았기 때문이다. 실제 존재 여부로 사실과 허구를 가르고 다시 합리성이라는 잣대로 사실의 자격을 검토한다는 기획이 1900년대 당시에는 아직 존재하지 않았다. 허구라는 전제 위에서 사실의 가치가 통합되기 위해서는, 그리하여 "此篇은 사실을 부연한 것" 같은 서술이 외부적 언급이 아니라 독자를 혼란시키는 소설 내적 장치가 되기 위해서는, 아직 더 많은 가설이 승인되어야만 했다. 그런 후에야 소설의 작

---

83 현상윤, 「薄命」, 『청춘』 3호, 1912.12, 138면.

가는 '기자'라는 명칭을 떠날 수 있게 될 것이었다. 이렇듯 '기'의 의식이 해체되어야 소설이 개인적인 창조 활동으로서의 의의를 획득할 수 있었다. 있는 사실을 그대로 기록하겠다는 표명이 허탄무거라는 소설의 부정적 성격을 지우는 데는 도움이 되었지만, 소설이 '창조'로서 조정되기 위해서는 '허구'라는 자질을 다시 적극적으로 계발할 것이 요구되었기 때문이다. 소설과 '사실'의 접근을 만들어 낸 '기'의 의식은 '창조'와 '허구'라는 새로운 성격을 위해서라면 부정되어야만 했다. 그런 후에야 소설은 '기'가 아닌 '작作'으로서 널리 평가를 받을 수 있을 것이었다.

2. '국민'의 가치와 소설 언어

1) 이중 기획으로서의 국한문체

1_ 1894년 갑오개혁의 최대 의의는 한국이 중국과의 거리를 확보할 수 있게 되었다는 점에 있다. 이때의 정치적 변화가 비록 "청일전쟁 속 일본의 개입을 통해 이루어진 것이라고는 하지만,[84] 또한 이후 한국의 '민족적' 자각이 1910년 한일 강제병합으로 무산되었다고는 하지만, 한국이 독립된 민족 국가로서의 형식을 이룬 것은 갑오개혁을 계기로 해서였다. 한국은 통일 신라 이래 하나의 왕조가 지배하는 권역圈域으로

84 유영익, 『갑오경장 연구』, 일조각, 1990, 5면 및 21면 참조.

지리적 통일성을 비교적 분명히 하고 있었고, 인종이나 언어 또한 비교적 단일한 모습을 보이는 특이성을 드러내고 있었지만[85] 이 조건은 '비교적'이라는 수식어로 한정될 만한 가능성이었을 뿐 민족 국가의 형성을 암시하는 것은 아니었다. 조선 초기 훈민정음의 제정은 "중국을 버리고 스스로 오랑캐와 같아"지려는 우책愚策이라는 반발을 격렬하게 일으켰고,[86] 이민족 왕조인 청淸을 이적夷狄으로 배척한 화이론華夷論이 득세한 조선 후기에도 그 논리적 결론은 자국 정신의 강조가 아니라 고대 중국으로의 복귀였다.[87] 자존 의식이 피력될 경우에도 근거가 된 것은 중국을 닮은 '소중화小中華'라는 생각으로, 조선 후기 들어서는 신분적 불평등 또한 일층 체계화되어[88] 내부의 동질성 대신 차별성이 강조되기도 했다. 근대 이전 한반도라는 지역은 "독자적인 국가를 형성하려는 욕구를 갖지 못한 인종 및 언어 공동체"만을 보여주고 있었고, 이런 의미에서 원原 민족 혹은 선先 민족의 윤곽을 그려내는 데 머무르고 있을 뿐이었다.[89]

한국에서 민족이라는 가치가 선명히 나타나기 위해서는 먼저 중국 문명과의 관계 재정립이 이루어져야 했다. 공동 문명권이라는 틀로 이해되던 한국과 중국의 관계가 해체되고 국가 대 국가로서의 조정이 이룩된 후라야 독립된 주권 국가로서의 자의식도 비로소 싹틀 수 있었다. "죠션이 분명훈 독립국이 되"는 데 "일본셔 (……) 청국과 싸화 익인" 경

85 E. Hobsbawm, 강명세 옮김, 『1780년 이후의 민족과 민족주의』, 창작과비평사, 1994, 47면; 서중석, 「한국에서의 민족문제와 국가」, 한국역사연구회 엮음, 『근대 국민국가와 민족문제』, 지식산업사, 1995, 111~12면.

86 「최만리 등 언문 창제 반대 상소문」, 강신항, 『훈민정음 연구』, 성균관대 출판부, 1994, 164면.

87 정옥자, 『조선 후기 문학사상사』, 서울대 출판부, 1990, 61~62면.

88 김필동, 『차별과 연대 : 조선 사회의 신분과 조직』, 문학과지성사, 1999, 43~47면.

89 민족이란 국가 건설 시도라는 정치적 행위를 통해서만 형성될 수 있다는 견해에 대해서는 최갑수, 「서구에서 근대 국민국가의 형성과 민족주의」, 한국사연구회 엮음, 앞의 책, 16면 참조.

험이 결정적이었다는 판단[90]은 이 때문에 나온 것이다. 화華의 구현체인 한족 왕조 대신 이민족 왕조인 청이 중국을 통치하고 있는데다 한국이 병자호란 등을 통해 청과 맞섰다는 맥락 역시 중국과의 거리를 조정하는 데 영향을 미쳤다. 중국과의 역사는 "쳥국 쇽국"이었던 것으로 해석되었고, 갑오개혁에서 독자적 연호와 국문 사용을 표방한 이후 이에 반대하는 목소리는 "도로 쳥국 쇽국을 문드잔 경영"으로 이해되었다.[91] "대뎌 우리 나라이 수빅년릐로 쳥국에 속ᄒᆞ야 셔룹고 원통ᄒᆞᆫ ᄆᆞᄋᆞᆷ이 ᄲᅧ가 졀이고 (……) 더운 피가 이쳔만 빅셩의 흉격에 가득ᄒᆞ엿다가" 갑오년 이후에야 "당당ᄒᆞᆫ 뎨국 셰계"의 발판을 마련했다는 인식[92]은 1900년대 당시 일반적인 것이었다. 이러한 민족주의적 감각에 비하면 기타의 변동, "지금 셰상은 젼과 달나 아모리 량반이 됴흐셔도 공부 업스면 속졀 업"[93]다거나 "디금 세상은 이젼과 달나셔 자식도 못 파라 먹는"[94]다는 등의 생각이 자리 잡게 되기까지의 과정은 오히려 복잡하였다. 1900년경까지만 해도 양반에게 대든 상민이나 관장官長 앞에서 저항한 백성을 징치懲治하는 일은 드물지 않았고, "량반이 상놈을 꾸짓기가 예사어늘",[95] "관장은 빅셩의 부모여늘"[96]이라는 사고 역시 별 비판 없이 통용될 수 있었다. 한편에서는 변화를 요구하는 움직임이 거세지고 있었지만, "갑오경장 이후에 사민동등의 졔도가 실시됨으로 민젹상에는 이젼 갓흔 구별이 업스나 몟빅년 닉려오던 습관을 일시에 타파키는 어"[97]렵

90 『독립신문』, 1898.4.18, 논설.
91 『독립신문』, 1896.6.9.
92 『매일신문』, 1898.9.28, 논설.
93 이해조, 『鬢上雪』, 광학서포, 1908, 24면.
94 김홍제, 『秋天明月』, 신구서림, 1914, 34면.
95 『매일신문』, 1898.5.6.
96 『매일신문』, 1898.5.3.
97 이상협, 『再逢春』, 동양서원, 1912, 21면.

다거나 "개화 이후에 (……) 과부 개가ᄒᆞᄂᆞᆫ 거슬 허ᄒᆞ셧것만은 지우금 젺자는 집 과부 싀집갓단 말을 듯지 못ᄒᆞ엿"[98]다는 말처럼 사회 일반의 제도가 흔들리는 데는 좀더 시간이 걸렸던 셈이다. 풍속의 차원에서뿐 아니라 법 체재상으로도 그러했으니[99] 1894년의 획기적 의의는 먼저 한국이 자국 의식을 확보하게 되었다는 점에 있었다. 소설이 '자국어 글쓰기'로 논의될 수 있었던 것은 이런 상황에 기반해서였다.

2_ 중국을 대타對他로 한 자국 의식이 명확해지면서 전적으로 한문에 의존해 왔던 어문 생활 역시 커다란 전기를 맞게 된다. 갑오개혁에서 국문으로 본本을 삼는다는 원칙이 천명된 이래 국문의 지위는 비약적으로 상승하였다. 공식 문서가 한문 대신 국한문으로 작성되었고, 실록에서조차 문서를 인용할 때는 국한문체 원문을 인정했으며, 방문榜文까지 국문이나 국한문체로 적어야 한다는 주장이 생겨났다.[100] 이러한 변화의 저변에는 "독립으로 破事大主義"를 이루기 위해 제일 중요한 일이 "국문으로 破漢文之習慣"하는 것이라는 인식이 깔려 있다.[101] "국문은 본국글인고로 즁히 녁인다 홈"[102]이라는 생각이 널리 공감을 얻으면서 "漢土之國文"인 한문을 버리고 "自國之國文"을 택해야 한다는 결론[103]은 명확한 것이 되었다. 여기 국문이 일반의 언어생활을 표현하기에 더욱 적절하며 교육상 편의에서도 한층 경제적이라는 논리까지 가세하여 국문 중심으로 어문 생활을 새롭게 재편할 필요를 촉구하였다. 그러나 이때

98 『제국신문』, 1899.10.14, 기서.
99 도면회, 「1894~1905년간 형사재판제도 연구」, 서울대 박사논문, 1998, 102~105면 참조.
100 『황성신문』, 1900.3.2, 논설.
101 이기, 「一斧劈破」, 2면.
102 「국한문의 경중」, 『대한매일신보』, 1908.3.21, 논설.
103 이종일, 「論國文」, 『대한협회회보』 2호, 1908.5, 12면.

'국문 중심'을 실천할 방도가 분명했던 것은 아니다. "언어의 동일은 국민을 ᄒᆞ여곰 공동의 정신은 保持케 ᄒᆞ며 智力의 交通을 宏深케 ᄒᆞ기에 최유력"[104]한 요건이니 "균일ᄒᆞᆫ 국문과 국어를 쓰게"[105] 해야 한다는 사실은 합의를 얻고 있었으나, 통일의 형식이 어떠해야 하는지에 대한 생각은 각인각색이었다. 대세는 국한문을 주장하는 쪽이었지만 국문만 쓸 것을 설득하는 사람도 있었고, 혹은 국한문을 기본으로 하되 한자에 국문 토를 달아 편리를 기하자는 소리도 있었다.

각각의 내부 편차도 만만치 않았다. 국한문체 주장은 한문이 의연히 문자의 중심이 되어야 한다는 생각부터 모두 국문 문법대로 하되 한자 표기를 버릴 수는 없다는 사고까지 다양한 폭을 포괄하고 있었으며, 국문 전용을 주장하는 논리는 풀어쓰기라는 극단론을 한 축에 두고 있었고, 한자에 국문 토를 단다는 발상도 음독音讀·훈독訓讀 여부에 따라 다양하게 갈릴 수 있었다. 문제는 국문은 부속품일 뿐이라 주장하는 일부 논자를 제외하고는 다 같이 자기가 내건 주장이 '국문'의 실현이라고 생각했다는 점이다. 유림 잡지였던 『대동학회월보』만은 예외였는데, 그러나 여규형이 대변한 "漢文卽我韓本有之文"[106]이라는 사고는 이례적으로 격한 비판을 받았다. 여규형은 한문 전폐론만을 비판하겠다면서도 동아시아 문물의 역사를 한문과 동일시하려 했고, 단군·기자箕子 이래 국·한문을 함께 써 왔다 하여 한문을 자국어의 위치에 둘 것을 꾀한 때문이었다. 『호남학보』는 여규형을 직접 거론하면서 "呂氏 문자는 원래 樽前茶後에 橫豎亂說ᄒᆞᄂᆞᆫ 者"[107]라고 맹공을 가했고, 『대한매일신보』

104 윤효정, 「국민의 정치사상」, 『대한자강회월보』 6호, 1907.1, 27면.
105 「국문론」, 『대한매일신보』, 1908.2.25, 논설.
106 여규형, 「論漢文國文」, 『대동학회월보』 1호, 1908.2, 52면.
107 황희성, 「與呂荷亭書 附」, 『호남학보』 2호, 1908.7, 5면.

역시 "혹 회중 연설장에셔 국문은 한문에 부쇽품 됨에 지나지 못훈다고 쟝황이 연셜ᄒᆞ며 혹 잡지 월보에 텬하ㅅ일은 오직 한문을 낡는 자이라야 능히 훈다고 쥬장ᄒᆞ며 심훈 쟈는 국문을 노례로 알고 한문은 샹뎐으로"[108] 대접한다고 개탄하면서 이를 러시아가 폴란드어 사용을 금지한 사정에 비유하였다. 그러나 이렇듯 한문의 우월성을 공공연히 주장하는 의견이 아니라면, '국민'이라는 새로운 집단이 사용해야 할 '국어'를 만드는 데 어떤 것도 놓칠 수 없는 가능성이었다.

'국민'의 형성에 있어 언어와 문자 문제는 특별히 중요하였다. 문자를 해독할 수 있어야 지지地誌・역사를 섭렵하고 산술・물리를 익히며 신문을 읽고 세계 형편을 짐작할 수 있을 것이니, 이래야만 "天賦ᄒᆞ신 총명을 克復ᄒᆞ고 국민의 직무를 自修ᄒᆞ야 牛馬의 羈絆을 脫免ᄒᆞ고 인류의 자격을 완성홀"[109] 수 있게 될 터였다. 여러 학문 분야의 기초 지식을 갖추고 국내・외 정세에 밝을 것은 국민으로서의 요건이었다. 문자 해독 능력이 그 기반으로서 요구된 만큼 이를 갖추지 못했다는 것은 국민으로서 치명적인 결점이 있음을 뜻했다. 공통의 역사와 공통의 관심사를 갖고 있는 '국민'이라는 단위를 나날이 재생산하는 데 공통의 언어가 하는 역할은 그만큼 중요했던 것이다. 신소설에서도 "글을 힛드면 이런 써 갑갑ᄒᆞ지 안코 좀 죠흘가"[110]라는 무지나 "부족훈 언문"으로 "여러 시간 만에 겨오 몃 ᄌᆞ를 된동만동"[111] 써 내는 우둔함은 악인의 몫이었다. "大廈將傾非一木可支"・"萬事具備只吹東南風" 등 그럴 듯한 한문 문구를 뇌까리면서 실상 관심은 탐재貪財와 색욕色慾에 가 있는 학문가 명색[112]

108 「국한문의 경중」.
109 「遣家僮하야 入國文夜學校」, 『황성신문』, 1908.3.15, 기서.
110 이해조, 『고목화』, 박문서관, 1908, 63면.
111 김교제, 『현미경』, 동양서원, 1912, 134면.

이 조소의 대상이었던 만큼, 자국 문자를 능숙하게 구사하지 못하는 인물 또한 부정의 표적이었다. 신소설의 인물은 이미 '국민'으로서의 윤곽을 갖추기 시작하였고, 자국의 언어・문자에 능통할 것은 그 중요한 조건이었다. 이는 후일 "몸이 동서남북 어느 곳에 잇슴을 勿論ᄒᆞ고 낫치 熟面初面의 知不知를 勿論ᄒᆞ고, 진실노 이 지구상에 잇서서 가나다라 마바사아를 닑고 말하는 이면, 다갓치 제군이 내의 형제오 내가 제군의 형제로다"[113]라는 언어 민족주의로까지 발전해 간 조건이었다.

3_ 1900년대 당시 표기법 문제는 문체의 문제이기도 했고, 나아가 세계를 바라보는 시각의 문제이기도 했다. 어떤 표기를 택하느냐는 '국가'와 '국민'에 대해 어떤 사고를 갖고 있는지를 보여주는 징표였으며 단어나 표현의 선택을 좌우하는 근간이었다. 당시 가장 일반적인 표기법이었던 국한문체의 경우를 보도록 하자. 역사・전기물의 문체이기도 했던 국한문체는 공식 문서에서부터 신문・잡지에 이르기까지 가장 널리 쓰인 표기법이었다. 『독립신문』『매일신문』 등 초창기 신문은 순국문을 택했고 부녀자를 독자로 설정한 『제국신문』의 표기 역시 국문이었으나, 1898년에 창간되어 1910년 강제 폐간 때까지 가장 긴 수명을 누린 『황성신문』의 표기는 국한문이었고, 최고의 발행 부수를 자랑했다는 『대한매일신보』 역시 1904년 1차 발행 시에는 순국문을 택했으나 1905년 8월 재발행에 들어가면서부터는 국한문을 기본 표기로 채택하였다. 『황성신문』은 국한문체가 가장 많은 독자를 확보할 수 있는 표기법이라고 주장하였고[114] 1900년대 말에 가면 유일한 국문 신문이었던 『제국

---

112 이해조, 『花의 血』, 12~13면.
113 현상윤, 「말을 반도 청년에게 부침」, 『학지광』 4호, 1915.2, 15면.

신문』[115]조차 국한문체로 바뀌리라는 소문도 있었다.[116] 교과서의 표기 역시 절대다수가 국한문이었으니, 새로운 인쇄 매체는 국한문을 중심으로 구축되어 있는 셈이었다.

이 사실은 국한문체가 '국민의 언어'로서 제안되고 있었음을 말해 준다. 당시의 인식을 그대로 빌어 말하자면, 민족·국가라는 단위가 개인의 정체성을 형성하는 데 제일 요건이 된 것이 애초부터의 사정은 아니었다. 상고 시대에는 "몸을 위홀 줄 아는 싱각"이 있었을 뿐이니 이것이 인류 역사의 제1기요, 가족 단위가 인식·형성되고 "가족의 범위가 더욱 넓어져셔 부락의 졔도랄 일우"게 된 것이 제2기이며, "동국에 죠션 부여 신라 고구려 등과 지나에 당 우 하 샹 쥬" 등 왕조가 나타났으나 국민의 형성은 없어 "국가가 잇스나 븨인 일홈쑨"이었던 시절이 제3기이다. 제4기에 비로소 "빅셩의 나라"가 등장하여 "국가는 국민의 공공훈 산업"이 되었다.[117] 1900년대를 통해 제3기에서 4기로의 전환이 놀랄 만큼 극적으로 실현된 터, 이 전환을 의심쩍게 생각할 수도 있겠다. 그러나 "시디라 ᄒᆞᄂᆞᆫ 쟈ᄂᆞᆫ 곳 사ᄅᆞᆷ의 방한ᄒᆞᄂᆞᆫ 울타리와 ᄀᆞᆺ혀셔" 빠져나갈 수도, 그 안에 마냥 칩거하고 있을 수도 없는 경계이므로 "오즉 이것을 리용ᄒᆞ여 잘 응졉ᄒᆞᄂᆞᆫ 거시 가"할 뿐이다. 이제까지 공동 문명권의 일원으로, 혹은 가문·촌락 같은 소규모 공동체의 일원으로 자기를 인식해 온 개인은 '국민'으로서의 새로운 정체성을 형성해 가야 한다. 신문·잡지·교과서 등의 인쇄 매체는 이 새로운 정체성을 형성하는 데 핵심적인 작

114 『황성신문』, 1903.3.25, 논설.

115 이는 물론 국한문판과 동시 발간되었던 『대한매일신보』 국문판, 또 교회 신문이었던 『경향신문』 등을 제외하고 내리는 판단이다.

116 「제국신문 정간」, 『대한매일신보』, 1910.4.1, 잡보.

117 「몸과 집과 나라 세 가지 정황의 변천」, 『대한매일신보』, 1909.7.15~17, 논설.

용을 한 계기였다. 동일한 시기에 동일한 관심사를 동일한 언어로 논하는 새로운 집단을 형성해 가는 데 인쇄 매체만큼 유력한 수단은 없었던 탓이다.[118]

국한문체가 인쇄 언어로 대표적인 자리를 차지했다는 사실은 일견 역설적인 것처럼 보이기도 한다. 국한문체는 한자·한문에 대한 지식을 전제로 하는 것이라 일부 계층이나 지역이 아닌 '국민'에 즉각 호소하기에는 무리가 있는 듯 생각되기 때문이다. 특히 부녀자·어린아이·노동자 등, 주변적 위치에 머물러 있다가 '국민'의 일원이 된 이들에게 국한문은 한문과 똑같은 난해難解의 문자일 수도 있었다. 1900년대의 국한문체는 전대 한문의 자리를 대신했을 뿐, 국민 보편의 언어로서 자리하지 못하고 국문체와 이중 언어 상태를 이루고 있는 것으로 보였다.[119] 『대한매일신보』가 1907년부터 국한문판과 국문판을 병간竝刊한 것, 『초등여학독본』이 국한문체 한 단락과 국문 풀이 한 단락이라는 식으로 구성된 것, 『호남학보』의 '가정학'란에서 역시 같은 구성을 취한 것 등이 그 증거라 하겠다. "陰陽이 殊性ᄒᆞ고 男女ㅣ 異行ᄒᆞ니 男子ᄂᆞᆫ 陽剛爲德ᄒᆞ고 女子ᄂᆞᆫ 陰柔爲用이라 然이ᄂᆞ 生民之初에 人權은 男女同等ᄒᆞ야"라는 구절을 "음양이, 셩품이, 다르고, 남녀가, 힝흠이, 다르니, 남ᄌᆞᄂᆞᆫ, 양의, 굿셴 거스로, 덕을 솜고, 녀ᄌᆞᄂᆞᆫ, 음의 부드러운, 거스로, 쓰임을, 솜으ᄂᆞ, 그러ᄂᆞ, 빅셩을, 닉든 초에, ᄉᆞ람의, 권리ᄂᆞᆫ, 남녀가, 동등ᄒᆞ야"라고 잇달아 옮겨 놓는 언어 체계[120]가 국민 모두가 함께 쓰는 보편의 언어에 바탕한 것이

118 인쇄 언어[print-language]가 민족의 형성에 결정적인 역할을 했다는 견해에 대해서는 B. Anderson, *Imagined Community : Reflections on the Origin and Spread of Nationalism*, London : Verso, 1983, pp.47~49를 참조할 수 있다.

119 이기문, 『개화기의 국문연구』, 새문사, 1970, 17면.

120 이원긍, 『초등여학독본』, 보문사, 1908, 2면.

라 보기는 어렵다. 역사・전기물의 경우도 대개 국한문체로 저술되었지만 여성 위인의 전기인 『애국부인전』 『라란부인전』만은 국문 표기를 택했으니, 역시 여성의 언어를 달리 취급한 예였다.

그렇다고는 해도 국한문체가 이중 언어 상황을 목표로 했던 것은 아니다. 한문도 국문도 아닌 애매한 문체라는 지적도 국한문체의 몫은 아니었다. 국한문체는 국민의 보편적 언어가 될 것을 노리고 있었고, 국한문이라는 표기법을 '자국어'의 자리에 두려 하고 있었다. 국한문체는 먼저 '국가'라는 단위로 조정된 한반도의 역사를 균형 있게 이어 받는다는 명분을 내세웠다. "箕聖의 遺傳ᄒᆞ신 문자와 先王의 창조ᄒᆞ신 문자로 병행"하여 기자箕子가 정착시킨 한문 문명과 세종이 창조한 한글의 정신을 함께 잇겠다는 것이었다.[121] "累百年 慣習ᄒᆞ던 한문을 一朝에 全棄홈이 時宜와 市勢에 均是不合"[122]하다 했고, "한자를 借用홈이 已久ᄒᆞ야 其 同化ᄒᆞᆫ 습관이 국어의 일부"[123]를 이루고 있다 보았다. 그러나 국한문체 주장이 표기 수단으로서의 한자를 긍정하는 선을 넘어 사유와 문법의 체계로서의 한문을 이을 것까지 주장한 것은 아니었다. 국한문체를 주장한 이들은 한문의 폐해를 비판하고 언문일치의 필요를 역설하는 데도 적극적이었다. 국한문체로 발행되었던 『황성신문』은 언어와 문자의 일치를 주장하면서 자기 문체를 모범 삼을 것을 권했고,[124] 해학 이기는 국문으로 한문의 폐를 깰 것을 주장하면서 평생 국한문체를 실천하였다. 이 경우 '언문일치'나 '국문'이란 한자의 배제를 뜻하는 말일 수 없다. "槪 한문은 言文相離의 고난이 有"하다는 말로 서두를 열었던 『황성신

121 『황성신문』, 1898.9.5, 사설.
122 신채호, 「문법을 宜統一」, 『기호흥학회월보』 5호, 1908.12, 8면.
123 유길준, 「소학교육에 대하는 의견」, 『황성신문』, 1908.6.10.
124 『황성신문』, 1902.2.14, 논설.

문』의 논설을 보더라도 그렇다. 이 논설에서 비판하고 있는 삼남三南 유학자들은 한문의 이런 폐해를 모르고 말과 글이 일치되어야 할 필요에 대해서도 무지하다. 그러면서도 국문은 부녀와 천인賤人이나 배울 것이라고 멀리하고 신문도 국한문을 섞어 썼다는 이유로 읽지 않으니, 이는 모두 한문 존숭이라는 구습의 폐이다.[125]

이런 정리에서 국문과 국한문의 의의란 거의 구별되지 않는다. 국문과 국한문은 모두 언문상리言文相離라는 문제점을 갖고 있는 한문을 비판하면서 등장한 대안인 셈이고, 사대주의에 젖어 있는 세력에 맞서 민족어의 필요를 제창한다는 점에서도 일치한다. 다시 한번 국한문체의 주장을 보자면, 한문이 "문자의 繁疊홈과 어미의 無變홈으로 금일 신학술을 명료히 記出키 難"한데다 "겸ᄒᆞ야 我國의 고유ᄒᆞᆫ 문자가 아님으로"[126] 폐해야 한다는 명제는 자명하다. 글쓰기의 합리성이라는 점에서나 민족주의라는 기준에서나 한문은 더 이상 존속될 수 없다. 그러나 국문에만 의지하기에는 국문이 "個字의 의미가 無"하다는 사실이 문제가 된다. 가령 효제충신孝悌忠信이나 인의예지仁義禮智 등을 음으로만 익힌다면 의미를 제대로 깨칠 수 없다. 시의에 맞는 것은 "국한문을 조화 竝用ᄒᆞ는 一法"뿐이니, 난해한 한자어를 추방하면서 일상어를 토대로 국・한문 표기를 적절히 활용한다면 합리적인 언어생활을 이룰 수 있을 것이다.

일상어를 토대로 하고 난해한 문자나 고문투를 없애자는 국한문체의 논의는 중국에서의 백화白話 논의를 연상시킨다. 주지하다시피 중국은 민족어 문제를 대외적인 방식으로가 아니라 대내적인 방식으로 풀어야 했다. 중세의 공동 문어였던 한문은 곧 근대 국가로 조정된 중국의 언어

125 「警告三南文學家」, 『황성신문』, 1909.2.16, 논설.
126 한흥교, 「국문과 한문의 관계」, 『대한유학생회회보』 1호, 1907.3, 28~29면.

이기도 했기 때문이다. 중국에서도 지역에 따른 언어 차이는 심각할 정도로 컸으나 방언 각각이 독자적인 언어 공동체를 이룬다는 사고는 발달해 있지 않았다. 유럽의 역사적 경험[127]과 뚜렷한 대조를 이루는 이 특징은 한자가 '표의 문자'인 때문에 나타난 것이지만, 또 한편 지역・계층의 다양한 음을 통제하는 관화官話가 일찍부터 표준적 가치를 행사한 때문에 가능했던 것이기도 했다. 근대 중국어인 백화는 바로 이관화에 의지해서 형성될 수 있었다. 그럼에도 백화문 운동을 상징한 후쓰胡適의 「문학개량 추의趨議」(1917년)는 유명한 '팔불주의八不主義'에서 고문에의 반감을 가장 강하게 표현했으니, 백화 대 문언이라는 대립 구도는 이로써 확정된 셈이었다.[128] 후쓰는 또한 "표준 국어는 國音 字母나 國音 字典에서 제정되는 것이 아니다. 표준 국어는 반드시 '문학의 국어'이며, 문학 가치가 있는 국어이다 (……) 따라서 나의 주장은 (……) 白話 문학에 먼저 착수하여 白話로 가치롭고 생명 있는 문학을 만드는 것이다"라고 주장하기도 했다.[129] 이때 '문학'이란 곧 대중문화와 민간 문예라는 뜻을 포함하고 있는 것이었고, 따라서 문언 대 백화라는 대립 구도 위에서 있는 것이었다. 표기 문자는 이 문제와 직결되어 있다고 생각된 한에서 조명을 받았다. 표기 문자 자체가 민족적 함의를 지니고 있다는 사고는 중국으로서는 낯선 것이었기 때문이다. 중국에서 표기 문자는 오히려 주변적인 화제에 불과했다.

국한문체 주장은 비슷한 시각에서 나온 것이라 해도 좋겠다. 1900년

---

127 이에 대해서는 송기형, 「불란서 대혁명기의 언어정책 : 제헌의회에서 熱月 반동 직전까지」, 서울대 박사논문, 1989, 7~11면 참조.

128 村田雄二郎, 「'文白'の彼方に : 近代中國における國語問題」, 『思想』 853號, 1995.7, 東京 : 岩波書店, pp.13~20.

129 胡適, 「新文學大系導言」, 『中國新文學大系』 1, 上海 : 良友復興圖書印刷公社, 1941, p.22.

대 언어・문자론의 문제의식은 국민 전체가 쓸 수 있는 공통의 언어를 만들어 내자는 것이었다. 표기 문자라는 논점은 문제의 일부분일 뿐이었다. "我國의 언어와 문자가 有足지 아님은 不是로딕 국내를 通論ᄒᆞ면 균일타 謂키 難"[130]하다는 문제가 보다 크게 버티고 있었던 것이다. 국한문체는 난해한 고문투를 경계하되 한자의 의의는 인정함으로써, 지역・계층에 따라 다른 음과 표기를 어떻게 통제할 것인가의 문제를 피해갈 수 있었다. 한자 표기의 고정성・불변성은 공통의 언어 표기를 만들어 가는 데 편리한 지침이 될 수도 있었다. 더욱이 국문 표기에 대한 반발이 만만치 않다는 사정 또한 고려해야만 했다. 전통 한학의 수양을 쌓은 지식인들에게 국문은 염기厭忌의 대상인 동시 낯설고 불편한 양식이기도 했다. 학부 산하 국문연구소에 참여하여 국문의 표준을 논의하고 있던 위원들조차 "국문으로 토 ᄃᆞ는 말도 쓸 쥴 모로면셔 위원에 참여ᄒᆞ야 의견서를 제출ᄒᆞᆫ다 ᄒᆞ니 (……) 실지 업ᄂᆞᆫ 명예롤 몹시 조와ᄒᆞᄂᆞᆫ"[131] 것이라는 비판을 들었던 터였다. "국한문 混用을 厭忌ᄒᆞ야 新書籍 購覽이 絶無"[132]한 이들도 있었고, "신문 文字가 순한문을 不用ᄒᆞ고 국한문을 交用ᄒᆞᆫ고로 閱讀을 不欲"[133]한다 하기도 했다. 사서삼경만을 고집하면서 신문이나 잡지는 "언문 眞書롤 雜用ᄒᆞ야 문법과 文格이 賤陋"하므로 점잖은 사람이 볼 것이 아니라고 답하는 격이었다.[134]

이런 상황에서 국문 표기가 전 국민의 문자로 자리 잡아야 한다는 주장은 부적절한 것으로 비칠 수도 있었다. 구 지식인에게는 타국 문자를

130 「교육의 관계」, 『황성신문』, 1908.2.13, 논설.
131 『대한매일신보』, 1907.10.29, 시사평론.
132 김갑순, 「腐儒」, 『대한협회회보』 4호, 1908.7, 11면.
133 「警告三南文學家」.
134 「蜜啞子 경력」, 『대한매일신보』, 1907.9.6, 논설.

버릴 필요를 설득하고 부녀자・어린아이・노동자 등에게는 국문 학습에서 시작하여 한자까지 익힐 것을 선전하는 중도책이 오히려 '국민' 내부의 다양한 편차에 고루 응할 수 있는 길로 보였던 것이다. 국한문체를 주장한 논자들은 한문의 폐해를 계속 공격하는 한편, 국문에서 시작하여 한문까지 나아가는 교과를 구상함으로써 국민의 계몽을 수행하려 했다. 지식의 상층과 하층을 모두 계몽하여 새로운 '국민'을 형성해 가려 한 것이다. 1900년대 이전에는 거의 쓰인 적 없었던 국한문체는 이 '국민'이라는 집단의 새로운 언어로 구상된 체계였다. 구 지식인은 한문에서 국문으로 접근하고 부유婦孺는 국문에서 한문으로 상승해 가야 한다는 이중의 기획이 만난 지점이 곧 국한문체였던 것이다. 국한문체의 구상에서 국민은 단일한 질로 전제된 집단이라기보다 처음으로 개척해야 할 새로운 정체성이었다.

국한문체는 현존하는 질서 가운데 하나를 택해 그것을 '있어야 할 질서'로 고양시키는 대신 당대의 지형에 기반하여 새로운 질서를 만들어낼 것을 시도하였다. 국한문체라는 새로운 표기, 새로운 문체는 현존하는 질서와 새로운 구상 사이의 차이에 주목하고 이 둘을 동시에 포괄하고자 한 시도였다. 국문의 의의를 적극 평가한 경우라도 "한문에 잇는 천만ᄉᆞ와 쳔만법을 국문으로 번역ᄒᆞ야 유루ᄒᆞᆫ 것이 업슨 연후에 셔셔히 한문을 폐"[135]해야 한다는 논리는 낯설지 않았다. 국문이라는 목적지를 전제할지라도 당대의 실상은 그 자체로 존중되어야 했기 때문이다. 유길준・이능화 등이 주장한, 국한문에 훈독 혹은 음독 토를 다는 표기도 크게 보아 국한문체와 같은 발상에 기반해 있었다. 이 표기는 일본의 "附

135 이해조, 『자유종』, 광학서포, 1910, 13면.

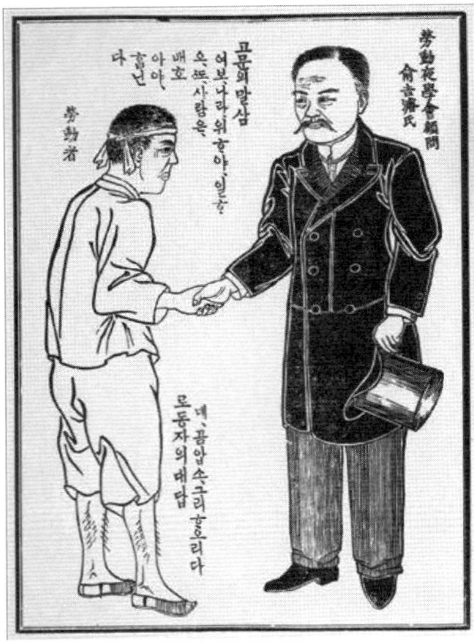

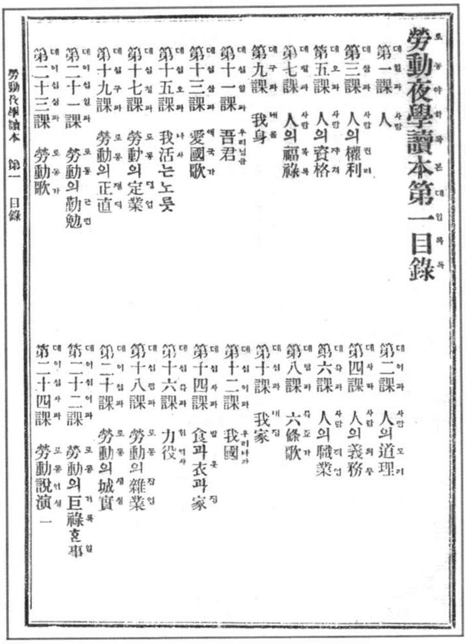
勞動夜學讀本第一目錄

第一課 人
第二課 人의道理
第三課 人의權利
第四課 人의義務
第五課 人의資格
第六課 人의職業
第七課 人의福祿
第八課 六條歌
第九課 我身
第十課 我家
第十一課 吾君
第十二課 我國
第十三課 愛國歌
第十四課 食과衣과家
第十五課 我活는노릇
第十六課 力役
第十七課 勞動의定業
第十八課 勞動의雜業
第十九課 勞動의正直
第二十課 勞動의城實
第二十一課 勞動의勤勉
第二十二課 勞動의巨祿혼事
第二十三課 勞動歌
第二十四課 勞動說演一

勞動夜學讀本 第一 目錄

유길준 저 『노동야학독본』(1908)의 속표지 및 목차. 한자에 한글 訓讀音을 단 표기의 실례이다.

書假名之例"를 참조한 것이었으나 "雅俗共讀"의 효과를 달성하는 데 목표를 두고 있었고[136] '국민'이 사용할 '국어'를 구상하면서도 국민 내부의 편차에 관심을 둔다는 점에서 비슷한 특징을 보였던 것이다.

2) 국민의 동질화와 국문체

1_ 김교제의 『현미경』은 16세 처녀가 살인을 저지르는 충격적인 장면으로 시작된다. 처녀는 보은 땅에 사는 김감역의 딸 빙주로, 억울하게

136 이능화, 「國文一定法意見書」, 『대한자강회월보』 6호, 1907.1, 63면.

동학 여당餘黨으로 몰려죽은 아버지의 원수를 갚기 위해 당당한 세도가 정승지의 목을 벤 참이다. 법부대신의 조카라는 위세를 믿고 갖은 횡포를 부리던 정승지는 빙주의 칼날에 목숨을 잃고, 빙주는 "피가 뚝뚝 드는" 정승지의 머리를 상에 올려놓고 아버지의 제사를 지낸다. 고작해야 종9품 말직에 지나지 않는 감역監役의 딸이 법부대신의 조카를 살해한다는 설정만으로도 『현미경』은 충분히 문제적이다. 치부致富의 내력으로 보아 김감역은 요호부민饒戶富民층이라 할 수 있으므로, 『현미경』의 첫 장면은 신흥 계층인 요호부민이 구 지배층을 단죄・처벌하는 상징적 장면으로 해석될 수도 있다. 더욱이 사건의 파장은 여기서 그치지 않는다. 법부 정대신이 빙주를 엄치嚴治하려고 혈안이 되어 있는 중에, 지방 진위대 군인 박참위와 법부의 이협판이 빙주를 보호하고자 나서는 것이다. 각각 무관학교 졸업과 유학의 경력을 가진 이들은 생면부지의 처지임에도 빙주의 행동에 깊이 공감하여 도피와 은신을 돕는다. 정승지를 죽인 후 집에 와 있던 빙주가 도피를 결심하게 되는 것도 박참위의 편지를 받고 나서인데, 여기서 주목하고자 하는 바는 이 편지가 "언문"으로 씌어 있었다는 사실이다.

남녀 사이의 의사소통 자체는 낯선 화제가 아니었다. 전대 소설에서도 남녀가 편지로 은밀하게 뜻을 전한다는 설정은 빈번하게 나타난 바 있었다. 그러나 전대 소설에서 소통의 전형적인 방식은 한시를 통하는 것, "◐통소로장회옥여금ᄒᆞ고 ◐적막신귀의광부지라"고 써서 신표信表를 삼듯 한문 교양에 기대는 식이었다. "이 글 쓰슨 통소로 옥여으 검문교을 화답ᄒᆞ고 적막 심규의 밋친 흥이 드러갓난지라"라는 주석을 달면서도 이런 한문어구가 굳이 활용되고 있을 정도였으니,[137] 여성이 주체나 대상이 되는 경우는 물론이고 여성에 관련된 문제를 논할 때도 한글을 사용했던 관습[138]은 전대 소설에서 별 주목을 받지 못했다. 시조창으로 연분을 맺는다는 설정은 자주 보였지만, 이는 '문자'가 아닌 '소리'의 세계에 속해 있는데다가, 시적 질서라는 특색으로도 일상 언어의 층위에서 벗어나 있는 언어였다. 『현미경』은 '효녀의 살인'이라는 공안公案 설화 모티프를 계승하면서도[139] 남녀 사이의 소통 방식에 있어서는 전대와 다른 길을 택한 셈이었다. 이해조의 『고목화』에서 도적 소굴에 잡혀 온 권진사가 같은 처지에 있는 여인 청주집과 처음 소통을 하게 된 것도, "여러 가지 뭇는 말을 디답 한 마디도 안이ᄒᆞ고" 있던 청주집이 "돌돌 말알 한 허리를 척 첩은 죠희 한 쪽"에 자기 사연을 적어 내민 덕택이었다. 이 편지는 물론 "언문"으로 된 것이었고, 남녀 모두가 이해할 수 있는 표기를 찾는 데 기준이 된 것은 여성인 청주집 쪽이었다.[140] 이렇듯 신소설은 국문의 위상을 적극적으로 끌어올릴 것을 꾀했다. 한문이 "ᄉᆞ부랑 글ᄌᆞ"[141]라는 이질성으로 격하된 반면 국문은 남녀노소 구분 없이 전 국민이 사용하는 공통의 문자로 각광을 받게 된 것이었다.

부녀자와 어린아이, 노동자의 언어였던 국문이 '국민의 언어'로 제기된 것은 이 주변 집단을 '국민'의 기준점으로 삼고자 했기 때문이다. '국민'이라는 새로운 추상을 가장 명료하게 보여주는 길은 주변인으로만 취급되던 집단・계층에 주목하는 것이었다. 여성・어린아이・천민 등

137 「조웅전」, 『한국 고소설총서』 3, 이화여대 한국문화연구소, 1960, 52면.

138 남풍현, 「언어와 문자」, 한국고문서학회, 『조선시대 생활사』, 역사비평사, 1996, 27면.

139 중국에서 아버지를 살해한 巨漢을 목 졸라 죽이고 자수한 趙娥의 이야기는 유명하다. 趙娥의 효심에 감심한 관리가 탈옥을 권유했지만 趙娥는 거부했고, 관리는 억지로 趙娥를 집으로 돌려 보냈다 한다. 이 이야기는 연극과 설화를 통해 계속 재생산된 유명한 모티프였고, 한국에도 전해졌을 것으로 짐작된다. 范忠信 외, 이인철 옮김, 『중국법률문화 탐구 : 情理法과 중국인』, 일조각, 1995, 91~92면 참조.

140 이해조, 『고목화』, 8면 및 60면.

141 민준호, 『江上奇遇』, 동양서원, 1912, 30면.

이 국민으로서의 자각을 보여준 사건은 따라서 특별히 관심거리가 되었다. 백정이 연사로 나섰다거나 여성・어린아이가 대중 앞에서 연설한 사건은 "애국은 天賦彝性이라"는 반응으로 정리되어[142] 국민으로서의 자각을 촉구하기에 좋은 예로 활용되었다. 특히 1907년에 시작된 국채보상운동은 주변 집단의 위상을 제고함으로써 '국민'의 상을 확정해 가는 데 큰 역할을 했다. 여성이나 어린아이의 의연義捐은 특히 주목을 받았고, 실제로 의연인 명단 가운데 여성・어린이의 비중이 가장 클 때가 많을 정도로 이들의 적극성은 두드러졌다.[143] 각처에서 국채보상 부인회가 발기하였고 장신구를 빼내 국가 부채를 갚자는 탈환회奪環會가 결성되었으며, 진주의 부용[144]이나 평양의 취란[145] 등 기생의 의연도 활발하여 논개・계향 등 애국의 여성상을 다시 떠올리게 하기도 했다. 같은 시기에 일진회 유학생 21인의 단지斷指 사건[146]도 일어나 역시 의연금 모집의 계기가 되었으니, 이처럼 '국민' 단위의 활동이 본격화되면서 "남녀를 물론ᄒᆞ고 국민 의무는 일반이라",[147] "이러ᄐᆞ시 국치를 갑고 보면 국권만 회복ᄒᆞᆯ 쁜 아니라 우리 여자이 힘이 셰상에 젼파ᄒᆞ여 남녀동등권을 찻을 거시니"[148]라는 사고도 널리 자리를 잡아 나갈 수 있었다.

주목할 만한 점은, 이런 일련의 사건과 함께 국문의 위치에도 변화가 생겼다는 사실이다. 국채보상운동을 주도했던 『대한매일신보』의 경우, 1905년 8월 본격 발간에 들어가면서 국한문체를 택한 이후 국문이 신문

142 「婦人熱憤」, 『대한매일신보』, 1905.12.1, 잡보.
143 『대한매일신보』, 1907.3.8.
144 「芙蓉吐香」, 『대한매일신보』, 1907.3.20, 잡보.
145 「蘭妓熱心」, 『대한매일신보』, 1907.3.31.
146 이에 대한 자세한 사정은 김윤식, 『이광수와 그의 시대』 1, 솔, 1999, 159~167면 참조.
147 「일본 단지 학생 의연금 모집문」, 『대한매일신보』, 1907.3.31, 잡보.
148 「탈환회 취지서」, 『대한매일신보』, 1907.4.23, 잡보.

지상에 나타난 일은 거의 없었다. 그러나 국채보상운동이 본격화되면서 국문 기사가 보이는 일이 점점 늘어났으니, 부인회 취지서 등 여성을 대상으로 하는 글[149]이나 여성 · 상민이 투고한 글이 급증했기 때문이다. 부인 단체가 국문으로 상소를 올리고 국문 비지批旨가 내려오는 등[150] 1900년경부터 보이기 시작했던 국문의 지위 상승은 이 과정을 거치면서 더욱 확고한 것이 되었다. 국문체란 부녀 · 아동 · 노동자 등 주변적 위치에서 '국민'의 일원으로 승격된 집단이 사용하는 언어, 또한 그것을 '국어'로 승격시키려 한 기획이었다. 국한문체가 대중의 교육과 계몽을 전제로 하여, 그 이후에야 일반화될 수 있는 '국민의 언어'이자 '새로운 언어'로 자기를 정립했다면, 국문체는 기왕의 언어생활 중 한 축에 초점을 맞추고 그 주체를 '국민'의 상징으로 삼을 것을 시도한 셈이다. 그러나 국문체 역시 국한문체와 마찬가지로 '새로운 언어'였으니 그 위상과 의의에서 이전의 '언문'과 1900년대의 '국문'이 같을 수는 없었던 때문이다.

2_ 상말 · 속어라는 뜻의 '언諺'이 '국國'이라는 말로 대치되면서 순한글 글쓰기의 위상은 비약적으로 높아졌다. '국어'가 "나라 방언"이듯 '국문'은 나라의 글이라 특정 계층이나 지방에 국한된 것이 아니다. 이 둘은 "제 나라 정신을 완젼케 ᄒᆞ는 긔초"이니 국어 · 국문을 온전케 하지 않으면 온전한 자주를 누린다 하기 어렵다. 그럼에도 한국은 국문보다 한문을 숭상하여 "말과 글이 ᄒᆞᆫ골ᄀᆞᆺ지 못ᄒᆞ야 공부ᄒᆞᄂᆞᆫ ᄃᆡ 심히 어려"운

149 예를 들어 「경고아부인동포라」, 『대한매일신보』, 1907.3.8, 잡보; 「국채보상부인회 취지서」, 1907.3.15, 잡보 등.
150 『제국신문』, 1898.10.13.

불편을 무릅썼고, "졔 나라를 제가 업수히 보고 남의 나라를 쳐다보는 노예의 셩픔을 양셩"해 왔다.[151] 학습·교육에 있어서의 비효율과 자국 정신의 감퇴, 이 두 가지가 국문을 버리고 한문을 택하는 일의 폐해이다. 1900년대에 국문의 가치를 논하면서 동원한 논리는 대강 이러하였다. 국문의 가치는 언제나 한문과의 대비 속에서 역설되었으며, 한문의 추방은 곧 국문의 옹호라고 간주되었다. 한문과 자국어 사이의 갈등이란 한문 문화권에서 모두 경험한 문제였다. 일본에서는 막부 말기 마에지마 히소카前島密가 「흥국문폐한자의興國文廢漢字義」(1873년)를 써서 비슷한 시각을 제기한 바 있었고, '국어'라는 말 자체가 '국전國典'과 '한전漢典' 대립과 같은 맥락에서 발생하였다 하며[152] 베트남의 경우 한문을 척결해야 한다는 의식에 압도되어 고유 문자까지 버리는 역설적인 결과를 초래한 일도 있었다. 베트남의 고유 문자 자남字喃은 한자와 비슷하여 대립선을 분명히 하지 못했으므로, 대신 로마자 표기로 '국어'를 실현할 수 있다고 생각한 것이었다.[153]

한문을 버리고 국문을 택해야 한다는 논거 중에서 국문이 자국 정신을 보장할 수 있다는 쪽에 대해서는 새삼 논란을 벌이기가 어렵다. '국어'·'국문'이라는 발상에 이미 '국가'가 전제되어 있었던 만큼, 국문을 택해야 국가 의식을 발휘할 수 있다고 하는 주장은 논리의 진전이라기보다는 감정적인 동어반복에 가깝다. 논리의 차원에서 문제가 되는 것은 국문이 한문보다 한결 효율적이라는 사고 쪽이다. "만일 한문으로 교휵ᄒᆞ려다가는 (……) 소불하 십년은 ᄒᆞ여야 될 터이니 (……) 불과 몃시동에 언

151 「국문신보 발간」, 『대한매일신보』, 1907.5.23, 사설.

152 李妍淑, 『'國語'という思想 : 近代日本の言語認識』, 東京 : 岩波書店, 1996, pp.29~33 및 pp.78~79.

153 조동일, 『공동문어문학과 민족어문학』, 지식산업사, 1999, 124~126면 참조.

문을 씨쳐가지고 만권 셔칙을 못볼 것이 업시 즉시 학문을 빅호기에 더 딕고 속홈이 엇지 비교ᄒᆞ리오"[154]라는 비교, "자국 국문은 學ᄒᆞ기 심히 易ᄒᆞ고 用ᄒᆞ기 심히 편ᄒᆞᆫ" 반면 "한문은 청춘으로 白首에 至토록 攻苦ᄒᆞ여도 특효가 蔑ᄒᆞ"[155]다 한 주장은 국·한문 비교론에서 전형적인 것이었다. 교육이 중요한 화두이던 당시, 국문은 몇 시간이면 깨칠 수 있지만 한문이 능숙해지려면 10년은 걸릴 것이라는 다소 과장된 비교는 국문의 가치를 적절하게 설득해 내고 있었다. 이 비교는 단지 국·한문만을 언급하는 데서 그치지 않았다. 국문이 익히기 쉽고 한문이 어려운 것은 국문이 "말ᄒᆞᄂᆞᆫ 음ᄃᆡ로 일을 긔록ᄒᆞ야 표ᄒᆞᄂᆞᆫ 글ᄌᆞ"인 반면 한문은 "무솜 말은 무솜 표라고 그려놋ᄂᆞᆫ 글자"이기 때문이지, 자국 문자와 타국 문자라는 차이 때문만이 아니라고 주장하기에 이른 것이었다. 한문이 대표하는 후자, 즉 표의 문자는 "쏙 그림이라고 일홈ᄒᆞ여야 올코 글ᄌᆞ라 ᄒᆞᄂᆞᆫ 거슨 아조 아니 될 말"이라고까지 했고, 서구 문자는 모두 표음 문자인 중에 "죠션 글ᄌᆞ가 셰계에 뎨일 조코 학문이 잇"다 했다.[156] 세계 문자에는 두 종류가 있으니 "一種은 상형문자니 淸國에 行用ᄒᆞᄂᆞᆫ 한문"이고 "一種은 발음문자니 我東 半切字와 歐西 각국에 近行ᄒᆞᄂᆞᆫ 羅馬字"이며 "半切字ᄂᆞᆫ 천하 각국에 제일 쉽고 제일 간략ᄒᆞᆫ 문자"라는 주장 역시 같은 논리에 서 있었다.[157]

그러나 국한문체가 어떻게 통일된 통사統辭 법칙을 만들 것인가의 문제로 고민해야 했던 만큼, 국문체 역시 어떻게 언어의 통일성을 기해야 할 것인지를 두고 고투를 벌이지 않을 수 없었다. 국가와 국민의 단일성

154 『매일신문』, 1898.6.18, 논설.
155 강전, 「국문 편리 及 한문 폐해의 설」, 『태극학보』 7호, 1907.2, 21면.
156 「배재학당 학원 주상호의 국문론」, 『독립신문』, 1897.4.21.
157 「국문한문론」, 『황성신문』, 1898.9.28.

을 가정하듯 '국어' · '국문'이라 부른다 해도 그 내부에는 물론 지역적 · 계층적 편차, 심지어는 개인적 편차가 있을 것이었다. 한국어 소개를 "물 깃넌 사람 어디 잇슴마 / 데 마당에 이서 일함메"[158]라는 평안도 방언을 통해 했고 성서 번역에서도 역시 평양 방언을 사용했던[159] 선교사 로스J.Ross의 예는 이 사실을 흥미롭게 상기시켜 주고 있다. 그러나 순한글 '국어'를 구상했던 이들이 이 문제를 근본적으로 고려했던 것 같지는 않다. 언어의 통일 방침 자체는 "풍속에 말과 시톄에 어음을 팔도에 넓니키"되 "순젼ᄒᆞᆫ 셔울 토화도 명ᄉᆞ와 동ᄉᆞ와 형용ᄉᆞ 등류를 분별ᄒᆞ야 국어ᄌᆞ젼 일부를 편성ᄒᆞ야 젼국 인민으로 ᄒᆞ여곰 균일ᄒᆞᆫ 국문과 국어를 쓰게 ᄒᆞ"자는 선에서 언급되는 데 그치고 있었다.[160] 서울 토화土話'도' 품사를 분별하여 사전을 편찬하자는 발언으로 보면, '국어'의 기준을 서울 방언에 두자는 생각은 이미 합의되어 있었던 듯하다. 실제 쓰이는 어휘와 음을 전국에 걸쳐 채집하자는 견해는 국어 · 국문 기획의 근간을 위한 것이었다기보다 보충을 위한 것이었을 공산이 크다.

서울 중심성은 신소설의 경우에도 명확한 것처럼 보인다. 사고의 수준에서나 언어의 수준에서나 인물의 활동 무대가 넓어졌음에도 불구하고 신소설의 관심은 서울에 머물러 있었다. 『귀의 성』과 『은세계』는 춘천과 강릉을 각각 배경으로 하고 있지만 김승지와 최병도 · 김정수 등의 인물은 모두 서울에서 낙향한 사람들인데다 춘천 세거민世居民인 강동지조차 주 활동은 서울에서 펼치고 있으며, 『목단화牧丹花』는 신의주에까지 가 닿아 되어 교사 생활을 하는 주인공 정숙을 보여주고 있지만 지방

158 J. Ross, *Corean Primer*, Shanghai : American Presbyterian Mission Press, 1877, p.23.
159 이만열, 『한국 기독교 수용사 연구』, 두레시대, 1991, 118면.
160 「국문론」, 『대한매일신보』, 1908.2.25, 논설.

에 대한 정숙의 지식은 "춤 구경훈 게 안이오 디리학을 연구훈"[161] 데 불과할 뿐이고, 주인공이 기차 혹은 도보로 천안 · 대구 · 부산 · 개성 · 평양 등 전국을 종횡하는 데서 시작한 『화중화畵中畵』조차 지역에 대한 관심을 보여준 것은 아니었다. 유일한 예외는 『명월정』이라 할 수 있겠는데, 여기서 주인공 허원은 "송도 계집의 고집"과 몇몇 색다른 풍속으로 표상되는 개성開城에 지속적인 관심을 두고 있다. 그러나 이 경우에조차 관심의 실제적인 귀결은 개성 여인을 서울에 첩으로 맞아들이는 것이니, 역시 지방성이 그 자체로 주목받은 경우라 하기는 어렵다. 『혈의 누』 『귀의 성』 『치악산』 『은세계』를 각각 평양 · 춘천 · 원주 · 강릉을 배경으로 시작했던 이인직의 경우를 다시 살펴본다 해도 결론은 크게 바뀌지 않는다. 『혈의 누』를 제외하면 이들 소설의 주요 인물은 모두 서울과 연계를 갖고 서울로 모여들고 있으며, 『혈의 누』조차 주 배경은 평양이 아닌 외국이다. 등장인물이 한결같이 지방어 구사와는 거리가 멀다는 사실도 공통적이다. 옥련 모母 춘애는 본래 평양 태생으로 남편과 딸이 외국으로 떠난 후에도 홀로 평양 집을 지키며 살지만, 그나 그 주변 사람이 평양말을 구사하는 장면은 전혀 없다. 전대 소설과는 달리 인물의 발화가 '있는 그대로' 직접 제시되게 되었음에도 신소설에서 언어의 지방성은 고려 밖인 것이다. 이 사실은, 같은 1900년대의 출판물 가운데서도 "승[:姓]은 증[:정]이요 이름은 됴민[:조민]이라"[162]는 식으로 서술자의 진술에서부터 지방어가 개입해 들어오는 사례가 드물지 않았다는 사실과 좋은 대조를 이룬다. 신소설의 사고 및 언어에서 서울이라는 지

161 김교제, 『牧丹花』, 광학서포, 1911, 97면.

162 임형택, 「20세기 초 소설의 신구 양식의 관련양상 : 『鬢上雪』과 『興善擊惡錄』의 경우」, 제30회 동양학 학술대회 발표문, 1997, 10면에서 재인용.

방이 '보편'으로 행사하는 힘은 이미 확고하다. 인물의 무대가 전국으로 넓어지는 경우도 이 '보편'의 힘을 흔들기보다는 오히려 더욱 굳게 해 주고 있을 정도이다.

3_ '국어'란 규범의 문제이다. '국민'이라면 누구나 이해할 수 있는 공통의 언어를 만들어 내는 것이 '국어'의 목적이며, 이 목적은 전 국민을 대상으로 하는 글쓰기의 형성과 더불어 달성된다. 전국적으로 유통되는 인쇄 매체의 발달을 통해 공통의 규범이 형성되는 동시, 규범을 공유하는 집단이 '국민'으로 정립되는 과정이 곧 '국어'의 성립 과정인 것이다. 순한글 글쓰기가 이러한 공통 규범으로서의 자리를 차지하기 위해서는 지방성의 극복 외에도 또 다른 과제를 해결해야 했다. 표기의 통일이라는 과제가 그것이었다. 방언의 다양성을 통제하고 서울 지방의 언어를 보편어로 삼는 것이 음운과 어법의 통일성을 기하는 방책이었다면 표기의 통일은 이를 인쇄 언어의 차원에서 구현해 내는 문제이다. '아바님'이라는 하나의 단어를 적는 데도 압아림 · ᄋᆞᆸ아림 · 압ᄋᆞ림 · ᄋᆞᆸ아님 · ᄋᆞᄇᆞ님 · 아ᄇᆞ님 · ᄋᆞ바님 등으로 각색의 표기가 통용되었던 것이 1900년대의 실정이었으므로[163] '국어'의 성립은 이런 혼란을 정리한 후에야 기약될 수 있었다.

'아래 아ㆍ'와 '윗 아ㅏ'의 문제가 특별히 관심을 끈 것은 이 때문이었다고 생각된다. '아바님'이라는 단어를 표기할 때의 혼란이 보여주듯, 국문 표기의 통일을 기하고자 할 때 크게 문제적이었던 요소는 'ㆍ'와 'ㅏ'의 구분이었다. 이 둘은 명목상 구분되었을 뿐 실제 사용에 있어서는 완

163 한승곤, 『국어철자첩경』, 광명서관, 1908, 3면.

전히 혼동되고 있는 형편이었으며, 따라서 국문 표기의 전체 양상에도 심각한 혼란을 초래하고 있었다. "우리 나라 국문은 지극히 편리ᄒᆞ고 지극히 용이ᄒᆞ나" 다만 'ㆍ'와 'ㅏ'가 뒤섞여 사람・사룸・ᄉᆞ람・ᄉᆞ룸이라는 식의 혼돈상을 초래하므로 "글ᄌᆞ 쓰는 법이 이ᄀᆞᆺ치 모호ᄒᆞ면 셔칙을 문들기와 아희들을 ᄀᆞᄅᆞ치기가 심히 착란"하다는 것이었다.[164] 윤치호는 이 문제를 해결하기 위해 'ㆍ'를 "다문 뒤 밧치는 ᄌᆞ (긔 늬 듸와 토ᄉᆞᆺ (ᄀᆞ ᄂᆞᆫ ᄅᆞᆯ ᄃᆞ문 맛쵸는 듸만 쓰"자고 하였다. 이 제안에는 어떤 이론적 근거도 없었다고 할 수 있다. 윤치호는 다만 새로운 관습을 만들자고 주장했을 뿐이고, 표기를 통일해야 한다는 요구를 초조하게 표현하고 있었을 뿐이다. 『독립신문』 편집진이 윤치호의 의견을 "국문을 자셔히 모로고 ᄒᆞᆫ 말"이라고 평가하고 "언졔던지 웃 아ᄌᆞ는 긴 음에 쓰는 거시오 아릐 ᄋᆞᄌᆞ는 짜른 음에 쓰는 거시라"고 비판한 것은 당연한 일이었다. 다른 한편 주시경은 'ㆍ'는 'ㅣㅡ'의 합음자合音字였을 것이라는 추측에 근거해 이 문제를 해결하고자 시도하였다. 곧 'ㆍ'와 'ㅏ'의 음가가 완전히 다르다는 것이 주시경의 주장이었으니, 지석영은 이에 기초하여 'ㆍ' 대신 'ㆎ'라는 글자를 새로 제정하여 혼란을 피하자고 제안하기도 했다.[165] 1933년의 맞춤법 통일안에서 'ㆍ'가 완전히 폐지되기까지 'ㆍ'와 'ㅏ'의 구분 문제는 언제나 첨예한 쟁점이었다.

문제는 이뿐만이 아니었다. "우리 동포님들 중에 국문은 업수히 녁여셔 분명히 ᄇᆡ홀 ᄉᆡᆼ각은 아니ᄒᆞ고 함부로 긔록ᄒᆞ여 밋을 만ᄒᆞᆫ 문ᄌᆞ가 되지 못ᄒᆞ게" 하였다는 지적대로[166] 16세기 이래 국문 표기법은 표류를 거듭해 왔

---

164 『독립신문』, 1897.5.27.

165 이기문, 『개화기의 국문연구』, 26~27면.

166 한승곤, 『국어철자첩경』, 1~2면.

다.[167] 분철分綴과 연철連綴의 원칙이 뒤섞이기도 하고, 각 지방의 발음이 공존하는가 하면 단어의 표기 역시 혼란스러운 식이었다. 이는 실상 훈민정음 창제 때부터 예고되어 있던 혼란이었으니, "아이들 말이나 변두리 시골말에는 간혹 있"는 어음語音에도 별도의 문자를 할당할 정도로[168] 훈민정음은 보편의 언어를 창출하는 것 못지않게 존재하는 언어의 전체상을 담아내는 데도 관심을 두고 있었기 때문이다. 국민 공통의 언어를 세우려는 1900년대의 노력은 사상 초유의 시도라고 할 수 있었다.

이 노력에서 특히 흥미로운 대목은, "셜령 (墨 먹으로) 홀 것을 머그로 ᄒᆞ지 말고 (手 손에) 홀 것을 소네 ᄒᆞ지 말고 (足 발은) 홀 것을 바른 ᄒᆞ지 말고"라 한 주시경의 소론이다.[169] '머그로'가 아니라 '먹으로'가, '소네'가 아니라 '손에'가 옳다는 이 지적은 형태소 단위의 구분을 중시한 표기법 제안이었다고 할 수 있겠는데, 묵墨・수手 등의 한자를 병기했다는 점으로 미루어 볼 수 있듯 이러한 구상에서 기본틀이 된 것은 한자의 가치였다. 주시경이 같은 글에서 "門문이라 홀 것 ᄀᆞᆺᄒᆞ면 도모지 한문을 못 빈은 사름이 한문으로 문문ᄌᆞᄂᆞᆫ 몰으나 문이라 ᄒᆞᄂᆞᆫ 것슨 열면 사름들이 드나들고 닷치면 사름들이 드나들지 못ᄒᆞᄂᆞᆫ 것인 즐노ᄂᆞᆫ 다 아니"라는 발언을 하고 있음을 상기하면[170] 한자에 의지해서 국문의 표기를 확정하려 했다는 사실은 기이하게 보이기도 한다. 주시경은 1900년대에 국문의 가치를 누구보다 열렬히 주창한 사람이었고, 한자를 알아야 단어의 의미를 제대로 이해할 수 있다는 국한문체의 주장을 정면으로 반박한 유일한 인물이었다. '문門'이라는 한자어를 모르더라도 '문'이 어

167 이익섭, 『국어표기법 연구』, 서울대 출판부, 1992, 2~6면.
168 「훈민정음 해례」, 강신항, 『훈민정음 연구』, 129면.
169 「주상호씨 국문론」, 『독립신문』, 1897.9.28.
170 위의 글.

떤 의미인지는 모두 알고 있다는 주장은, 곧 용례에 의거하여 형성되는 일상어의 의미를 존중하겠다는 목소리이기도 했다. 한자가 표의 문자인 반면 한글은 음성 문자라는 주장을 끌고 가기 위해서는 이런 논리를 보다 본격화할 필요가 있었다. 음성 문자라는 사실이 한글의 우월성을 증명하는 것이라면, 또한 한자에 의지하지 않고도 한글이 자립할 수 있다고 주장하려면, 국문 글쓰기는 음성 자체에 의지하여 정립될 필요가 있었다.

그러나 주지하다시피 '순수한 음성 언어'라는 생각은 환상에 지나지 않는다. 음성이 본래적이므로 문자 체계는 "화언 연쇄의 각 요소를 하나의 기호로 표시하는 것을 목표로" 해야 한다고 주장할 때조차, "상용되는 친밀한 낱말은, 문자는 그 자체 시각적으로 인식되는 것"이기도 하다는 사실을 피해 갈 수는 없다.[171] 문자 언어와 음성 언어란 서로 분간할 수 없을 만큼 뒤얽혀 있는 것이므로 여기서 본래의 시발점을 찾기란 불가능하다. 음성 자체가 이미 차이의 체계인 것이다.[172] 한글 표기법은 이 사실을 특히 흥미롭게 보여주는 사례에 속한다. '머그로'라는 발음을 굳이 '먹으로'라고 적어야 한다는 주장, 마찬가지로 '소네'가 아니라 '손에'가 옳다는 주장은 한자의 세계를 상정하지 않고는 성립하기 어렵다. '궁민'·'어너'라는 표기 대신 '국민'·'언어'라는 표기를 택하는 것 역시 마찬가지이다. '한국'과 '구거'와 '궁민'이라 표기해야 한다고 생각하는 대신 '한국'·'국어'·'국민'이라는 표기가 옳다고 여긴다면, 그 바탕에는 '국國'이라는 한자어가 엄연히 도사리고 있는 것이다. 바로 이 점에서 한국의 표기법은 국한문 혼용체를 근간으로 이루어졌다고 할 수 있

171 F. de Saussure, 최승언 옮김, 『일반언어학 강의』, 민음사, 1990, 45~46면.
172 J. Derrida, 김성도 옮김, 『그라마톨로지』, 민음사, 1996, 62~91면 참조.

다.[173] "일용 사물에 힝용하는 언어가 태반 한문의 ᄌᆞ음"[174]이라는 어휘 의존의 사례만이 문제가 되는 것도 아니었다. 구어에서는 단어의 음과 대강의 용례만을 알아도 "능히 문치스러운 언변"을 행사할 수 있었으나, 표기 상황을 염두에 둔다면 한자에 대한 지식이 필수적으로 요청될 수밖에 없었다. 한글이란 창제 당시부터 한자에의 대응을 염두에 두고 마련된 표기 체계인 만큼 표기 문제에서 한자가 사라지기는 힘든 일이다. 지역별・계층별・개인별로 다른 구어의 실제를 통제하기에 한자만큼 적절한 수단은 없었다. 한자 자체는 추상적인 학습을 통해 전달되는 까닭에 고정적・안정적이어서, 예컨대 '국國'과 '학學'의 불변성은 '한국'・'구거'・'궁민'이나 '학교'・'핵교' 등의 다양성을 제어하는 기준이 될 수 있었기 때문이다. 지석영이 『언문』을 통해 총 2만 여에 이르는 단어의 국문 표기와 한자 표기를 나란히 밝히는 작업을 한 것은 바로 이 때문이었다.

"(墨 먹으로) ᄒᆞᆯ 것을 머그로 ᄒᆞ지 말고 (手 손에) ᄒᆞᆯ 것을 소네 ᄒᆞ지 말고 (足 발은) ᄒᆞᆯ 것을 바른 ᄒᆞ지 말"자고 하면서도 국문 전용을 주장했던 주시경 역시, 후에 이 문제를 인식했던 것으로 보인다. 주시경은 국문연구회에 의견서를 제출하면서 말미에 "子母字를 各々 橫書홈이 亦當"하다는 의견을 달고 그 예로 "ㅜ리 나라 가 바ㄹㄱ ㄱㅗ ㄱㅗㅂ 다"라는 문장을 적었는데[175] 이 표기에서라면 한자의 의의는 배제될 수도 있을 것이었다. 이 같은 시도는 순수한 음성 문자를 지향하는 것인 동시 서구 알파벳 문자를 염두에 둔 것이었다. 이 점에서 주시경의 제안은 중국과 일

173 이기문, 『국어의 현실과 이상』, 문학과지성사, 1997, 73~78면.
174 지석영, 『언문』, 광학서포, 1909, 1면.
175 이기문, 『개화기의 국문연구』, 308면.

본에서 있었던 국어의 로마자화 논의가 한국적 표현을 얻은 경우에 가깝다.[176] 한국의 풀어쓰기나 중국 · 일본의 로마자화 논의는 문자의 실체성을 부정한다. 수천 년, 수백 년 된 고유 문자이거나 낯선 이방異邦의 문자이거나 문제는 실용성일 뿐이다. "중국의 문화 향상을 꾀하려면 (……) 문자의 라틴화를 추진하지 않으면 안 된다"[177] 같은 주장에서 핵심은 구어의 '음성'을 어떻게 효과적으로 재현할 것인가에 있었다. 기존의 문자가 음성 재현에 비효율적이라면 문자 체계 자체를 교체할 수도 있는 일이었고, 이때 교체의 방향은 물론 음성 문자로서의 자질을 최대화하는 쪽이어야 했다. 언어의 민족주의가 취했던 두 가지 논거, 곧 민족 고유의 문자를 지켜야 한다는 명제와 민족의 실제 구어에 합당한 문자 체계를 구상해야 한다는 명제는 여기서 날카롭게 분열하고 만다. 주시경의 풀어쓰기 제안은 이 두 가지 명제를 절충시키려는 고심을 역력하게 드러내고 있었지만, 그럼에도 분열의 한쪽 추, 알파벳 문자를 이상으로 한 것이었다. 띄어쓰기의 단위를 '우리' · '나라' · '가' · '밝' · '고' · '곱' · '다'라고 책정했다는 점 역시 이런 추측을 뒷받침해 준다. 『독립신문』과 『매일신문』 일부 일자에서, 또 대한국민교육회가 펴낸 『초등소학독본』(1906년)에서 실험된 바 있었던 이 형태소나 단어 단위의 띄어쓰기는, 명백하게 서구어를 모델로 한 실험이었다.[178]

한국의 '국어'에서 주시경의 실험은 결국 받아들여지지 않았다. 민족 고유의 문자를 포기하지 않으면서도 완전한 음성 언어를 꿈꾸었다는 이중성 때문에 풀어쓰기 주장이 중국 · 일본의 로마자화 논의에 비해

---

176 魯迅, 「門外文談」, 『노신문집』 5, 일월서각, 1985 및 李妍淑, 『'國語'という思想』, pp.33~46.
177 魯迅, 「門外文談」, 39면.
178 김윤식, 『한국근대문학양식논고』(아세아문화사, 1980), 190~192면에서는 『독립신문』의 국문체와 띄어쓰기부터 영어 문장의 번역에 크게 힘입은 것임을 논하고 있다.

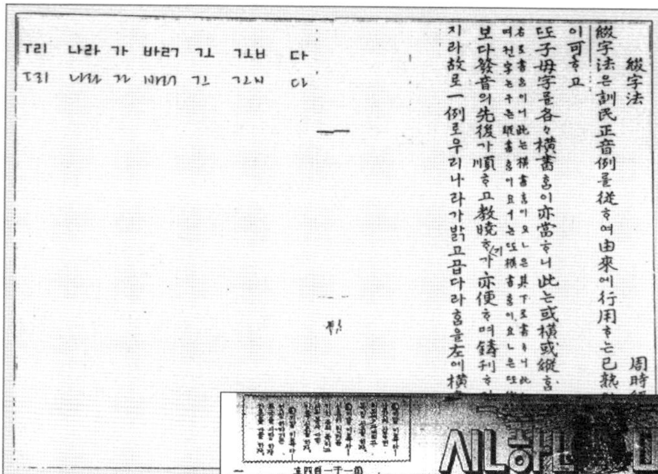

綴字法 周時經

綴字法은訓民正音例를從ᄒᆞ여由來에行用ᄒᆞᄂᆞᆫ已熟

이可ᄒᆞ고

또子母字를各々橫書홈이亦當ᄒᆞ니此ᄂᆞᆫ或橫或縱홈

보다發音의先後가順ᄒᆞ고敎曉ᄒᆞ기가亦便ᄒᆞ며鑄利ᄒᆞ

지라故로一例로우리나라가밝고곱다라홈을左에橫

주시경이 학부 국문연구소에 낸 보고서. 풀어쓰기의 실례를 제시하고 있다. 아래는 1910년대 『신한민보』. 표제를 풀어쓰기 방법에 따라 제작했음이 눈에 띈다.

훨씬 늦게까지 문제적인 무게를 지니기는 했다. 1920년대에는 홍명희 등이 '횡서橫書'라는 이름하에 풀어쓰기를 제안한 바 있었으며[179] 부분적 풀어쓰기 주장은 아직까지 계속되고 있고[180] 가독성이나 편의 등을 잣대로 할 때 모아쓰기와 풀어쓰기 중 어느 쪽이 더 '합리적'인 표기 방법

179 강영주, 『벽초 홍명희 연구』, 창작과비평사, 1999, 175면.

180 남영신, 『국어 천년의 실패와 성공』(한마당, 1998), 253~256면에서 그 예를 볼 수 있다.

인지는 여전히 논란거리이다. 그러나 오늘날 우리가 사용하는 실제 '국어'는 오래 전부터 "表意主義 표기법"을 실천 기반으로 삼아 왔다고 할 수 있다.[181] 이러한 귀결은 한자어에 대응되는 표기 체계를 만들고자 했던 훈민정음 창제 당시의 의식에 잇닿아 있는 것이기도 하다. 그렇다면 1900년대에 국한문체가 자국어의 기획으로 압도적인 우세를 점했던 것은 당연한 일이었다고 보아야 할 터이다. 한글이 창제 이후 한번도 한자라는 지평을 떠난 일이 없었던 만치 '국어'를 구상할 때 한자에 적절한 자리를 마련해 주어야 한다는 것은 당연한 요구이기도 했다. 1900년대에 국한문체는 순국문과 마찬가지로 훌륭한 '국어'였으며, 국한문체라는 표기를 선택한 역사・전기물은 당연히 '자국어 글쓰기'로서 '소설'의 의의를 달성하고 있다고 자부할 수 있었다.

3. 자국어 구상과 담론적 특징

1) 문자 언어와 알레고리

1_ 근대 소설이라는 기준점을 갖고 볼 때 문제적인 의미를 띠는 1900년대의 글쓰기는 실로 다양하다. 가장 문제적인 축은 '소설'이라는 표제를 달고 이루어졌던 글쓰기이겠지만, 그밖에 신문 논설란이나 잡보란

181 이익섭, 『국어표기법 연구』, 419면.

에 게재되었던 대화나 문답・토론 형식, 우화, 몽유 형식 등도 '허구적 서사fictional narrative'라는 자질을 풍성하게 보여주고 있다. 물론 허구적 서사란 소설의 여러 특성 중 하나일 뿐이다. 소설의 핵을 어디 두느냐에 따라서 허구적 서사란 별반 중요하지 않은 특질로 보일 수도 있다. "소설은 과연 산문으로 된 옛 이야기와 어떻게 다른가?"라는 의문은, 때로 '옛 이야기'와의 연속성에 주목하는 논의로, 때로 '옛 이야기'와 다른 '소설다운' 특징을 찾아내려는 논의로 이어지는 것이라[182] 그 자체로 특정한 결론을 함축하고 있는 것은 아니다. 더욱이 1900년대 한국의 상황이 보여주듯 소설이 처음부터 허구적 서사로서의 자질을 명확히 했던 것도 아니어서 문제는 더욱 복잡해진다. 그럼에도 이 문제가 관심을 끄는 것은 '소설'의 기본 특징을 허구적 서사라는 점에서 찾으려는 시각이 아직 대세를 이루고 있는데다, 소화笑話・전설傳說・야담野談을 비롯해 역사・전기물이나 몽유록에 이르기까지, '허구적 서사'로 분류할 수 있을 법한 글쓰기가 공식적 글쓰기의 장에서 차지하는 비중이 1900년대라는 시대에 특히 높았기 때문이다.

물론 '허구적 서사'라는 기준은 오늘날의 것이다. 1900년대의 신문・잡지는 일반적으로 근대적 분화 이전의 글쓰기를 보여주고 있었고[183] 서사와 논설, 허구와 사실 사이의 경계도 분명하지 않았다. 글쓰기 내부를 가르던 옛 기준, 시詩・부賦・표表・책策・논論・설說・잠箴・명銘 등

---

182 이 의문은 I. Watt, 전철민 옮김, 『소설의 발생』(열린책들, 1988), 17면에서 따온 것이다. 소설과 '이야기'와의 유사성 혹은 차이에 주목하는 논의는 물론 서로 얽혀 있는 것이라 별도의 경향이라고 지목하기 어렵지만, 예컨대 와트처럼 개인주의・합리주의의 등장 이후 비로소 소설이 출현할 수 있었다고 보는 견해가 후자에 속하는 것이라 한다면, R. Scholes & R. Kellog, *The Nature of Narrative*(New York : Oxford Univ. Press, 1966)처럼 허구와 비허구의 구별까지 뛰어넘어 서사성 일반에 초점을 맞추는 경우는 전자에 가까운 것이라 할 수 있겠다.

183 정선태, 『개화기 신문 논설의 서사수용 양상』, 소명출판, 1999, 17면.

여러 문체의 변별적 자질은 해체되고 있었으나, 새로운 분화가 정착된 것은 아니었다. 17세기 말~18세기 초 유럽 신문의 글쓰기가 "일부분은 이야기story, 일부분은 인물 묘사character sketch, 일부분은 비평"이라는 복합적인 양상을 보였듯[184] 1900년대 한국에서의 글쓰기 또한 그러하였다. 역사・전기물이 '소설'로 불릴 수 있었던 것도, 글쓰기 양식에 대한 평가가 불안정했던 반면 '자국어'로 쓴다는 사실은 첨예한 관심을 끌었던 이 상황에서였다. 그렇다고 글쓰기 양식에 대한 의식이 일체 도외시되었던 것은 아니다. 자국어 구상과 글쓰기 양식이 전연 동떨어진 문제인 것도 아니었다. 역사・전기물이 국한문체를, 신소설이 국문체를 일제히 택했다는 사실부터가 이 문제에 대한 관심을 촉구하고 있다. 오늘날의 시각에서 볼 때 전혀 다른 글쓰기라 할 수 있는 이 두 가지 노선이 가장 명백하게 차이를 드러낸 것은 표기 문자에서였다. 글쓰기 양식 자체로서는 함께 '소설'임을 주장했고—물론 그 근거는 달랐고 주장을 체화한 정도 역시 크게 달랐지만—분량이나 게재면 등에서도 큰 차이를 보이지 않은 둘은, 각기 국한문체와 국문체로 씌어졌다는 사실에서 결정적인 차이를 보여주었다. 비록 자국어 구상이라는 의의를 공유하기는 했지만, 구상의 기반과 경로가 달랐다는 점에서 국한문체와 국문체로 갈린 표기 문자의 차이는 꽤 중요한 것이었다고 할 수 있다. 역사・전기물과 신소설은 표기 문자의 영역에서 가장 두드러진 차이를 드러냈으며, 이 점에서 오늘날 말하는 글쓰기 양식의 차이란, 1900년대를 기준으로 해서는 무엇보다 표기 문자의 이질성과 연결된 문제일 수도 있었다. '소설'을 어떤 문자로 쓸 것이냐는 문제가 곧 어떤 글쓰기를 실천하느냐의

184 D. Kay, *Short Fictions in the Spectator*, Alabama : Univ. of Alabama Press, 1975, p.4.

문제일 수 있었던 것이다. '소설'뿐 아니라 '허구적 서사'라는 말로 넓게 포괄할 수 있는 글쓰기 일반에서도 그러하였다. 지금 보기에 서로 다른 특징을 드러내는 글쓰기는, 국문체냐 국한문체냐는 점에서도 역시 갈리곤 했다.

2_ "飮氷室主人, 梁啓超가 丈室에 獨坐ᄒᆞ야 일본 有賀長雄씨의 만주 위임통치론을 讀홀식 홀연히 一人이 入謁ᄒᆞ고 竝히 一書를 進ᄒᆞ니"[185]—한국의 역사·전기물에 결정적인 자극을 제공한 량치차오의 『월남망국사』는 월남 유민遺民 소남자巢南子가 들어와 망국의 울분을 토로한 책자를 건네는 장면에서 시작하고 있다. 소남자가 주인에게 월남의 현황을 전한 후, 주인의 권유에 따라 월남 망국의 경과를 기록했다는 것이 바로 『월남망국사』의 내용이다. 프랑스가 어떻게 '보호'라는 미명을 앞세워 월남을 침탈해 갔는지, 망국의 역사가 주는 교훈에 귀를 기울이라는 것이 이 책의 요구이며, 마지막에 '일본의 조선'이라는 부록을 붙인 취지 역시 같다. 1904년 사법권의 양여 이후 한국은 "조선인의 조선이, 아니오 일본의 조선"이 되었으니 스스로 경계할 기회로 삼자는 것이다.[186] 이는 중국 국민에게 주는 경고인 동시, 서두에 나온 "有賀長雄씨의 만주 위임통치론"에 대한 반응이다. '일본의 조선' 앞쪽에 역시 부록으로 붙어 있는 '멸국신법론滅國新法論'을 보면 이 사실을 더욱 분명하게 알 수 있다. 이집트·폴란드·인도 등이 나라를 잃은 경위를 두루 살핀 후 작자는 중국의 형편을 상세하게 분석해 낸다. 작자가 보기에 열강의 중국 침략책은 국토의 분할, 황통皇統의 변경, 만주 정부의 부식扶植이라

185 梁啓超, 현채 옮김, 『越南亡國史』, 대동서시, 1907, 2면.
186 위의 책, 90~92면.

는 세 가지로 크게 나누어진다. 이 가운데서도 중요한 것은 특히 만주 문제이니, "만주 現政府를 扶植홈으로 第一法門"을 삼으려는 것이 열강의 태도이기 때문이다. 량치차오가 월남의 망국사를 기술한 것은 이를 극력 경계하기 위해서였다.

흥미로운 점은 『월남망국사』의 내용이 첫 문장에서 언급한 아리가 나가오有賀長雄의 『만주위임통치론滿洲委任統治論』에 대한 응답일 뿐 아니라 구성에 있어서도 『만주위임통치론』에 대응된다는 사실이다. 『만주위임통치론』은 러일 전쟁에 종군했던 아리가 나가오가 종전 직후인 1905년에 발간한 책자이다. 아리가 나가오는 이 책에서 중국이 만주 지방에 대해 독립된 한 나라로서 다해야 할 책임을 다하지 않았다고 비난하고, 그 틈에 러시아가 만주를 점령, 대對 일본 전쟁을 일으키려 했기 때문에 러일 전쟁이 발발한 것이라고 주장하면서 "만주를 합병할 條理는 충분히 성립한다"고 했다. 단지 열국列國이 중국에 대해 영토 보전의 조약을 맺은 것이 문제일 뿐이므로, 수비를 위한 점령이라는 명분으로 만주를 세력하에 넣을 수 있으리라고 전망하기도 했다.[187] 이어 만주 위임통치 방안을 총 13장에서 분야별로 검토한 후, 오스트리아・헝가리가 보스니아의 위임 행정을 맡았던 사례를 연구하여 네 편의 부록을 첨부했다. 만주통치라는 과제를 검토한 후 비슷한 사례를 두루 참고로 했던 것이다. 『월남망국사』는 구성에서부터 이에 대한 대타 의식을 보인 것이라 할 수 있다. 『월남망국사』의 서두를 연 독서 행위는 우연한 묘사에서 그치지 않고 책 전체를 좌우하는 중추 역할을 하고 있었다.

1900년대 한국의 글쓰기에서도 독서 행위로 서두를 시작한 예는 적

187 有賀長雄, 『滿洲委任統治論』, 東京 : 早稻田大學出版部, 1905, pp.10~19.

지 않다. 특히 몽유 형식이 그러하였다. "昨夜의 書案을 대ᄒᆞ야 太古史를 열람ᄒᆞ다가 困眠을 不勝ᄒᆞ야 短枕을 暫倚ᄒᆞ엿더니" 꿈속에서 태고사太古史에 등장하는 이상국 '형어국形語國'을 목도했다 하는가 하면[188] "呵凍隱几ᄒᆞ야 時文을 열람ᄒᆞ다가 更深就睡ᄒᆞ야 정신이 몽롱ᄒᆞᆫ" 중에 천하대장군 장승이 노기충천하여 시국을 비판하는 소리를 들었다고 쓰기도 했다.[189] 몽유 형식을 취한 이들 글쓰기에서 독서의 내용은 그대로 꿈속으로 이월되고 있다. 태고사에서 읽은 이상국의 실제가 꿈속에 펼쳐지고, 시국에 강개慷慨의 정情을 표하는 글을 읽은 후 꿈에서 같은 태도를 목격했다는 식이다. "笑山子가 靜居一巷ᄒᆞ야 盥讀曾傳이라가 至先正其心先誠其意之句ᄒᆞ야 三復廢歎에 不覺頹然隱几러니"[190]라는 서술로 글을 시작했다면, 뒤이어서는 "先正其心 先誠其意"라는 구절에 탄식한 이유를 보여주는 서사가 나오고 있었다. 꿈속에서 소산자笑山子가 목격하기로는, 일찍이 천군天君이 이 땅에 내려와 "若非掌教指導之力이면 難以保四海"라는 경고를 내린 바 있었다. 그럼에도 이곳에서는 화태和泰・무사無事한 생활만을 위주하다가 강산이 "芳草自萎而佳人之冤血이 猶青"하게 되는 참경을 맞은 것이다. 천군은 다시 앞장서서 이 난세를 다스렸다. 모든 일이 마음과 뜻의 문제라는 것은, 이렇게 사태가 정리된 후 주인옹主人翁이 소산자를 일갈一喝하는 말이다. '천군'이 마음을 비유하는 존재였다는 천군전天君傳의 전통에 근거해 보자면[191] 이 일화는 곧 소산자 자신이 자기 마음을 꾸짖었다는 내용으로 읽을 수 있다. 책에서 읽은 한 마디 글귀가 이처럼 암시적인 서사를 만들어 냈

188 『황성신문』, 1898.10.14, 논설.
189 『황성신문』, 1899.1.16, 논설.
190 「笑山子가 寄送惺惺夢記」, 『황성신문』, 1899.3.6, 논설.
191 이강엽, 『토의문학의 전통과 우리 소설』, 태학사, 1997, 217면.

던 것이다. 『파란말년사波蘭末年史』를 읽다가 "波蘭人自亡之句語"에 비감을 느꼈을 때도 마찬가지였다. 분개한 '여余'는 꿈속에서 구슬피 우는 폴란드인들을 만나자 망국의 책임을 매섭게 따졌다. 폴란드인 무리는 이 추궁에 묵묵할 뿐이었으나, 그 중 한 명은 갑자기 깔깔대고 웃으며 "自亡其國者ㅣ 非獨我波蘭人而已"라는 말로 응수를 해 왔다. 한국 역시 자망自亡의 길을 걷고 있는 것 아닌가 하는 힐책을 던진 것이다.[192] 이러한 서사는 『파란말년사』에 대한 응답이었고, 『파란말년사』에서 한국 현실에 대한 경고를 읽은 작자의 해석과 감상을 그대로 표백表白한 것이었다.

1900년대의 몽유 형식에서 입몽入夢과 각몽覺夢 사이의 서사는 일종의 알레고리를 형성하고 있었다고 할 수 있다. 꿈이라는 장치는 현실로부터의 시・공간적 초월을 얼마든지 가능하게 해 주었으므로, 작자는 이에 의거해 자기 이념의 세계를 마음껏 펼칠 수 있었다. 이념이 구체적인 상황과 인물의 설정을 통해 표현되는 중에 작자는 이 세계에서 완전한 통제권을 행사했다. 문제는 이때 이념의 내용이 무엇이었느냐 하는 점이다. 1900년대 글쓰기의 주조가 우국憂國과 경세警世임은 주지의 사실이지만, 몽유 형식에서 이념이 구체적인 발로發露를 얻은 계기는 대개 독서 행위였다. 입몽의 과정이 제시되어 있을 경우, 그 실제는 "滿天風雨에 大讀波蘭史라가"라는 식일 경우가 가장 많았고[193] 혹은 "평양에 至ᄒᆞ야 今古를 府仰ᄒᆞᆯ식 고구려 시대에 雄强ᄒᆞᆫ 覇業이며 을지문덕公의 위대ᄒᆞᆫ 공적을 상상ᄒᆞ미" 같은 경우도 있었다. 책을 읽거나 풍경을 감상하면서 거기 숨은 의미를 찾아내는 과정이 곧 입몽의 과정이었다. 독서나

192 「夢責波蘭人」, 『대한매일신보』, 1905.9.5, 잡보.
193 위의 글.

풍경 감상이라는 행위 자체부터 알레고리적 해독이라는 양태를 띠고 있었던 셈이다. 눈앞에 펼쳐진 책이나 풍경은 숨겨진 의미를 갖고 있는 것이었고, 독자 혹은 감상자는 형안炯眼을 가지고 이를 읽어낼 수 있어야 했다. 1900년대 몽유 형식의 저자는 이러한 비의秘義의 해독 과정을 다시 독자에게 보여주고자 한 것이다. 책이나 풍경은 적절한 해석 체계를 갖추지 못한 문맹으로서는 접근할 수 없는 '문자'의 세계였다. 몽유록의 작자는 '문자'의 의미를 읽어낸 후 적절한 서사를 꾸며 보다 쉽게 비의에의 통로를 열고자 한 것이니, 여기서 꿈이란 작자의 해석을 구상화具象化한 일종의 알레고리였다. 꿈을 꾼 후 "急起走筆ᄒᆞ야 送于報館ᄒᆞ야 告우同胞"[194]해야겠다는 다짐은 즉각 알레고리의 형식을 낳곤 했다. 비의로 가득한 '문자'의 세계를 해석하여 널리 알린다는 것, 이것이 몽유 형식의 의식이었다.

3_ 역사・전기물 역시 독서 행위를 중요한 기반으로 하여 구축되어 있다. 역사・전기물은 대개 일종의 서언緖言을 두고 있었고, 작자는 여기서 자기 저작의 동기를 뚜렷하게 드러내었다. 량치차오의 『월남망국사』가 그랬듯이, 또한 일본 최초의 정치 소설인 야노 후미오矢野文雄의 『경국미담經國美談』이 자서自序에서나마 "베갯머리에 있는 책들을 집어 읽었는데 거기서 간간이 그리스 테베가 발흥한 事蹟을 기록하였다. 그 사실이 기이하여, 꾸미지 않고도 사람을 즐겁게 할 만하므로 譯述하려고 생각하였다"[195]라고 썼듯이, 한국의 역사・전기물 작자들도 어떤 상황에서 글쓰기를 시작한 것인지를 비교적 자세하게 보여주고 있다. 서

194 「夢登天門」, 『대한매일신보』, 1906.5.29, 잡보.
195 矢野文雄, 『經國美談』, 東京 : 報知社, 1888, p.1.

문에서 그랬을 뿐 아니라, 저작 상황을 기록하면서 본문을 시작하는 것이 일반적인 관습이었으므로, "泉蓋蘇文은 亦曰 淵蓋蘇文이니 고구려 榮留王時人이오 東部大人의 子라"[196]로 시작한 『천개소문전泉蓋蘇文傳』이나 "고려 초에 衿州郡(今 경기 시흥) 文星洞에 姜弓珍이라 ᄒᆞᄂᆞᆫ 人이 有ᄒᆞ니"라는 문장으로 본문을 연 『강감찬전』의 서술이 도리어 예외적일 정도였다. 대상 시기나 인물의 서술로 바로 들어간 예는 역사・전기물에서 찾아보기 어려웠다.

> 余ㅣ가 고구려 대신 을지문덕의 역사를 讀ᄒᆞ다가 氣旺旺ᄒᆞ며 膽躍躍ᄒᆞ야 즉 仰天叫曰 然歟然歟아 我 민족의 성질이 乃如是歟아 如是 위대의 인물과 위대의 功業은 於古에도 無比며 於今에도 無比니 我 민족 성질의 强勇이 乃如是歟아 昔也에ᄂᆞᆫ 强如是ᄒᆞ며 昔也에ᄂᆞᆫ 勇如是러니 朔方健兒好身手야 昔何勇銳今何愚오[197]

> 忽於一日에 신문지를 讀破ᄒᆞ고 無聊而坐라가 案頭에 德國史 一篇을 抽出ᄒᆞ야 근세 일등 영웅 須泰仁 俾斯麥傳을 열람타가 困祟가 自生ᄒᆞ야 北窓 淸風下에 抱書而臥ᄒᆞ니 窓外에 白日은 遲遲ᄒᆞ고 庭前에 桐陰은 寂寂이라 홀연 午睡가 方濃ᄒᆞ야 悠悠一夢에 飄飄而去홀식 千水萬山을 經過ᄒᆞ야 一處에 抵到ᄒᆞᆫ즉 山不高山不深ᄒᆞ되 취미가 淸介ᄒᆞ고 貞松修竹이 蒼蒼猗猗ᄒᆞ야 渾如高士宅里러라[198]

196 박은식, 「泉蓋蘇文傳」, 325면.
197 신채호, 『을지문덕』, 1~2면.
198 『夢見諸葛亮』, 광학서포, 1908, 1~2면.

신채호의 『을지문덕』은 역사서를 살펴보다가 을지문덕의 진면모를 발견했다는 말로 서두를 열고 있다. 서술자는 이 발견으로 자못 흥분된 감격을 맛보는데, 이는 을지문덕의 위대성이 곧 한국 민족의 위대성을 증거하는 것이라 생각했기 때문이다. 이 감격이 곧 사료에 흩어져 있는 을지문덕의 행적을 모아 책을 펴내겠다는 결심을 낳은 것이다. 반면 유원표의 『몽견제갈량』에 있어 독일 역사를 읽는다는 현실에서의 독서 행위와 제갈량을 만나 일장 토론을 벌인다는 꿈의 내용은 서로 배치背馳되는 쪽이다. 서술자는 독일 역사를 읽으면서 슈타인 · 비스마르크 등 영웅의 생애를 접한 후 꿈속에서 제갈량을 만난다. 그러나 제갈량은 이들 독일의 국가 영웅과 같은 인물이 아니라 동아시아 문물의 전통을 대변하는 인물이다. 곧 서술자가 비판적으로 인식하고 있는 전통의 폐해에 책임이 있는 인물이니, 서술자는 꿈속에서 일방적으로 제갈량의 의견을 제압하고 있다. 슈타인 · 비스마르크의 전기를 읽으면서 구국 영웅을 대망했던 서술자는 꿈속에서 이 욕망을 실현하기 위해 이전의 전통을 비판하는 작업에 나서고 있는 것이다.[199]

박은식의 『몽배금태조夢拜金太祖』는 서술자의 위치를 훨씬 길고 상세하게 보여주고 있다. 단기 4368년sic "無恥生이 同社의 朋友를 辭ᄒᆞ며 膝下의 子女를 抛ᄒᆞ고"[200] 요동 지방을 주유週遊하며 민족과 역사 · 지리의 상관관계를 생각한다는 것이 『몽배금태조』의 도입이다. 무치생은 요동이 한국의 옛 영토였음을 생각하며 감회에 젖는다. 그러다 음력 10월 3일, 단군의 강세降世 기념일을 맞아 예식을 거행한 후 "客榻에 輾轉ᄒᆞ야 대종교의 神理를 靜念ᄒᆞ다가" 잠들어, 대륙을 지배했던 웅걸雄傑 금태조

199 조남현, 『한국 현대소설 연구』, 민음사, 1987, 77면.
200 박은식, 「夢拜金太祖」, 『박은식 전서』 中, 187면.

와 만나는 꿈을 꾼다. 무치생은 요동이라는 광활한 땅에 숨은 의미, 숨은 역사를 읽어낼 수 있는 인물로서, 자신의 역사 해석을 금태조와의 대화 속에서 보여주고 있다. 책이나 풍경에 대한 이러한 독해를 통해 서사시적 거리[201] 너머의 영웅은 다시 현재화될 수 있었다. 일반이 알아보기 어려운 의미가 해독 행위를 서사적으로 제시하는 작업을 통해 전파될 수 있었던 것이다. 역사 · 전기물은 '문자'의 번역과 해독을 자기 몫으로 하면서, 궁극적으로는 국민 모두가 이 '문자'를 공유할 것을 겨냥하고 있다. 바로 이 점에서 역사 · 전기물은 몽유 형식과, 또한 국한문체와 같은 기획을 나누고 있었다고 볼 수 있다. 난해의 '문자'를 해독하고 전파하면서 국민이라는 새로운 집단을 '문자' 쪽으로 견인해 내는 일이야말로 몽유 형식과 역사 · 전기물의, 또 이들이 함께 채택하고 실천한 국한문체의 기획이었기 때문이다.

2) 현장성의 층위와 음성 언어

1_ 이른바 신소설의 문체에서 가장 눈에 띄는 특징은 대화의 직접 인용이라는 장치가 생겼다는 사실이다. 전대 소설에서 대화의 전형적인 형식은 "부인이 거짓 놀라며 문 왈 무엇이 없나뇨 소저 정색 대왈 행장에 신물을 두앗압더니 업나이다"라는 것이었다.[202] 인물의 발화는 독자적인 질서를 구축하지 못한 채 서술자의 목소리에 흡수 · 통합되어 있었다. 서술자가 간접 화법의 전달자라는 자리에만 머무르는 것도 아니

201 '서사시적 거리'라는 용어에 대해서는 M. Bakhtin, 전승희 외 옮김, 『장편소설과 민중언어』, 창작과비평사, 1988, 32~38면 참조.
202 「조웅전」, 83면.

었다. "길동이 도라와 백미 수십석을 보내고 중인을 불러 왈 내 아모날은 그 절에 가 이리이리하리니 그대 등은 뒤흘 조차와 이리이리하라 하고"[203]라는 예에서 보이듯, 구체적인 날짜와 행동 지침을 "아모날" · "이리이리"로 바꾸어 버릴 정도로 서술자가 행사하는 통제력은 절대적이다. 인물의 발화를 그대로 전달하면 흥미를 반감半減시키게 되리라는 등의 판단을 내릴 때 서술자는 자유롭게 발화를 은폐하거나 변형할 수 있었다.[204] 1900년대 역사 · 전기물의 경우도 마찬가지이다. 동시대의 글쓰기였음에도 불구하고 역사 · 전기물에서는 신소설처럼 대화의 직접 인용이 등장하는 일이 한 번도 없다. 신소설이 처음부터 대화의 직접 제시를 적극적으로 활용했던 반면, 역사 · 전기물의 서술자는 자신이 형상화해 낸 인물이 자율적인 언어 공간을 점할 것을 허락하지 않았다. 일본의 경우 『경국미담』 『가인지기우佳人之奇遇』 등 '정치소설'의 최초 작품들이 신소설 식의 대화 제시 방법을 활용하였고 중국의 량치차오 역시 같은 방법을 썼으나, 한국의 역사 · 전기물만은 달랐던 셈이다. 이처럼 인물의 발화를 재현represent하는 데 있어서의 차이가 얼마나 다른 효과를 가져 오게 되는가는 역사 · 전기물과 신소설에서 각각 인물의 대화가 제시되고 있는 부분을 비교하면 어렵잖게 짐작할 수 있다.

---

203 김기동 · 전규태 엮음, 『홍길동전(외)』, 서문당, 1994, 22면.

204 김병국, 「고대소설 서사체와 서술시점」, 이상택 · 성현경 엮음, 『한국 고전소설 연구』, 새문사, 1983, 89~109면 참조. 1900년대 이전 '소설'에서의 대화 인용 방식에 대한 논의는 대체로 이 글을 참조했으나, 고전 소설을 문어체 소설과 판소리계 서사체로 구분한 시각만은 따르지 않았다. 판소리의 연행 방식과 문어체 소설의 전달 상황을 비교해야 할 필요를 제기한 이 글의 말미 자체가 "판소리 서사체도 하나의 문학텍스트로" 볼 수 있는가의 문제를 제기하고 있거니와, 唱演을 기록한 판소리계 서사체의 담론적 특성을 문자로 기록된 여타 '소설'에 그대로 견주기는 어려울 것으로 생각되기 때문이다. 예를 들어 이 글은 문어체 소설이 설명적인[diegetic] 반면 판소리계 서사체는 모방적[mimetic]이고 인물의 발화를 제시하는 데 있어서도 역시 그러하다고 분석하고 있으나, 일종의 공연인 판소리에서의 발화 제시를 문자적 차원에 바로 대입시켜 생각할 수는 없을 것으로 보인다.

話說 維林惕露의 처가(……) 乃其櫻桃口을 啓ᄒᆞ야 蘭蕙音을 吐ᄒᆞᆯ시 嫋々婷々ᄒᆞ야 不慌不忙히 向前問道ᄒᆞ되 良人이 素懷大志ᄒᆞ야 卓越恒流라 尋常喜怒가 不形于色ᄒᆞ고 世間聲色貨利에 絶不動心ᄒᆞ니 豈或橫逆相加을 인ᄒᆞ야 其浩然之氣를 動得ᄒᆞ리오(……) 쳡이 ᄯᅩᄒᆞᆫ 一知半解가 有ᄒᆞ면 或其未正ᄒᆞᆫ 것을 代爲分剖ᄒᆞ리로다 維林惕露가 其妻의 言을 聽罷ᄒᆞ고 搖首歎道ᄒᆞ되 我之心事는 卿所素知라(……) 其妻가 這番 話說을 聽了ᄒᆞ고 婉容으로 答道ᄒᆞ되(……) 청컨대 暫히 怡怡ᄒᆞ고 徒히 悻々치 勿소셔 言罷에 紅淚가 雙行ᄒᆞ야 芙蓉臉上에 斷續ᄒᆞ니 洽然히 梨花帶雨와 如ᄒᆞᆫ지라[205]

(구) 허々허 우리들이 죠션ᄉᆞ람인즉 죠션 풍속ᄃᆡ로만 수작ᄒᆞ자

우리 처음 볼 ᄯᆡ에 네가 나히 어린고로 ᄂᆡ가 ᄒᆡ라를 ᄒᆞ얏더니 지금은 나히 열여섯 살이 되야 져렷케 쳬ᄃᆡᄒᆞ니 ᄒᆡ라 ᄒᆞ기가 셔먹셔먹ᄒᆞ고나

(옥) 죠션 풍속ᄃᆡ로 말ᄒᆞ자 ᄒᆞ시면셔 아ᄒᆡ를 보고 ᄒᆡ라 ᄒᆞ시기가 셔먹셔먹하셔요

(구) 허々허 요졀ᄒᆞᆯ 일도 ᄆᆞᆫ타 나도 지금ᄭᆞ지 장가를 아니든 아ᄒᆡ라 아ᄒᆡ는 일반이니 너도 ᄂᆞᆯ 보고 ᄒᆡ라 하ᄂᆞᆫ 거시 죠흔 일이니 숫졉게 너도 ᄂᆞᆯ더러 ᄒᆡ라 하더ᄅᆡ도 불안ᄒᆞᆫ 마음이 업깃다

(옥) 그ᄃᆡᄂᆞᆫ 부인이 게신 쥴로 아랏더니 ○○○○○○○○○○○

미국에 오실 ᄯᆡ 십칠셰라 ᄒᆞ셧스니 조션갓치 혼인을 일즉 ᄒᆞᄂᆞᆫ ᄂᆞ라에셔 엇지ᄒᆞ야 그ᄯᆡᄭᆞ지 장가를 아니 드르셧소[206]

『서사건국지』에서 빌헬름 텔과 그 아내가 나누는 대화는 "櫻桃口을

205 박은식, 『서사건국지』, 5~6면.
206 이인직, 『血의 淚』, 71~72면.

啓ᄒᆞ야 蘭蕙音을 吐홀식", "婉容으로 答道ᄒᆞ되" 등 서술자의 발언을 통해 중개된다. 두 사람의 발화는 어조·수사 등을 통해서는 거의 구별되지 않으며 오직 발화 주체를 특기特記해 주는 서술자의 매개를 통해 갈라지고 있다. 국문으로 된 역사·전기물에서조차 그러하여, 『애국부인전』에서도 인물의 발화는 "약안이 다시 텬신의 아페 업듸어 고ᄒᆞ되 소녀는 본릭 촌가 녀ᄌᆞ라 엇지ᄒᆞ여야 군ᄉᆞ를 어더 젼장에 나아가게 되오며 ᄯᅩᄒᆞᆫ 법국의 란이 어는 날 평뎡ᄒᆞ오리가"[207] 같은 식으로 제시되고 있는 형편이다. 반면 신소설에서 대화는 서술자의 개입 없이 묘사된다. 말을 꺼낼 때마다 "허허허"라는 웃음을 앞세우는 습관, 다 큰 처녀에게 '해라'투를 쓰기가 어색하다 하면서도 반말투를 계속하는 모습은 아무 설명 없이 그 자체로 구완서라는 인물에 대한 정보로서 제시되고 있다. 함께 '해라'체를 쓰자는 제안에도 '하오'체를 쓰는 단정한 모습이나 상대방의 사적 정보를 거론할 때 말을 줄이는 특성, 5년 남짓 알아온 사람이 미혼이라는 사실을 처음 접하고도 여전히 단정한 어투 역시 옥련에 대한 정보로 객관적으로 제시될 뿐이다. 역사·전기물에서의 정보 제시가 명시적이라면 신소설의 정보 제시 방법은 암시적인 쪽이다.[208]

현실의 언어를 어떻게 제시하느냐가 현실을 있는 그대로 '모방'한다는 환상을 불러일으키는 데 핵심적인 계기라는 점에서 역사·전기물과 신소설의 차이가 갖는 의의는 더욱 증폭된다. 말하기telling와 보여주기showing라는 서사 기법의 구분에 대한 지적은 이미 오래된 것이지만, 사실 언어로써 현실을 '보여줄 수 있다'는 생각은 환상에 지나지 않는다.

207 崇陽山人, 『애국부인전』, 김상만 책사, 1907, 3면.

208 명시적[explicit] 정보와 암시적[implicit] 정보의 구분에 대해서는 G. Prince, 최상규 옮김, 『서사학』, 문학과지성사, 1988, 59~67면 참조.

언어의 작용은 모방mimesis이 아니라 의미화signifying이고, 따라서 언어로 구성되는 서사 역시 기껏해야 '모방이라는 환상'을 심어줄 수 있을 뿐이다. 그러나 대화・독백 등 언어를 전달하는 경우라면 문제가 다르다. 언어로 언어를 전달할 때에는 '있는 그대로'의 재현이 가능할 수 있다.[209] 현실을 모방한다는 언어의 기능이 최대로 발휘된 경우가 바로 대화를 직접 인용할 때인 것이다. 신소설은 한국 '소설'로서는 최초로 이 장치를 적극적으로 활용해 냈다. 이로 인해 인물은 적어도 발언의 순간에는 자율적 공간을 점할 수 있었고, 서술자의 중개 없이 자기 개성을 드러낼 수 있었으며, 전체적으로는 현실을 재현한다는 인상을 강화할 수 있었다. 서술자의 목소리를 제한하고 인물의 개성적 존재로 묘사하며 있는 그대로의 현실을 드러내는 데 있어 대화의 직접 인용이란 대단히 효율적인 장치였다.

직접 화법으로 대화를 전달하기 위해서는 적절한 부호 또한 필요했다. 그러나 1910년대 이후 일반화된 인용 부호는 아직 본격적으로 실험되고 있지 않았다.[210] 직접 인용 부호는 진학문의 「쓰러져 가는 딥」(1907년)에서 처음 실험되었고 「절영신화絶纓新話」(1909년) 등 『대한민보』의 몇몇 신소설에서도 채택되었으나, 1900년대 신소설에 일반적으로 채용된 것은 아니었다. 이 장치가 안착된 것은 『매일신보』에서 1912년 「쌍옥루雙玉淚」 이후 직접 인용 부호를 일반화하면서부터였다. 반면 1900년대의 신소설에서 택한 방법은 괄호 안에 발화자의 이름을 약기略記하고 이어

209 G. Genette, J. E. Lewin trs, *Narrative Discourse*, Ithaca : Cornell Univ. Press, pp.87~91 참조..이 지적에는 물론 많은 유보가 필요할 것이다. J. Derrida, 『그라마톨로지』에서 문자를 통해 음성을 재현할 수 있다는 생각은 근본적으로 서구 알파벳 문자의 사고법임이 논해진 바 있다.

210 주종연, 『한국소설의 형성』(집문당, 1987), 207~211면에서 근대 초기 인용 부호의 문제를 논한 바 있다.

발화를 기록하는 식이었는데, 이 방법은 중국과 일본에서도 두루 실험된 바 있다. "(구) 허々허 우리들이 죠션ᄉ람인즉 죠션 풍속딕로만 수작ᄒ자"라는 식이 1900년대의 전형적인 대화 제시 방법이었으니, "「그럼 난 간다.」/ 하고 엘리자벳트는 일어서려 하였다"[211] 같은 후일의 대화 제시 방법과 비교해 보면 둘 사이의 차이는 분명하게 드러난다. 1910년대에 정착된 후 오늘날까지 이어지고 있는 대화 제시 방법이 서술자의 매개와 직접 인용의 부호에 의지하고 있는 반면, 1900년대의 대화 제시 방법은 발화자를 명기한 후 아무 매개 없이 발화를 직접 보여주는 것이었다. 지금 시각에서 보자면 희곡의 대사 같다고 할 수 있는 방식이다.[212] 인물의 발화를 있는 그대로 제시한다는 새로운 발상은 이로써 최초의 표현을 얻을 수 있었다.

그러나 이것은 최초의 시도였을 뿐이다. 일본에서도 지금 사용되는 구두점이 공표된 것은 1906년이었으니[213] 1900년대에는 한국・중국・일본 어디에서나 새로운 글쓰기에 적절한 문장 도구를 다양하게 모색하고 있는 중이었다. 대화 직접 제시를 위한 최초의 시도는 이 세 나라에서 모두 희곡 대사 같은 형태였으나 그 수명과 경과는 같지 않았다. 각국의 시도가 일방적인 영향 관계에 의해 성립되었다거나 한 것도 아니었다. 한국의 경우 대화를 직접 인용한다는 발상은 1890년대 후반부터 나타나기 시작했으며, 대화 인용의 방법 역시 이때부터 자생적으로 실험되기 시작하였다. 비록 자생적인 실험만으로 새로운 발상의 제도

211 김동인, 「약한 자의 슬픔」, 『전집』 7, 9면.
212 윤명구, 『개화기 소설의 이해』, 인하대 출판부, 1986, 46면.
213 김병철, 『한국 근대 서양문학 이입사 연구』 上, 을유문화사, 1980, 77면. 동시에 이 책에서는 "歐文式 표기법은 이처럼 일본의 예를 보더라도 기독교 선교사들의 성서 번역이나 그들의 표기에서 시작된 것이 아니라, 일본인의 문필가에 의하여 시작되었음"을 지적하고 있다.

적 틀을 마련할 수는 없었다 해도, 적절한 틀을 발견하기 위한 고투의 과정은 그것대로 의미 깊은 것이었다.

> 어늬 고을 원 ᄒᆞ나히 일젼에 갈녀 올나와 ᄒᆞᆫ 친구를 ᄃᆡᄒᆞ여 졍다히 슈작ᄒᆞᄂᆞᆫ 말이 ᄂᆡ가 갓든 고을은 원노릇 ᄒᆞᆯ 슈 업데 소위 ᄀᆡ화라고 ᄒᆞᆫ 후로 원 ᄂᆡ려간 ᄉᆞ롬들이 ᄇᆡᆨ셩들을 교만ᄒᆞ게만 만드럿데그려) (웨) ᄌᆞᄅᆡ로 그 고을 민심이 슌박ᄒᆞ여 원노릇 ᄒᆞ기러 됴타고 ᄒᆞ더니 그 동안에 엇더키 그리 변ᄒᆞ엿던가) (아) 젼에는 원의 말이라면 무셔워ᄒᆞ던 ᄇᆡᆨ셩들이 지금은 관장의 말을 우습게 녁여 령갑을 셰울 슈가 잇셔야 원노릇슬 ᄒᆡ먹지) (하) 그 동안에 그 곳 ᄇᆡᆨ셩들이 그럭히 완만ᄒᆞ여졋든가) (허) 완민인들 그런 완민들이 어듸가 잇겟나 령을 ᄒᆞᆫ번 ᄂᆡ여가지고 시힝케 ᄒᆞ려다 ᄂᆡ가 짓쳐 못 견듸고 말앗네) (에) 못 ᄉᆡᆼ긴 것도 만치 원으로 안져셔 ᄇᆡᆨ셩의게 령을 셰려다가 ᄆᆞᆺ 셰우고 망신만 당ᄒᆞ엿단 말인가) (허허) 월봉만 가지고 거긔셔 지낼 슈 잇든가 그럭키에 자네드러 말일셰만은 ᄉᆡᆼ각다 못허여 촌민들의게 호포와 결젼 밧ᄂᆞᆫ데 좀더 물니려 드럿드니 이 무지ᄒᆞᆫ 것들이 들고 이러나셔 법률 밧겟 일이니 아니 물겟다고 야단을 치데그려 그ᄅᆡ셔 ᄒᆞᆯ 수 업기에 ᄯᅩ박ᄯᅩ박 월봉만 먹고 잇다 갈녀 올나온즉 싀원ᄒᆞ에) (어) 그러면 원으로 가셔 별노히 ᄌᆡᆷ이 업셧갯네그려 참 그러면 원 ᄂᆡ려가기를 됴타고 ᄒᆞᆯ ᄉᆞ롬이 누가 잇겟나 ᄒᆞ엿다기로 우리ᄂᆞᆫ 듯ᄂᆞᆫ ᄃᆡ로 올니노라[214]

"우리ᄂᆞᆫ 듯ᄂᆞᆫ ᄃᆡ로 올니노라"라는 결어가 보여주듯, 대화의 직접 인용이란 여항閭巷의 사정을 그대로 보여주겠다는 의도에서 출발한 것이

214 『매일신문』, 1898.6.13.

다. 논평을 정리하고 계도의 방향을 구상하기 전에, 있는 그대로의 실상을 보여주겠다는 것이었다. 인용의 방법을 보자면, 처음에는 "그만두어라 신문 보는 소리도 듯기 실타 웨요 우리가 얼마 ᄌᆞ미도 잇슬 ᄲᅮᆫ 외라 공부로 알고 보는ᄃᆡ요"[215]라는 식으로 발화 사이의 구분이 없는 인용이 일반적으로 쓰였다. 그러다 위의 예처럼 감탄사를 대화의 첫머리마다 넣으면서 괄호로 표시하여 발화 주체가 바뀌었음을 알리는 장치가 생기고, 1890년대 말에는 괄호 안에 발화 주체의 이름을 약기略記하는 방법이 등장하기에 이른다. 1899년 1월 『독립신문』에 실렸던 한 문답은 "셔울사름 [그럭 이 치운ᄃᆡ ᄀᆡᆨ고가 엇던가", "시골사름 [아 ᄀᆡᆨ고도 ᄀᆡᆨ고려니와 시셰가 다 틀녓네그려"라는 식으로 대화를 제시하는 방법을 개발해 내고 있다.[216] 대화를 있는 그대로 제시하려는 시도가 이 정도의 성취를 이룬 위에 1900년대는 대화체의 활발한 형성을 보여주게 되었다.

2_ 안정된 표현 수단을 발견한 대화는 신문·잡지에서 계속 세력을 확장해 갔다. 「쇼경과 안즘방이 문답」 「향로방문의생이라」 「거부오해」 등 길이가 긴 대화체가 선보이기도 했고, 이 중 「거부오해」는 '소설'이라는 표제를 달기도 했다. 1900년대 말에 이르면 대화체가 고정란을 만들어 내기까지 했으니 『서북학회월보』의 '가담街談'이나 『대한민보』의 '풍림諷林'이 바로 여기 속한다. 1910년이 지난 후까지도 대화체는 만만찮은 세력을 보여, 1912년에는 앞부분에 약간의 상황 서술을 첨부한 대화 형식이 '단편소설'이라는 표제 하에 실리기도 했다. "◀여보 나는 ᄭᅮᆷ에 구름이 사방으로 퓌여 올나오는 것을 보앗소 ◀예 쟝ᄉᆞ를 ᄒᆞ시면 大利를

---

215 『매일신문』, 1898.2.12.
216 『독립신문』, 1899.1.23, 논설.

엇으시겟소 ◂나는 꿈에 큰 나모에를 올나 보앗소 ◂예 몸이 놉히 되야 일홈이 사방에 喧藉ᄒᆞ겟소 ◂나는 꿈에 정원을 청결히 쓸어 보앗소 ◂예 반가온 손님이 오시겟소" 등의 형식으로 글쓰기 전반을 이끌어 간 「해몽선생解夢先生」이 신년 특집격의 '소설'로 소개되었던 것이다.[217] 대화 형식이 제법 긴 생명을 누린 것은 중국이나 일본의 경우도 마찬가지여서, 중국에서는 최초의 근대 소설로 평가되는 루쉰의 「광인일기」(1918년)가 발표된 이후에도 대화체가 '소설'로 지면에 실린 일이 있었다.[218]

주목할 만한 점은, 이러한 대화 형식이 국문과의 친연성을 강하게 보이고 있었다는 사실이다. 일상어를 그대로 재현하는 데 한자로는 한계가 있을 수밖에 없음을 생각하면 당연한 일이다. 국한문체가 한자를 사용하는 선에서 멈추지 않고 한문 문법의 혼입을 자주 보이고 있었다는 사실을 생각해 보면 더욱 그렇다. 이광수가 국문만으로는 신지식 수입에 애로隘路가 있을 터이니 국한문체를 채택하되 "고유 명사나, 한문에서 온 명사, 형용사, 동사 등 국문으로 쓰지 못홀 것만, 아직, 한문으로 쓰고, 그밧근 모두 국문으로 ᄒᆞ쟈"는 의견을 내놓은 일이 있었지만[219] 대부분의 국한문체 논자들에게 있어 국문 문법만을 순용純用해야 한다는 생각은 뚜렷이 정리되어 있지 않았다. 일상의 대화를 재현하는 일을 1900년대의 국한문체로는 실행하기 어려웠던 셈이다.

일반적인 표기 상황이 국한문체일 경우에도 대화 형식에만은 국문체를 쓴 것은 이 때문이었다. 「쇼경과 안즘방이 문답」 「향로방문의생이라」 「거부오해」는 모두 『대한매일신보』가 국한문판만을 발간할 때 실

---

217 『매일신보』, 1912.1.1.

218 조경희, 「신문학 초기의 공리주의적 문학관 연구 : 신청년파와 문학연구회를 중심으로」, 고려대 박사논문, 1993, 115면.

219 이광수, 「금일 我韓 用文에 대하야」, 『황성신문』, 1910.7.26.

렸던 글이지만 순국문이라 해도 좋을 정도로 모두 국문의 절대 우세를 보이고 있다. 1907년에 실렸던 기서 「시사문답」은 한자의 세력이 보다 강하게 보이는 편이었지만 "여보 답답훈 말이야 측량할 슈 잇소", "여보 그런 말삼 마오"라는 어투를 재현해 내고 있었고[220] 일반 기사에서도 일상에서의 발언이 그대로 채택될 때면 국한문체라는 일반적 표기가 종종 무시되곤 했다. 발행 당시부터 폐간 때까지 일관되게 국한문체만을 채택, 훨씬 엄격한 표기 상황을 보인 『황성신문』도 시정의 대화를 인용할 때는 국문체의 침투를 보이곤 한다. '무어시無於是'로 '무엇이'를, '이사남尼斯男'으로 '이 사람'을, '기거시其渠是'로 '그것이'를 나타내는 등 한자를 빌어 국문음을 표현할 것을 시도하기도 했던 것이다.[221]

이 점에서 대화체는 이른바 문답체와는 크게 다르다. 문답체, 즉 묻고 답하는 방식을 빌어 글을 쓰는 것은 『논어』 『맹자』 등 동아시아의 고전에서부터 실천되어 온 양식이었다. 한국의 전통을 따지더라도 멀리는 원효의 「금강삼매경론金剛三昧經論」, 가까이는 이이의 「동호문답東湖問答」이나 홍대용의 「의산문답毉山問答」 같은 문답 형식을 적잖게 찾아볼 수 있다. 1900년대에도 마찬가지여서, 1896년 『한성신보』에 연재된 「신진사문답기申進士問答記」를 비롯하여 문답 형식의 글쓰기는 활발하게 이루어지고 있었다. 『황성신문』은 "有客이 來言曰", "客이 有問於記者ᄒᆞ야 曰" 등[222] 논설 서두를 짤막한 문답으로 여는 방식을 일반적으로 채택하기까지 했고, 위생문답衛生問答 · 화학문답化學問答 · 지리학문답地理學問答 등 각종 신지식에 대한 소개가 문답 형식을 통해 이루어진 일도 많았다.

---

220 「시사문답」, 『대한매일신보』, 1907.4.24, 기서.
221 정선태, 『개화기 신문 논설의 서사 수용 양상』, 소명출판, 189면.
222 「警告湖南學會長」, 『황성신문』, 1908.4.22, 논설; 「漢城界月評」, 1908.4.28, 논설.

이러한 문답 형식의 특징은 '진리'를 발견하기 위한 방법으로 문답을 활용한다는 것이다. "西人의 啓蒙之書는 專用問答ᄒᆞ얏고 其餘一切書는 每篇之末에 亦多附習問ᄒᆞ엿스니"라는 말처럼[223] 문답은 계몽에 특히 유용한 형식으로 생각되었다. 신지식 소개가 흔히 문답 형식을 통해 이루어진 것 또한 이 때문이었다. 그러나 대화체의 기반은 문답체와 전혀 달랐다고 할 수 있다. 묻고 답한다는 형식을 비슷하게 채택하는 경우가 있었다 할지라도 대화체는 어디까지나 실상을 그대로 보여주고 겸하여 풍자의 효과를 거두는 것을 목표로 하고 있었다.[224] 진리의 직접 발견이란 대화체의 몫은 아니었다.

대화를 그대로 적는다는 발상은 '음성 언어'로서의 한글을 전제로 한 것이다. 한자와 한글이 표의表意와 표음表音이라는 대립 속에서 생각되었던 당시 음성을 그대로 기록하는 것은 표음 문자인 한글이 맡아야 할 일이었다. 서술자가 정리해 내는 내용은 국한문체로 쓸 수 있다고 해도, 현실의 생생한 목소리를 담아내는 일은 국문체만이 할 수 있었다. 한글이 자국의 언어이자 표음 문자로서 의연하게 버티고 있는 이상 음성을 재현하는 데 한자를 동원할 필요는 없었다. 1900년대의 이런 사고는 때로 기이한 문체를 낳는다. 기사에서 국한문체와 국문체의 병존을 보이는 경우도 그렇거니와, 보다 극적인 예가 될 만한 것은 백악춘사白岳春史 장응진이 1907년에 발표한 소설 「마굴魔窟」이다. 이 소설은 "悽慘愁慘絶慘호 悲劇은 起ᄒᆞ엿다! / 地方은 黃海道 長連郡 東面 花川洞에서. / 光武

---

223 박은식, 「論幼學」, 『서우』 8호, 1907.7, 9면.

224 이 점에서 토론체・문답체 등의 용어를 지양하고 양식의 내적 특징에 주목해야 할 것이라 한 권영민, 『서사양식과 담론의 근대성』(서울대 출판부, 1999), 107면의 제안을 생각해 볼 필요가 있다. 그럼에도 여기서 '대화체'・'문답체'라는 용어를 쓴 것은, 완전히 체계적으로는 아니더라도 이러한 명칭 속에도 양식의 내적 특징이 나타나 있다고 생각했기 때문이다.

는 五年 春三月이라, 昨夜브터, 부슬부슬 시작흔 春兩聲은 那間엔지 快晴ᄒᆞ고, 薄暗흔 曉霞는 山巷마다, 洞口마다, 樹梢마다, 열븐 帳幕을, 둘너논 듯"이라는 문장으로 시작한다. 국한문체의 전형적 표본을 보여주는 이 대목에서, 서술자는 시・공간을 지정하는 것으로 서사를 시작하는 전통적인 기법 또한 보이고 있다. 그러나 바로 이어 조용하던 마을이 술렁이는 장면을 묘사하면서, 이 소설의 표기와 문체는 큰 전환을 보여준다.

> 아, 사롬이 죽엇고만 사람이 죽어서!
>
> 하, 원, 져런 變이 잇ᄂᆞ!
>
> 아, 사람이 죽엇다네!
>
> 아, 거, 누구러 죽엇노?
>
> 거, 엇더케 죽엇노?
>
> 하, 慘酷흔 일, 다 보깃고![225]

「마굴」은 처가 식구들이 공모하여 사위를 살해한 살옥殺獄 사건의 처결 과정을 보여주고 있는 작품이다. 딸을 과부로 만들어 부자와 다시 결혼시키려 한 이 음모는 현명한 관장官長에 의해 백일白日 하에 밝혀지지만, 흥미로운 사실은 신문訊問이 대화의 적극 개입을 통해 묘사되고 있다는 점이다. 이에 따라 국문체의 사용 역시 빈번하게 나타나고 있다. 마을 사람들이 나누는 대화에 있어서나, 관장과 혐의자들이 주고받는 말에 있어서나 주조는 어디까지나 순국문이다. 결과적으로 「마굴」은

225 白岳春史, 「魔窟」, 『태극학보』 16호, 1907.12, 43면.

서술자의 서술은 국한문체, 인물의 대화는 국문체라는 복합적인 표기 상황을 보이고 있는 셈인데, 이런 예는 비단 한국에만 있었던 것도 아니다. 일본에서는 에도 시대부터 등장인물의 발화를 구어체로 쓴 예가 있었고, 오자키 고요尾崎紅葉의 『금색야차金色夜叉』(1897년) 역시 '대사는 구어체로, 지문은 문어체로'라는 독특한 문체를 보여준 바 있었다.[226]

신소설은 바로 이런 상황에서 순국문 글쓰기의 위치를 지켜냈고 또한 대화의 직접 제시라는 방법을 적극 활용하였다. 순국문이라는 특징이 대화의 활용을 큰 특성으로 하는 글쓰기를 만들어 낸 것이다. 더욱이 대화의 직접 제시가 "잇는 디로 올리노라"라는 의식 하에서 이루어졌다는 점 때문에 대화 활용이 낳은 효과는 보다 결정적인 것이 되었다. 신소설의 대화는 일상의 담론이 서사 담론에 그대로 구현된 것이었으며, 또한 발화 주체를 분명히 표시하여 서술자의 간섭을 완전히 차단하는 것이었다.[227] 이러한 서술 상황에서 서술자의 능력은 제한될 수밖에 없었고 독자 또한 인물들이 구축해 낸 자율적 공간을 목격한다는 수동적 위치에 머무를 수밖에 없었다. '서술자의 능력 제한'과 '목격자로서의 독자'라는 특징은 신소설을 통해 처음으로 나타났던 것이다. 그러나 이들 특징이 바로 근대적 소설로의 길을 열 수 있었던 것은 아니다. 인물의 대화를 제시하는 방법에서 극적인 변화가 개시된 후에도 지문은 여전히 작가의, 또 서술자의 성역이었다.[228] 서술자는 여전히 초월적인 위치에서 세계를 조망하면서 인물과 시・공간에 대한 절대적 지배력을 행사하고 있었다. 소설이라는 글쓰기가 미적 특질을 확보하기 위해서는

---

226 中村光夫, 『明治文學史』, 東京 : 筑摩書房, 1963, p.109.

227 권영민, 『서사양식과 담론의 근대성』, 218면.

228 근대 초기 일본 소설에서의 대사와 지문 문체에 대한 논의로는 野口武彦, 『三人稱の發見まで』, 동경 : 筑摩書房, 1994, pp.199~200 참조.

이러한 서술자의 위상에서부터 변화가 일어나야 했다. 그래야만 한국의 소설은 '현실성'을 확보하고 '내면적 깊이'를 탐색한다는 의의를 인정받을 수 있게 될 것이었다.

제4장,
'내면'의 형성과 소설의 예술성

1. 풍속론의 해체와 언어의 질서

1) '자아'의 등장과 언어

1_ 1908년 잡지 『소년』을 발간했던 최남선은 1914년에는 『청춘』이라는 잡지를 발간한다. '소년'에서 '청춘'으로의 이 변화는 1900년대와 1910년대 사이의 차이를 보여주는 상징적인 지표 중 하나이다. "膽 크고 純精한 소년배"[1]라는 '소년'의 가치가 "우리 젊은이는 (……) 압호로 쓸어주는 선배와 뒤를 바치는 後進을 要하지 않"는다는 '청년' · '청춘'의 가치로 바뀌면서[2] 청년기의 열정과 불안정은 비로소 주목의 대상이 되었다. 량

1 「海에게서 소년에게」, 『소년』 1권 1호, 1908.11, 4면.
2 「我觀」, 『청춘』 3호, 1912.12, 18면.

치차오가 '소년 중국설'을 제창하고 일본에서는 1895년 잡지 『소년세계』가 발행되어 이후 잡지의 선구先驅가 되는 등[3] 한국뿐 아니라 중국·일본에서도 중요한 용어였던 '소년'이 사라지게 된 과정은 자못 문제적이다.[4] 물론, 1900년대에 유행했던 '소년'이라는 말 역시 전통적인 의미 그대로인 것은 아니었다. '소년'이란 본래 미혼의 젊은 남자를 통칭하는 말로 "기싱의 집에나 슐져ᄌ에서 음탕ᄒ 노래나 불으"고 "청풍명월에 시ᄉ구ㅣ나 지어셔 스ᄉ로 방탕"을 일삼거나 "직리상에 욕심이 도도"한 모습을 보이는 등[5] 완전히 성인으로 행세할 수 있는 연기年紀를 가리키고 있었다. 『산천초목』의 유혹자, 시종侍從이라는 벼슬명으로 불리는 이시종도 "소년 명사"일 수 있었고[6] 「소년의 비애」의 문호는 결혼해서 자식을 보고서야 비로소 "우리도 벌써 아버지"라는 자각 속에서 "소년의 천국은 영원히 지나갔"다는 탄식을 흘릴 수 있었다.[7] 1900년대나 1910년대까지도 '소년'은 종종 성가成家하기 직전의 연배를 칭하는 말이었다.

그러나 한편 '소년'을 "꼿으로 말하면 봉오리 갓"[8]다고 보는 시각이 싹튼 것 역시 1900년대의 일이다. 이탈리아가 노년의 국가에서 소년의 국가로 변모하면서 독립을 이루었듯, 한국 역시 "國中幼年者"인 소년 양성에 힘써 "소년 한국이 亞洲 一隅에 掀起"토록 해야 한다고 본 때문이다.[9] 이 상황이 또 한 차례 역전되어 '청년'이라는 용어가 부상해 온 것이 1910년대이다. 본래 '소년'과 별반 구분되지 않았던 '청년'이 새롭게 유

3 毛以亨, 송환용 옮김, 『梁啓超』, 명문당, 1990, 24~26면; 成田龍一, 「『少年世界』と讀書する少年たち」, 『思想』 845號, 東京 : 岩波書店, 1994.11, pp.214~218.
4 중국에서의 이 과정에 대한 논의로 백영서, 『中國現代大學文化硏究』, 일조각, 1994, 8~20면 참조
5 「소년동지회에 고하는 말」, 『대한매일신보』, 1908.8.7, 논설.
6 이해조, 『산천초목』, 유일서관, 1912, 2면.
7 이광수, 「소년의 비애」, 『전집』 14, 22면.
8 「少年時言」, 『소년』 1권 1호, 1908.11, 9면.
9 이동초, 「소년국민의 양성」, 『태극학보』 16호, 1907.12, 7~10면.

행하게 된 것은 일본에서는 오구리 후요小栗風葉의 『청춘』(1905년)이 발표되었을 무렵, 중국에서는 월간지 『신청년』이 창간(1915년)되었을 무렵부터였으며, 한국의 경우 『신문계』 『청춘』 『학지광』 등을 통해 '청년' · '청춘'이 활발하게 거론되기 시작하면서의 일이었다. 이때부터 '청년'은 1년 가운데 초봄, 하루 중 아침에 빗대어지고 "청년이 사회에 있다는 것은 신선활발한 세포가 인체에 있다는 것" 같은 유추 속에서 쓰이기 시작한다.[10] 『소년』이 '신시대 청년의 신호흡新呼吸'이라는 연재란을 두는 한편 『청춘』은 "소년 독자"라는 말을 쓰는 등[11] '소년'과 '청년'이 엄격하게 분별되지 않은 경우도 있었으나, 크게 보아 '소년'이 1900년대의 어휘였다면 '청년'은 1910년대 이후의 유행어였다.

주지하다시피 청년기가 관심의 대상이 되는 것은 특정한 사회적 맥락에서이다. 유럽에서는 괴테의 『빌헬름 마이스터의 수업시대』(1795년) 이후에 청년기를 인생의 핵심적인 시기라 인식하고 유동성mobility과 내면성interiority을 그 주요 특징으로 규정하였고, 이는 곧 전통 사회의 안정성이 무너지면서 불확실한 탐색을 요체로 하는 근대가 등장했음을 알리는 것이었다.[12] 마찬가지로 한국에서 '청년'이란 인식의 안정된 틀이 사라지면서 각광받게 된 말이다. 전통적인 가치가 붕괴한 위에, 막 형성되었던 국가라는 절대 지평 역시 사라져 버린 이중의 위기 속에서 부상한 용어가 '청년'이었던 셈이다. 1900년대 말에 드물게나마 "정욕이 치열ᄒᆞ야 知慮를 欠縮ᄒᆞ며 공상에 自浮ᄒᆞ야 현실을 망각ᄒᆞ고 夢如의 허영

10 陳獨秀, 「警告青年」, 『獨秀文存』 卷一, 上海 : 亞東圖書館, 1939, p.1.

11 『청춘』 14호, 1918.5. 책머리에 크게 실려 있는 스마일즈의 『自助論』 광고는, "此書가 出하야 현대의 청년이 정신상 標柱를 始得함"이라는 문안을 크게 뽑아 '청년' 독자를 전제하고 있으면서도 광고 본문에서는 "소년 독자에게 十條"라는 제목 아래 '소년'이 이 책을 읽어야 할 필요를 적고 있다.

12 F. Moretti, *The Way of the World : The Bildungsroman in European Culture*, London : Verso, 1987, pp.3~5.

과 幻如의 名利에 醉迷ᄒᆞ야 이성과 감정이 心裏에 충돌ᄒᆞ"[13]는 시기로 주목을 받았던 청년기는 1910년 이후 "생명의 자유 발전"[14]을 표하는 시기로 본격적인 관심의 대상이 되었다. "청년이 아니면 이 부패막심한 사회를 타파할 자ㅣ 그 누구며, 청년이 아니면 장차 이상적 신조선을 건설할 자ㅣ 그 누구냐"[15]라 반문하면서 "청년아 청년아 汝의 청년은 無限量의 청년이냐"[16]라고 다짐을 두고, "청년들아 외부 갱생만 생각ᄒᆞ지 말고 다시 내부를 반성ᄒᆞ라"[17]고 할 때 앞세운 말은 으레 '청년'이었다.

비슷한 맥락에서, 1900년대를 풍미했던 '영웅'에의 희망은 '천재'에의 기대로 바뀌고 있었다. 범인凡人으로서 "성인 義士의 지성과 열애ᄂᆞᆫ 추호도 不求ᄒᆞ고 영웅 호걸의 覇業만 숭상ᄒᆞ며", "고요히 명상ᄒᆞᄂᆞᆫ 哲人의 생각보다도sic 赤衣長劍에 말 달리ᄂᆞᆫ 군인의 장홈을 즐거워ᄒᆞᄂᆞᆫ 것이 참으로 무리가 아니"라 하면서도, 예수보다 알렉산더를, 루소보다 나폴레옹을 높이 치는 태도에 반발하기 시작한 것이다.[18] 상무 정신을 핵으로 하는 영웅론은 "一種人의 儀型a personal type으로써 획일적으로 사회를 律코저 ᄒᆞ"[19]는 시도로 비판을 받았고, 대신 "각자의 天才"[20]라는 식으로 다양성의 가치를 설파하는 천재론이 폭넓게 동의를 얻어가고 있었다. 잔다르크 같은 영웅적 인간상에 대한 찬탄이 남아 있는 경우에도 그 근거는 이미 "그 천성을 충분이 발달케 하며 그 본능을 완전히 開展"했다는 사실 쪽에 있었다.[21] '자기의 완전한 자각과 실현'이야말로 지상至上

---

13 抱宇生, 「수양의 시대」, 『태극학보』 21호, 1908.5, 2면.
14 장덕수, 「新春을 迎하야」, 『학지광』 4호, 1915.2, 3면.
15 신석우, 「歸路에 임하야」, 『학지광』 6호, 1915.7, 23면.
16 姜邁, 「청년에게 與하노라」, 『신문계』 4권 1호, 1916.1, 9면.
17 장덕수, 「신춘을 迎하야」, 『학지광』 4호, 1915.2, 4면.
18 장덕수, 「의지의 약동」, 『학지광』 5호, 1915.5, 39~40면.
19 위의 글, 40면.
20 이광수, 「천재」, 『전집』 1, 482면.

의 목표였다. 개인의 각기 다른 가능성을 최대로 실현해야 한다는 구상이 나타난 셈이다. 일찍이 이광수로 하여금 "나는 천재인가"[22]를 고민하게 했던 '천재'란, "말만 해도 심장이 뛰놀"고 "소리만 들어도 (……) 억개가 웃슥"해지는[23] 새로운 자극으로 자리 잡아 가는 중이었다.

자기 가능성을 모색하고 실현할 수 있는 능력이 당연히 긴요해졌다. 유럽 낭만주의의 선구자 샤프츠베리Shaftesburg(3rd Earl)가 '천재Genius'를 저마다의 수호신이라는 뜻으로 풀었듯[24] 한국에서도 '천재'라는 말은 처음부터 개인의 서로 다른 특성을 높이 치고 있었다. 무엇과도 바꿀 수 없는 '나'라는 존재, 이 존재야말로 세계의 근거라는 사고가 '천재'라는 단어 속에서 최초의 표현을 얻은 것이다. 1910년대에는 "천지는 망각할지언정 자아는 자각홀지며 (……) 음식은 不謀홀지언정 자아는 자각"[25]해야 한다는 극단론조차 드물지 않았다. 1910년 『소년』에 발표된 이광수의 「곰」은 이런 극단론을 시로써 실천한 경우이다. 곰이 거대한 바위를 보고 "귀중한 자아가 그의 압박을 받는 듯하여" 온 몸으로 바위에 돌진하기를 거듭, 마침내 피를 뿌리고 죽었다는 내용의 이 시에서 이광수는 "목숨이 아까와 귀중한 자아를 꺾어?"라고 물으면서 "自我! 自我! 이 곧 없으면 목숨살음 아니요 기계라"고 거세게 단정을 내리고 있다.[26] 자아는 자연 법칙에까지 맞서려는 절대절명의 의지이며 무엇과도 바꿀 수 없는 생명의 핵이다. 「곰」 류의 극단론은 후에 "우리의 전 생애는 / 오로지

---

21 박이규, 「余의 직관적 소감」, 『학지광』 6호, 1915.7, 20면.

22 이광수, 「일기」, 『전집』 9, 삼중당, 1971, 329면.

23 전영택, 「獨語錄」, 『학지광』 10호, 1916.9, 39면.

24 P. Ayres ed, *Shaftesbury : Characteristicks of Men, Manners, Opinions, Times* Ⅰ, New York : Oxford Univ. Press, 1999, pp.92~93.

25 「자아를 자각하라」, 『신문계』 3권 4호, 1915.4, 4면.

26 이광수, 「곰」, 『전집』 15, 21면.

자연의 거느림 밋치로구나"[27]라거나 "저, 화초와, 「나」는, 동일 선조를, 가지엇다"[28]는 절충에 이르게 되지만, 발견 초기의 '자아'는 아직 타협을 모르고 있었다.

'자아'의 발견, '자아'의 최대 발양發揚으로서의 '천재'의 역설이 데카르트식의 성찰적 자아를 지향했다고 보기는 어렵다. 데카르트류의 자아는 사유의 능력에 기초한 존재, 사유의 내적 공간을 점함으로써 사적 영역privacy을 인정받게 된 존재였지만[29] 1910년대 한국에서 '자아'란 낭만적 충동과 폭발적 에너지를 가리키는 데 가까운 말이다. 일찍이 1900년대에 일본에서 '천재'에 대한 열망을 토로했을 때도 그 기반은 '반수半獸'의 처지에 놓인 인간의 고뇌를 초극하려 하는 니체적인 야심이었다.[30] 정연한 합리보다는 낭만적 열정이 훨씬 중요한 것이었다. 그럼에도 '자아'와 '천재'의 강조란 "各人의 진취ᄒᆞᄂᆞᆫ 방면이 점점 증가ᄒᆞ고 사회의 조직이 차차 복잡하야 가는 것을 희망ᄒᆞ고 企圖"[31]한다는 발상에 기반해 있다. 사회의 전문화・복잡화는 단순한 추세일 뿐 아니라 획일성에 저항할 수 있는 적극적 노선이다. 이 점에서 1910년대는 전문화가 필요한 근거를 세계적 추세에서 찾으려 했던 1900년대의 논의를 넘어선다. "자기의 천재가 어디 있는가를 생각하여 그것으로 일생의 목적을 삼아야"[32] 한다는 주장에서, 전문화는 이미 개인의 삶에 스며들어와 있는 합의이다. 민족・국가라는 절대 지평이 물러선 자리에 개인의 다양한 자

---

27 돌매, 「자연」, 『청춘』 3호, 1914.12, 101면.

28 김윤경, 「仁川遠足記」, 『청춘』 15호, 1918.9, 78면.

29 T. Duddy, *Mind, Self, and Interiority*, Avebury : Ashgate Publishing Conpany, 1995, p.10.

30 中村光夫, 유은경 옮김, 「풍속소설론」, 『일본 사소설의 이해』(伊藤整 외), 소화, 1997, 29~30면 참조.

31 장덕수, 「의지의 약동」, 40면.

32 이광수, 「천재」, 482면.

질에 대한 역설이 들어서고, 사회의 통합적 가치 대신 복잡화·다양화가 논의되기 시작한 것이다. 각 개인이 자아로서 갖는 무게를 논하고, 자아의 최고 실현으로서의 천재를 가늠하며, 각기 다른 길을 모색하는 열정과 불안정의 상징으로서 청년기를 주목하게 된 1910년대—'문학'의 터전은 바로 여기서 마련되었다. 1900년대까지 풍속이라는 틀에서 논의되어 왔던 시·소설이 문학으로서의 정체성을 획득하고, 연극의 대본 또한 문학으로 인식되기에 이른 것은 1910년대의 일이었다.

2_ 1900년대의 풍속 개량 논의에서 소설과 연희는 불가분의 관계를 맺고 있었다. "일국의 풍쇽을 기량코져 홀진딕 쇼셜과 연희를 반드시 몬져 기량홀 거시니"[33]라 하여 풍속 개량이라는 목표와 소설 및 연희, 혹은 연극의 의의를 연결시키는 것이 일반적인 논법이었던 까닭이다. 소설과 연극은 "심상훈 부인 녀즈와 시졍무식빈의 뎨일 감동흐기 쉽고 뎨일 즐겨흐는 바"이니, 사고와 행동에 미치는 그 공감의 효력이란 비할 데 없다. 고담준론高談峻論은 일부 유식자가 헤아릴 수 있을 따름이나 소설이나 연극은 무식배라도 쉽게 접근할 수 있고, 따라서 일반 풍속에 큰 영향을 끼칠 수 있다. 문제는 이 같은 특성을 공유하고 있는 소설과 연극이 음란하고 괴패怪敗한 데 치우쳐 있다는 점이다. 풍속의 패양敗壤이 여기서 생긴다. 풍속을 바로잡기 위해서는 소설·연극부터 개량해 나가야 하는데, 그 방향은 "큰 영웅과 쥰걸들이 하늘을 놀내고 짜를 진동흐던 〈적"을 보여 "국민의 〈상을 고동흐고 국민의 의긔를 발양케 흐"는 것이 아니면 안 된다. 소설과 연극에 대한 개량의 논의란 이러한 논

---

33 「소설과 연희가 풍속에 상관되는 것」, 『대한매일신보』, 1910.7.20, 논설.

리를 함께 나누고 있다. 소설과 연극이 한자리에서 논의되지 않을 때라 해도 각각의 논의에서 나타나는 논리는 별 차이가 없으니, 전대의 관습에 대한 비판은 한결같이 "인심과 풍속을 부패케 ᄒᆞ"[34]고 "사ᄅᆞᆷ의 ᄆᆞ음을 현란케 ᄒᆞ며 풍쇽을 괴란케"[35] 한다는 것이고, 부정의 구체적인 예는 "소대성전 진대방전 심청전 등의 류"[36]이거나 "심쳥가이니 흥보타령이니 화용도타령"[37]이며, 개량의 방향은 모두 "을지문덕전, 김유신전",[38] "셩츙과 박졔샹 졔공의 ᄉᆞ젹 (……) 최영과 졍포은 졔공의 ᄉᆞ젹"[39]으로 국가 영웅을 생생하게 형상해 내는 것이다.

이러한 논리 전개에서 소설과 연극의 자리는 전연 구분되지 않는다. 소설과 연극은 같은 결점을 지니고 있고, 같은 작품군의 전통을 갖고 있으며, 개량의 방향도 동일하다. 소설이 언어 구성체인 반면 연극은 희곡과 배우 · 관객이 함께 관여하는 종합 예술이지만 1900년대 개량의 논의에 있어 이런 차이가 부각된 일은 없었다. 일본에서 연극 개량의 논의가 극장 설비 및 공연 진행에 있어서의 변화를 초점으로 진행되었다는 사실을 생각해 본다면[40] 한국의 사례는 나름대로 독특한 것이다. 어쩌면 한국에서 소설과 연극의 차이를 부각시키는 일은 애초부터 불가능했는지도 모른다. 소설과 연극, 특히 연극이 동일성과 차이를 논할 만한 안정된 기반을 결하고 있었기 때문이다. 조선 후기에 크게 흥성한 소설과 달리 한국에서 연극의 전통은 비교적 미약하였다. 탈춤이나 인형

---

34 「근일 국문 소설의 저술하는 자의 주의할 일」, 『대한매일신보』, 1908.7.8, 논설.
35 「연희장을 개량할 것」, 『대한매일신보』, 1908.7.12, 논설.
36 「不正의 소설을 금지홈」, 『경남일보』, 1909.11.26, 사설.
37 「연극장에 독갑이」, 『대한매일신보』, 1908.11.8, 논설.
38 「朝鮮魂이 稍稍還來乎」, 『황성신문』, 1908.3.20, 논설.
39 「연희장을 개량할 것」, 『대한매일신보』, 1908.7.12.
40 예컨대 末松謙澄, 『演劇改良意見』, 東京 : 文學社, 1886; 春の家おぼろ, 『劇場改良法』, 大阪 : 大阪出版會社, 1886 등 참조.

극·판소리가 인기를 끌었지만, 공연 문화가 지속적인 유행을 누렸고 화본話本이나 광언狂言 등 대본의 출판까지 성행한 중국이나 일본에 비한다면 한국에서 연극은 별 주목을 받지 못했다고 말해야 할 터이다. 1900년대에 연극 개량이 활발하게 논의되기 시작한 후에도 상황은 크게 바뀌지 않았다. 연극 개량을 시도한다는 소문이나 광고는 심심찮게 있었으나 결론은 번번이 구태舊態 그대로라 기대에 미달한다는 것이었다.[41] 당시에 '연희'·'연극'으로 불렸던 공연의 실상은 "파텬황의 최신대연극"임을 내세운 경우조차 열녀의 기연, 불목의 형제, 효녀의 일생 등 몇 가지 에피소드에 공중비행·활동사진·기생가무 등을 망라한 것으로[42] 잡다한 기예를 선보이는 외에 판소리 한두 대목을 얹는 것이 전부였던 듯하다.

> 무슴 열어 가지 동당거리ᄂᆞᆫ 소릐에 귀ᄂᆞᆫ 쏘고 아모 演戲도 ᄒᆞᄂᆞᆫ 것을 볼슈 업더니 一時傾을 지나서 小鼓 잡은 자ㅣ 삼사명이 突出ᄒᆞ더니 다리ᄅᆞᆯ 들고 도라가면서 두 손으로 小鼓ᄅᆞᆯ 놉푸락 나즈락ᄒᆞᄂᆞᆫ 모양이 可笑치도 안코 可責ᄒᆞᆯ 것도 업ᄂᆞᆫ 중에 무슴 노릐라고도 ᄒᆞᄂᆞᆫ 모양인ᄃᆡ ᄒᆞᆫ참들 고아ᄂᆡ면서 지지괴ᄂᆞᆫ 가운ᄃᆡ 노릐 곡조ᄅᆞᆯ 알아들을 수 업서 겻테 안즌 友人다려 무른즉 曰 鸞鳳歌 曰 四巨里 曰 방에 타령 曰 膽破菰타령이라 ᄒᆞᄂᆞᆫᄃᆡ (……) 良久히 안즌즉 웬 기생 一名이 ᄯᅩᄒᆞᆫ 잡타령으로 倡夫ᄅᆞᆯ 比肩進退ᄒᆞ난 淫戲ᄲᅮᆫ이오 ᄯᅩ 좀 잇다가 ᄒᆞᄂᆞᆫ 놀옴은 춘향이과sic 이도령이 서로 작별ᄒᆞᄂᆞᆫ ᄯᅢ에 ᄒᆞᄂᆞᆫ 모양 참 남녀 觀光者의 誨淫ᄒᆞᆯ 자료가 될 ᄲᅮᆫ이라[43]

41 「원각사 폐지설」, 『대한매일신보』, 1909.3.13, 잡보; 「이때에 연극은 무엇이야」, 1909.7.3, 잡보.
42 『대한매일신보』, 1909.3.22, 광고.
43 達觀生, 「연극장 주인에게」, 『서북학회월보』 16호, 1909.10, 32면.

'연극'·'연희'의 실상은 대개 이러했으니, "셰계에 위디흔 사룸의 력ᄉᆞ이니 풍속 기량이니 흔동안 쩌들더니 오날날 기싱연주회ᄭᆞ지 되엿ᄂᆞᆫ지라 그 목젹을 말ᄒᆞᄌᆞ면 텬산 디산흘 것 업시 공방씨돈만 싱기란 것이라"[44]는 비판은 썩 적절했던 것이다. 극장에서 새로운 연극의 시도라 자부한 것은 대개 "춘향이과 이도령이 서로 작별ᄒᆞᄂᆞᆫ 쎡에 ᄒᆞᄂᆞᆫ 모양" 같은 것, 즉 판소리의 한 대목을 공연하되 창자唱者가 여럿 등장하여 배역을 소화하는 일종의 창극 형식이었던 것으로 보이는데, 이런 시도도 관객의 기대에 부응할 만한 것은 아니었다.[45] 1900년대에 '연극'보다 '연희'라는 명칭이 일반적으로 사용된 것은 당연하다 하겠다. 대화를 주고받는 것으로만 되어 있는 글쓰기에 '극담劇談'이라는 명칭을 붙였던 관례[46]로 보아 '극'이란 당시 대화·대사의 존재를 가리키는 용어였던 듯한데, 실제 공연에서 이 요소는 거의 찾아볼 수 없었다. 문제적인 사례가 전혀 없었던 것은 아니다. 창극도 크게 보아 대사를 전제로 한 것이었던데다, 1908년 원각사에서는 "은세계 소설을 한숙히 연습"하여 무대에 올린다 했고[47] 같은 해 10월에는 안주 이소사의 실제 사연을 "일일히 탐문ᄒᆞ"여 사건을 극화할 것이라는 보도도 있었다.[48] 연극 「은세계」가 문제된 직후 원각사에서는 "문명흔 각국의 연극을 시찰흔 결과로 此를 모방ᄒᆞ야 我國 古蹟에 忠孝義賢勇의 제 실상을 연극으로 ᄒᆞ올 터"라는

---

44 박이양, 『명월정』, 유일서관, 1912, 35~36면.

45 유민영, 『한국근대연극사』, 단국대 출판부, 1996, 17면 참조.

46 「三老劇談」, 『황성신문』, 1901.7.25, 논설; 「衆老人의 觀蛙劇談」, 『황성신문』, 1907.6.15, 논설 등.

47 「은세계 연극」, 『대한매일신보』, 1908.9.26, 잡보. 연극 「은세계」와 소설 『은세계』의 선후 문제는 계속 논란이 되어 온 주제였으나, 이 기사를 보면 소설이 먼저 창작되었다고 생각할 수 있다. 이에 대해서는 이상경, 「'은세계' 재론」, 『민족문학사연구』 5호, 1994 참조. 그밖에 연극 「은세계」가 창극 형식이었으리라고 추정했던 연구 흐름에 대해서는 백현미, 『한국 창극사 연구』, 태학사, 1997, 18면 참조.

48 「사실탐문」, 『대한매일신보』, 1909.5.27, 잡보.

광고를 내기도 했다.[49] 그러나 이런 예가 일반화될 수 있었다고는 생각되지 않는다. 실제 사건이라든가 충忠·효孝·의義·현賢·용勇의 모범을 무대에 올리겠다는 기약은 실현되지 못했던 것으로 보이며, 소설의 연극화를 실천한 예도 「은세계」 외에는 찾아보기 힘들다. 대본을 바탕으로 극화를 준비, 무대에 올린다는 '연극'의 기획은 갓 제기되고 있었을 뿐이다. "연극을 ᄒᆞ랴거던 력사뎍歷史的 학문뎍學問的으로 아모조록 풍속을 개량ᄒᆞ거나 지식을 발달홀 만ᄒᆞᆫ 것을" 해야 한다는 목소리가 높기는 했지만, "연극도 구경ᄒᆞ고 부인셕에 갈보 구경도 실컨" 한다는 식으로 관객들의 자세 역시 실질적으로는 극장을 일종의 유흥장으로 대하는 격이었다.[50]

3_ 1900년대에 연극 혹은 연희의 정체성은 대단히 불분명했다 할 수 있다. 연극·연희라는 말이 빈번하게 쓰이면서 풍속 개량의 관건으로 설명되었지만, "문명ᄒᆞᆫ 國에 인민의 정도를 짐작ᄒᆞ야 俚色의 歌唱과 奇怪의 傀뢰로 (……) 사상을 활발케 ᄒᆞᄂᆞᆫ 일방의 危計"[51]라는 수준을 넘어서 연극의 상이 잡혀 있었는지를 묻는다면 답은 부정적이다. "죠션에는 원릭 연극이라 ᄒᆞᄂᆞᆫ 것이 업고 다만 음란픽속ᄒᆞᆫ다 홀 만ᄒᆞᆫ 구연극 (……) 이 미미ᄒᆞ게 남아 잇슬 ᄲᅮᆫ"이라는 와중에, '구연극'의 구체적인 예로는 "광딕소리, 무동 츈향이 노름" 등을 들 수 있을 뿐이었다.[52] 새로운 연극이라 요란하게 선전한 경우도 대개는 연행 방식을 바꾼 판소리 공연에 지나지 않았다.[53] 이러한 상태를 기반으로 해서나마 연극을 음

49 『대한민보』, 1909.6.25, 광고.

50 이해조, 『산천초목』, 유일서관, 1912, 1~2면.

51 『대한민보』, 1909.9.14, 言壇, 「我國演劇場」.

52 「文秀星이 又放光」, 『매일신보』, 1914.2.24.

악・미술 등과 함께 짝 지우는 '예술'의 의식은 생겨날 수 있었을 것이다. 실제로 1910년대 초 『매일신보』에서 '연예계演藝界'・'예단藝壇 1백인' 등 '예藝'라는 명칭을 동원한 고정란은 대개 연극계 소식을 다루는 난이었다. 그러나 연극이 '문학'과의 연결을 어떻게 확보할 수 있었는가는 또 다른 문제이다. 연극의 한 요소인 희곡이 독립되고 나아가 '문학'으로서 고려되기 위해서는, 연극이 글쓰기를 중요한 구성 요소로 한다는 사실이 공인되어야 했다. 연극은 치밀한 서사 구조와 발화 전략에 기반한 연행이 되어야 했고, 완성된 대본을 요구하게끔 되어야 했다. 연극은 더 이상 관습적인, 혹은 즉흥적인 연희에 머무를 수 없었다.

변화의 추이를 낱낱이 지목하기는 어렵다. "종전의 기생 가무를 일신개량ᄒᆞ야 문예적 신연극으로 本月 二十一日 爲始ᄒᆞ야 흥행ᄒᆞ오니"[54]라는 광고 문안이나 구연극과 신파 연극의 행태를 애석히 여겨 "문예상 취미 잇ᄂᆞᆫ 사ᄅᆞᆷ 긔인이 모여"[55] 신연극 단체를 꾸렸다는 기사 내용 등을 통해 1910년대 들어 연극의 핵심어가 가무・연희에서 '문예'로 바뀌고 있음을 확인할 수 있을 뿐이다. "문예상 취미 잇ᄂᆞᆫ 사ᄅᆞᆷ"들이 만들었다는 문수성文秀星의 실제 성원이 조중환・윤백남 등 희곡 창작의 주체였음을 기억한다면 '문예'로의 방향 전환이란 희곡에의 관심을 뜻한다고 볼 수 있겠지만, 그럼에도 '문예'가 뜻하는 바는 아직 분명치 않다. 일본인 거류지에서 활발하게 상연되었던 신파新派가 한국인들 사이에서 인기를 끌게 된 후에도 확정된 대본에 기초한 연행 방식은 쉽게 자리를 잡지 못했다. 임성구 주도 하에 혁신단革新團이 창단되고 곧이어 유일단唯一團・

53 백현미, 『한국 창극사 연구』, 55~56면 참조.
54 『매일신보』, 1912.4.20, 광고.
55 「文秀星이 又放光」.

문수성 등도 생겨났지만, 공연의 전형적인 방식은 대강의 서사 개요를 정한 후 배우가 무대에서 즉흥적으로 대사를 처리하는 이른바 구건口建, ぐちだて식이었던 듯하다. 공연 전에 관객에게 대강의 줄거리, 곧 예제藝題를 설명하는 관습이 성행한 것도 1910년대였다. 대사는 주로 즉흥적이었는데, 사건의 개요를 침해하지 않는 한 그때그때의 변주는 별 문제가 되지 않았다. 그렇지만 서사 개요를 염두에 두기 시작했다는 것, 또한 여러 등장인물을 각기 다른 배우가 맡아 형상화하게 되었다는 것은 중요한 변화였다. 구극舊劇이라는 말로 지칭되었던 판소리 계열에서는 창자가 서술자이자 등장인물 모두라는 복합적인 역할을 맡고 있었고, 그리하여 공연에서의 자유를 거의 무제한으로 누릴 수 있었지만, 여럿이 동시에 관여하는 공연에서는 자유로운 수정의 폭이 그만큼 줄어들 것이었다. 서사 개요가 예고될 수 있었던 것은 이 때문이었다. 아울러 1910년대의 연극은 서사의 선線에 보다 큰 관심을 기울이게 되었으니, '연극'과 '소설'의 만남은 이로써 본격화될 수 있었다.

신문 연재소설이 연극의 소재로 처음 채택된 것은 1912년 이상협의 「눈물」을 혁신단에서 연극화하면서부터였다고 한다.[56] 화목한 부부가 간계에 의해 헤어졌다가 다시 재결합한다는 내용의 「눈물」은 독자의 흥미를 끌었던 만큼이나 연극 관객에게도 선풍적인 인기를 모았고, 이후 1910년대의 유일한 신문이었던 『매일신보』 연재 신소설이 극화되는 일은 관례가 되다시피 했다. 당시 극단의 레퍼터리 중에서 『매일신보』 연재소설을 각색한 것은 총 8종에 달했으며, 이 가운데 「장한몽」과 「눈물」은

56 위의 책, 155면. 그러나 이 회상의 자료 가치를 완전히 신뢰하기는 어렵다. 양승국, 「1910년대 한국 신파극의 레퍼터리 연구」, 『한국 극예술연구』 6집, 1998, 17~19면에서는 「눈물」의 최초 상연이 1912년이 아니라 1913년 10월에 이루어졌다고 확증하고 있으며, 소설의 각색은 한 해 전인 1912년 文秀星에서 공연한 「不如歸」에서부터 나타났다고 보고 있다.

각각 8회와 5회씩 무대에 올려지는 인기를 누렸다.[57] 더욱이 "사동 연흥사에셔 미일신보에 게직ᄒᆞ엿던 쌍옥누 연극을 ᄒᆞᆫ다ᄂᆞᆫᄃᆡ 미일신보에 박인 반익권을 가지고 가면 반갑스로 구경을 ᄒᆞᆫ다던가"라는 독자의 반응이 보여주듯[58] 『매일신보』는 할인권 발행 등의 방법으로 연재소설의 연극화를 적극 후원하고 있었다. 연극과 소설은 1910년대에 와서 확고한 연계를 갖게 되었던 것이다. 연극에서 대본이라는 요소가 '문학'으로 취급될 수 있었던 것은 무엇보다 이 연계 때문이었다고 할 수도 있겠다. 1900년대에 풍속 개량의 취지 아래서 함께 논의되었던 연극과 소설은, 풍속 개량론의 긴장력이 해이해지기 시작한 1910년대, 소설의 연극화라는 현실에 입각해서 거듭 서로 간의 연결을 확인할 수 있었다. 완전한 대본의 구비가 일반화된 것은 좀 더 후대의 일이었음에도 불구하고 연극이 '언어'의 힘을 빈 예술, '문학'으로서의 일면을 갖고 있다고 평가될 수 있었던 것은 이처럼 연극과 소설 사이의 거리가 가까웠기 때문이기도 했다.

다른 한편, 공연 예술로서의 연극의 면모 또한 그것대로 주목을 받았다. 1913년 유일단에서 공연한 「혈의 누」[59]는 배우들의 생생한 연기로 화제를 모았는데, "연극 즁에, 말 안이ᄒᆞ고, 형용과 동쟉으로, 사ᄅᆞᆷ의 감동을 쥬어, 희로ᄋᆡ락을 쥬ᄂᆞᆫ 일은, 가위 유일단이, 유일ᄒᆞᆫ 시초를 지엇다"는 평을 들을 정도였다.[60] 반면 혁신단의 연기에 대해서는 "우ᄂᆞᆫ 소릭 좀 작々ᄒᆞ얏스면 (……) 울 ᄯᅢᄂᆞᆫ 울고 우슬 ᄯᅢᄂᆞᆫ 우서야 ᄒᆞᆫ단 말이지"라

57 양승국, 「1910년대 한국 신파극의 레퍼터리 연구」, 19면 및 59면.

58 『매일신보』, 1913.4.30, 독자구락부.

59 신문에 보도된 서사 개요를 보면 연극 「血의 淚」는 이인직의 신소설 『血의 淚』와는 무관한 것으로 보인다. 군인과 폭도 등이 등장하는 것으로 보아서는 오히려 村井弘齊가 지은 일본 소설 『血の涙』와의 연관을 추측해 볼 수 있다. 村井弘齊의 『血の涙』에 대해서는 이재선, 『한국 개화기소설 연구』, 일조각, 1972, 122~123면 참조.

60 『매일신보』, 1913.1.29, 연예계.

는 혹평이 가해진 일도 있었다.[61] 여러 인물이 등장하여 정해진 서사를 구현해 나간다는 특징이 자리를 잡음과 함께, 배우의 개성적인 연기를 통해 인물과 상황이 제시된다는 공연 예술로서의 특징 역시 정착해 갔던 것이다. 그리하여 연극은 사건의 진행을 세세하게 지시하는 대본과, 공연 예술로서의 성격을 지탱하는 연기·무대장치 등의 요소를 동시에 확보할 수 있게 되었다. 이들 요소의 안정된 분화가 언제 이루어졌는지는 아직까지 논란거리이지만, 대본과 상연이라는 두 요소의 분리·결합이 고려될 수 있게 되었다는 '가능성'의 무게는 그 자체로도 만만치 않다. 같은 레파토리가 시간적 간격을 두고 반복 상연되는 일이 잦았다는 사실을 중시한다면 대본의 안정이 일찍부터 이루어졌을 가능성을 점쳐 볼 수도 있겠다.[62] 1912년 『매일신보』에 조중환의 번안희곡 「병자삼인病者三人」이 발표되고 1917년 양건식의 「지나支那의 소설 급及 희곡에 취就ᄒᆞ야」가 실리게 되는 데 이르면, 연극의 한 요소로서 희곡의 자립성은 비교적 분명한 것이 된다. 언어 구성체인 희곡을 전제로 해서 연극이 성립될 수 있되, 희곡은 언어 구성체로서의 특질 자체로 독자적인 주목을 받을 수 있다는 사실이 확인되기에 이른 것이다. 이로써 희곡은 독특한 언어 구성체인 '문학'의 질서에 포섭될 수 있는 토대를 갖게 되었다.

2) 시적 질서의 모색과 자국어 시

1_ 중세에서 근대에 이르는 시기, 동아시아에서 시론詩論에 상당하는

61 『매일신보』, 1912.3.27, 塗聽途說.
62 양승국, 「1910년대 한국 신파극의 레퍼터리 연구」, 17면.

역할을 한 것은 『시경詩經』 해석의 문제였다. 전래되던 시 가운데 3백여 편을 공자孔子가 직접 추려 엮은 것으로 전해지는 『시경』은, "上以風化下 下以風刺上"이라는 의의로 주로 거론되어 왔다. 그중에서도 최고의 권위를 누렸던 주희朱熹의 시경론은 "溫柔敦厚한 것이 시의 敎化"라 하면서 "譏刺"를 인정하지 않으려는 입장에 서 있었으므로, 시론에서 정통의 자리를 차지한 것은 상이풍上以風을 중시하는 교화론의 논리였다.[63] 조선 후기 들어 본연적인 천기天機의 가치가 논해지면서 풍자의 의의 역시 주목을 받았으나 시에 대한 논의로 대세를 이루었던 것은 어디까지나 풍속 교화의 가치를 중시하는 쪽이었다. 1900년대에 간간이 이루어졌던 시 논의에서도 사정은 크게 다르지 않았다. 1900년대는 한시의 이론적 권위가 크게 약화되면서 "宜乎 國字를 多用ᄒᆞ고 국어로 成句ᄒᆞ야 婦人 幼兒도 一讀에 皆曉ᄒᆞ도록 주의"해야 한다는 주장이 부상한 시기였지만, "民俗에 유익ᄒᆞᆯ 만ᄒᆞᆫ 시가를 수집"하는 것은 여전히 중요한 목적이었다.[64] 시의 일차적 책무는 풍속을 바로잡아야 한다는 데 있었다.

1900년대에 크게 관심을 끌었던 소설과 연극을 논하는 데 있어 '풍속'이 핵심적인 단어였음을 상기해 볼 필요가 있다. "일국의 풍쇽을 기량코져 ᄒᆞᆯ진ᄃᆡ 쇼셜과 연희를 반ᄃᆞ시 몬져 기량"해야 한다는 것이 소설 및 연극에 주의를 기울이는 이유였고[65] "라약ᄒᆞ고 음탕ᄒᆞᆫ 쇼셜이 만흐면 그 국민도 이로써 감화를 밧을 거시오 호협ᄒᆞ고 강개ᄒᆞᆫ 쇼셜이 만흐면 그 국민이 ᄯᅩᄒᆞᆫ 이로써 감화를 밧을" 것이라 했으며[66] "이거슬 기량ᄒᆞ여야 국민의 슌

63 김흥규, 『조선 후기 시경론과 시의식』, 고려대 민족문화연구소, 1982, 8~32면 참조.
64 「천희당시화」, 『대한매일신보』, 1909.11.11 및 11.16.
65 「소설과 연희가 풍속에 상관되는 것」, 『대한매일신보』, 1910.7.20.
66 「근일 국문소설 저술하는 자의 주의할 일」, 『대한매일신보』, 1908.7.8, 논설.

연한 덕셩을 훈도ᄒᆞ며 이거슬 기량ᄒᆞ여야 국민의 고상ᄒᆞᆫ 감졍을 고동ᄒᆞᆯ" 수 있으리라 했다.[67] 일찍이 시에 대해 피력되었던, 일반 풍속을 이끌 수 있으리라는 기대가 소설과 연극을 향해 제창되게 된 것이다. 그러므로 1900년대에 시와 소설・연극은 풍속을 교화한다는 기치 아래 함께 묶일 수 있었다. 비록 시에 대한 논의가 현저하게 영성零星해지기는 했지만, 시를 논의하는 틀이었던 '풍쇽'의 가치가 소설과 연극에까지 확장된 형국이었기 때문이다. 후일 논문・소설・극・시로 거론된 "문학의 종류"[68] 중 셋은 '풍쇽'의 가치에 기반하여 조우할 수 있었다. "古昔에는 詩謠를 作ᄒᆞ야 人을 풍자"하였으나 "小說等書가 出ᄒᆞᆷ이 (……) 感發의 力이 시가보다 差强"한 위에 "직접으로 人耳를 動ᄒᆞ며 人目을 觸ᄒᆞ야 (……) 人의 셩정으sic 速遷케 ᄒᆞᆷ은 연극만ᄒᆞᆫ 자가 更無"[69]하다는 지적에서 보이듯 '풍쇽'은 시・소설과 연극을 비교할 수 있게 해주는 공통의 지반이었다. 풍속을 표현하고 계도하는데 시보다 소설이, 소설보다 연극이 효과적이라는 위의 인용에서 비교보다 인상적인 것은 공통성의 창출 그 자체이다. 시・소설・연극이 모두 풍속의 표현이자 계몽이라는 시각은 이 시절에 처음 등장했다.

시・소설과 연극이 함께 묶일 수 있게 되었다는 사실 자체가 근대적인 '문학' 범주의 탄생을 알리는 것일 수는 없다. "문학의 일종으로 극이라 하면, 무대상에서 演할 수 있게 作한 소위 대본을 謂함이요, 此를 무대상에서 실연하는 소위 연극은 문학에서 독립한 一種 예술"[70]이라는 언급이 나올 수 있으려면 먼저 연극에서 대본과 상연의 분리가 이루어

67 「연극장에 독갑이」, 『대한매일신보』 1908.11.8, 논설.
68 이광수, 「문학이란 何오」, 『전집』 1, 512~513면.
69 「연극 개량의 필요」, 『매일신보』, 1910.12.10, 사설.
70 이광수, 「문학이란 何오」, 514면.

져야 했고, "情의 분자를 포함한 문장"[71]으로서의 문학을 상상하기 위해서는 정의 가치와 함께 '문장'이라는 공통 특성 역시 발견되어야 했다. 이 점에서 풍속 개량의 논의는 '문학' 범주의 성립에 있어 이중적인 역할을 했다고 말할 수 있다. 시·소설·연극은 먼저 풍속 교화에 유용하다는 공통점을 통해 서로 연결될 수 있었다. 그러나 이때 공통성의 근거가 된 '풍속'이 글쓰기와 하등 관련을 갖지 않은 범주였다는 점에서 '풍속'은 '문학'에 적대적이기도 했다. 풍속風俗, 혹은 풍風이란 '이풍역속移風易俗'에서처럼 습속을 가리켰고 또는 『시경』의 '국풍國風'에서처럼 노래를 지칭했으며 '풍교風教'나 '시내풍時乃風'이라 할 때처럼 가르침을 뜻하기도 했으나, 본래 글쓰기라는 규정과는 무관하였다. '풍속'과의 연관으로 한자리에 묶인 시·소설과 연극이 '문학'으로서 새로운 유대를 맺기 위해서는 공통성의 장 자체가 바뀌어야 했다. 시와 소설과 연극이 함께 '문장'이라는 자질, 곧 언어 구성체로서의 가치를 발견해야 했고 정적이고 미적인 특징 또한 함께 발견해 가야 했던 것이다.

이 중에서 정적인 특징을 확인하는 일은 오히려 간단할 수도 있었다. 시·소설과 연극이 풍속의 계몽에 적절할 수 있는 까닭은 "性情"을 깊이 "感發"하기 때문이라고 할 만큼, 풍속론의 주장에서부터 시·소설·연극이 정에 호소한다는 사실은 전제되어 있었기 때문이다. 물론 문학과 예술을 구성하는 가치로서의 정은 풍속론에서 일컫는 정과 판이 할 수밖에 없으나, 기본 자질 자체로서는 공유점이 많았다고 할 수 있다. "詩歌가 (……) 吾人의 性情도 가히 陶鑄"[72]한다거나 "대저 연희는 人의 性情을 諷動ᄒᆞ는 효력이 급속"[73]하다는 지적은 정이 심리학의 구도 속에

71 이광수, 「문학의 가치」, 『전집』 1, 504면.
72 「시가와 풍화」, 『매일신보』, 1911.6.21, 사설.

서 다시 배치되는 순간 적절하게 활용될 수 있었다. 인간을 심리적 실재로 이해한다는 낯선 사고에 적응한다면 그 순간 정은 새롭게 주목받으며 새롭게 해석될 수 있었다. 전대에 정이라는 말로 칭해졌던 요소가 새로운 배치 속에서 새롭게 평가되면서 전혀 다른 의미를 향할 수 있었던 것이다. 보다 사소하지만 문제적인 과제는 새롭게 등장한 정과 미를 구체적으로 어떻게 확증해 가느냐는 것이었다. '문학'이 자국어 글쓰기인 동시 정 · 미에 호소한다는 사실은 1910년대 들어 거듭 역설되고 있었다. 논리적으로는 이 두 가지 항이 상호 충족을 꾀할 수 있어야 했다. 자국어로 정 · 미를 확보할 수 있는 길이 개척되고, 정 · 미의 추구를 위해서는 자국어가 필수적인 기반임이 확인되어야 했던 것이다. 특히 문제가 될 법한 것이 시의 경우였다. 일찍부터 독특한 언어 질서의 구축이라는 점 자체로 관심을 끌어 온 시는, 언어 자체의 층위에서 정과 미를 달성할 수 있어야 했다. 정에 호소한다는 심리학적 근거에서 그치지 않고 언어의 미적 자질을 획득할 수 있어야 했던 것이다. 요컨대 언어와 정 · 미라는 두 항은 서로 필연적인 연관을 증명해 내야 했다. 독특한 언어 구성체이자 정 · 미의 구현이라는 '문학'의 입지는 그럼으로써 다져질 수 있었다.

2_ '문학'이 정의 가치와 언어 구성체라는 특성에 동시에 기반한 활동이라 할 때 후자의 특성은 물론 '자국어'라는 기준에 입각하여 평가되는 것이다. "조선문학이라 하면 毋論 조선인이 조선문으로 作한 문학"이라 하여 훈민정음 창제 이전의 글쓰기로는 향가와 고려가요만을 '조선 문

---

73 「연극 개량의 필요」, 『매일신보』, 1911.2.15, 사설.

학'으로 인정했던 이광수의 소론은 이 사실을 잘 보여주고 있다.[74] 이 기준을 충족시키는 데 소설과 연극은 크게 문제가 되지 않았다. 소설은 본래 자국어 글쓰기라는 의의를 누리고 있었고, 연극 대본인 희곡은 1910년대에 들어와서야 처음으로 출현했기 때문이다. 그러나 시의 경우라면 문제는 간단치 않다. 국문 시가의 전통이 없는 것은 아니었으나 1900년대 이전까지 시란 언제나 한시의 세계를 의미하였다. 자국어로써 '시'의 특성을 달성해야 한다는 요구는 막 제기된 데 불과했다. 자국어이되 언어 조직 자체로 정과 미를 구현하고 있고 또한 심리적 효과로도 정과 미에 대응되는—이 복잡한 자리가 자국어로 된 '시'가 얻어 나가야 할 자리, '문학'의 주초柱礎가 놓일 자리 가운데 하나였다.

1900년대의 시론으로 가장 체계적인 성격을 보인다 할 수 있는 「천희당시화天喜堂詩話」는 다른 나라의 언어로 새로운 시적 국면을 타개할 수는 없을 것이라고 진단을 내리는 자리에서 출발하고 있다. "滿壑芳菲平等秀 / 闋林禽鳥自由鳴"처럼, 한시의 관습을 그대로 유지하되 '평등'·'자유' 같은 신문명의 단어를 첨가하는 데서 그치는 시작詩作은 한계가 있을 수밖에 없다는 사실을 분명히 한 것이다. 국문으로 창작한 경우라도 한시나 일본시를 본따 7음절 혹은 11음절을 고집하는 일은 "甲國의 시가로 乙國의 音節을 效"하는 일이라는 비판을 받았다.[75] 1900년대를 통해, 그리고 이후에도 꾸준히 존재했던 한시개혁의 시도조차 결국 이러한 비판을 피할 수 없었다고 해야겠다. "告惡告惡告其惡"으로 의성어에 기대 까마귀 울음소리를 묘사하면서도 '고악告惡'이라는 관념을 담아내고 정치 현실을 비판하는 등[76] 국문의 자질을 일부 활용하면서 강렬

74 이광수, 「문학이란 何오」, 517~518면.
75 「천희당시화」, 1909.11.17 및 11.20.

한 현실 인식을 담아내려는 노력도 있었고, “玻瓈窓外黑玻瓈 / 水險山危摠不知”처럼 새로운 문명 속을 살아가는 새로운 감상을 실어내려는 시도도 있었으나,[77] 이들은 절대적 기준으로 등장한 ‘자국어’의 가치 앞에 무력해질 수밖에 없었다. 1910년대 『매일신보』의 ‘문원文苑’란이 보여주듯 한시가 대부분 고문古文의 고립된 세계에 자족하고 있었다는 상황이 한시의 개혁 시도를 무력화시키는 데 또 한 역할을 담당하였다. 이런 과정을 거쳐 한시는 점차 제한된 한문 교양권의 세계로 위축되어 갔다. “노래라 ᄒᆞᄂᆞᆫ 거슨(……) 그 말은 간단ᄒᆞ야 알기 쉽게 ᄒᆞ기로 쥬쟝을 ᄒᆞ며 그 ᄯᅳᆺ은 ᄀᆞᆫ절ᄒᆞ고 쾌활케 ᄒᆞ기로 힘을 써셔 노래ᄅᆞᆯ ᄯᅡ라셔 그 긔운이 감발케 ᄒᆞᆯ 거시어ᄂᆞᆯ”, “ᄒᆞᆫ이 한문으로 지어 국문으로 토만 달어셔 풍쇽의 말은 지워ᄇᆞ리고 문ᄌᆞ만 즁히 녁이ᄆᆡ”, 무엇보다 이 폐단을 바로잡고 자국어 시가를 지어야 할 것이라는 주장이 분명한 대세를 이루어 가는 중이었다.[78]

자국어로 시적 질서를 개척해야 한다는 것은 만만한 요구가 아니다. 이에 대한 응답은 처음에는 기존의 국문 시가 형식을 이용하는 식으로 나타났다. 『대한매일신보』는 1909년부터 사조詞藻란에 한시 대신 시조를 실었으며, 국문판에서는 좀 더 일찍부터 이 난을 애국적 시조가 독점하기 시작했다. 그런가 하면 처음에 산문 형식의 논평으로 시작했던 시사평론란은 1908년부터 뚜렷하게 4・4조의 가사 형식을 띠기 시작하였고[79] “셜셜 ᄭᅳᆯ소 굼밤이야”[80] 같은 민요조를 적극 활용하면서 매서운 현

---

76 「靈烏辭」, 『대한매일신보』, 1905.10.10, 잡보.

77 「三馬列車夜行」, 『경남일보』, 1910.10.3, 詞藻.

78 「학교에 쓰는 노래를 의논함」, 『대한매일신보』, 1908.7.11, 논설.

79 산문적 논평이 시가화된 양상에 대해서는 신범순, 『한국 현대시사의 매듭과 혼』(민지사, 1991), 60~70면 참조. 조남현 편저, 『개화가사』(형설출판사, 1978), 172면에서는 『대한매일신보』에서 시가 형식의 시사평론을 보인 시기를 1908년 1월 25일부터 1909년 11월 16일까지로 확정하고 있다.

실 비판을 함께 보이기에 이르렀다. 특히 민요의 활용은 1900년대에 광범한 호응을 불러 일으켜, 『태극학보』와 『서북학회월보』에서는 민요 개사改詞를 통해 국민을 일깨울 것을 제안하기도 하였다.[81] 이것은 모두 기왕 있었던 국문 시가, 즉 시조・가사・민요 등에 기반하여 새로운 시적 질서를 찾으려 한 움직임이었다.

이는 근본적으로 개사의 수준에서 이루어진 실험이다. 시가의 음악적 틀인 악곡樂曲에 도전하려는 시도는 아니었던 셈이다. 그러나 시가 글쓰기로서 자리 잡기 위해서라면 악樂과 곡曲의 요소부터 부정되어야 했다. 인쇄 매체가 발달하고 '읽기'의 관습이 일반화되고 있었던 당시 새로운 지평이 시의 영역에서도 요구되고 있었기 때문이다. "자부시오 자부시오 / 이 슐 한잔 자부시오"라는 곡을 그대로 두면서 "이 슐이 슐 아니라 / ᄋᆡ국으로 비져너혀 / 일심단톄 걸너ᄂᆡ니 / 文明발達 自由酒라" 등으로 새로운 사詞를 시도하는 것[82]만으로는 문제를 해결하기 어려웠다. 해체되어야 할 폭은 사의 내용뿐 아니라 악곡이라는 기반 자체까지였다. 시조의 경우에는 "우리도, 뎌와 ᄀᆞᆺ치, 국권회복", "아마도, 일치 아니랴면, 직힐 밧게"[83]라는 식으로 종장 마지막 구를 생략하는 시도가 널리 나타났고, "장ᄒᆞ도다, 흐응. 매일신보, 흥. / 壹心公道로, 전진을 ᄒᆞ노나, 아. / 어리화 됴타, 흐응. 독립기초라, 흥"[84]처럼 민요를 수용하여 형식과 정조를 변화시킬 것을 시도한 예도 있었다. 이들 새로운 시도는 '~

80 『대한매일신보』, 1908.10.11, 시사평론.

81 峩洋子, 「歌調 육자배기」, 『태극학보』 24호, 1908.9; 春夢子, 「聞童謠」, 『서북학회월보』 16~17호, 1909, 10~11면. "량반 량반 두량 반 ᄀᆡ 파라 석량 반"을 예컨대 "량반 량반 저 량반 문명ᄒᆞᆯ사 참 량반"으로 바꾸자고 하는 등이었다.

82 「가곡개량의 의견」, 『대한매일신보』, 1908.4.11.

83 「영춘」, 『대한매일신보』, 1909.1.1, 사조 및 「고수럭」, 1909.1.8, 사조.

84 「송축매일보」, 『대한매일신보』, 1909.3.11, 사조.

하노라'·'~이러라' 같은, 전통적인 시적 허사를 없앰으로써 주제를 단호하게 표현해 내는 등[85] 형식면에서 큰 변화를 보여주었으나, 1910년 이후 이들 시도는 끊겨 버리고 만다.

곡의 형식을 바꾸려는 시도가 이렇듯 좌절되고 만 데에는 물론 국가 상실이라는 경험이 크게 작용했을 터이다. 1900년대에 가사 형식이 폭넓은 현실 비판 능력을 발휘하며 부상한 것도, 예외적이었던 시조의 종장 말구 생략[86]이 일반화될 수 있었던 것도 '국가'라는 새로운 가치가 급박하게 제기되었기 때문이었다. 위기에 처한 국가를 구해야 한다는 비장한 구국 의식이 시조의 전통적인 유장미를 거부케 했고 당연히 형식의 변화를 요청했던 것이다. 그러나 1910년 이후 상황의 급변속에서, 구국 의식을 기반으로 했던 형식적 틀은 다시 흔들릴 수밖에 없었다. '정치적인 것'이 곧 '시적인 것'일 수 있었던 시대[87]는 도래하자마자 해체의 운명을 맞고 있었다. 더욱이 근대화 경로 속에서 악곡은 재편되는 데서 그치지 않고 해체·부정되어야 했다. 악곡 없이 시로서의 자질을 인정받는 글쓰기가 등장하고, 이것이 악곡과 결합된 문장보다 일층 뛰어난 것으로 공인되어야 '문학'으로서의 시가 새로운 형성을 볼 수 있었다. 악곡을 부정한 글쓰기로서의 시는 부정의 폐허 위에서 돋아날 터였다.

3_ 악곡을 기반으로 했던 또 다른 시가 형식이었던 창가는 1910년대에 들어와서도 한동안 전성기를 누렸다. 종합 잡지였던 『신문계』와 『청춘』의 권두에는 늘 창가가 악보와 함께 게재되었고, 특히 김인식이 대표

85 김영철, 『한국 개화기시가의 장르 연구』, 242면.
86 고미숙, 『18세기에서 20세기 초 한국시가사의 구도』, 소명출판, 1998, 349~350면.
87 위의 책, 356면 참조.

적인 창가 작가로서 활약하였다. 한국어로 시의 질서를 새롭게 구축하려는 노력의 한 축에는 계속 악곡이나 평측平仄·압운押韻을 염두에 둔 갈래가 있었던 셈이다. 1900년대의 시 형식 실험에서 가장 전위적인 자리를 지켰던 최남선의 경우조차 시의 자질을 어떤 통로를 통해 확보할 수 있을 것인지는 분명치 않았던 것으로 보인다. 최남선은 창가·국풍國風·시라는 세 가지 명칭을 동원하면서 창가·시조와 산문시 형식을 모두 실험하기도 했고[88] 4행시 및 4행 시조를 창작하기도 했다.[89] 1900년대에 육당이 창작한 시 가운데는 "밤이나 낫이나 조리졸졸 / 한時도 한刻도 쉬지안코 / 限업난 바다에 가기짜지 / 困한줄 모르고 흘너가네" 같은 정형定型적 틀[90]과 "세상 사람이 말큼 다 나불나불한 닙살과 산뜻산뜻한 생각과 귀쳐진 눈과 쏫들린 鬚髯을 가지고 분분하게 되고 못될 것을 말하더라도 / 그는 그오 나는 나다!"로 시작하는 산문시형[91]이 공존하고 있었다. 시의 자질을 악곡에서, 혹은 다른 음악적 요소에서 찾을 것인지, 아니면 특수한 정형에서 찾을 것인지, 그것도 아니라면 '시'의 질서란 대체 어떤 식으로 확보될 수 있는지가 계속 불분명했던 것이다.

이광수처럼 혼란을 조금 비껴 간 사람도 있었다. 이광수는 초기에 「옥중호걸獄中豪傑」「곰」이라는 장시를 썼고 이것을 산문시의 모방이라 여기기도 했으나[92] 1910년 이후에는 몇 가지 정형을 실험하는 데 비교적 충실하였다. 음절의 규칙적 배열과 압운이야말로 시에서 핵심적인 요소라고 보는 양, 정형 속에서 압운을 실험하기도 했다. "다다랐다 또

---

88 이처럼 명칭 자체를 구분한 것은 『소년』 3권 5~8호에 국한해서 나타난 변화이다. 이에 대해서는 권오만, 『개화기시가 연구』(새문사, 1989), 219~226면 참조.

89 김영철, 『한국 개화기시가의 장르 연구』, 학문사, 1990, 171~176면 참조.

90 公六, 「막은 물」, 『소년』 2권 6호, 1909.7, 2면.

91 「뜨거운 피」, 『소년』 3권 3호, 1910.3, 2면.

92 김영철, 『한국 개화기시가의 장르 연구』, 185면.

한그믐 지나노니 스물세금 / 앞뒤생각 잘못일세 窓을친다 하늬늠늠 / 지나온길 헤어보니 치없는배 大洋에뜸 / 느끼는것 그무엇고 일더대고 세월빠름"[93]이라는 식으로, 4・4조 4행시와 '믐, 금, 늠, 듬, 름' 등의 운韻을 실험하는 일을 거듭했던 것이다. 이광수는 「문학이란 하오」에서도 시 형식의 특징으로 "一, 韻을 押할 것 二, 平仄을 배열할 것"의 두 가지를 든 바 있다.[94] 그러나 여기에는 단서가 있었으니, 한국어는 "押韻에 불편함이 有"하고, "平仄이라 함은 (……) 장단음의 交錯"으로 대신 나타난다는 특기特記가 그것이었다. 압운이 불편하다는 점에서 한국어는 일본어와 같으며, 대신 "響의 好・不好"가 있어 운과 같은 효력을 낸다고 정리하기도 했다. 이처럼 압운과 평측에 근거하여 시를 설명하려 했다는 사실은, 이광수가 외국의 시를 전범으로 한국어의 시적 자질을 구축하려 했다는 짐작을 세울 수 있게 해 준다. 한시 일체와 서구시의 주류는 음의 고저와 운으로써 그 밖의 문장과 구별되는 질서를 확립하고 있는바 이것이 시의 질서라는 것이다. 한국어의 특수성을 들어 압운과 평측이 다르게 표현될 것이라 진단했음에도 이광수는 한동안 운의 실험을 포기하지 못했다.

1910년대에 들어오면 다른 한편에서는 일찍이 최남선이 시도했던 산문시 형식이 활발하게 실험되었다. 최남선 자신은 창작시의 규정에 동원한 일 없었던 '산문시'라는 명칭이 한국시에 직접 쓰이기도 했다. 이러한 산문시의 창작에는 동유럽 시, 특히 러시아 시의 소개가 큰 영향을 미쳤던 것으로 보인다. '산문시'라는 명칭이 처음 쓰인 것부터가 홍명희가 1910년 폴란드 시인 네모예프스키J.Nemoyevsky의 「사랑」을 번역하면서였

93 이광수, 「한그믐」, 『전집』 9, 삼중당, 1971, 468면.
94 이광수, 「문학이란 何오」, 514면.

고, 그밖에 1915년에는 진학문이 투르게네프I.S.Turgenev의 「걸식乞食」을 번역하면서 괄호 안에 '산문시'임을 명기했듯[95] 산문으로도 시적 질서를 구축할 수 있다는 가능성이 뚜렷하게 확인된 것은 동유럽 시인의 시를 통해서였기 때문이다. 이광수가 한시와 서구시 일반의 자질을 문제 삼았다면, 산문시 형식을 실험한 이들은 동유럽, 특히 러시아 산문시, 그중에서도 투르게네프 시의 경향을 통해 시의 질서를 받아들이고자 했다.

> 無數헌 줄(絃)이 宇宙라 하는 곳에 느리여, 모든 것을 캄캄한 비밀 속으로 잇쓰러가다. —쏙 漁夫가 낙시(釣)로 물 밋헤 잇는 生鮮을 쓰러올니듯이—그 모든 가운데, 人生이라 허는 可憐헌 놈도, 그 줄에 잇쓸니여, 밤낫업시 캄캄허고, 무섭고, 疑惑되는 곳으로 달녀가다.
>
> 저이는 그 줄을 말하야 生命이라 하고, 쏘 저이가 쓸니여가는 캄캄한 곳을 가르쳐 終局 즉 죽음이라 하더라.[96]

> "struggle for life!" 생각도 안이하고, 소리도 업섯스나, 문득 形容 업는 빗김소리가 들리나니, 勝利의 바람은 잇든지 업든지,
>
> 한 줄기의 光明 빗 업는 어둡은 絶望에 멋즐지라도 니 물고 바득이나니
>
> 아츠럽게—살지 아니하면 아니된다—
>
> 過去는 醜穢, 墮落, 恐怖, 苦痛, 悲哀, 孤獨이엿스니 쟝차 오랴는 未來도 쏘한 이런 것이리라만은 永久히 모든 認識, 意識을 일는 전 虛空인 모든 것과 運命을 갓치하는 죽음이 오기 전싸지는—「살지 아니하면 아니된다!」 늣기며[97]

95 김영철, 『한국 개화기시가의 장르 연구』, 184면.
96 CK生, 「프리!」, 『학지광』 4호, 1915.2, 46면.
97 돌샘, 「내의 가슴」, 위의 책, 47면.

1910년대의, 특히 일본 유학생의 복잡한 정서는 산문시 형식에서 적절한 표현을 얻었던 듯 생각된다. "這 구름—wings of kiss", "춘의 옷—Tsubaki no Hana", "인제는 안이 보이지오—Fare thee well"[98] 등 정서의 표현에서도 흔히 외국어에 기대는 습관, "우주라 하는 곳", "인생이라 허는 가련헌 놈"을 대상으로 하는 추상적 사고, "과거는 추예, 타락, 고통, 비애 고독이엿스니", "쟝차 오랴는 미래도 쏘한 이런 것"이겠지만 그래도 "모든 의식, 의식을 일는 전 허공"인 "죽음이 오기 전싸지는" 살지 않으면 안 된다는 식으로 복잡하게 얽힌 의식은 정형의 제약이 없는 형식에서 자유롭게 표현될 수 있었다. 물론 이 형식은 '시'로서의 뚜렷한 자의식을 동반한 것은 아니었고[99] 외국어의 잦은 사용 등 곧 사라지게 될 요소를 안고 출발하기도 했지만, 그럼에도 한국에서 근대적인 시의 자질을 개척하는 데 크게 영향을 미쳤다. 이른바 자유시의 질서는 이런 시도를 통해 형성되어 나갈 수 있었던 것이다.[100] 주요한에서 시작했다는 "구어체의 신시"[101]가 한국 근대시사를 지배할 수 있었던 것 또한 이 맥락에서의 일이겠다.[102] 시는 뚜렷한 음악적 지표를 내세우는 대신 '구어체'로서, 다른 글쓰기와 비견될 수 있는 언어 질서로서 재등장했다. 그리하여 1910년대 말에 이르면 자국어로 된 '시'는 악곡에서 멀리 떨어지고, 풍속 개량이라는 취지에서는 더더욱 멀리 떨어진 언어적 실천으로 자리 잡게 된다.

---

98 김학동 편저, 『최소월 작품집』, 형설출판사, 1982, 12면, 27면, 29면.

99 김영철, 『한국 개화기시가의 장르 연구』, 183면.

100 자세한 논의는 김학동, 『한국 개화기시가 연구』, 시문학사, 1981, 94~180면; 정우택, 「근대 자유시 양식의 모색과 갈등」, 『민족문학과 근대성』, 민족문학사연구소 엮음, 문학과지성사, 1995 참조.

101 김동인, 「문단 30년의 자취」, 『동인전집』 8, 홍자출판사, 1968, 398면. 아래에서 같은 전집을 인용할 때 출판사와 출판년도는 생략한다.

102 주요한의 「불놀이」가 최초의 자유시라는 데 대해서는 윤여탁, 『시 교육론 2 : 방법론 성찰과 전통의 문제』, 서울대 출판부, 1998, 243~263면 등 많은 반론이 제기되어 있다.

이때 이르면 '풍속'이라는 말은 핵심어의 자리에서 확실하게 물러난 셈이다. 이 변화는 1910년대에 들어선 직후부터 개시된 것이기도 했다. 비록 "詩歌가 吾人의 風化에 관계가 심대ᄒᆞ"[103]다거나 "小說之關於人이 重且大"하여 "종교, 풍속, 정치, 학술, 人心, 인격이 俱從"[104]한다는 발언이 계속되기는 했지만 인식과 실천의 핵에서 '풍속'이란 말은 사라져 가고 있었다. 1900년대에 풍속 개량이라는 의의를 적극 천명했던 신소설도 1910년대에 와서는 "보기만 ᄒᆞ면 츰 ᄌᆞ미 잇쇼",[105] "보시면 히한ᄒᆞ고 놀날 만ᄒᆞ오"[106]라는 요약으로 자기선전을 삼고 있었는데, 곧 '풍속'의 문제 대신 '흥미'라는 요소가 중요한 것으로 떠올랐음을 뜻했다. 1900년대까지 풍속을 계도할 수 있다는 데 근거하여 제 영역을 확보했던 활동, 즉 시가나 소설·연극은 이제 다른 근거지를 찾아야만 했다. 이 모색은 또 시·소설·연극의 새로운 공통성을 찾아나가는 일이기도 하였다.

1910년 이후, 연극과 시는 각각 자국어로 된 언어 구성체로서의 가치를 확보하게 되었다. 이 가치가 확정적인 데 이르지는 못했다 할지라도, 단순한 연행에 그쳤던 연극이 '대본'이라는 요소를 분명히 해 나가고, 한시에 압도되어 있던 시가 자국어로 '시'의 자질을 확보할 수 있는 길을 모색하게 되었다는 사실 자체만으로도 의의는 컸다. 더욱이 연극은 대본을 발견해 나가는 과정에서 계속 소설과의 접촉을 가졌으므로, 1900년대에 이어 1910년대에도 소설과 연극 사이의 연계는 비교적 분명하였다. '미문美文'이라는 기준이 일각에서 작용하게 되었다는 사실 역시

103 「시가와 풍화」, 『매일신보』, 1911.6.21, 논설.
104 白堂村叟, 「소설과 風教」, 『매일신보』, 1915.8.5.
105 『매일신보』, 1912.7.17, 광고.
106 『매일신보』, 1912.8.28, 광고.

시・소설・희곡 등으로 새로운 공통성을 확정하는 데 영향을 미쳤다 하겠다. 언어의 미적 자질이 적극 논의된 일은 1910년대에 흔치 않지만, 이광수의 「어린 벗에게」가 "현란한 미문"으로 평가되고 "연애하는 남녀의 편지투의 표본"이 되었다는 것 같은 반응[107]이 종종 나타나기 시작하였고, 강력히 추진되기 시작한 일본어 수용 정책 역시 영향력을 행사하였다. 일본어를 '국어'로 침투시켜야 한다는 정책에서 '미문'으로서 소설이나 시를 소개하는 작업이 한 부분을 담당했기 때문이다.[108] 시와 소설, 그리고 연극의 한 요소인 희곡 사이에 공통성의 다른 토대가 확실해진 것은 아니었지만 1900년대의 공통 기반이었던 '풍속'은 이미 사라져 가고 있었다. 후일 김동인이 "이렇듯 우리의 소설의 취재를 구구한 조선 사회 풍속 개량에 두지 않고 「인생」이라 하는 문제와 살아가는 고통을 그려 보려 하였다. 권선징악에서 조선 사회 문제 제시로— 다시 일전一轉하여 조선 사회 교화로—이러한 도정을 밟은 조선 소설은 마침내 인생 문제 제시라는 소설의 본 무대에 올라섰다"는 회상을 할 수 있었던 것은, 바로 이렇듯 '풍속' 범주가 소멸된 터전에서였다.[109]

---

107 김동인, 「춘원연구」, 『전집』 8, 474면.
108 백대진, 「국문 연구」, 『신문계』 3권 6호, 1915.6; 「詩歌의 一境」, 『신문계』 4권 10호, 1916.10.
109 김동인, 「한국근대소설고」, 『전집』 8, 592면.

2. '사실'의 제도화와 허구의 기획

1) 신문의 담론적 특성과 소설

1_ 1896년 『독립신문』 창간 이후 신문이라는 매체는 삶의 감각을 크게 바꾸어 놓았다. 비록 신문의 발행부수는 많지 않아, 1899년 당시 『독립신문』『매일신문』『황성신문』『제국신문』 등 여러 신문의 부수를 총합해도 3천밖에 되지 않는다 했지만[110] 전 국민을 잠재적인 독자로 하고 전국의 사정을 다루는 매체가 생겨나 매일 동시에 여러 사람이 읽게 되었다는 사실 자체가 가져온 파장은 만만치 않았다. 1898년, 창간된 지 석 달여밖에 되지 않은 『매일신문』이 일시 정간停刊에 들어갔을 때 벌써 "미일 신문을 보다가 몃칠을 긋치미 각급ᄒᆞ여 견댈 슈 업"다는 말이 나왔듯[111] 신문은 매일 규칙적으로 정보를 갱신하고 의견을 교환한다는 새로운 관습을 만들어 내고 있었고, "신문에 늬이ᄂᆞᆫ 것 (……) 겁은 좀 나데"라거나 "ᄭᅩᆺ 덕 ᄒᆞ다가 신문에 나게"라는 새로운 반응을 조직하고 있었다.[112] 1900년 이후, 『대한매일신보』만 따져도 서울에서 6천5백부, 전국적으로는 1만부 정도의 발행 부수를 기록하게 되었을 때에는[113] 이러한 변화가 일층 자리를 잡았으리라 짐작된다. 신문을 멀리한 산림학자

---

110 『황성신문』, 1899.1.12.

111 『매일신문』, 1898.7.19, 논설.

112 『매일신문』, 1898.6.15.

113 「배설씨의 공판 전말(속)」, 『대한매일신보』, 1908.6.25, 별보 : "이 신문이 경셩에셔만 발매ᄒᆞᄂᆞᆫ 거시 몃 쟝이 되ᄂᆞ뇨/ ᄀᆞᆯᄋᆞᄃᆡ 그 ᄌᆞ세ᄒᆞᆫ 수효ᄂᆞᆫ 알지 못ᄒᆞ고 국한문 석거 발간ᄒᆞᆫ 것과 슌국문으로 발간ᄒᆞᆫ 것 합하야 경셩과 그 근쳐에 발매되ᄂᆞᆫ 거시 륙쳔오ᄇᆡᆨ장 가량이니라." 또한 이광린, 「대한매일신보 간행에 대한 일 고찰」, 『대한매일신보 연구』(서강대 출판부, 1986), 21면에는 국한문판・영문판 발간 시의 독자 수를 4천명, 국문판 병간 이후 독자수를 1만명으로 추산하고 있다.

들조차 매일 써 내는 논설의 위력적인 힘을 인정하고 있을 정도였다.[114]

신소설에서 언급된 면면을 통해서도 신문의 위력을 짐작할 수 있다. 신소설에서 신문이란 먼저 소식을 전달하는 매체였다. 『혈의 누』에서 옥련 부녀의 재회를 중개한 것이 신문이었고[115] 『현미경』에서 빙주의 사연을 알린 것 역시 "경셩 각쳐 신문지"였으며[116] 『서해풍파西海風波』에서 "셔히밧게 한번 가 보기"라는 모험심으로 항해길을 나섰다가 난파, 각각 온갖 고초 끝에 미국에서 선박술 공부를 하고 있던 해운·해동 형제의 상봉을 주선한 것은 잡지요, 상봉한 후 형제가 함께 나선 남극 탐험을 보도한 것은 "구미 각국 신문"이었다.[117] 1900년대 신문의 계몽성이라는 성격 또한 특기해 둘 만하다. 역시 신소설에서 신문이 계몽의 계기로 나타나는 예를 적잖게 찾을 수 있으니, 예를 들어 『홍도화』에서 청상과부 신세에 음해陰害에까지 시달리던 태희가 새로운 삶을 결심하게 되는 계기는 "녀즈의 기가를 홀 일"이라는 『제국신문』의 논설이다.[118] 『절처봉생絶處逢生』에서도 이지사 내외가 딸 경란을 개가시키고자 하게 된 계기는 『졔국신문』에 실린바 "근일에 기가법이 터져셔 아모 판셔 외손녀뚤이 청상으로 잇다가 아모 아들과 혼인을 올케 지닉고 아모 참판에 뚤도 홀노 되엿다가 아모ᄒᆞ고 혼인을 지닛"다는 기사이고[119] 『탄금대彈琴臺』의 채대신 내외 역시 딸 혜강에게 "청상 寡女들 재가하라고 경고하는 논설"을 내보이면서 재혼을 권하고 있으며,[120] 『명월정』은 "기싱들은 이 조흔

---

114 田愚, 「論褒說書示諸君」, 『艮齋先生文集』 3, 충남대 도서관, 1999, 165면 참조.

115 이인직, 『血의 淚』, 김상만 서포, 1907, 69면 : "그쎅 옥년이가 고등소학교에셔 졸업우등싱으로 (……) 화셩돈 신문에 낫는딕."

116 김교제, 『현미경』, 동양서원, 1912, 73면.

117 이상춘, 『서해풍파』, 유일서관, 1914, 6면 및 107~113면.

118 이해조, 『홍도화』, 동양서원, 1912, 30면.

119 박영원, 『絶處逢生』, 박문서관, 1912, 128~129면.

120 이해조, 「탄금대」, 『한국신소설전집』 5, 을유문화사, 1968, 235면.

시ᄃᆡ에 녀ᄌᆞ의 상당ᄒᆞᆫ 학문을 ᄇᆡ와 ᄀᆡ명 부인이 되”어야 할 것이라는 기사에 함께 감심感心하는 주인공 허원과 채홍을 보여주고 있다.[121] 혹은 “일쥬일 후에 됴션 각처에셔 발힝ᄒᆞᄂᆞᆫ 여러 신문지ᄂᆞᆫ 제일히 ᄒᆞᆫ 별보를 게직ᄒᆞ얏ᄂᆞᆫ데 문벌이 고귀ᄒᆞ고 지덕이 겸비ᄒᆞᆫ 청년 신사 리균영씨ᄂᆞᆫ (……) 구일 인간 최하급의 ᄃᆡ우를 밧던 자산가 빅셩달씨의 령양 빅영자와 결혼을 ᄒᆞ얏다 ᄒᆞ니”라는 식으로, 주인공의 선진적 행동을 보도하여 일반 의식의 변화를 촉구하는 역할로 신문이 개입한 일도 있었다.[122]

정보 전달 및 대중 계몽이라는 기능은 지금의 신문에서도 낯선 것이 아니다. 그러나 신문을 두고 “겁은 좀”, “잣덕ᄒᆞ다가 신문에”라 할 때의 반응은 객관적 보도나 계몽이라는 특성만 생각해서는 온전히 이해하기 어려운 것일 텐데, 신소설에서도 이런 반응과 연관시켜 봄직한 언급이 나오는 일이 드물지 않다. 『혈의 누』에서 옥련이 자살할 결심으로 오사카大阪 시내를 헤매다 들어온 날, 정상井上 부인이 내뱉는 말은 “너갓튼 ᄯᅡᆯ 두엇다ᄀᆞ 망신ᄒᆞ기 쉽깃다 신문거리ᄆᆞᆫ 되갯다”이며[123] 『재봉춘再逢春』에서 허부인은 시모媤母의 오해를 안타까워하면서도 사실을 고했다가는 자칫 “신문지 신세를 지면 세 사ᄅᆞᆷ이 다 망ᄒᆞᄂᆞᆫ 날”이 될 것을 탄식하고 있다.[124] 허부인은 백정의 딸이면서 신분을 속이고 양반과 결혼한 처지라, 사실을 밝혀 이야깃거리가 되었다가는 주변에 누를 끼치게 될까봐 염려하고 있는 것이다. 또한 『절처봉생』에서 김 씨 부인은 피난길에 나섰다가 남편과 헤어져 여러 위기를 겪는데, 후에 사연을 들은 집안 묘지기가 떠올리는 것도 “우리 아씨말이 혹시 신문의ᄂᆞ 오르면 별 허물은

121 박이양, 『명월정』, 38면.
122 이상협, 『再逢春』, 동양서원, 1912, 208면.
123 이인직, 『血의 淚』, 50면.
124 이상협, 『再逢春』, 55면.

업시는 그런 창피할 데가 어듸 잇스리"라는 걱정이다.[125] 주로 여성이 주체가 된 이런 반응은, 신문 기사가 '사실'의 문제이기 이전에 '소문'과 '평판'의 문제였음을 보여주고 있다. "신문이라 ᄒᆞ는 것은 사면 뎡탐을 느러노아 션악간 남의 말을 일슈 잘 내는 것"으로 인식되고 있었다.[126] 『설중매雪中梅』의 신문은 심지어 무고誣告를 곧이곧대로 기재하여 "근일 신문은 형뎍도 업는 말도 하잘나니 엇지 밋으리오"[127]라는 의심까지 사고 있었으니, 신문의 의의란 이처럼 복잡하였다.

2 신문은 "상하귀쳔을 달니 ᄃᆡ졉 아니ᄒᆞ고 모도 죠션 사ᄅᆞᆷ으로만 알고", 또한 "셔울 빅셩만 위ᄒᆞᆯ 게 아니라 죠션 젼국 인민을 위ᄒᆞ여 무슴 일이든지 ᄃᆡ언ᄒᆞ여 주랴 홈"이라는 목적을 내세우면서 창간되었다.[128] 신분이나 지역의 구별을 뛰어넘어 '국민'으로서의 단일성을 전제한 것이 신문이라는 매체였던 만큼 "이 신문을 인연ᄒᆞ여 ᄂᆡ외 남녀 샹하 귀쳔이 모도 죠션일을 서로 알 터이옴"이라는 목적 역시 당연한 것이었다. 그러나 전국 단위의 정보를 유통시키는 것이 1900년대 신문의 가장 중요한 역할은 아니었다. 신문은 정보 유통의 수단이기에 앞서 교육과 계몽의 기구였고, 사회적 관심보다 정계政界의 추이를 다루는 데 훨씬 무게를 두고 있는 매체였다. 신문 제1면에는 으레 관직 이동을 알리는 관보가 게재되었으니, 1908년 『대한매일신보』가 "오직 한국에는 소위 상등 샤회의 다수흔 사ᄅᆞᆷ들이 모다 ᄉᆞ환ᄒᆞ는 긔습이 뇌슈에 박혀 (……) 론셜 잡보는 츌ᄒᆞ리 보지 아니ᄒᆞᆯ지언뎡 관보 초록은 불가불 보와야 ᄒᆞ겟다

125 박영원, 『絶處逢生』, 89~90면.
126 白痴生, 「絶纓新話」, 『대한민보』, 1909.11.23.
127 구연학, 『설중매』, 회동서관, 1908, 51면.
128 『독립신문』, 1896.4.7.

ᄒᆞ"[129]고 있다고 비판하면서 관보 게재를 정지한 후에도 이 관습은 좀처럼 무너지지 않았고, 반면 지방 기사는 대개 '남래인南來人의 전설傳說', '서래인西來人의 전설' 등에 의존하는 불확실한 것이었는데다 그 비율도 보잘 것 없었다.

교육과 계몽이라는 목적이 아무 매개 없이 전면적으로 드러나는 경우도 적지 않았다. 『독립신문』에서는 논설란에서 아라비아 숫자와 알파벳 문자를 소개하기도 했고, 각종 신학新學 강의를 게재하기도 했다. "학문상에 유죠ᄒᆞᆫ 이약이"의 일환으로 기획되었다는 생물학 강의가 1897년 6월 17일부터 7월 24일까지 장장 한 달여 동안 논설란에 연재되는 식이었다. 이 연재는 "물과 파리가 다른 것슬 ᄎᆞ셔 잇게 대답ᄒᆞ시오", "아희 말이 파리ᄂᆞᆫ ᄂᆞᆯ기가 잇고 물은 ᄂᆞᆯ기가 업쇼"로 질문을 던지고 답을 유도하는 등 실제로 수업을 진행해 가는듯한 구성을 취하고 있었고, 게재를 그칠 때의 발언도 "우리가 슈히 쵸목학을 ᄯᅩ 공부ᄒᆞᆯ 터이나 며칠 동안은 방학ᄒᆞᄂᆞᆫ 일톄로 학문상 이약이를 그ᄆᆞᆫ두고"라는 것이었다.[130] 『황성신문』 역시 화폐발행 원론(1903.5.14~24)이나 농업 개량책(1904.4.11~23) 등 여러 날 계속되는 기획 논설을 자주 마련했으며, 다른 신문에서도 비슷한 성격의 논설을 보기는 어렵지 않다. 추상적인 계몽의 정신과 정치적 발언이 함께 논설의 성격을 형성하면서, 이 둘이 교차하는 자리에 신문의 중심이 마련되었던 것이다. 신문의 역할을 논할 때도 가장 강조된 축은 정치적 관심과 계몽의 목적이었다. 신문은 "국즁에 진보ᄒᆞᆷ을 권ᄒᆞᄂᆞᆫ듸 여러 ᄀᆞ지 일을 긔직ᄒᆞ야 사ᄅᆞᆷ의 ᄆᆞ음을 새롭게 ᄒᆞᄂᆞᆫ" 기관이라 했고[131] "젼혀 인민을 ᄀᆡ명ᄒᆞ기로써 쥬의"한다 천명하기도

129 「본보의 관보 게재를 정지함」, 『대한매일신보』, 1908.3.7, 논설.
130 『독립신문』, 1897.6.17 및 1897.7.24, 논설.

하였다.[132] 신문이 다루어야 할 구체적인 항목으로 든 것 또한 문명의 흥왕과 완고배의 몰락, 정치의 진퇴, 정부와 백성의 관계 등 주로 정치적인 사안이었다.

그러나 신문이 집안에서도 천하 일을 짐작하는 "不出乎庭, 而周知天下之事者"의 기능을 할 수 있다 할 때 '천하지사天下之事'의 영역에 정치와 교육만이 포함되어 있는 것은 아니었다. '국가지사무國家之事務', '시세지득실時勢之得失'만큼이나 '가담항어街談巷語' 역시 중요한 것이었으며, 이는 신문이 일반 사회 사건에도 관심을 기울여야 함을 뜻했다.[133] 그렇지만 1900년대의 신문은 사회 사건을 객관적으로 보도할 만한 여건을 갖추고 있지 못했다. 직접 취재의 제도가 미비했으므로 당시 신문 기사 가운데 상당수는 '전설傳說', 즉 소문에 의지했는데[134] 중앙 정계라는 좁은 범위를 벗어나면 '전설'의 확실성은 급격히 떨어질 수밖에 없었다. 화제가 중앙에서 지방으로, 정치에서 사회적인 데로 옮아가는 데 따라 기사의 사실성까지 믿기 어려워지는 경우도 있었다. "월젼 본보에 등긔훈(……) 일이 다 오착된 일이라고",[135] "소문을 다시 드르니"[136] 등의 정정도 자주 보였고, 정정 기사가 또 다시 뒤집히는 일도 있었다. 이처럼 기사가 '소문'의 차원에서 유통되고 있을 때, 기사 서술 또한 독특한 특성

---

131 『독립신문』, 1897.6.3.

132 『매일신문』, 1898.12.26, 논설.

133 『황성신문』, 1898.9.6, 논설 : "新聞紙者, 掇滄海之遺珠, 拾玄圃之適王, 則街談巷語, 蓋足以明習俗之純駁, 上自國家之事務, 以及金銀之漲落, 與夫時勢之得失, 無不洞悉, 所謂不出乎庭, 而周知天下之事者."

134 임의로 『대한매일신보』, 1907년 1월 8일자를 택해서 보면, 총 32개의 잡보란 기사 가운데 '南來人의 傳說' · '西來人의 傳說' · '北來人의 傳說'에 의지하고 있는 것이 총 5개이며, 그밖에 "說이 有ᄒᆞ다더라" 등으로 '說'에 의존하고 있음을 밝힌 기사도 있음을 확인할 수 있다.

135 『매일신문』, 1898.8.16.

136 『제국신문』, 1899.4.10.

을 드러낼 것은 당연한 일이었다.

① 남대문박 은방 시졍 아모가 그 안히로 금슬이 화합지 못ᄒᆞ미 미식을 광구ᄒᆞ여 쳡 ᄒᆞ나흘 엇은즉 아리ᄯᆞ온 틱도가 사롬에 졍신을 미혹ᄒᆞ게 ᄒᆞᄂᆞᆫ지라 그 쳡으로 ᄒᆞᆫ 집에 동거ᄒᆞ미 일동일졀을 그 쳡의 지휘디로만 ᄒᆞ니 더구나 졍 업든 본실이야 그 졍경이 엇더ᄒᆞ리오 어언간 슈년을 지니미 집안에 통동ᄒᆞᆫ 권리는 다 쳡의게로 도라갓스되 쳡의 간교ᄒᆞᆫ ᄆᆞ옴은 오히려 차지 못ᄒᆞ야 ᄒᆞᆼ샹 그 졍실을 모히ᄒᆞᆯ ᄆᆞ옴을 두더니 십여일 젼에 아모가 밥 먹을 ᄣᆡ에 그 쳡이 은근히 말ᄒᆞ되 악가 본실이 밥 담을 ᄣᆡ에 무슴 독약을 타는 긔미를 보앗스니 먹지 말나 ᄒᆞᆫ디 아모가 그 말을 고지 듯고 본실을 불너 연유를 셜파ᄒᆞ며 눈 압헤 보이지 말나 ᄒᆞᆫ디 본실이 디답ᄒᆞ되 이 밥에 진실노 독약을 탓슬 디경이면 사롬이 먹고 죽을지니 니가 몬져 먹는다 ᄒᆞ고 ᄒᆞᆫ 그릇밥을 다 먹으되 죽기는 고사ᄒᆞ고 병도 아니 나는지라 그 쳡이 무료ᄒᆞ야 ᄒᆞᄂᆞᆫ 말이 이러ᄒᆞᆫ 괴악ᄒᆞᆫ 놈의 집에셔는 살 슈 업다 ᄒᆞ고 동리집으로 다라나미 아모가 간쟝이 바아지는 듯ᄒᆞ여 쳡 잇는 곳에 ᄯᆞ라가 이걸ᄒᆞ미 쳡이 말ᄒᆞ기를 본실을 니여쏘차야 들어가지 그러치 안으면 밍셰코 갓치 사지 아니ᄒᆞ리라 ᄒᆞ므로 아모가 방금에 그 본실을 무고히 박디ᄒᆞ여 니여 ᄶᅩᆺ츠려 ᄒᆞᄂᆞᆫ 즁이라 ᄒᆞ니 이러ᄒᆞᆫ 놈은 법샤에 잡어 다ᄉᆞ려 풍화를 온젼케 ᄒᆞᆯ 일이더라[137]

② 중셔 감투젼골 쳔변에 사는 엇던 량반의 집에 ᄯᆞᆯ이 잇ᄂᆞᆫ디 십이세에 리씨의 집으로 싀집을 갓더니 신랑이 신부를 소박ᄒᆞ고 화류쟝에만 침혹ᄒᆞ야 십여년을 도라보지 아니ᄒᆞ미 지금 나히 이십일셰가 되엿ᄂᆞᆫ디 깁흔 규중에

137 『매일신문』, 1898.4.27.

셔 젹막ᄒᆞᆫ 셰월을 보내니 엇지 물졍의 감동홈이 업스리오 은근ᄒᆞᆫ ᄒᆡᆼ젹이 탄로ᄒᆞ야 잉ᄐᆡᄒᆞᆫ 형상이 나타나거ᄂᆞᆯ 그 신랑이 친뎡으로 보넌지라 그 부친 류승동씨ᄂᆞᆫ 지금 금쳔 군수인ᄃᆡ 그 모친이 쏫겨옴을 붓그럽게 넉여 그 신부ᄅᆞᆯ 뷔인 방에 가두고 독약을 억지로 먹여셔 ᄐᆡᄋᆞᄅᆞᆯ 반산케 ᄒᆞ고 ᄯᅩ 양ᄌᆡ물을 억지로 먹여 입과 하문에셔 피가 흐르고 혼도ᄒᆞ야 긔졀ᄒᆞ엿ᄂᆞᆫᄃᆡ 그 어미가 금쳔으로 급히 긔별ᄒᆞ야 류군슈가 불일에 올나온즉 그 ᄯᆞᆯ이 아직 죽지 아니ᄒᆞᆫ지라 일쟝 효유ᄒᆞ야 ᄀᆞᆯᄋᆞᄃᆡ 너희 어미의 악ᄒᆞᆫ ᄒᆡᆼ실은 다시 말ᄒᆞᆯ 바 업거니와 일이 이믜 이에 니르럿슨즉 출하리 죽ᄂᆞᆫ 것만 ᄀᆞᆺ지 못ᄒᆞ다 ᄒᆞ고 다시 양ᄌᆡ물을 억지로 먹이고 죽기를 고ᄃᆡ 즁인ᄃᆡ 그 신부의 친ᄒᆞᆫ 녀인이 그 말을 듯고 차ᄌᆞ보고져 ᄒᆞᆫ즉 그 어미가 거졀ᄒᆞᄂᆞᆫ지라 그러나 졍리에 ᄎᆞᆷ지 못ᄒᆞ야 억지로 문을 열고 본즉 그 신부가 손을 잡고 눈물을 흘니며 구ᄒᆞ기를 ᄋᆡ걸ᄒᆞᄂᆞᆫ지라 그 녀인이 ᄇᆡᆨ반 쥬션ᄒᆞ나 이믜 죽을 디경에 니른고로 구원ᄒᆞᆯ 도리가 업다 ᄒᆞ니 부모가 되어셔 이러한 악ᄒᆡᆼ을 참아 엇지ᄒᆞᄂᆞᆫ고[138]

10년의 상거相距를 두고 있는 ①과 ②는 간략한 사실 보도를 특징으로 하는 '기사'라기보다 풍성한 세부 진술을 갖춘 '서사'에 가깝다. 오늘날의 신문 기사에도 서사적 요소는 있으되 서사가 '정보Auskunft'로서의 가치라는 기준에 의해 철저히 통제되는 반면, 이들 사연은 서사성 자체의 확장을 누리고 있기 때문이다. ①과 ②에서 '정보'로서의 가치 자체는 일차적 관심사가 아니다. 「무지ᄒᆞᆫ 부모」라는 표제를 달고 있는 ②의 사건은 낙태만으로도 당시의 형법대전刑法大全 조항에 저촉되는 것이지만[139] 서술자는 법적 처분 자체에는 전혀 관심을 두지 않는다. 기사의 초점이

138 「무지한 부모」, 『대한매일신보』, 1908.8.22, 잡보.

139 문준영, 「대한제국기 '형법대전' 제정에 관한 연구」, 서울대 석사논문, 1998, 97면 참조.

되고 있는 것은 12세라는 어린 나이에 결혼한 후 남편의 정이라곤 맛보지 못한 여인이 "엇지 물경이 감동홈이 업"겠는가 하는 동정, 또 임신한 채 쫓겨온 딸이 "눈물을 흘니며" 목숨을 애걸하는데도 친정 부모는 기어코 딸을 죽이려 드니 "부모가 되어셔 이러훈 악힝을 참아 엇지ᄒᆞᄂᆞᆫ고"라는 탄식이다. 조혼의 해악이나 가문 의식의 폐해 등, 사회적으로 문젯거리가 될 만한 주제 역시 이 사건에 풍성하게 잠재해 있지만, 기사의 초점은 어디까지나 한 여인의 불행한 삶에 공감하는 데 있다. ①의 기사 역시 크게 다르지 않다. ①은 "이러훈 놈은 법사에 잡아 다ᄉᆞ려 풍화를 온젼케 홀 일이더라"라는 논평으로 끝나고 있으나, 역시 사회적 파장 자체를 최대의 관심사로 하고 있지는 않다. 축첩 제도의 문제가 전형적으로 나타난 사례라 볼 수 있지만 이것 역시 기사의 초점은 아니다. 서술자는 사건의 정보 가치를 따지기 전에 사건의 추이 자체에 관심을 기울인다. 첩이 본처를 모함하려다 실패하는 장면을 생생하게 그려내는가 하면, "졍 업든 본실이야 그 정경이 엇더"했겠느냐고 묻고 사내의 "간쟝이 바아지는 듯"한 마음까지 추적하고 상상하려는 식이다.

①, ②를 통해 또 하나 짚어 둘 수 있는 점은 신문이 개인의 정보를 다루는 데 제약이 거의 없었다는 사실이다. ①은 끝내 관계자의 실명實名을 밝히지 않고 '아모'라는 지칭을 쓰고 있지만 이는 예외적인 사례에 속한다. ②처럼 "엇던 량반의 집"이라 하여 서두에서는 익명으로 사건을 다룰 것을 표방하다가도 곧 실명과 직함을 거론하는 쪽이 훨씬 일반적인 경우였다. 1900년대에는 개인의 행적이나 가내사家內事가 공공연히 노출되었고 음사淫事까지도 실명으로 거론되곤 했다.[140] 사건이 이미 공

140 몇 몇 예를 게재일만 명기하여 들어 두기로 한다. 『대한매일신보』, 1907.6.12, 잡보; 1910.7.5, 잡보; 『시사평론』, 1908.11.20 등.

개화된 것이냐 아니냐는 문제 밖이었다. 법적 제재 등으로 사건이 공개화된 경우는 물론이고, '소문'으로만 전해지고 있을 때라도 개인의 정보는 거침없이 노출되었다. 보호해야 할 사적 영역privacy이 미확립 상태였던 데다, 공적으로 다룰 만한 가치가 있는 정보가 따로 있다는 생각 역시 아직 낯선 것이었다. 개인의 사연은 간략한 사실 보도 차원에서 언급되는 데 그치지 않고 구체적으로 공개되곤 했고, 심지어 고관高官의 개인적 소문을 주로 다루는 난까지 생겼으며[141] 기사 표제에서도 '일이나 좀 ᄒᆞ지', '늙은 잡놈' 등 노골적인 논평이 자주 등장하였다. 1900년대 신문의 독특한 성격은 이 와중에 형성되었다.

3_ 1900년대에 신문 필진과 신소설 작가는 함께 '기자'임을 자처하였다. '기자'라는 지칭은 '사실', 그것도 당대의 사실을 글쓰기의 근거로 하겠다는 다짐을 뜻했고, 그러니 만큼 '사실'의 영역이 어떻게 설정되어 있는지는 신문과 소설 사이의 거리를 재는 데 중요한 문제였다. 1900년대 당시 신문은 추상적 지식을 전달하거나 중앙 정계의 소식을 전할 때는 '사실'의 경계를 비교적 분명히 하고 있었다. 소식은 구체적이었고, 그 의미가 확정된 채 전달되었으며, 핵심에서 벗어난 잉여 정보는 가급적 통제되었다. 그러나 시선이 지방으로, 사회의 전 부면으로 이동할 때라면 이러한 경계는 대단히 모호한 것이 된다. 합리와 계몽의 정신이 역설되고 있을 때였지만, 죽은 남편의 혼과 동침하여 아이를 얻었다든가[142] 목신木神이 현몽했다는 기사가 별 논평 없이 게재되기도 했다.[143] "합쳔

141 『대한매일신보』의 '헛ᄉᆞ흔 수작'이라는 난이 이에 속한다.
142 『매일신문』, 1898.12.7.
143 「목신감동」, 『대한매일신보』, 1907.5.23, 잡보.

하인샤에 (……) 이 졀에 뎨일 어려운 일이 잇거든 이 졀 뒤에 셕함을 열어 보아라 ᄒᆞ엿거놀 이거슨 도승 ᄉᆞ명당의 필젹이라"는 문장으로 시작해, 함에 들어있던 것은 사실 몸을 투명하게 해 주는 탈 몇 개였으니 일전 도적떼가 들었을 때 그 탈 덕에 화를 명했다 보도하듯, 명백히 전설의 영역에 속할 기사를 싣는 일도 있었다.[144] "남대문 밧긔 필픽 사는 사람이 비암이 되엿다고 ᄒᆞᄂᆞᆫ딕"라는 소문에 대해 사람이 뱀이 될 수야 있겠냐며 "그 사룸이 여러 ᄒᆡ 병이 드러 (……) 젼신이 기름 바른 것갓치 윤이 흐르고 눈이 누르고 머리털이 다 ᄲᅢ져 병셕에 누엇ᄂᆞᆫ지라 그 모양이 누른 구렁이와 ᄀᆞᆺ다 ᄒᆞᄂᆞᆫ 말"로 해석하는 등[145] 기이한 소문을 보도하되 합리적 해석을 시도한 경우도 있었지만, 비합리를 그대로 받아들인 일 또한 적지 않았던 것이다.

정보의 가치와 서열 역시 뚜렷하지 않았다. 사소한 사기 사건이 신문 전체 지면의 절반을 차지할 정도로 상술되는가 하면[146] 애부愛夫에게 버림받고 자살한 기생의 사연이 길게 실리는 등[147] 공적 정보로서의 가치를 따지기 전에 사연 자체를 문제 삼는 일이 잦았고, 사건을 서술할 때도 정보 가치를 지닌 핵심과 그 밖의 세부를 구별하는 의식은 불명료했다. 독자는 해석되고 평가되기 이전의, 원 재료 그대로의 사연을 접할 수 있었고, 따라서 '정보'라기보다 '이야기Erzählung'를 접하는 셈이었다.[148] 이것만으로도 1900년대의 신문 기사를 소설과 분명하게 갈라내

144 『제국신문』, 1899.3.20.
145 「인사황사」, 『대한매일신보』, 1905.1.13, 잡보.
146 『매일신문』, 1898.5.19.
147 「芳魂可諒」, 『대한매일신보』, 1905.9.27, 잡보.
148 '정보'와 '이야기'의 차이에 대해서는 W. Benjamin, 반성완 옮김, 「얘기꾼과 소설가」, 『발터 벤야민의 문예이론』, 민음사, 1983, 171~172면 참조. 벤야민은 정보가 "그 자체로 이해될 수 있"도록 적절하게 해석되고 가공되는 반면, 이야기는 설명 없이 그대로 전해져 독자에게 "사물을 해석하는 재량"을 주는 것이라 논하고 있다.

기는 쉽지 않다. 더욱이 당시 신문으로서는 취재 영역의 제한이 명료한 것도 아니었다. 동시대의 사연이라면 무엇이든 기사거리가 될 수 있었다. 개인의 사적 영역까지도, 그것도 실명을 들어 세세하게 소식을 전할 수 있었다. 사실 확인의 절차를 밟지 않은 채 '소문'만으로도 거론할 수 있었던 것이다.

1900년대의 신문에서 사실의 관습은 아직 정착되어 있지 않았다. '사실'이라는 단어 자체야 오래된 것이지만 그 관습적 함의는 마땅한 전거典據를 갖추어야 한다는 쪽에 가까웠다.[149] 그러나 근대의 '사실'이란 객관적 실재라기보다 '사실'로서 해석된 경험이다. '사실'은 사건의 온갖 세부, 사건을 둘러싼 풍문과 구구한 해석에서 비합리적이거나 모호한 요소를 제거해 낸 후의 결과이며, 공유의 가치가 있는지 여부에 따라 재단된 현실이다. '정보'라는 근대적 의사소통 형식[150]이 전제하는 '사실'이 이런 것이라 할 때 1900년대에는 '사실'의 근거가 아직 확립되어 있지 않았다 할 수 있다. 신소설처럼 실제로 있었던 사실을 다룬다고 확언하고 있을 때조차 '사실'이라는 말을 근대적 의미로서 받아들이기란 쉽지 않다. 메이지 초년 일본의 경우처럼, 사실이라는 점을 강조했던 신문 기사의 내용이란 흔히 피의자의 진술을 그대로 게재한 데 지나지 않았다.[151] 근대적인 의미에서의 '사실'이라면 피의자 진술의 신빙성을 검토하고 수사진의 의견과 대조시키는 등의 절차를 거쳐야 했겠지만, 여기에서의 '사실'은 존재가 주장되었다는 점 자체에만 근거한 규정이었던

149 홍상훈, 「전통 시기 중국의 서사론에 관한 연구」, 서울대 박사논문, 1999, 68~72면 참조.

150 W.Benjamin, 앞의 글, 175면.

151 野口武彦, 『三人稱の發見まで』, 東京 : 筑摩書房, pp.209~214에서 1878년에 있었던 유명한 毒婦 사건을 두고 피의자의 진술을 '사실'로 보도하고 법정의 판결을 무시한 신문의 사례를 분석하고 있다.

것이다. 법원의 판결보다 피의자의 진술이, 즉 공신력公信力이 검증된 사항보다도 흥미를 한껏 고조시키고 공감을 끌어낼 수 있는 서사가 신문에서 문제되는 경우는 드물지 않았다. 신문 자체의 성격이 '정보'를 다룬다는 방향으로 규정되어 있지도 않았고, 사회 전 영역의 소식을 수집하여 정보로서의 가치를 따질 수 있는 능력 또한 미비했던 까닭이다.

신문이 갓 발행되었던 초기, 각 신문사에 자기 사연과 함께 돈을 부쳐 기사 게재를 청해오는 경우가 종종 있었다는 데서 알 수 있듯[152] 처음에 신문은 일종의 광고로 생각되기도 하였던 듯하다. 물론 신문 편집인은 "젼국에 크게 관계되는 신문샤 규례도 모르시오 (……) 광고에는 갑을 밧을지언정 이런 일을 신문에 늬여달나 ᄒᆞ면 갑을 밧는 일이 업소"라며 이런 무지를 힐난했지만[153] 일반 사회 사건을 보도할 때는 소문이나 투고에 크게 의지할 수밖에 없었다. 그러니 만큼 사회 사건에 있어서 '사실'을 확정하라는 요구는 어려운 문제였고, '정보'로서의 가치에 따라 원 재료를 재단하는 일 역시 쉽지 않을 수밖에 없었다. 신문은 아직 '사실'과 '정보'의 매체로서의 자질을 전 영역에 걸쳐 분명히 하고 있지 못했다.

신문과 소설 사이의 거리 역시 불분명한 것이었다. 소설이 사실에 기반할 것을 선언하고 있었는데다, 신문은 또 다른 '사실', 즉 '정보'로서의 가치를 갖고 있는 '사실'의 체계를 확립하는 데 아직 이르지 못하고 있었던 때문이다. 신문이 기사에서부터 거듭 '정보'가 아닌 '이야기'를 노출시키고 있는 상태에서 두 자질을 엄격하게 구분하는 것은 쉬운 일이 아니다. 정보와 이야기는 함께 뒤얽힌 상태에서 신문과 소설에 동시에 관여하고 있었다. 신문에서 항설巷說을 그대로 옮긴다 할 때, 혹은 나름의

152 『독립신문』, 1897.2.18, 1897.9.9 및 『매일신문』, 1898.5.4.
153 『매일신문』, 1898.5.4.

사연과 감개感慨를 적은 기서를 올릴 때 정보의 자질과 이야기의 자질은 동서同棲 상태에 있는 셈이었고, 이 특성은 때로 논설을 통해서도 나타났다. 1900년대의 신문 논설에서 사회 사건에 논평을 가하는 일은 기이할 정도로 드물었다. 정치・언론・종교 등을 다루는 것만으로는 분명히 드러나지 않는 사회 일반의 기류는, 대신 종종 '이야기'에 논평을 붙이는 형식으로 나타난다. 동네 양반에게 밭을 빼앗기고 자식까지 종으로 바쳐야 했던 아낙의 사연을 통해 "기화 이후 졈졈 더 살 슈가 업소"라는 목소리를 절절하게 담아낸 논설도 있었고[154] 애국 의식을 깨치면서 사림士林을 불신하게 되었다는 땔나무 장사들의 중론衆論을 반영한 논설도 있었다.[155] 명백한 '사실'로서의 사회 사건을 다룰 수 없었던 상황에서 논설은 '이야기'로서 사회를 반영하기도 했던 것이다. 1900년대 신문 논설의 서사적 성격은 계속 되풀이되는 계몽의 내용에 흥미를 더하려는 의식에서 비롯되었던 동시에[156] 사회 전반의 사건을 '사실'로 확정할 수 없었던 상태에서 '이야기'의 힘을 빌려는 의지에서 촉발된 것이기도 했다.

2) 정보의 형식과 공사公私의 영역

1_ 신문에서 사진이 활용되고 기사의 단수段數 구분이 나타나는 등, 현재의 신문 편집 체재가 틀을 갖추게 된 것은 1910년대 중반의 일이다. 이러한 변화는 총독부 기관지 『매일신보』를 통해 이루어졌다. 1910년에 대부분의 민간 신문이 폐간된 후 유일하게 신문으로서의 명목을 이

154 『제국신문』, 1900.6.9, 논설.
155 「柴商談話」, 『황성신문』, 1909.4.28, 논설.
156 정선태, 『개화기 신문 논설의 서사수용 양상』, 소명출판, 1999, 44~46면.

은 매체가 『매일신보』였던 까닭이다. 『매일신보』에서 시도된 여러 가지 편집상의 변화는 단순히 기술적인 데 그치지 않는다. 신문지면에 사진이 등장하게 된 것은 사건을 '있는 그대로' 알린다는 신문의 기능을 강조하는 효과를 가져왔고, 기사의 단수가 다양화된 것은 1단・2단・3단이라는 식으로 기사의 비중을 확실하게 가시화하는 결과를 낳았다. 신문이 정론政論 중심에서 사건 보도 중심으로 방향을 틀고, 사건의 평가를 독자에게 맡겼던 데서 사건을 미리 해석・평가하는 방향으로 나아가면서 기술적인 변화가 함께 나타난 것이라 할 수 있겠다.

신문의 난별欄別 성격을 분명히 해야 한다는 요구는 1900년대에도 나타난 바 있었다. 1900년대의 신문 가운데 난의 분화를 가장 뚜렷이 하고 있었던 것은 『대한민보』였는데, "체재가 頻妙"하다는 칭송을 받았던 『대한민보』의 구성에서 유독 논설란만은 빠지는 날이 많았다. 이는 논설을 정론 발표의 공간으로 삼았던 대부분 신문의 관습과 크게 다른 것이었고, "無每日之論說ᄒᆞ야 太沒味"하다는 불만을 사기도 했다. 『대한민보』에 실렸던 청성초객靑城樵客의 기서는 이 같은 평판을 두루 들면서 논설이 부족하다고 불만을 갖는 태도에 논박을 가한다. 청성초객에 따르면 논설은 "論理而說辭也"이다. 신문사의 주지主旨를 발표하거나 정치・사회 사건을 평론하는 것이 논설의 역할이니, 독자의 흥미를 위해 "構虛而編蕪"하는 것은 부당한 일이다. 논설란에 '이야기'를 올리던 관습을 비판하고 있다 보아야 할 이 논리는 곧, 문장을 취하려면 팔가집八家集을 보고 사적史蹟을 취하려면 만국사를 보면 될 것을 하필 논설에서 이를 다루는 이유가 무엇이냐고 묻는 데로 나아가고 있다.[157] 논설란의

157 『대한민보』, 1909.6.30, 기서.

912년 3월 지면 쇄신을 단행하면서 낸 『매일신보』 사고. 전 지면 활자를 5호로 바꿔 내용을 배로 늘리고 사진 동판을 매일 활용하겠다고 했다. 오른쪽은 월 6일 『매일신보』에 처음으로 실렸던 사진. 원본이 흐려 잘 보이지 않지만 창경궁 식물관 옆 일본식 편전 사진이라고 설명돼 있다.

성격이 논리적인 의견 표명과 비평이라면, 이 성격에서 어긋나는 요소는 마땅히 배제해야 한다고 주장하는 것이다. 물론 이 기서는 『대한민보』를 옹호한다는 입장에 서 있는 것이며, 계몽의 장으로서 논설란을 십분 활용하려 했던 다른 신문의 취지를 헤아리지 않고 있지만, 문제 제기로서의 무게만은 만만치 않다. 신문은 독자적인 성격을 명확히 할 필요가 있다는 것, 신문의 성격은 대상의 확정에서부터 글쓰기 방법에 이르기까지 전 방면에서 고루 구현되어야 하며 난의 구성 역시 이 원칙에 따라야 하리라는 것이 기서의 주장이었다.

1910년대 『매일신보』에 이르러 이 주장은 역설적인 방식으로 실현된다. 정론과 계몽의 입지가 축소되면서 신문은 다양한 방면에 관심을 분산시키기 시작했고 신문의 독자적 영역을 '사실 보도'에서 찾기 시작했다. 『매일신보』에서 가장 눈에 띄는 변화 중 하나는 이른바 사회면이 독립했다는 사실이다. 총 4면 가운데 제1면이 논설과 기획 연재에, 제2면

이 정계 소식과 외보外報에, 제4면이 광고에 할애되면서 제3면은 일반 사회 사건만을 다루는 면으로 독립되었다. 1900년대 신문에서는 혼재해 있었던 정치와 사회 기사가 분화되면서 별 비중을 차지하지 못했던 사회 기사가 일약 확대되었던 셈이다. 이와 함께 신문의 성격을 규정하는 데 있어서도 변화가 일어났으니, "신문의 三面은, 긔쟈의, 자유ᄉ샹으로 긔직ᄒᆞᄂᆞᆫ 것이 안이오, 샤회의, 만반 샹황을 듯고 보ᄂᆞᆫ ᄃᆡ로, 긔직ᄒᆞᄂᆞᆫ 것"이라 했고, 신문을 사진기에, 신문 기자를 사진 기사에 비유하기도 했다.[158] "대뎌 신문이라 이르ᄂᆞᆫ 바ᄂᆞᆫ, 드를 문ᄉᄌᆞ聞"이니 "듯고 보ᄂᆞᆫ ᄃᆡ로" 기록하는 것이 신문의 본분이라 한 예도 있었다.[159] '사실'의 가치에 기반할 것을 적극 표명하기 시작한 것이다. 이러한 표명대로 사회면 기사의 성격 역시 조금씩 변화를 보이고 있었다.

사건의 세부를 낱낱이 공개하는 관례가 일순간에 사라진 것은 아니다. 예컨대, 고부 간 불화가 시어머니가 며느리를 목 졸라 죽이는 사태로까지 이어진 사건을 보도하고 있는 1913년의 기사는 "싀어미다리 밥을 지으라고, 반들々々 잡바졋스니, 그런 계집년의, 힝실이 어ᄃᆡ 잇나냐", "저ᄂᆞᆫ ᄀᆡ도야지만도, 못ᄒᆞᆫ 년인ᄃᆡ, 니러나면 무엇을 ᄒᆞ야요" 등으로 인물의 대화까지 재생해 가면서 자세하게 추이를 서술하고 있다.[160] 그러나 이 기사는 "샹힉치ᄉ傷害致死 죄로 경셩 디방법원에, 고소ᄒᆞ얏다더라"라는 언급으로 끝을 맺고 있으니, '사실'로서 채택될 만한 사회적 가치에 최소한의 관심은 두고 있는 셈이다. 사생아 출산 및 살해를 '계집애가 자식을 나', '세상에 몹쓸 계집년'이라는 논평식 표제로 보도한 경

158 『매일신보』, 1912.4.29.
159 『매일신보』, 1913.5.27.
160 「壓殺子婦의 毒姑」, 『매일신보』, 1913.5.7.

우에도 결어結語는 "검ᄉ국으로, 압송되얏다더라", "목하 경찰셔에셔, 취됴ᄒ는 즁이라더라" 등 법적 처리에 대한 고려였고[161] 연애 편지의 진위眞僞 같은 흥미 위주의 기사도 "슌사는 (……) 취죠 셜유ᄒ는딕"로 마무리되는 식이었다.[162] 단순히 소문이나 평판에 의지한 기사는 지방 지국에서 보내온 것에 한정되어 있었으며, 더욱이 '정보'의 가치와 무관한 상세한 세부 기술이 줄어듦과 더불어 이들 기사 또한 사라져 가고 있었다.

'정보'라는 새로운 의사소통 형식이 자리 잡으면서 얽힌 사연 자체에 관심을 두는 태도는 신문지상에서 점차 소멸하게 된다. '이야기'가 신문에서 추방되기에 이른 것이다. '희노애락喜怒哀樂'·'독자구락부'·'이약이거리'·'도청도설塗聽途說' 등의 난을 차례로 만들어 짤막한 소문과 평판을 모으고 현상 소설 모집에 적극적으로 나서는 등, 신문 한편에서는 '이야기'의 흥미를 활용하려는 움직임이 계속되었지만, 이미 신문의 본질적 영역이 '정보'임은 분명하게 확인되고 있었다. 이야기의 활용은 "외국에셔들은 여러 신문이 간간 셔로 롱담도 ᄒ며 우슌 말도 ᄒ야 보는 이들의게 ᄌ미롭게 ᄒ는 거시 쏘ᄒᆞᆫ 신문 늬이는 ᄒᆞᆫ 가지 학문"[163]이라거나 "직담을 게직ᄒ면 (……) 어리셕은 부녀와 몽미ᄒᆞᆫ ᄋ히ᄭ지라도 신문을 볼 정신이 싱"[164]길 수 있으리라는 통속성의 고려를 실천한 정도에 지나지 않았다. 1900년대의 신문이 정보와 이야기의 근본적인 혼재를 보여주고 있었다면 1910년대의 신문은 정보와 이야기의 분화를 이루어 냈고, 정보를 신문의 본질적 영역으로 하되 이야기를 주변적 형식으로 활용하고 있었다.

---

161 『매일신보』, 1913.5.1.
162 「艶書의 출처」, 『매일신보』, 1915.2.20.
163 『제국신문』, 1898.9.8.
164 「매일신보를 축하홈」, 『대한매일신보』, 1908.3.3, 기서.

2_ 1900년대의 신문은 극히 사적인 사실을 실명으로 다루는 일을 서슴지 않았다. 사소한 가내사家內事, 은밀한 음사淫事 등이라도 언제나 기사의 소재가 될 수 있었다. 그러나 1910년대 들어 '소문'이나 '이야기'가 신문지상에서 배제되고 법적·사회적 문제로 대두된 사건만을 '정보'의 가치를 지닌 것으로 다루게 되자 개인의 사적 영역을 기사거리로 한다는 사정에도 역시 변화가 생기기 시작한다. 실제 파장을 일으킨 경우가 아니면 '정보'의 영역에 편입될 수 없었던데다, 개인의 사적 영역을 공개한다는 데 대한 반감이 점차 뚜렷해졌기 때문이다. 예컨대, 신문 광고란이 가내 분쟁의 잘잘못을 따지는 데 이용된 경우는 1900년대부터 종종 있었지만, "此等의 광고는 徒히 倫紀만 必喪홀 而已오"라는 비판이 나온 것은 1910년대에 접어들어서였다.[165] 개인이나 집안의 소소한 사연을 신문지상에 올린다는 사실 자체가 문제적인 행위로 평가되게 된 것이다.

공公과 사私의 영역을 분간하자는 의식이 낯선 것이기는 했다. 법적으로 공사의 영역을 가르게 된 것은 1905년 형법대전의 제정에서부터이지만, 이는 일본 형법을 모방한 결과였을 뿐, 공과 사 각각의 영역에 대한 인식이 정립되어 있었던 것은 아니다.[166] "나라는 곳 혼집 가족이라 (……) 이쳔만 형뎨자믹 즁에 그 뉘가 텬륜지친이 아니리오"[167]라든가 "그딕네 몸은 즉 국가의 몸이오 그딕네 집은 즉 국가의 집"[168]이라 하듯 국가와 가족·개인을 겹쳐 보려는 시선 속에서 공과 사를 엄밀히 분별하기는 불가능했다. 전통적으로도 사의 의미는 주로 부정적인 쪽이어서, '지공무사至公無私'라든가 '불이사해공不以私害公'의 목표 속에서 지양

165 「광고의 효력」, 『매일신보』, 1911.7.6.
166 문준영, 「대한제국기 '형법대전' 제정에 관한 연구」 참조.
167 「가족 교육의 전로」, 『대한매일신보』, 1908.6.11, 논설.
168 「조국을 지킬 일」, 『대한매일신보』, 1908.12.24, 논설.

되어야 할 것이었다. 사는 개인의 이익이나 편견을 가리키는 뜻에 가까웠다. 사적 영역이 자립성을 획득하고 공중公衆으로부터 보호해야 할 가치로 서기 되기 위해서는, 사 자체의 의미 전이 또한 이루어져야 했다. 물론 이는 '개인' · '자아'라는 낯선 단어가 출현하고 "自己를 차저라"[169]라는 외침이 지상 명령이 되는 과정과 나란히 일어난 일이다.

제도적인 층위에서 개인의 사적 영역이라는 관념이 명백하게 표현된 것은 이른바 인격권personal rights의 성립을 통해서였다고 할 수 있겠다. 인격권이란 정신적 부면에서 자기 이익을 누릴 것을 목표로 하는 권리로, 멀리는 고대 로마 시대부터 싹을 보이고 있었지만 개념적 정립을 보인 것은 로크에 와서의 일이었다.[170] 인격권에서 특히 중요한 명제는 개인의 명예와 사적 영역privacy을 보호해야 한다는 것이었으며, 법제상 이 조항이 나타난 것은 1819년 프랑스에서 제정된 출판법에서였다.[171] 출판법에서 인격권 조항이 명문화되기 시작했다는 사실은 주목을 요한다. 서구에서 소설의 전前 형태로 드는 서사 양식corantos, nouvelles, novels, newes은 본래 새로운 '소식'을 전한다는 소식지로 유통되었는데, 이 성격에 일대 변화가 생긴 것은 이들 양식에 대한 법적 제재와 검열이 문제되면서부터였다. 이들 서사 양식이 개인의 사생활을 다루었다는 이유로 시비가 일어났을 때, 실제로 사적 영역의 침해가 있었는지 여부를 결정하는 기준은 서사의 허구성 정도를 판별하는 데 크게 기대고 있어, 일련의 판례를 통해 '사실'과 '허구'의 경계가 점차 명백히 드러났기 때문이다. 사실 보도와 소설 사이의 경계는 이에 힘입어 확정되었으며, 글쓰기의 차별

169 최승구, 「너를 혁명하라!」, 『학지광』 5호, 1915.5, 15면.
170 송영섭, 「언론 통제의 한 요인으로서의 명예 훼손에 관한 연구」, 연세대 석사논문, 1986, 5면.
171 小野淸一郞, 『刑法に於ける名譽の保護』, 東京 : 有斐閣, 1934, pp.129~130.

화 또한 여기 빚진 바 컸다.[172] 사적 영역을 보호한다는 법의 취지와 사실과 허구의 분별이라는 문제가 밀접하게 닿아 있었던 셈이다. 사진과 언론 매체가 발달하면서 개인의 생활이 공중에게 노출되는 빈도가 잦아짐에 따라 개인에게는 사적 영역을 지킬 권리the right to privacy가 있다는 사고 또한 발달을 보게 되었다.[173]

한국에 인격권의 개념이 도입되기 시작한 것은 1910년대의 일이다. 동아시아 전통에도 개인의 명예를 보호하자는 취지의 율령律令이 없지는 않았다. 다른 사람을 욕하는 행위를 처벌하는 조항은 중국 당대唐代에서부터 보이며, 일본에서는 근대법 구성 초기에 무고죄誣告罪를 채택한 바 있었다. 그러나 중국의 전통 법률은 가해자가 피해자보다 신분이 낮거나 같을 때만 적용되는 것이었으며, 1880년에 제정된 일본의 무고죄 역시 발설한 내용이 사실에 부합하지 않을 경우에만 처벌을 가할 수 있게 규정된 조항이었다. 내용 자체의 참 거짓을 따지기 전에 개인의 영역을 부당하게 침해한 것이냐 아니냐를 중시한 것은 1907년 제정된 일본 헌법에서부터였다.[174] 한국의 경우, 1900년대에는 이런 논의가 전혀 보이지 않다가 "인격의 존엄"을 법의 최고 사명으로 한다는 시각[175]이 출현하기 시작한 1910년대 이후 간간이 인격 및 명예 보호에 대한 의견이 나타나게 된다.[176] 또한 식민지 조선의 법령이었던 부령府令이 기본적으로 일본 법률에 기초했다는 사실을 생각해 보면[177] 실제 법제상으

172 L. J. Davis, *Factual Fictions : The Origins of the English Novel*, Philadelphia : Columbia Univ. Press, 1983, pp.42~101 참조.

173 Ernst, M. L. & A. U. Schwartz, *Privacy : The Right to be Let Alone*, New York : Macmillan Company, 1962, pp.44~46.

174 小野清一郎, 『刑法に於ける名譽の保護』, pp.124~126.

175 「사회의 갱생」, 『학지광』 6호, 1915.7, 5면.

176 김천경, 「인격권을 논함」, 『학지광』 10호, 1916.9.

177 「인권과 명예를 존중하는 개정 형사령」, 『매일신보』, 1923.5.21.

로도 1910년 이후에는 인격권의 개념이 도입되었을 것으로 짐작된다. 주변적인 자료를 참고하자면, "우리 죠션에ᄂᆞᆫ ᄌᆞ릭로 세상에 무슴 일만 잇스면 공연히 헛쇼문이 퍼져 씃도 밋도 업ᄂᆞᆫ 말을 가지고 이집 사랑 져집 사랑에서 짓거리ᄂᆞᆫ 바 (……) 그 죄가 자못 적지 아니ᄒᆡ 평시에라도 부언을 죠작ᄒᆞᄂᆞᆫ 자ᄂᆞᆫ 샹당ᄒᆞᆫ 법률이 잇거니와"라는 진술이 1914년에 나온 바 있고,[178] 1924년에는 부자간 쟁송爭訟 금지 등을 법으로 규정하면서 이 법이 "인권을 존즁ᄒᆞ며 양풍미속良風美俗을 조장"하는 첩경이 될 것이라 전망한 예도 있었다.[179]

'허구'라는 자질이 적극적으로 주장되기 위해서는 먼저 '사실'의 영역이 확립되어야 한다. 1900년대 한국에서는 이 요건이 아직 충족되어 있지 않았다. 1910년대에 와서야 '정보'라는 의사소통 형식이 정립되고 '사실'의 가치가 확정되기에 이르렀으니, 소설이 '허구'로서 자기 표명을 앞세우기 시작한 것은 이때부터의 일이었다. 소설이 '허구'로 자리잡기 위해서는 허구로써만 도달할 수 있는 영역이 있다는 인식이 분명해져야 한다. 바로 여기서 '사실'의 제도적 확립이 문제되기 시작한다. '사실'이 공적 가치가 있는 정보의 간략・명료한 전달이라는 성격을 획득하고 신문 등의 언론 매체를 그 현실화 방책으로 확립하게 되면서 '이야기'는 점차 '사실'의 영역에서 추방되었다. 공공公共의 실제 생활에는 별 영향을 끼치지 못할지라도 개인의 '기억' 속에서 나름의 권위와 의미를 지니는 사연이 '정보'라는 의사소통의 형식에서는 인정받을 수 없게 된 것이다.[180] 간접화되고 공공화된 '정보'의 형식이 확립되자 경험과 의사소통

178 「訛說을 做出하면 3년 이하의 禁錮」, 『매일신보』, 1914.9.10.
179 「인권 존중의 제도 甲子 新年에 실시」, 『매일신보』, 1924.1.1.
180 W. Benjamin, 『발터 벤야민의 문예이론』, 177~186면 참조.

의 직접성은 그 외부에 다른 자리를 마련해야 했다. 구전口傳을 통한 이야기의 세계는 이미 허물어졌지만, 사실과 정보의 영역에서 배제된 서사는 다시 독자적인 질서를 요구해 오고 있었다. 소설에서 '허구'라는 자질이 긍정적이고 적극적인 의미를 부여받은 것은 바로 이때였다. '사실'이라는 제도가 이야기의 요소를 배척했다면, 소설은 거꾸로 '사실'을 배제한다는 것을 형식의 전제로 삼음으로써 독자적인 성격을 확보하기에 이른 것이다.

3. 소설의 문체적 정립과 '현실'의 근거

1) 시 · 공간의 변화와 '~다'체

1_ 1910년대에 와서 문학 · 소설은 "인생과 우주의 진리를 闡發하고 인생의 진로를 연구"하는 진지한 활동, "가장 침중한 태도와 정밀한 관찰과 심원한 상상으로 心血을 灌注"해야 할 엄숙한 과업으로서의 의의를 분명히 하기 시작했다.[181] 이전의 '소설'이 "기괴한 이야기"나 "천박한 권선징악담 · 비유담"[182] 혹은 "인생 사회에는 잇지 못할 로-만쓰"[183]였다면, 새로운 소설은 "人情의 本流"를 담아내는 "靈의 소리"여야 했다.[184]

181 이광수, 「문학의 가치」, 『전집』 1, 505면.
182 이광수, 「懸賞小說考選餘言」, 『전집』 16, 372면.
183 김동인, 「소설에 대한 조선 사람의 사상을」, 『학지광』 18호, 1919.8, 45면.
184 이광수, 「懸賞小說考選餘言」, 373면 및 375면.

기적에 가까운 사건이나 미로처럼 얽혀 드는 서사, 권선징악의 교훈은 가차 없는 비판의 대상이 되었으며, 인물 설정이나 묘사에 있어서의 상투성 역시 혹독한 비판을 받았다. 소설은 이제 인물의 "개성의 발휘", "심리와 동작과 언어", "사회에 대한 분투와 활동"을 여실하게 묘사하는 글쓰기가 되어야 했고 무엇보다 "현실적"이어야 했다. 그러나 이때 '현실적'이라는 말은 1900년대 신소설이 '기記'로서의 의식을 앞세울 때 거론했던 '사실'과는 천양天壤의 차이가 있다. 1900년대의 신소설이 당대의 실제 사실에서 취재했음을 내세웠던 반면, 1910년대 이래 이 의식은 점차 소멸되어 갔기 때문이다. '허구'라는 특징은 이미 소설의 무상無上의 근거여서, 실제 있었던 사건을 그대로 다룬다는 의미에서의 '사실'은 더 이상 문제가 될 수 없었다. 신문이 '사실'로 유통되는 글쓰기로서 안정됨과 함께 소설은 '허구'의 글쓰기로서 분명하게 자리를 잡았던 것이다. 비록 신소설에서의 '기' 의식이 점점이 흔적을 남기기는 했지만, 1910년대 들어 '소설'은 "온전히 사실이 없는 것", "온전한 가공의 인물"[185]임을 도리어 내세우게 되었다.

이 상황에서 역사·전기물이 '소설'로 고려될 수 없었던 것은 당연한 일이다. 역사·전기물은 1900년대의 '소설' 논의를 이끌었지만, '자국어'라는 층위에서 '소설'에 접근했을 뿐 '허구'라는 자질은 전연全然이다시피 고려하지 않았다. 전대 소설의 허탄한 성격은 부정의 대상이었을 뿐이므로 '소설'의 제고를 위해서는 도리어 '사실'의 가치를 내세울 필요가 있었다. 그러나 사실과 허구 사이의 제도적 분화가 본격화되면서 상황은 일변한다. 소설은 "詩上 진리"라 "소설 중 浮動되는 사건과 인물은 一時

185 김동인, 「남은 말」, 『전집』 10, 343면.

에 소멸될지라도 그들의 진리는 萬代不變"이어야 한다는 주장이 웅변하는 대로[186] '사실'이 일시적이고 표면적인 반면 소설은 이를 넘어선다는 주장이 주류가 되기 시작한 것이다. "소설은 명칭과 時日을 除한 외에는 모두 진리"인 반면 "實錄은 명칭과 時日을 除한 외에는 모두 허위"라는 식이었다. 인물과 시·공간에서의 사실성을 피함으로써, 곧 '허구'임을 전제로 함으로써 진실에 육박하려는 역설적인 기획이 소설이라고 본 것이다. '사실'에만 속박되어 있는 글쓰기는 '소설적'일망정 '소설'일 수는 없었다. 예컨대 1912년 『매일신보』에 연재된 추진秋槿 등 중국 신여성의 전기는 1900년대의 시각을 기준으로 하자면 '소설'로 불릴 수 있었을 터이지만, '소설적 감호여협전鑑湖女俠傳'(6.5~7), '소설적 혁명부인전革命婦人傳'(6.8~11)이라 하여 '소설적'이라는 한정을 다는 데 그치고 있다.[187] '소설'과 '소설적'인 것 사이에는 엄연한 경계가 생겨났던바, 이 경계는 다름 아닌 사실과 허구라는 가름이었다. 1900년대의 '소설'이 외부의 '사실'에 의지하려 했다면, 그리하여 이광수조차 "(작자 曰) 此篇은 사실을 부연한 것"[188]이라는 말을 말미에 따로 붙인 것이었다면, 1910년대를 거치면서 이런 진술은 작품 내부로 포섭되어 갔다. "이것은 1918년에 평양에서 생긴 조그만 비극의 하나이다"[189] 같은 서술이, 외부로부터 온 '사실'의 힘을 증명하기 위해서가 아니라, 작품 내적인 '그럴 듯함verisimilitude'의 인상을 위해 쓰이게 된 것이다. '사실'은 일시적·표면적·외부적인 데 지나지 않게 되었다. 소설은 이를 영속적이고 심층적이며 내면적인 가치

186 曉鍾, 「소설개요」, 『개벽』 2호, 1920.7, 129면.

187 秋瑾은 봉건적 결혼 제도의 속박을 끊고 단신으로 일본에 유학, 反滿 혁명 운동에 투신했다가 1907년 처형된 인물로, 근대 초기 중국에서 '새로운 여성'의 이미지를 대표하였다. J. D. Spence, 정영무 옮김, 『천안문 : 근대 중국을 만든 사람들』, 이산, 1999, 67~77면 참조.

188 이광수, 「무정」, 『전집』 1, 533면.

189 김동인, 「눈을 겨우 뜰 때」, 『전집』 7, 202면.

로 지양하여 "인생을 위한 예술"을 이룩해 내야 했다.

1910년대의 논자들이 보기에 옛 문학이 몽적夢的・이상적理想的・전기적傳奇的・기교적임에 반해 새로운 문학은 성적醒的・현실적・평범적・자연적이다. 옛 문학은 "善美의 방면만 수집"하지만 새로 자라는 문학은 "美醜, 善惡 混淆의 실상"까지 묘사하며 "인생에 대ᄒᆞ야 研究的 태도"를 보이니, 후자를 현실적이라 하는 것은 바로 이런 이유에서이다.[190] 달리 말하자면, "傳襲的・教訓的인 舊套를 脫하여 예술적에 들어가는" 변화가 보이는 것이라 할 수 있다.[191] 선과 미만 취하는 교훈적 권선징악에서 벗어났다는 사실이야말로 현실성과 예술성의 획득에서 핵심적인 관건이다. 교훈투로부터의 탈피는 이처럼 중요한 것이라, 현상 입선 소설 말미에 "이 글을 취한 것은 결코 그 권선징악적임에 잇지 아니하다"는 평을 굳이 명기하고 있을 정도이다.[192] 1910년대 소설의 정체성은 교훈투로부터 거리를 두는 데 의해 주요한 형성을 본 것이다. "인생에는 공통일정한한 行路가 업슴"[193]을 깨달았다는 이들에게, 1900년대 신소설에서까지 의연하게 역설되던 권선징악이나 복선화음福善禍淫은 이미 과거의 유물이다. 공통의 지침이 사라져 버린 뒤 귀 기울일 수 있는 소리는 오직 "밧게서 엇으랴고 쉽히지 말고 안을 보아라!"라는 것뿐이며, 이를 따라 "그 목적지야 世所謂 至善이나 至惡이나 아른 체 업고" 각자 "웃던 데서 稟賦된 바 정신의 호령을 좃차서" 갈 밖에 없다.[194] 내면interiority만이 유일의 준칙이다. 이 내면은 개별적인데다 종착점의 선악을 가리지

---

190 혼식生員, 「새 문학과 옛 문학의 비교」, 『반도시론』 1권 6호, 1917.9, 18면.
191 이광수, 「懸賞小說考選餘言」, 373면.
192 『청춘』 11호, 1917.11, 53~54면.
193 이광수, 「余의 자각한 인생」, 『소년』 3권 8호, 1910.8, 20면.
194 위의 글, 20~21면.

않는 것이라, 보편의 성性이라는 지평 위에서 논의되던 정이나 천기天機와는 근본적으로 다르다. "內的人inner man의 자각"을 통해 "靈眼을 말게 써서 만물의 진상을 通觀ᄒᆞ고 자기의 선 곳을 ᄭᆡ달으며 자기의 갈 길을 알고 자기의 가치를 인식ᄒᆞ야 자기의 사명을 다"[195]할 수 있다면, 극단적으로 말해 "子婦로써 처를 作하더라도 必也 비도덕이 안일지며, 利用厚生의 大道를 開함에는 병사의 시체로 기름을 짜는 것이 결코 惡爲가 안일" 것이다. 소위 안녕을 방해한다는 둥 풍속을 괴란壞亂시킨다는둥 하는 말은 "우리의 手足을 箝制하는 현 도덕, 현 사회의 핍박"에 지나지 않는다.[196] 물론 이들 극단론이 전일적全一的 영향력을 행사할 수 있었던 것은 아니어서, "이 세상에 사난 사람은 나만이 아니"니 사회·국가와 자아가 만나는 교점交點에서 갈 길을 찾아야 한다는 절충[197]이나 "世에 본래 절대 자유가 無"하다는 비판[198]은 당연히 따라올 것이었지만, 자아의 절대 자유라는 사고가 나타났다는 사실은 그 자체로 의미심장한 일이었다.

또한 이로써 소설은 점차 "「선」을 좇으려는 갈등"에서 벗어나 "「미」를 동경하는 마음"을 추구할 수 있게 되었다. 전대 소설이 선에의 강박을 보였고 이광수가 선과 미 사이의 갈등을 보여주었다면, 『창조』 이후의 소설은 현실을 핍진하게 묘사하여 악마적 미를 보여줄 수 있게 된 것이었다.[199] 진·선·미라는 구도 속에서 각기 자립적인 자리를 차지하는 듯 보였던 선과 미는 갈등 속에서 새로운 의의를 띠게 되었다. 미는

195 장덕수, 「의지의 약동」, 41면.
196 白一生, 「문단의 혁명아야」, 『학지광』 14호, 1917.11, 48면.
197 이광수, 「余의 자각한 인생」, 22면.
198 서상일, 「「문단의 혁명아」를 讀하고」, 『학지광』 15호, 1918.3, 68면.
199 김동인, 「한국근대소설고」, 『전집』 8, 591면 참조.

정의 충족이고 정이란 다양한 욕망을 가리킨 까닭에 인간을 "情慾의 동물"로 그리려는 시도가 곧 미의 기획이 되었고[200] 나아가 "미적 가치 중 가장 순수한 것, 이것은 본능의 만족"이라는 파격적인 주장도 나올 수 있었다.[201] 쓰보우치 쇼요나 다카야마 쵸규高山樗牛에 따르면, 인간은 아무리 고결할지라도 갖은 정욕의 충동과 숱한 고뇌를 피할 수 없다. 이것이 인간의 '자연'스런 모습이며 본연의 정이다. 이 마음을 어디로 끌고 가느냐는 사람에 따라 다르겠으나, 원색적인 정욕에 압도된 경우라 해서 쉽사리 부정적인 판단을 내릴 수는 없다. 지식과 도덕, 즉 진과 선의 가치 역시 시대에 따라 달라지는 것이고 미의 가치는 늘 상대적이기 때문이다. 미는 불변의 가치가 사라진 상황에서 개인이 욕망의 존재만으로 버텨 나가야 함을, 또 이것이 새로운 시대의 새로운 가치가 될 수 있음을 웅변한다. 후일 중국의 위다푸郁達夫가 말한 대로, 각기 다른 '생'의 욕망—일종의 예술적 충동이야말로 삶의 원동력이다.[202] 이것이야말로 있는 그대로의 삶이고 미의 근거이다. 그렇다면 미는 본래 "악마적"인 것일 수밖에 없다. 개인의 욕망은 보편의 윤리에 부딪힐 때 가장 문제적이고, 현실 역시 공식적 가치와 배치될 때 문젯거리가 되므로, 미는 진이나 선과의 갈등 속에서 가장 또렷하게 부각되기 마련이다. 미가 미 자체로 독립되면서 한국 소설은 비로소 예술적이요 현실적이라는 말로 자기를 선전할 수 있었다. 그리고 이를 위해서 옛 문학의 이른바 "夢的・理想的" 요소는 비예술적・비현실적인 것으로 진단되고 부정되어야 했다.

200 坪內逍遙, 「小說神髓」, 69면.

201 樗牛生, 「美的生活を論ず」, 稲垣達郎・佐藤勝 編, 『近代文學評論大系』 2, 東京 : 角川書店, p.158.

202 이종민, 「근대 중국의 시대인식과 문학적 사유」, 219~223면 참조.

2_ 새로운 인식의 윤곽이 형성되기 이전, 신소설에서 "텬리가 잇고 보면 엇지 그 과보가 업스리오",[203] "딕져 지공무亽훈 텬도는 복션화음 ᄒᆞ는 일이 바이 업는 거시 아니오 공평정직훈 인사는 창션증악ᄒᆞ는 일이 반다시 잇ᄂᆞ니",[204] "착헌 ᄉᆞ롬은 하늘이 도으시는 바라 웃지 무심ᄒᆞ시리요"[205] 등의 수사는 일반적인 것이었다. 이인직이라는 문제적인 예외가 있었으나 대부분의 신소설 작가는 권선징악이나 복선화음의 이치를 노골적으로 선전하기를 주저치 않았다. "셰상에 (……) 이런 리상뎍 관렴을 도로혀 황탄무거로 인정"[206]하고 있다는 현상이나 "지금 세상에는 (……) 못된 짓ᄒᆞ는 사름이 다 잘된다더라"[207]는 등장인물의 독백은 단견短見으로 치부될 따름이었다. 이런 인식을 전대의 권선징악적 틀과 갈라 보기는 쉽지 않다. 그러나 1900년대 신소설에서의 복선화음이란 전대와는 다른 맥락 속에서 생산된 것이기도 했다. "무릇 ᄉᆞ롬의 일동일경과 일션일악을 지공무사ᄒᆞ신 하ᄂᆞ님은 소소이 살피시나니"[208]라든가 "착훈 ᄉᆞ람은 초년 고싱을 격다가 늣게 복을 누려 가업시 질기는 것을 극락세계라 훌 만ᄒᆞ고 악훈 ᄉᆞ람은 당장에 엄젹은 될지언졍 죵님 감옥셔에나 경무쳥에 드러가 고초 격는 것을 디옥이라 훌 만훈지라"[209] 등은, 복선화음의 보편성을 의심하고 강력強力의 우위에 기대려는 상황에 반발하여 나온 진술이었던 것이다.

권선징악의 이치가 의심을 받고 강력이 최상의 가치가 된 것은 1894

203 김교제, 『현미경』, 동양서원, 1912, 230면.
204 이해조, 『금강문』, 동미서시, 1914, 184면.
205 김홍제, 『秋天明月』, 신구서림, 1914, 113면.
206 김교제, 『현미경』, 229면.
207 이해조, 『鬢上雪』, 광학서포, 1908, 17면.
208 김교제, 『현미경』, 166면.
209 이해조, 『鬢上雪』, 112면.

년 청일전쟁 이후 진화론의 영향이 본격화되면서 일어난 변화였다. 일본의 경우 1870년대부터 수용되기 시작했던 진화론은 청일전쟁이 청의 패배로 끝난 후 한국과 중국에도 본격적으로 인입되기 시작하였다.[210] 진화론은 생존경쟁·우승열패優勝劣敗·천택물경天擇物競 같은 문구로 압축되었으며, "강권이 가는 곳에야 인의는 무엇이며 도덕은 무엇이뇨"[211] 같은 극언을 낳기도 했고, 진화의 법칙이 천연天然이요 공례公例일 뿐 그 밖의 가치는 힘의 논리에 따라 계속 변화하는 것이라 "우쥬간에 잇는 모든 물건과 모든 일이 다 째째로 변환ᄒᆞ며 다 날날이 진보"[212]한다 하면서 『주역』의 '수시변역隨時變易'이라는 구절을 새롭게 부각시키기도 했다. 번안소설 『철세계』에 등장하는 과학자 인비의 말대로, "소위 션악ᄉᆞ졍이라 홈은 피ᄎᆞ의 딕거리ᄒᆞ는 말", 허울 좋은 명분일 뿐이며, "우등 인죵이 익이고 열등 인죵은 패ᄒᆞ며 약ᄒᆞᆫ ᄌᆞ가 고기 되고 강ᄒᆞᆫ ᄌᆞ가 먹"는 것이 "텬디간에 썻썻ᄒᆞᆫ 리치"라고 생각할 수도 있었다.[213] 그러나 한국·중국·일본에서 모두 번역되는 등 동아시아에서 큰 인기를 누렸던 『철세계』의 실내용은 철두철미한 진화론자 인비가 자멸하는 반면 "셰계 동포와, 함가지"라는 자세를 갖고 있는 위생학자 좌션은 승승장구한다는 것이었다. 진화론은 매혹과 동시에 저항 또한 불러일으키고 있었다.

진화론이 먼저 부딪힌 것은 옛 도덕의 반발이었다. 진화론이 인의·도덕의 가르침에 어긋난다거나[214] 인류에는 인도人道가 있으니 자연 법칙에만 지배될 것은 아니라는[215] 문제 제기는, 그러나 빈번하지도 않았

210 전복희, 『사회진화론과 국가사상』, 한울, 1996, 47~50면 및 조경란, 「진화론의 중국적 수용과 역사의식의 전환」, 성균관대 박사논문, 7면 참조.

211 「세계에는 강권이 첫째」, 『대한매일신보』, 1909.7.21, 논설.

212 「새해」, 『대한매일신보』, 1909.1.1, 논설.

213 이해조, 『철세계』, 회동서관, 1908, 53면.

214 박은식, 「교육이 不興이면 생존을 不得」, 『서우』 1호, 1906.12, 9면.

고 큰 호소력을 갖지도 못했다. 진화론이라는 새로운 사유는 반발의 목소리에도 새로운 형식을 요구했던 것이니, 진화론 비판에 효율적인 거점이 되었던 것은 법률, 특히 만국공법에의 기대와 기독교 사상이었다. 1900년대에 법률이란 "요식갓치 범률sic 발근 셰상에 닉가 잘못한 일문 업스면 아모것도 겁닉는 것 업네 (……) 흔날에셔 닉려온 쳔상부인이라도 남의 집에 와셔 야단만 쳐 보라게"[216]라는 식으로 전통적 권위에 저항할 수 있는 합리적 대안이었을 뿐 아니라 강권의 횡포에 맞서고 약육강식의 질서를 견제할 수 있는 가능성이기도 했다. 법률은 국내・외에서 "相與ᄒᆞᄂᆞᆫ 권리"를 보호할 수 있는 방책이었고 "大小의 分과 强弱의 辨"에 좌우될 수 없는 "진정한 公道"였다.[217] "만약 법률 ᄒᆞᆫ 가지만 업스면 (……) 사름마다 자연 즘싱ᄀᆞᆺ치 훗터져 다니며 서로 치고 쎄"앗는 모습을 연출할 것이나, 법이 있으므로 약육강식의 자연 상태를 극복하고 인간적 윤리를 실현할 수 있었다.[218] 제국주의적 세계 질서를 목격하면서 간혹 공법이란 허울에 불과하다든가[219] 평화주의니 만국공법이니를 더 논할 수는 없을 것이라는[220] 의혹이 솟아 나오기는 했지만, 그럼에도 법에 대한 신뢰는 엄연한 것이었다.

다른 한편에서는 기독교 사상 역시 진화론적인 세계 질서를 비판하는 데 중요한 버팀대가 되었다. 1900년대에 기독교의 의의는 대단히 복잡하였다. 기독교는 서구 문명의 상징으로 해석되면서 "나라 문명부강과 독립ᄌᆞ쥬의 근본"으로 역설되기도 했고[221] "예수교에 셰계ㅅ사름이

---

215 장응진, 「진화학상 생존경쟁의 법칙」, 『태극학보』 4호, 1906.11, 9~10면.
216 이인직, 『鬼의 聲』, 김상만 책사, 1907, 34면.
217 유길준, 『서유견문』, 교순사, 1895, 93면.
218 『매일신문』, 1898.6.11, 논설.
219 『대한매일신보』, 1905.8.16, 논설.
220 「金庫歸日說」, 『대한매일신보』, 1907.4.7, 논설.

코다 동픠라 홈과 로소의 만셩이 평등이라 훈 말"을 들어 평등주의를 주창하는 근거가 되기도 했으며[222] 나아가 "하ᄂ님이 만물 내시믹 유만부동ᄒ야 (……) 각기 져의 종족을 보젼ᄒ며 각기 져의 성질을 좃츠며 각기 져이 직분을 직힘이 텬리에 당연"하다 하여 강권으로 타인의 권리를 침해하려는 기도를 비판하는 논거로 쓰이기도 했다.[223] 이 중에서 신소설에서 중요한 의미를 띠었던 것은 마지막 면모, 즉 진화론에 대한 비판으로서 제기된 기독교 사상이었다. 기독교는 "텬리에 어긔여지고 덕의가 업서셔 (……) 금슈만도 못훈 이 셰상"을 비판하고 치유할 수 있는 가치, "하나님의 마음을 본밧아 지극히 착ᄒ게 되어야 홀 터"라는 희망이었으며[224] 경박부자輕薄浮者까지 회개시키는 "사룸을 사랑ᄒ는 마음이 츙만훈 그리스도"라는 의미였다.[225] 신소설에서 법과 재판이 권선징악의 새로운 형식으로 나타나고[226] 혹은 "지극히 어지신 하ᄂ님씌셔는 호싱지덕好生之德을 쥬장ᄒ시는 터이라"[227]는 말로 권선징악을 넘어 만민구제까지 설파할 수 있었던 것은 바로 이 상황에서의 일이다. 권선징악과 복선화음이란 강권만을 믿으려는 세태를 비판한다는 적극적인 의미로 재생되면서 근대법과 기독교에의 신뢰를 통해 표현되고 있었다.

한일 강제병합이 이루어진 1910년 이후 이처럼 소박한 기대는 무너질 수밖에 없었다. 진화론은 1910년대에도 여전히 지대한 영향력을 행사했으나 그 난폭한 힘을 제어할 수 있는 가능성에의 기대는 사라졌다.

221 『매일신문』, 1898.5.28, 논설.
222 「정신의 단체」, 『대한매일신보』, 1909.4.17, 논설.
223 「여호와 고양이의 문답」, 『대한매일신보』, 1908.3.25, 논설.
224 안국선, 『금수회의록』, 황성서적조합소, 1908, 2면 및 27면.
225 이해조, 『고목화』, 박문서관, 1908, 106면.
226 이재선, 『한국현대소설사』, 홍성사, 1986, 74면.
227 이해조, 『花의 血』, 오거서창, 1912, 88면.

제1차 세계대전 발발이라는 충격까지 겹쳐, "砲聲이 漲天ᄒᆞ며 갈곳에셔 불이 나고 눈안에셔 피가 나니" 세계는 "진실로 지옥"으로 비쳤으며 "사방이 空空漠漠ᄒᆞ고 사회가 쌈쌈"해진 상황이었다.[228] 약육강식의 자연율을 벗어나지 못한 탓에 "남은 엇지 되얏던지 내 배나 잘 채우는 것이 현대 인류의 도덕"인 것으로 비쳤고[229] "吾儕는 도덕이 무용물임을 强者의게 學得"한 바 되었다. 기독교의 호생지덕이란 "허위적 妄言", "생존경쟁 爆烈彈에 일점의 연기도 업시 파괴"된 가치에 불과했다.[230] 진화론에 의해 '천불변天不變·지불변地不變·도역불변道亦不變'이라는 전통적인 사고가 무너진 위에, 무한정한 강권주의에 저항할 수 있는 근거였던 법사상과 기독교적 윤리 또한 힘을 잃은 것이다. 초월적 지반은 모두 사라져 버렸다. 도덕 역시 시·공간적 제약을 받는다는 사실이 거듭 지적되었고 살육이나 간음도 악일 수 없다는 시각이 등장하기도 했다.[231] 유일한 거점으로서 자아의 가치가 역설되고 "동정의 淚와 愛의 희생"이 모색되었지만[232] 이는 "그러나 생명은 그대로 잇고 생존욕은 그대로 굿세더라",[233] "세월은 무정ᄒᆞ나 生은 悠遠ᄒᆞ니"[234]라는 다분히 수동적인 자리에서 찾은 해결책이었다.

이 수동성을 능동성으로 전화시키려는 노력, "약하고서 엇지 「자아」를 실현할 수 잇으며, 굿쎄지 못하고서 엇지 「생」을 충실히 할 수 있으리오"[235]라는 촉구가 수확을 거두기까지는 또 시간이 필요하였다. "자기

228 장덕수, 「新春을 迎하야」, 1면.
229 현상윤, 「말을 반도 청년의게 붓침」, 『학지광』 4호, 1915.2, 17면.
230 정충원, 「아아 형제여」, 『학지광』 6호, 1915.7, 37~38면.
231 이상천, 「새 도덕론」, 『학지광』 5호, 1915.5, 19면; 白一生, 「문단의 혁명아야」, 48면.
232 김이준, 「出陣하는 용사 제군에게」, 『학지광』 6호, 1915.7, 29면.
233 이광수, 「余의 자각한 인생」, 20면.
234 장덕수, 「新春을 迎하야」, 2면.
235 현상윤, 「강력주의와 조선 청년」, 『학지광』 6호, 1915.7.

의 약한 것을 자각할 그 때에는 나도 한 강한 자"라는 자각 위에서 "강함을 낳는 자는 사랑!"[236]이라는 선언을 구체화해 나가는 일은 이후의 과제가 될 것이었다. 1910년대의 새로운 글쓰기는 이 선언을 세우는 데서 마감되고 있었다. 일체의 초월적 근거를 잃은 세계는 불가해할 정도로 팽창하여 '우주'로 뻗어나가고 있었고, 이제 갓 발견된 자아는 우주와의 합일을 상상하기 전에 "우리는 우주의 적은 일부분 위에 生息하난 쏘 적은 일부분에 지나지 못"[237]한다는 의식에 짓눌리고 있었다. "저, 우주만물은, 무슨 목적으로, 만들럿느냐? (……) 그 중의, 일부분인, 「나」라, 하는 것은, 何故로 來하엿는가?"[238]라는 물음 속에서, '자아'는 무한한 세계와 그 국지局地에 제한되어 있는 자기를 먼저 경험했다.

236 김동인, 「약한 자의 슬픔」, 『전집』 7, 55~56면.
237 이광수, 「余의 자각한 인생」, 18면.
238 김윤경, 「仁川遠足記」, 81면.

2) 내면성의 현실적 효과[239]

1_ 1900년대 신소설의 서술자에게 시·공간적 제약은 거의 문제가 되지 않았다. 서술자는 "부인의 싱각에ᄂᆞᆫ 인ᄀᆞᆫ의 고싱이 ᄂᆞ ᄒᆞᄂᆞᆫ뿐인 쥴로 알고 잇거마ᄂᆞᆫ 그보다 더 고싱ᄒᆞᄂᆞᆫ 사ᄅᆞᆷ이 ᄯᅩ 잇스니 그것은 부인의 ᄯᆞᆯ 옥년이라"[240] 하듯 한 인물을 좇아 사건을 서술하면서도 다른 공간의 상황을 동시에 통찰할 수 있었고, "가련ᄒᆞ다 이 길리냐 (……) 그러나 ᄉᆞᄅᆞᆷ이 고진감릭苦盡甘來란 말과 갓치 무한헌 고싱 ᄭᅳᆺ테 호강이 잇나니 (……) 감은돌 간다고 속이고 가ᄂᆞᆫ 거시 도리여 김순이ᄂᆞᆫ 고싱길를 면ᄒᆞ고 쾌락길로 가ᄂᆞᆫ도다"[241]처럼 미래의 시간까지 장악하고 있었으며, 소설 공간 내의 모순이나 비합리를 정리해내기도 하여, 『화의 혈』에서 악인 이시찰이 자꾸 희생자의 귀신을 보는 일을 두고 "사ᄅᆞᆷ의 뇌라 ᄒᆞᄂᆞᆫ 것은 극히 령통ᄒᆞ야 아즉 오지 안이ᄒᆞᆫ 압일을 미리 ᄭᆡ닷ᄂᆞᆫ 일

239 머리말에서 적었다시피 책을 손보되 본문 내용은 고치지 않았지만 이 각주만은 예외다. 황종연, 「낭만적 주체성의 소설 : 한국 근대소설에서 김동인의 위치」, 『문학사와 비평』 8호, 2001의 각주에서 이 책의 '~다'체 논의에 대해 상세하게 지적해 주신 데 대해 몇 마디를 적어 두고자 한다. '~더라'체와 '~다'체를 각각 초월적 / 객관적이라는 개념으로 규정할 때 논리적 일관성이 결여돼 있고, 각 문체를 그렇게 이해할 수 있는지 자체가 미심쩍으며, 시간 속 원근법을 도입했다는 견지에서 '~다'체의 리얼리즘을 주장하고야 마는 결론이 특히 유감스럽다는 말씀으로 새겨들었는데, 승복할 수밖에 없는 지적이다. 스스로도 이 책 중 제4장 3절 후반부는 아쉬움이 많이 남는다. 세 가지 정도 논지를 제각기 제기하는 데 그치고 말았다고 생각한다. 첫째 '~다'체가 현재에 속박된 묘사의 문체로 등장했다는 점, 둘째 독백의 문체로서 내면성을 창출하는 데 기여했다는 점, 셋째 과거시제를 본격화함으로써 시간적·심리적 복합성을 가능케 했다는 점이 그것으로, 앞서는 이 중 첫째를 주로 초기 국면에 제한하고 둘째와 셋째를 연결함으로써 '내면성의 현실적 효과'라는 경로를 제안했던 바 있다. 내면과 리얼리즘이라는 부조화해 보이는 두 범주를 연결시킬 수 없을까 생각했던 것으로 기억한다. 리얼리즘을 '현실 연관성' 대신 '서사적 효과'의 문제로 바꾸어 봄으로써 논의의 각도를 다소 수정할 수 있지 않을까 하는 기대도 있었다. 실제로는 세 가지 논점을 두서없이 열거했을 뿐 그 사이를 연결, 논리화하지 못했다. 여전히 마땅한 해결 방도가 보이지 않아 문제의식의 일단을 밝혀 두는 데 그친다.

240 이인직, 『血의 淚』, 1907, 32면.

241 김홍제, 『秋天明月』, 39~40면.

이 잇다금 잇는고로(……) 발셔 ᄆᆞ음에 켕겨셔”[242]그런 일이 일어나 것이라 풀이할 때처럼 궁극의 해석적 권위로서 군림하고 있었다. 서술자는 초점 인물focused character의 시・공간을 따라갈 때라도 다른 시・공간에 동시에 거주할 수 있었고, 인물의 경험이나 사고의 범위를 뛰어넘어 보다 적절한 판단을 내릴 수 있었다. 서술자의 이러한 성격은 독특한 서술 어법narrative mood에 힘입고 있었으니, '~이라'・'~도다'・'~더라'라 하는 초월적인 어투가 바로 그것이었다.

'~더라'를 기본형으로 하는 이 어투[243]는 직설과 구분되는 회상의 화법이라 할 수 있다. 이때 회상이란 시제상 과거 지향을 함축하는 말이라기보다 서술대상이 되는 사건이 서술자에게는 모두 기지既知의 것임을 뜻하는 용어다.[244] 곧, '~더라'체의 우위는 서술자가 '모든 일을 이미 알고 있는' 존재로서 발언하고 있다는 사실을 말해 주는 것이다. 여기서 서술자는 일종의 집합적 화자, 즉 집단적 경험의 축적을 기반으로 하고 있는 설화적 세계의 존재이다. 신소설에 이르기까지 서술자는 시・공간의 제약을 받는 구체적 존재가 아니라 모든 시・공간에 편재遍在해 있는 집합적 주체라 할 수 있다. 신소설의 서사는 갖은 우여곡절로 포장되

---

242 이해조, 『花의 血』, 86면.

243 권영민, 「개화기 소설의 문체 연구」, 서울대 석사논문, 1974, 37면에서는 『은세계』와 『추월색』의 종결어미를 분석하면서 '~이라'・'~더라'가 두 작품 각각에서 193회와 102회로 가장 많고 그밖에 '~흔다'・'~ᄒᆞ다'도 각각 133회와 25회로 빈번하게 쓰이고 있음을 지적하고 있다. 이 분석에 따르면 1912년에 출간된 『추월색』이 '~이라'・'~더라'체의 명백한 우위를 보이는 반면, 1908년에 발행된 『은세계』는 두 종류의 종결어미를 거의 대등한 비중으로 쓰고 있다고 할 수 있다. 그러나 『은세계』는 신소설로서는 예외적으로 '~다'체를 많이 쓴 경우이니, 아마도 신소설 가운데 가장 '~다'체에 가까운 작품이라 할 수 있을 것이다. 또 한 가지, '~이라'와 '~더라'의 비중에 큰 차이는 없다. 그럼에도 여기서 '~더라'를 기본 문체라 전제한 것은, '~이라'가 아직까지 '~이다'의 변형으로 치부될 뿐 별다른 조명을 받지 못한 반면, '~더라'는 특수한 문체로 논의된 예가 많기 때문이다. 곧 '~더라'가 '~다'체와 구분되는 특수성을 드러내기에 더 적절한 예라 생각했기 때문인데, 궁극적으로는 '~이라' 역시 '~더라'와 같은 특성을 갖는 문체가 아닐까 한다.

244 고영근, 『국어 형태론 연구』, 서울대 출판부, 1989, 158면 및 179면 참조.

지만 그럼에도 서술자에게 사건의 추이란 처음부터 명확하다. 권선징악이나 복선화음의 가치가 유력한 표지판이 되고 있을 뿐더러, 인물의 성격과 행동, 서사의 경과가 서술자로서는 '이미 알고 있는' 영역의 일이기 때문이다. '~더라'가 시간성의 표지가 없는 어미라는 사실 또한 당연한 일이다.[245] 모든 가능성을 통찰하고 있는 서술자에게 시간은 본질적인 의미를 가질 수 없다. 미래는 이미 예정되어 있으며, 서사는 정해진 결말을 향해 차근차근 진행될 뿐이다. 시간은 예측할 수 없는 변화의 근원이 아니라 불변의 원리를 드러내는 장치이다.

그러나 신소설은 전대 소설과는 달리 '~더라'를 유일한 문체로 하지는 않는다. '~더라'가 일반적이며 규정적인 문체이기는 하나 때로 다른 문체가 틈입해 오는 양상을 보이는 것이다. "평양의 총소리가 의주로 올머가더니 빅마산에는 쳘환비가 오고 압록강에는 송장으로 다리를 놋는다"[246]라거나 "일본 ᄉᆞ람이 득시글득시글ᄒᆞ다"[247] 등, 신소설에서 '~다'라는 낯선 문체가 쓰인 예를 찾기는 그리 어렵지 않다. 이 낯선 문체는 대개 현장 감각에 의거한 묘사와 연결된다. 전대의 관습적 묘사가 약화되고 현실적인 묘사를 활용하기 시작한 것이 신소설의 특징 중 하나였다면[248] '~다'체는 바로 이 특징과 직결되어 있다.

> ᄒᆞᆫ 부인이 나히 삼십이 되락말락ᄒᆞ고 얼골을 분을 싸고 넌 드시 힌 얼골이는 인정 업시 쓰겁게 ᄂᆞ리쏘히는 가을볏에 얼골이 익어셔 션잉의 빗이 되고

245 '~더~'를 시제 보조어간으로 보는 견해도 있으나, 여기서는 고영근, 『국어형태론 연구』의 견해를 따른다.
246 이인직, 『血의 淚』, 21면.
247 이해조, 『고목화』, 138면.
248 이재선, 『한국현대소설사』, 18~20면.

거름거리ᄂᆞᆫ 허동지동ᄒᆞᄂᆞᆫᄃᆡ 옷은 흘러ᄂᆞ려셔 젓가슴이 다 드러ᄂᆞ고 치마ᄶᅳ락은 ᄶᅡ헤 질질 ᄶᅥᆯ려셔 거름을 건ᄂᆞᆫ ᄃᆡ로 치마가 발피니 그 부인은 아무리 급ᄒᆞᆫ 거름거리를 ᄒᆞ더ᄅᆡ도 멀리 가지도 못ᄒᆞ고 허동거리기만 ᄒᆞᆫ다[249]

이날 배전 병문에셔 불든 바람은 (……) 엇더ᄒᆞᆫ 사ᄅᆞᆷ 하나를 겹겹이 싸고 도라가니 갓 귀영ᄌᆞ가 쑥 ᄲᅡ지며 머리에 썻던 졔모립이 졍월 대보름날 구머리쟝군 연 ᄯᅥ나가듯 삼마장은 가셔 ᄯᅥ러진다[250]

두미월계 급ᄒᆞᆫ 여울로 외ᄃᆡ박이 ᄇᆡ ᄒᆞᆫ 쳑이 슌풍을 맛나 살ᄀᆞᆺ치 나려오ᄂᆞᆫᄃᆡ 머리가 협수룩ᄒᆞᆫ ᄉᆞ공들이 ᄇᆡᆨ목수건으로 이마를 질ᄭᅳᆫ々々 동이고 ᄇᆡᆺ머리에 가 마조 안져 쳥승스러온 목소ᄅᆡ로 닷감ᄂᆞᆫ 소리를 공부 삼아 쥬고밧ᄂᆞᆫ다[251]

디구(地球)는 ᄒᆞᆫ 박휘를 쎙 돌아 하오 열두졈이 되니 / 쎙—々—々—々—々—々— / 죵로(鐘路) 마루턱이 보신각(普信閣)의 일만팔쳔근이나 되ᄂᆞᆫ 인경 소리가 형뎨 ᄌᆞ미의 깁히 든 좀을 경셩(警醒)ᄒᆞᆫ다[252]

특히 초두에 시각적인 묘사와 더불어 '~다'체를 사용하는 것은 신소설의 일반적인 관습이 되다시피 한다. 『혈의 누』의 인상적인 묘사와 더불어 시작된, 묘사로 첫머리를 이끈다는 장치는 전대 소설에서는 볼 수 없는 것이었으나, 신소설에 와서는 급속하게 세력을 확장하게 된다. 비록 "이ᄯᅢᄂᆞᆫ 칩도 더웁도 아니ᄒᆞ고 하로가 겨울히 사흘목은 넉넉히 되ᄂᆞᆫ

249 이인직, 『血의 淚』, 1면.
250 이해조, 『驅魔劍』, 1면.
251 김용준, 『月下佳人』, 박문서관, 1911, 1면.
252 김교제, 『牧丹花』, 광학서포, 1911, 1면.

삼ᄉ월이라"[253]같이 묘사의 구체성이 허술한 경우도 있었고, 더 나아가 "머리를 들어 하늘을 우러러보니 일월과 셩신이 쳔츄의 빗츨 일치 아니ᄒ고 눈을 ᄯ서 ᄯ흘 굽어보니 강히와 산악이 만고에 형샹을 변치 아니ᄒ도다"[254] 등으로 묘사라기보다는 추상적 서술에 가까운 진술을 앞세운 경우도 있었으나, 대부분의 경우 신소설 서두의 묘사는 구체적 인상을 확보하는 데 주력하고 있다. 전대 소설의 서두, 예컨대 "송문졔 즉위 이십삼연이라 잇ᄯ 시졀리 티평ᄒ야 사방의 이리 업고 빅셩이 격양가을 일삼던니"[255] 같은 기술에서 서술자의 위치가 초월적인 것이었다면, 신소설 서두에서 서술자는 현장 목격자와 같은 위치에 있다. 대상의 시・공간에 속박되어 제한된 시・공간의 세부를 충실히 재현하는 '눈眼'의 역할을 하고 있는 것이다. 소설 전체를 통해 서술자의 위치가 초월적일지라도 시각적 묘사를 특징으로 하는 첫 대목에서만큼은 서술자의 위치에 시・공간적 제약이 가해지는 것이 신소설 대부분의 정황이었다. 그리고 이처럼 시・공간적으로 특정된 묘사를 담당하는 부분에서 서술자의 전형적인 어투는 '~더라'가 아니라 '~다'였다. 신소설 전반에서는 여전히 '~더라'가 절대 우위를 점하고 있었으나, 구체적 묘사라는 새로운 권역圈域에서는 '~다'체의 의식이 나타나기 시작했다고 말해도 좋겠다.

[2] 김동인은 1929년 「한국근대소설고」를 쓰면서 '~다'체가 "구어체의 정도"를 "철저히" 하려는 의식에서 나온 문체였다고 회상하고 있다.[256]

---

253 민준호, 『江上奇遇』, 동양서원, 1912, 1면.
254 안국선, 『금수회의록』, 1면.
255 「조웅전」, 『한국고대소설총서』 3, 이화여대 한국문화연구원, 1960, 1면.
256 김동인, 「한국근대소설고」, 598~599면.

동시에 김동인은 처녀작 「약한 자의 슬픔」을 창작할 때 "혼자 머리 속으로 구상하던 소설들은 모두 일본말로 상상하던 것이라, 조선말로 글을 쓰려고 막상 책상에 대하니 앞이 딱 막히"는 기분을 느꼈다고 서술하고 있기도 하다.[257] 이 두 가지 회상을 종합해 보면, 김동인이 '구어체'라고 믿고 실천한 '~다'체가 단순히 일본의 '~た'체를 번역한 것은 아닌가, 의심을 가질 법도 하다. 일본에서 '~た'체가 성립된 것은 김동인보다 훨씬 이전, 후타바테이 시메이二葉亭四米의 「부운浮雲」(1887년)이 발표되었을 즈음이라 하니, 1914년에 일본으로 떠난 김동인이 소설을 "일본말로 상상"할 때 구사한 어미는 응당 '~た'였을 것이다. 김동인의 '~다'체란 이 '~た'의 기계적 번역에 불과한 것이었을 수도 있다. 김동인은 또 '~었았다'라는 과거형을 의식적으로 실천했다는 사실을 유난히 자부하며 "일본에서는 아직도 「シタ」와 「スル」가 철저히 구획되지 않"[258]았었다고 했는데, 이야말로 역설적으로 일본어의 영향을 고백한 것이라고 해석할 수도 있겠다. 'した'와 'する'가 혼용되고 있던 상황에서 'した'를 의식적으로 선택, 일관되게 사용한 결과가 바로 '~었았다'였을 가능성은 충분하다.

김동인보다 10여년 앞서 일본에 체류했던 이인직의 경우도 '~다'체의 성립과 관련해 흥미로운 자료를 제공해 주고 있다. 이인직은 『혈의 누』에서 옥련 모母와 정상井上 부인이라는, 남편 없이 살아가는 비슷한 처지의 두 여인을 보여주면서 각각의 말투를 판이하게 묘사해 낸다. 평양의 옥련 모母가 "저 ᄭᅡ마귀 소리 좀 드러보게 (……) 무슴 일이 ᄯᅩ 잇슬런지 모르깃네"[259]에서 보이듯 아랫사람에 대해 주로 '하게'체를 구사하

257 김동인, 「문단 30년의 자취」, 『전집』 8, 394면.
258 김동인, 「한국근대소설고」, 601면.
259 이인직, 『血의 淚』, 88면.

고 있는 반면, 오사카의 정상 부인은 옥련이나 하녀 설자 등에 대해 '~다'체를 사용한다. "심상소학교 일련급 독본이ᄂᆞ 가르쳐 쥬라ᄂᆞᆫ 말이다"라거나 "네ᄀᆞ 죠선셔 자라스면 곳 공부하ᄂᆞᆫ 구경도 못ᄒᆞ얏슬 것이다 네 운수 죠흐려고 일쳥젼징이 ᄂᆞᆫ 것이다", "너갓튼 ᄯᆞᆯ 두엇다ᄀᆞ 망신ᄒᆞ기 쉽깃다 신문거리문 되갯다" 등이 정상 부인의 전형적인 말투이다.[260] 사회적 처지에는 별 차이가 없으면서도 한·일이라는 국적 차이에 따라 두 부인의 말투에 많은 차이가 생겨난 것이니, 『혈의 누』에서 정상 부인만이 두드러지게 쓰고 있는 '~다'체는 일본어에서 크게 영향받은 어투로 보이기도 한다.

사실 한국어의 '~다'와 일본어의 '~た'는 여러모로 닮은꼴이다. 이들 어미는 구어에서라면 일종의 하대체로서[261] 그다지 비중이 큰 어미가 아니었다. 한국어의 '~다'와 일본어의 '~た'가 '언문일치'의 문체로 제안되었을 때 문제가 된 점 또한 바로 이 두 가지였다. 명백한 하대의 말투이며 일상생활에서 자주 쓰이는 어미도 아닌 만큼 '~더라'에 비해 '~다'가 언문일치에 가깝다고 주장할 만한 근거를 찾기는 힘들다. 일상어를 그대로 옮기는 데 가깝다 할 편지글의 경우 '~다'체는 아랫사람에게 보내는 글에서나 가끔 보인 말투였다. 그러나 "ᄀᆞᆽ 가시니 홀일 업다", "아바님ᄭᅴ 가먹 올 제 칙력 보내노라 호다니 아니 왓다"[262] 같은 문장이 대세를 점한 것은 아니었고, 더욱이 소설 지문에서 '~다'를 쓴다는 것은 좀 더 복잡한 고려를 요하는 문제였다.

---

260 위의 책 40면, 49면, 51면.
261 柄谷行人, 박유하 옮김, 『일본 근대문학의 기원』, 민음사, 1997, 66면.
262 조항범 편저, 『註解 순천 김씨墓 출토 간찰』, 태학사, 1998, 80면.

客地에서 돈 한푼 업시 엇지 지내느냐 몸이나 성하며 얼마나 고생을 하느냐 그 동안 너이 아버님에게 네에게 돈을 보내시도록 여러 번 말하얏스나 도모지 듯지 아니하심애 나는 밤이나 낫이나 너로 하야 걱정으로 歲月을 보낸다 네 집은 말 아니되얏다 네 兄으로 말매암아 쎄거지가 나게 되얏다 再昨年에 十萬坪이나 되는 山林을 팔고 昨年에 百餘石 秋收하든 田畓의 文書는 半이나 넘어 남의 손에 건너가고 今年에는 집도 執行을 당하얏다[263]

『청춘』 현상문예 응모작이었던 「기로」는 어머니가 보낸 편지를 "언문일치로 순서 업시 적은 것"으로서 상세하게 제시하고 있다. 이는 아버지가 두 차례에 걸쳐 보낸 편지를 간단하게 요약하고 있는 것에 비해 볼 때 그 자체로 관심을 끄는 일이지만, "언문일치"라는 편지의 문체가 그대로 서술자의 문체가 되고 있음을 생각하면 일층 의미심장한 일이 된다. 인물의 발화를 그대로 옮긴다는 기획은 이미 신소설에서부터 실천된 바 있다. 편지글을 제시하는 일은 거기서 한 걸음 더 나아간 것이나, 편지가 구체적인 대상을 향하는 구체적인 글쓰기라는 점에서 인물의 실제 발화를 옮긴다는 사고는 별 무리 없이 지속될 수 있었다. 그러나 지문地文의 경우라면 문제가 다르다. 지문은 구체적인 수신자를 설정할 수 없는 글쓰기라서 실제 발화를 그대로 옮긴다는 기획으로는 감당하기 어렵다. 그러면서도 동시에 '언문일치'를 운위할 때 관건이 되는 영역이 곧 지문이다. 대화의 제시에서 실제 발화를 그대로 가져오는 방법은 신소설에서도 행해진 것이지만, 신소설의 문체가 본격적인 언문일치로 제안된 일은 없다. 마찬가지로, 지문의 문체는 고투古套대로 두면서 대화

263 이상춘, 「기로」, 『청춘』 11호, 1917.11, 51면.

에서 실제 발화를 수용한 오자키 고요의 『금색야차』나 장응진의 「마굴」이 언문일치라고 논해진바 또한 없었다. 언문일치의 시초라고 두루 평가되어 온 작품은 사실 지문에서 '~다' 혹은 '~た'체를 처음으로 쓴 작품이었다고 할 수 있다. 김동인의 소설이 그러했고, 야마다 비묘山田美妙나 후타바테이 시메이의 문장이 또한 그러하였다.[264]

하지만 '~た'라는 어미로 대표되는 이른바 비묘체美妙體를 탄생시킨 야마다 비묘는 막상 '~た'체가 유행하게 된 후에 다시 '~です'로의 전환을 보여준 바 있다.[265] '~です'는 막말幕末 시대의 지배적인 어미였던 '~なり'와 같은 초월적 어투는 아니지만, 존대의 말투라는 점에서 하대의 말투인 '~た'와 분명히 갈라진다. 한국어에 비겨 보자면 '~ㅂ니다'에 해당한다 할 수 있을 터인데, 만약 소설의 문체가 이러한 '~ㅂ니다'·'~です'의 체계로 고정되었더라면 한국이나 일본의 소설은 전혀 다른 모습을 갖게 되었을지도 모른다. 이들 어미는 '~다'·'~た'보다 훨씬 쉽게 구체적 대화 상대의 존재를 상기할 수 있게 해 주고, 독자의 입장에서는 서술자가 직접 말 걸어오는 듯한 인상을 받게끔 해 준다. '~ㅂ니다'가 연상시키는 것은 다수의 대중을 향한 말하기이다. 반면 '~다'는 아랫사람을 대하는 말투, 그것도 예외적인 말투이기 때문에 미지의 대중을 향하는 말투가 되기 어렵다. 다시 말해, 소설이 다수의 독자를 상대로 하는 말하기이자 글쓰기로서의 성격을 분명히 하고자 했다면 '~다'는 결코 소설의 문체가 될 수 없었으리라는 말이다.

이 문제는 '~다'라는 새로운 어미의 성립 초기에 논란을 일으키기도

264 일본에서 언문일치로 소설을 쓴 최초의 작가는 二葉亭四迷라고 일반적으로 알려져 있으나, 발표를 기준으로 하자면 山田美妙의 「竪琴草紙」(1885년)가 최초의 작품이었다고 한다. 日本現代文學館 編, 『日本現代文學大辭典』 3, 東京 : 講談社, 1977, p.423 참조.

265 野口武彦, 『三人稱の發見まで』, p.199.

했다. 한국에서는 1920년, 새로운 종결어미의 실험이 활발해지고 있을 때 "가령 初面의 人을 대ᄒᆞ야 즉시로 下待體(ᄒᆡ라투)의 어투를 用ᄒᆞ면 對者가 此를 默聽ᄒᆞᆯ 理 有ᄒᆞᆫ가"라 하여 이를 공박한 예도 있었다. 이 글은 "文이라 ᄒᆞᄂᆞᆫ 것은 즉 言의 將ᄒᆞᆫ 자"임을 전제한다. 곧 글쓰기가 음성의 표현이어야 함을 주장한 것이다. 통례대로라면 언문일치의 사고라고 평가해야 할 이러한 주장은, 실제로는 '~다'체를 공격하는 쪽으로 이어진다. 글이 말의 표현이어야 한다면 상대에 따라 어투를 조정해야 하고, 불확정의 다수를 대상으로 할 때는 당연히 경어를 사용해야 한다고 주장한 것이었다.[266] '~다'체를 일상에서 사용하는 경우를 생각해 본다면 이는 적절한 지적이라 할 수 있다. 말하기의 실제가 그대로 글로 반영되어야 한다는 생각을 고집한다면 하대체인 '~다'는 규범적인 문체가 되기 어렵다. 언문일치가 말 그대로 언言과 문文의 일치를 뜻하는 것이라면, '~다'체가 언문일치의 문체로 추천될 만한 근거는 사실 없었다.[267]

따져보면 언문일치란 무엇보다 문장 언어의 공통된 규범을 만들어야 한다는 요구이다. 말과 글의 일치는 공통 규범을 마련할 때 중요하게 고려된 사항이었지만 유일한 고려 사항은 아니었다. 청각 영상으로서의 음성과 시각 영상으로서의 문자를 일치시키겠다는 시도 자체가 근본적으로는 달성될 수 없는 것이고, 공통의 언어 규범을 만들어야 한다는 필요는 개별의 무수한 차이에서 눈을 돌리는 데로 이어지기 쉽다. 실제 구어는 발화 주체와 상황에 따라 숱한 변수를 만들어 내는 만큼 이를 일일이 통제하기는 불가능하다. 그러므로 이른바 문어는 실제로는 어떤 구

---

266 金剛山人, 「조선 新文套에 대하야」, 『매일신보』, 1920.7.17.
267 이청원, 『한국민족문학사론』, 원광대 출판국, 1981에서도 '-다'체를 언문일치의 문체로 보는 데 이의를 제기한 바 있다.

어도 닮지 않은 인공의 언어이다. 어떤 실재와도 같지 않다는 점에서 보편성을 주장할 수 있는 역설적인 언어인 셈이다. 한국에서 이 보편성의 기획은 '~다'라는 어미를 통해 실현되었다. 하대의 어미, 그것도 자주 쓰이지 않는 어미가 자국어 글쓰기의 공통 규범을 만들어 냈던 것이다. '~다'체는 실제 구어의 세계와 거리가 멀다는 점에서 언문일치의 문체로 주장되고 실천될 수 있었다. '관계'의 흔적 자체를 지우려 한 문체가 '~다'체였으며, 무색투명한 문체, 일상어의 존대 체계를 떠난 새로운 언어의 질서야말로 '~다'체가 목표로 한 바였다.[268]

'~더라'체의 세계에도 '~다'체가 존재하지 않았던 것은 아니다. "경찰서에셔 (……) 녀ᄌᆞ가 졍치ᄅᆞᆯ 언론ᄒᆞᄂᆞᆫ 거슨 부녀의 덕을 문란케 홈이라고 효유ᄒᆞ야 보니엿다더라"[269] 같은 문장에서, '~더라'체의 개입을 지운다면 남는 것은 '~다'라는 어미이다. 다만 '~더라'라고 덧붙이는 초월적 서술자의 존재가 늘 '~다'체만으로의 독립을 막고 있을 뿐이었다. '~다'체의 성립을 위해서는 일단 이 초월적 서술자의 존재가 사라져야 했다. 1900년대의 신소설에서 시·공간의 제한을 뚜렷이 한 묘사가 나올 때면 그랬듯이, 어떤 식으로든 서술자의 전능全能에 제한이 생겨야 했던 것이다. '~다'체가 가장 먼저 등장한 국면 중 하나는 바로 이렇듯 서술자의 위치에 변화가 생긴 자리에서였다. 서술자의 초월적 성격이 지워지고 단순한 관찰자로서의 면모가 부각되는 순간, '~다'체는 그때 출현할 수 있었다. 1910년대 소설을 통해 혼성의 양상을 보자면, "수영이의 어머니ᄂᆞᆫ 나히 셜흔둘에 그 良人을 離別ᄒᆞ니 (……) 가히 의탁홀 만ᄒᆞᆫ 本家도 업고, 가히 의뢰홀 만ᄒᆞᆫ 친척도 업ᄂᆞᆫ 불상ᄒᆞᆫ 부인이 되얏더라"처럼

---

268 小森陽一,『出來事としての讀むこと』, 東京 : 東京大學出版會, 1996, 6면 참조.
269「기생언론」,『대한매일신보』, 1910.5.31, 잡보.

요약적 · 논평적인 서술에서는 주로 '~더라'체를 쓰다가도 "수영이는, 그 어머니 病席에 가, 살 흔뎜 업는 그 어머니의 얼골을 보고 더욱 불상후고 더욱 셔러 늣기면셔 운다" 같은 묘사에서는 '~다'체를 일반적으로 사용하는 식이다.[270] 그러나 이것만으로는 1900년대 신소설과 1910년대의 소설에서 각기 '~다'체를 사용하는 양상에 큰 차이가 있다고는 하기 힘들다. 신소설에서는 주로 서두에 국한되어 있었던 묘사의 '~다'체가 1910년대 소설에서 훨씬 확장되기는 했지만, 보다 문제가 된 것은 1910년대 소설에서 서술자가 인물의 대화를 제시하는 역할, 객관적 전달자로서의 역할을 맡게 되는 때였다.

신소설에서 대화 제시의 방법은 서술자의 존재를 완전히 무화시키는 쪽이었다. 인물의 대화는 그 자체로 제시되었을 뿐 서술자에 의해 중개되지 않았다. "(셜자) 닉가 자근앗씨를 가르칠 자격이 되면 이 딕에 와셔 죵노릇하고 잇기슴닛가 / (정) 너더러 어려운 것슬 가르쳐 쥬자 후는 것이 아니다"[271]라는 식으로 등장 인물이 번갈아 대사를 토해내고 있는 동안 서술자는 침묵을 지키고 있었을 뿐이다. 그러나 1910년대에 오면 "그 어머니는, 모기소릭만치 소릭를 닉면셔 / 「그릭 ―」 / 후고 심업시 대답을 훈다"나 "학생들은 신고 다니던 洋靴를 파러먹은 줄 알고 / 「이애, 너 그 됴흔 구두나마 파러먹엇니? (……) 연극장 구경을 가느라고 파러먹엇니? 화토를 후느라고 파러먹엇니? / 후면셔 못 견딕게 군다"의 예처럼, 인물의 대화를 서술자가 중개하는 것이 일반적인 관습이 된다.[272] "(……)하고 대답을 훈다"나 "(……) 후면셔 못견딕게 군다"는, 얼핏 하잘것없어 보

270 백대진, 「금상패」, 김복순, 『1910년대 한국소설과 근대성』, 소명출판, 1999, 494~495면.
271 이인직, 『血의 淚』, 40면.
272 백대진, 「금상패」, 495면 및 499면.

이는 서술자의 첨언은 중요하다. 인물의 대사를 둘러싸고 발화의 상황·행위를 알려주는 서술자, 여기서 시동되는 것은 객관적 관찰자로서의 지향이다. 대화의 현장 역시 묘사 대상으로 삼으면서, 객관적 묘사라는 태도를 작품 전체를 통해 관철시키기 시작했다고 할 수 있겠다. 1900년대의 신소설이 한편으로는 초월적인 '~더라'체를 행사하면서 다른 한편으로 인물의 대화에는 전혀 관여하지 않는 이중성을 보였다면, 1910년대 소설에서는 서술자가 시·공간적 제한을 일반적인 존재 조건으로 받아들이면서 서술 상황의 일관성을 마련해 가고 있었다 할 수 있다.

그러나 '~다'체의 힘은 아직 명백하지 않았다. 1910년대 소설에는 '~더라'와 '~다'가 함께 존재하고 있었다. 예컨대 앞에서 든 「금상패」(1915년)의 작가 백대진도 '~더라'체와 '~다'체의 혼재 양상을 잘 보여주고 있다. 후기로 갈수록 '~다'체의 우위가 나타나기는 하지만, 백대진은 1910년대를 통하여 비교적 꾸준히 두 문체 모두를 사용하는 모습을 보여주었다. 주목해야 할 점은, 그러나 백대진이 일본어로 창작한 「饅頭賣の子供」(1915년)에서는 일찍부터 'した'라는 문체를 일관되게 쓰고 있었다는 사실이다. 비록 체언 뒤에서는 '~だ' 대신 '~である'를 쓰고 있기는 하지만, 이 어미 역시 '~なり'라는 무시제無時制의 어미에 비한다면 한 단계 변화한 것이다. 한국어의 '~더라'에 대응하는 어미가 일본어의 '~なり'인 반면[273] 'した'·'~である'는 모두 '~다'체에 상당하는 어미라 할 수 있다. 이처럼 일본어에서는 일찍이 '~なり'를 버렸음에도 불구하고 백대진은 바로 석 달 후에 발표한 「금상패」에서는 '~더라'와 '~다'를 동시에 사용하고 있다. 이광수 역시 마찬가지이다. 이광수는 『무정』에 이르기까지도 '~더라'와 '~다'

273 현공렴, 『東西寒梅』, 일한인쇄주식회사, 1911; 『竹棲樓』, 일한인쇄주식회사, 1911과 같은 韓日對譯 소설에서 '~なり'를 모두 '~더라'로 번역하였다.

를 함께 쓰고 있었으나, 일본어로 발표한 최초의 소설 「愛か」에서는 '~た' 와 '~である'만을 사용하고 있다. '~더라'에 해당하는 '~なり'는 「愛か」에 한 번도 등장하지 않는다.[274] 이들 예로 미루어 보자면, '~다' 체가 일본어 '~た'의 영향을 받은 것이 사실이라 할지라도 '~た'체의 일방적인 영향 아래 성립된 것은 아니라고 생각할 수 있겠다. 일본어로 글을 쓸 때는 일찍부터 '~た'체로의 확실한 경도를 보였던 작가들조차 한국어로 글을 쓸 때는 다시 '~더라'의 세계로 귀환하곤 했던 것이다. 다시 더듬어 가면, 일본에서 최초로 언문일치 문장을 썼다는 후타바테이 시메이 역시 러시아어로 구상을 한 후 일본어로 옮기는 과정을 거쳐 소설을 저술했다고 하는 역설적인 일화를 만날 수 있기도 하다. 기원은 계속 다른 기원을 짚지만, 어떤 기원도 명료하지 않다.

3_ '~더라'체의 특징 중 하나는 1인칭 화자와의 불화이다. '~더라'가 1인칭 서술자와 호응을 이루는 것은 몇몇 예외적인 경우에 국한되어 있으며, 일반적으로 1인칭 서술자의 경우에는 '~더라'를 이끌지 못한다.[275] '~더라'는 초월적 서술의 말투라, 서술자가 '나'로서 시·공간적 제한을 분명히 할 때는 쓰이기 어려운 까닭이다. '나'라는 서술자가 등장하면서 '~다'체가 부상해 오는 이유는 여기에 있다. 1910년대의 중요한 소설가 중 한 명인 현상윤의 경우 '~다'체로 일관된 글쓰기를 처음 시도한 것은 '나'를 화자로 한 최초의 소설 「핍박」에서였다. "이짐은 病인가 보다. 그러나 무엇으로든지 病일 이유는 업다, 신선한 공기가 맥힘 업시 들어오고 영롱한 광선이 가림 업시 빗치고 새는 울고 쏫은 웃고 샘은 맑고 산은 아름

274 李寶鏡, 「愛か」, 『朝鮮文學』 5號, 1971.12 참조.
275 고영근, 『국어형태론 연구』, 179~181면.

다운데 — 조곰도 病일 까닭은 업다"[276]라는 구절로 시작하는 「핍박」은, 절망과 무기력에 허덕이는 '나'의 내면을 차분히 그려낸 작품이다. 유학까지 마치고 배움을 쌓았노라고 하지만, '나'에게 있어 배움은 세상과의 부조화를 더욱 절감케 한 짐이다. 세상은 "임자 공부도 잘햇다니 일 안하고 돈 모으는 법이 무엇임마?"라는 시각으로 '나'를 재려 하고 '나'의 무위無爲를 조롱한다. 서술자인 '나'의 단정한 '~다'체와 다른 이들이 발음하는 투박한 사투리 사이만큼이나 '나'와 세상 사이의 거리는 멀다. '~더라'의 서술자가 세계를 전일화全一化시킬 수 있었다면, '~다'체를 쓰는 '나'는 세계와의 불화를 뼈저리게 체험하고 있다. 세거리에서 만난 다른 두 가지 길 — 술 속에서 실생활을 잊으려 하는 취객의 길과 땀 흘려 일하는 농군의 길도 모두 '내'가 택할 수 있는 길은 아니다. 어디에도 몸을 둘 수 없는 '나'는 다만 "웬셈인지 (……) 몸이 내려 눌닌다, 숨이 답답하야지고 가슴이 욱어드는 듯하다 —"고 느낄 뿐이다. 한국 소설에 최초로 등장한 '나'는, 벌써부터 고립 속에서 병들어 가고 있다.

'~다'체는 이처럼 고립된 개인의 언어이다. 누구에게도 말걸 수 없고 누구의 위안도 받을 수 없는, 단지 스스로 독백을 뇌까리는 개인의 문체인 것이다. 언제나 존재해 왔지만 문제적인 무게를 얻지 못했던 '내면interiority'은 여기서 비로소 핵심적인 문제 영역이 되었다.[277] 자기 말고는 누구도 알 수 없는 정신적 과정, 다른 사람은 기껏해야 추측할 수 있을 뿐인 사적 영역privacy이 출현한 것이다.[278] 자기 자신에게 건네는 독

---

276 小星, 「핍박」, 『청춘』 8호, 1917.6, 86면.

277 인간의 외면적인 행위 뒤에 숨은 동기에 관심을 갖고 이를 '내면적 인간의 표지[sign of the inner man]'로 간주한 것은 이전부터 있었던 인식이었다. 문제는 이것이 세계 질서를 형성하는 데 어떤 작용을 했는가, 얼마나 문제적인 무게를 획득했는가에 있다. D. L. Rolston, *Traditional Chinese Fiction and Fiction Commentary : Reading and Writing between the Lines*, Stanford : Stanford Univ. Press, 1997, p.213 참조

278 정신[mind]에 대한 데카르트의 발견으로 새롭다 할 만한 것은 이성의 발견이 아니라 사적 영역

백의 말투로 '~다' 이상 적절한 종결 어미는 없었다. 초월적인 '~더라'나 선언투의 '~노라' 등이 아니라 '~다'가 일반적인 문체로 제안될 수 있었던 근거를 여기서도 찾아볼 수 있다. 독백으로서의 말하기, 독백으로서의 글쓰기에서라면 '~다'가 하대의 말투라는 사실은 문제될 수 없다. 나 자신과의 관계를 제외한 모든 관계가 배제된 다음이라, '관계'의 문법을 새삼스럽게 끌어들일 이유가 없는 까닭이다. '~다'체는 자기 자신에게 건네는 말투, "듣는 상대자를 알은곳없이 사물에 대한 자기 단정을 나타내"는 말투이고[279] 따라서 존대 혹은 하대라는 '관계'를 지울 수 있는 문체이다. '~다'체가 소설 문장에서 제일 먼저 실험될 수 있었던 것 또한 이 때문이라 하겠다. 소설이 개인의 내면을 위한 공간을 만들어내는 데 가장 앞섰던 탓이다. '~다'라는 종결 어미는 소설에서는 이미 1910년대 말에 자리를 잡지만, 신문・잡지 등에서는 10여년 후에야 '~다'가 일반적으로 쓰이게 된다. 신문・잡지에서 '~다'체는 처음에 "氏의 공적을 칭송 안이하는 사람이 업다 한다"[280]처럼 다른 사람의 말을 전할 때 쓰이기 시작하여 기고문의 문체로 번져갔고, 마침내 기자 자신의 일반적 문체가 되기까지 이르렀던 것이다. 고립된 '나'의 말투에서 모든 문장의 일반적인 문체로까지—'~다'체가 거친 이 도정道程에서, 또 하나 관심을 끄는 사실이 바로 '그'와 '그녀'라는 대명사의 출현이다.

한국에서 3인칭 대명사를 처음으로 본격 사용한 사람은 김동인으로

[privacy]의 발견이었다는 의견을 T. Duddy, *Mind, Self and Interiority*, pp.10~11에서 찾아볼 수 있다. 이성적 존재로서의 인간에 대한 착안이 토마스 아퀴나스 등의 신학자들을 통해 이루어졌던 반면, 자기 자신만이 알 수 있는 사적 영역으로서 정신을 조명한 것은 데카르트가 최초였으며 이것이 곧 내면의 발견이었다는 것이다. 다른 한편, 내면을 확고한 개인성의 영역으로 여기는 견해에 대한 비판으로는 L. Wittgenstein, 이영철 옮김, 『철학적 탐구』, 서광사, 243~258면 참조.

279 정열모, 『新編 고등국어문법』, 144~147면, 고영근, 『국어형태론 연구』, 168면에서 재인용.

280 「風紀 개선에 銳意」, 『매일신보』, 1926.5.27.

알려져 있다. "He와 She를 모두 다 '그'라고 보편적으로 사용하여 버린 때의 용기는 지금 생각하여도 장쾌하였다"[281]라고 그 자신이 자부하였을 뿐 아니라, 후일의 문학사에서도 김동인의 자평自評은 별 수정 없이 계승되었다. 그렇다면 김동인의 처녀작인 「약한 자의 슬픔」의 서두, "가정교사 강 엘리자벳트는 가르침을 끝낸 다음에 자기 방으로 돌아왔다. 돌아오기는 하였지만 이제껏 쾌활한 아이들과 마주 유쾌히 지낸 그는 껌껌하고 갑갑한 자기 방에 돌아와서는 무한한 적막을 깨달았다"[282]는 한국 소설에서 '그'라는 대명사가 본격 출현한 최초의 장면이 되는 셈이다. 문제라 할 만한 사실은, 「약한 자의 슬픔」에는 주요 인물로만 따져도 엘리자벳트가 가정교사로 일하는 집 주인인 남작, 친구인 혜숙, 시골의 오촌 숙모 등이 등장하지만, 이들 주변 인물들에 '그'라는 대명사가 쓰이는 일은 한 번도 없다는 점이다.[283] 「약한 자의 슬픔」에서 '그'란 실제로는 주인공만을 가리키는 독점적 대명사였고, 이 특징은 이후 한국 소설의 역사에서도 이어졌다. 김동인이 '그'라는 대명사를 두고 행했던 혁신은 바로 여기 놓이는 것이라고 할 수 있다.

따져보자면 '그'라는 대명사를 처음 쓴 것이 김동인이었다고 할 수는 없다. 이광수는 일찍이 「김경金鏡」(1915년)에서부터 '그'라는 단어를 쓴 바 있었고, 『청춘』의 현상문예 당선작 중 하나인 유종석의 「냉면 한 그릇」(1917년)은 등장인물의 이름을 밝히는 바 없이 '그'라는 지칭만을 쓰고 있다. 그러나 이들에게 있어서는 '그'를 주인공에 상당하는 독점적인 단어로 쓴다는 생각이 아직 분명하지 않았다. 역시 3인칭 대명사로 시

281 김동인, 「한국근대소설고」, 599면.

282 김동인, 「약한 자의 슬픔」, 8면.

283 柳父章, 『飜譯語成立事情』, 東京 : 岩波文庫, 1982, pp.205~208에서는 일본 소설에서 '彼' · '彼女'라는 단어가 생기면서 겪었던 마찬가지 상황을 설명하고 있다.

도되었다 할 만한 '그네'가 나오는 다음 구절을 보자. "계집하인도 이 일의 눈치를 아는지 슬쩍 형식을 보더니 싱긋 웃고 나간다. (……) 그러나 그네의 눈에 나쓰는 우슴은 그네의 마음의 질거옴을 말ᄒᆞ엿다."[284] 『무정』에서 유일하게 '그네'라는 대명사가 거푸 나오는 이 대목에서 '그네'란 '계집아이', 즉 김장로 집에서 심부름하는 소녀를 말한다. 이 소녀는 주변적인 인물이라 하기조차 어려운, 어떤 개성도 내비치지 않는 일종의 소도구일 뿐이다. 소녀는 그저 김장로의 부름을 선형에게 전하는 심부름꾼으로서나 출현한다. 그러나 이름도 성격도 제시되지 않은 소녀는 바로 이 점 때문에 '그네'라는 호칭을 얻는다. 『무정』에서 3인칭 대명사는 고유 명사를 얻지 못한 인물을 지칭하는 말이었던 셈이다. 김동인이 한 일은 이를 극적으로 전환시켜 '그'를 주인공을 지칭하는 대명사로 고정시킨 것, 곧 '나'와 같은 무게로 작품 세계를 지배할 만한 존재를 탄생시킨 것이다.

소설에 나오는 숱한 인물 중에서 유독 한두 사람만이 '그'라는 대명사를 독점하면 소설의 무게는 현저하게 이들 쪽으로 기울게 된다. 마치 1인칭의 '나'가 소설을 장악하듯 '그' 역시 맞먹는 힘을 지닐 수 있다. 3인칭 대명사 체계가 발달하지 않았던 한국어에 침투해 온 '그'라는 말은 제3의 인물에 '나'에 준하는 무게를 실을 수 있는 장치가 되었고, 나아가 다른 사람의 내면을 '나'의 내면처럼 그려낼 수 있는 근거가 되기도 했다. 김동인은 바로 이 장치를 만들어낸 셈이다. 앞선 1910년대의 작가들이 '그'를 때로 주인공에, 때로 스쳐 지나가는 단역에 할당하면서 불안정한 모습을 보여주었다면, 김동인은 3인칭 대명사를 소설의 중심에 확실하

---

284 이광수, 『무정』, 401면.

게 고정시켰다. 자기 세계의 중심을 이루고 있는, 동시에 자기만의 세계에 고립되어 있는 주인공이 '나'로서뿐 아니라 '그'로서도 나타날 수 있게 된 것이다. 그리하여 '~다'체는 '나'의 언어일 뿐 아니라 '그'의 언어일 수 있었고 더 나아가 문장 일반을 장악할 수 있었다.

4_ '~다'체는 고립된 개인의 언어이지만 공표公表의 언어이기도 하다. 자기 자신을 향한 독백을 만인 앞에서 읊조린다는 것, 이것이 '~다'체의 본래 기획이다. 독백이되 만인 앞에서의 독백이므로 '~다'체는 읽는 이가 '내면을 엿본다는' 느낌을 맛보게끔 만든다. 다른 사람과의 관계를 차단한 상태에서 토로하는 내면, 그 미지의 사유지私有地를 넘겨보는 듯한 인상을 갖게 해 주는 것이다. 한국 근대의 '소설'이 개척한 땅은 바로 이곳이었다. 현실에서야 개인의 내면은 누구도 확실하게 짚을 수 없는 것이지만, 소설 속에서라면 내면은 널리 공감할 수 있는 형식으로 나타난다. 정연하게 선후先後가 설명되고, 사고와 감정의 굴곡이 세세하게 제시되며, 모든 사연이 '있을 수 있는' 것으로 설명된다. 이로써 소설은 현실에서는 결코 가능하지 않을 일, 다른 존재에 대한 완전한 이해라는 사건을 이룩한다.[285] 실상 '나'의 깊이조차 재지 못할 존재가 다른 존재에게 완벽하게 공감할 수 있다는 흥미로운 인상을 빚어내는 것이다.

더욱이 소설은 이것이야말로 '현실'이라는 인상을 심어 주기까지 한다. 매일매일 육체로 체험하는 생활은 표피적이고 쇄말적일 따름, 내면을 깊이 드러내고 공감을 끌어내는 것이 진정 중요한 일이라는 것이 한국 소설의 전언傳言이다. 그러므로 오늘날 익히 알고 있는 '소설'에 불행

285 E. M. Forster, *Aspects of the Novel*, Middlesex : Penguin Books, 1929, p.54 참조.

이 만연해 있음은 당연한 일이라 하겠다. '내면'으로서의 존재, 공유할 수 없는 사적 영역을 전제한 존재에게 있어서 세계와의 불화는 차라리 자연스럽기 때문이다. 인간이 과연 자기 안에 갇힌 존재인지, 세계에 실제로 얼마나 많은 불행이 존재하는지는 큰 문제가 아니다. 한국의 '소설'은 이미 고립된 개인의 자리에서 출발하였다. 문제는, 소설이 전제하고 있는 통찰이 얼마나 현실적인 것으로 각인될 수 있느냐 하는 것이었다. '~다'라는 어미의 또 하나의 특징, 곧 시제가 요청된다는 특징은 이 지점에서 주목을 끈다.

> 소름 돋을 때와 부채의 시원한 바람의 쾌미는 그에게 조름이 오게 하였다. (한다) 그는 구름을 타고 하늘에 올라가는 맛으로 잠과 깨임의 가운데서 떠돌고 있었다. (있다) 몇 시간이 지났는지 몰랐다. (모른다) 무르녹이기만 하던 날은 소낙비를 부어 내린다. 그리 덥던 날은 비가 오면서는 서늘하여졌다. (진다) (……) 그는 눈을 번쩍 떴다. (뜬다) 어느덧 역한 냄새 나는 모기장이 그를 덮었고 그의 곁에는 五寸母가 코를 골고 있었다. (있다) 위에는 불찌를 잔뜩 앉히우고 그 아래서 숨찬 듯이 할딱할딱하는 석유 람프는 모기장 밖에서 반딧불같이 반짝거리고 있었다. (있다) 「가는 목숨으로라도 살아지는껏 살아라」고 람프는 소근거리는 것 같았다. (같다)[286]

김동인은 '그'라는 대명사를 처음 썼음을 자부하면서 동시에 '~다'체에 과거 시제를 부여했다는 사실을 내세운다. 과거형 '~다', 곧 '~었(았)다'라는 종결 어미는 일찍이 나타난 적이 없었다. 1900년대 신소설에서 묘사를 할 때 썼던 '~다'체는 현재형 '~다'체였고, 이광수 등도 '~더라'체를 버

286 김동인, 「한국근대소설고」, 600~601면.

린 일은 있었어도 현재형 '~다'체를 넘어 '~었(았)다'체로까지 간 일은 거의 없었다. '~었(았)다'체 역시 김동인이 처녀작에서 처음 실험한 것이었다. 그 효과는? 김동인은 "현재법 서사체는 근대인의 날카로운 심리와 정서를 표현할 수 없"다고 단언한다. "현재법을 사용하면 주체와 객체의 구별이 명료치 못"하다는 것이다.[287] '하였다' 대신 '한다', '있었다' 대신 '있다'를 사용하면 독자는 계속 사건이 진행되는 현장에 붙박여 있게 된다. 사건 너머에서 사건을 목격하는 이중적 위치에 처하는 대신, 사건에 즉卽하는 처지에 놓이게 된다는 말이다. 김동인은 이 점을 들어 '~었(았)다'체가 주체와 객체의 분리 속에서 살아가는 근대인의 심리를 보여주기에 보다 적절하다고 주장하였다. 작중 인물과 서술자, 작중 인물과 독자 사이의 거리를 확보하는 데 '~었(았)다'체가 한결 효과적이라고 보았던 것이다. '~었(았)다'체는 서술되는 사건과 서술 시점 사이의 거리를 명료하게 해 주며 그럼으로써 역설적으로 현실적이라는 느낌을 가질 수 있게 해 준다. "모든 사물의 형용에 있어서 이를 독자의 머리에 실감적으로 불어넣기 위해서는 '현재사'보다 '과거사'가 더 유효하고 힘있다."[288]

'~었(았)다'체는 두 개의 시점時點을 전제로 한다. 서술되는 사건의 시점과 서술의 시점이 그것이다. 현재형 '~다'체가 모든 사건을 '지금 벌어지는' 일로서 제시하는 반면, '~었(았)다'체는 사건을 '과거에 있었던' 일로 보여준다. 그럼에도 '~었(았)다' 쪽이 현실성의 인상을 자아내는 데 보다 적절하다는 까닭은 '~었(았)다'체의 서술 속에서 과거의 사건이 끊임없이 현재화되기 때문이다. 소설 내의 사건은 서술이나 독서라는 행위를 통해서만 현실화될 수 있다. 그러므로 모든 사건은 지금 여기, 독서의 현장 속에서 현재화된다. 현재형 '~다'체가 이 현실화의 순간에 맞추어 모

287 위의 글, 600면.

288 김동인, 「문단 30년의 자취」, 383면.

든 사건을 제시한다면, '~었(았)다'체에서 사건은 과거로서 현재 속에서 되살아난다. '~었(았)다'체에서 서술이나 독서의 행위는 과거와 현재를 잇는 고리이다. 이렇듯 하나의 사건에 대해 두 가지 시점이 개입해 온 결과 사건은 입체적인 질감으로 살아날 수 있게 된다. 마치 회화에서 원근법을 통해 복수의 시점이 도입됨으로써 '현실성'이라는 효과가 생겨날 수 있었듯이, 소설에서도 두 가지 시점이 교차되면서 '현실성'이라는 인상이 빚어지는 것이다.[289] 지금 끊임없이 소환되는 과거는 더 이상 화석화되어 굳어 있는 시간대가 아니다. 과거는 현재를 향해 열리고, 그럼으로써 시간은 개방된 흐름으로 나타날 수 있게 된다. '~었(았)다'체의 서술자는 '~더라'체의 서술자처럼 과거와 현재와 미래를 같은 평면 위에서 아우르고 있지도 않고, 현재형 '~다'체의 서술자처럼 현재에만 속박되어 있지도 않으며, 현재 안에서 과거를 재생산하면서 또한 미래에서의 재생산을 위해 현재를 준비해 둔다. 과거에서 현재로, 현재에서 미래로 흐르는 시간의 방향이 성립된 것이다.

이리하여 소설은 현실성의 효과를 달성할 수 있게 된다. 과거 시제로 서술되는 사건은, 결말의 순간에 있어서조차 늘 이후의 시간대에 유보되어 있다. 사건은 끝난 듯 보일지라도 근본적으로 미정未定의 상태이며, 언제라도 다시 문제될 수 있다. 시작과 끝을 모두 완벽하게 보여주겠다는 욕심은 이제 설 자리가 없어진 셈이다. 사건은 늘 현실 속으로, 끊이지 않고 이어지는 현재 속으로 이월된다. 일찍이 1910년대 초에 이해조가 후분을 세세하게 밝히지 않는다는 비판에 대해 던졌던 말, "꽃을 보매 이울기에 이르지 말라"[290]는 말은 마침내 소설의 일반적인 법칙이 되었

289 E. D. Ermarth, *Realism and Consensus in the English Novel,* Princeton : Princeton Univ. Press, 1983, pp.16~64 참조.

다. 최근 사실을 기록하겠다 했던 신소설의 취지 또한 여기 와서 시간의 구도로까지 자라나게 된다. 신소설이 주인공의 성공과 행복을 서술하는 데서 끝나고 있는 것은 사실이지만, 최근 시간대를 배경으로 하고 있는 만큼, 그 성공과 행복이란 최종적인 것일 수 없다. 후분을 다 밝힐 수도, 그럴 필요도 없다는 것은 이해조 뿐 아니라 대다수의 신소설 작가가 공유했던 노선인 듯 보인다. "저작쟈 왈 리일남의 (……) 엇더케 되엿다ᄂᆞᆫ ᄉᆞ실은 이 ᄎᆡᆨ에 업ᄂᆞᆫ ᄭᆞ닭은 최근 소셜이오 ᄯᅩ 년 월 이 저작쟈의 정필ᄒᆞᆯ 동시에 이상 ᄉᆞ실만 잇셧소"[291]라는 식으로, 최근에 있었던 일을 적다 보니 종국終局을 모두 밝힐 수 없었다는 해명이 시간의 유동적인 개방성으로까지 이어졌던 일도 있었던 것이다. 비록 이들 발언이 과거–현재–미래로 흐르는 시간의 흐름을 뚜렷이 자각했던 것은 아니지만, 1900년대 신소설을 거쳐 1910년대 유학생들의 소설에 이르고 이윽고 김동인에게까지 오면, 소설이 과거–현재–미래라는 흐름을 전제한 글쓰기라는 사실은 어느덧 분명해지고 있었다. '허구'가 '사실'보다 일층 현실적이고, 개인의 내면에 대한 온전한 이해라는 비현실적 사건이 '현실'로서 제시되는, 새로운 글쓰기의 공간이 구축된 것이다. "한기에 떨고 있는 삶을, 그가 읽고 있는 죽음을 통해 따뜻하게 할 수 있다는 희망"[292]으로서의 소설은 바로 이 자리에서 한국적 형성을 볼 수 있었다.

---

290 이해조, 「탄금대」, 269면.
291 남궁준, 『금의 錚聲』, 유일서관, 1913, 87면.
292 W. Benjamin, 『발터 벤야민의 문예이론』, 문예출판사, 185~186면.

제5장,

결론_종말과 기원

동아시아의 전통에서 개념이나 공리公理를 엄밀화한다는 사고는 낯선 것이었다. '도道'는 숱하게 쓰였던 말이지만 그 내포가 엄격하게 규정된 일은 없었고, 마찬가지로 『논어』에는 '인仁'이라는 말이 103번이나 등장하지만 정의가 시도된 일은 한 번도 없었다.[1] 인仁·의義·예禮·지智·신信이라는 가치에서 각 항의 내용은 서로 중첩되는데다, 사물을 처리하는 인식 능력을 뜻하는 지智와 나머지 덕목은 분류의 기반마저 달랐던 셈이지만, 이런 특징이 문젯거리가 된 적 또한 없었다.[2] 근대의 개시가 단순히 새로운 개념으로 낡은 개념을 대체하는 것일 수 없었던 이유의 일단一端을 여기서 찾을 수 있다. 전근대에서 근대로의 전환은 인식의 내용뿐 아니라 인식을 지탱하는 장 자체가 바뀌는 경험을 뜻했다. 개념은 엄밀하게 정의되어 분명한 경계를 드러내야 했고, 체계는 상호

1 張法, 유중하 외 옮김, 『동양과 서양, 그리고 미학』, 푸른숲, 1999, 87면.
2 丸山眞男·加藤周一, 『飜譯と日本の近代』, 東京 : 岩波書店, 1998, pp.84~85.

배제적 범주로 구성되는 엄격한 것이 되어야 했으며, 세계는 동일률과 인과율의 질서에 지배되는 것으로 탈바꿈해야 했다. 근대는 인식의 형태 자체를 바꾸어 놓았고 삶의 방식 또한 전면적으로 재편하였다.

근대가 무無에서 유有를 창조해 낸 것은 아니다. 산업의 발전과 현실주의의 확대, 신분제 철폐와 개인주의의 대두로 상징되는 근대적 변화가 1900년대 이전부터 자생적으로 이루어지고 있었다는 논의는 제쳐두더라도, 근대 이후의 변화는 '없었던 사실의 생산'이었을 뿐 아니라 '있었던 사실의 재배치'이기도 했다. '문학'이나 '소설'이라는 가치는 이 재배치의 일환으로 탄생한 것이었다. 이 책에서는 1900년대라는 시기를 중심으로, 필요한 경우에는 1910년대에까지 시야를 넓혀 근대적 문학과 소설 범주가 형성되는 과정을 살펴보고자 했다. 한국 근대의 '문학' 범주 형성을 살피는 데 문제적인 시기가 1900년대만은 아니다. 근대 '문학'의 안정된 형성을 따진다면 1910년대나 1920년대가 더욱 중요한 시기일 수도 있다. 그럼에도 특별히 1900년대에 관심을 기울인 것은, 불안정과 동요 속에서 '문학'이 형성되어 가는 과정을 살피는 데는 이 시기가 보다 적절하리라고 판단했기 때문이다. 1900년대는 서구 근대 문명을 본격적으로 수용하면서 인식의 새로운 틀을 짜 나가기 시작한 시기였다. 국가・국민・국어라든가 개인・사회 등은 이 시기에 새로 등장한 조어造語였으며, 과학・철학・예술 등의 용어가 새로운 의미를 부여받은 것 역시 이때였다. 그러나 이들 용어로 대표되는 인식이 오늘날처럼 안정된 구도를 이룬 것은 아니다. '과학'은 싸이언스science의 역어譯語로 등장했으나 동시에 '과거지학科擧之學', 곧 과거 준비에만 몰두하는 학문이라는 문구의 약어略語로 통용되기도 했고, '사회'란 학회나 정당 단체를 가리키는 데 국한된 용어였으며, '예술'은 주로 예禮・악樂・사射・서

書・수數・어御의 전통적인 육예六藝를 가리키는 말이었다. 1900년대는 오늘날까지 이어지고 있는 근대의 발원지였으나 동시에 이후의 인식과는 판이한 지형을 보여주고 있다.

'문학'의 상황에 있어서도 마찬가지이다. 1900년대는 근대문학의 싹을 보여준 시대로 평가되고 있으나, 다른 한편 미적 효과를 발휘하는 글쓰기로서 '문학'의 가치는 아직 형성되어 있지 않았다. 미적 영역, 예술의 자율성이라는 사고가 정립되지 않았던 것 또한 물론이다. 한국의 경우 미적・예술적 영역의 발견은 정적인 존재로서의 인간을 발견하는 과정과 나란히 가는 것이었는데, 이 발견의 토대라 할 지・정・의라는 인간 이해가 1900년대에는 아직 형성되어 있지 않았기 때문이다. 루소에 의해 제기되고 볼프・칸트를 거치면서 완성된 것으로 알려져 있는 지・정・의라는 인간 이해는 인간을 지성・감정・의지를 갖춘 심리적 존재로 보고 각각의 조화로운 함양을 도모하려는 사고였다. 동아시아에 있어 이 사고는 1880년대 일본에서 먼저 분명한 실현을 보였고, 중국에서는 1890년대부터 싹을 보이다 5・4 시기에 폭넓은 설득력을 얻은 바 있었으며, 한국에서는 1900년대를 거쳐 1910년대 초 이광수 등에 의해 본격적으로 제기되었다. 지・정・의론은 "人은 실로 情的 동물이라"는 식으로 정적 측면을 강조하는 논의인 동시, 문학・예술을 정적 자질에 상응하는 활동으로서 부각시키는 구도였다. '문학'의 근대적 의미는 지・정・의론을 바탕으로 해서야 모색될 수 있었다. 정적이고 미적인 존재로서의 인간을 발견하기 이전에 한국에서 '문학'이란 문물과 학식 일반을 가리키는 전통적 의미이거나 뚜렷하게 윤곽을 드러내지 않은 모호한 개념일 따름이었다.

1900년대에 '문학'이라는 단어가 처했던 상황이 바로 그러했다고 할 수 있다. 1900년대는 새로운 사고와 제도를 수용하려는 시도를 놀라울 만치 역동적으로 보여주었지만, 이 시도를 체계적 안정성으로 정착시키지는 못한 시대였다. 얼핏 모순과 자가당착으로 가득 찬 것처럼 보이는 이 시대는, 그러나 나름의 논리를 전 부면部面에서 구축하고 있다. 1900년대의 인식과 행동을 끌고 간 중심축은 교육의 구상이었고, 이 구상은 지·덕·체의 능력을 고루 갖춘 인간을 육성할 것을 주장하는 시각으로 연결되었으며, 특히 신체적 능력의 함양을 강조하는 중에 식산흥업으로 국가의 실제적 경쟁력을 높일 것을 주창하기도 했다. 지·덕·체론이라는 교육론의 구상을 결절점으로 하여 지식·산업·무력武力의 발전에 대한 나름의 전망을 피력한 것이었다. 오늘날 말하는 소설이나 문학, 예술이라는 개념 안에 배치되어 있는 인식소들은 1900년대의 교육론적인 세계상 안에서 전혀 다른 지형을 그리고 있었다.

무엇보다 1900년대에는 미적·예술적인, 혹은 정적인 자질이 따로 추려져 독자적으로 인식되고 있지 않았다. 지식·도덕·신체라는 구분으로 인간을 이해하는 지·덕·체론 속에서 인간의 정적 특질은 제기되기 어려웠던 것이다. 후일 지·정·의론이 지·덕·체론을 비판하면서 성립된 것은 바로 이 때문이었으니, 1900년대에는 예술의 독자적 성격을 상상해 내는 데 근본적인 제약이 있었다고 하겠다. 19세기 말~20세기 초에 '미술'이라는 새로운 단어가 아트art의 역어로서 동아시아에 널리 알려지기는 했지만, 이때 '미술'의 의미는 오늘날의 예술과 단지 국지적으로만 겹치는 것이었다. '미술'이 때로 오늘날의 미술 및 예술이라는 뜻으로 쓰였다 하더라도 규정적인 의미는 어디까지나 공예·공업이라는 쪽이었기 때문이다. 1900년대에 '미술'이 함축하는 시각적인 미는 물품 생산과 판매에 관건이 되는 것으로 이해되고 있었다. '미술'이 미 그 자체를 목적으로 하는 활동으로 재정의되면서 문학·음악·미술 등을 두루 포괄하게 되고 아울러 '예술'이라는 단어에 이 새로운 뜻을 넘기게 된 것은 1910년대 이후의 일이다. 그러니 만큼 미적·예술적인 글쓰기 또한 1900년대에는 독자적인 인식 근거를 얻을 수가 없었다. 지금 말하는 문학에 상응하는 글쓰기야 예전부터 있었다고 해도 그것이 '문학'으로서의 정체성을 얻는다는 것은 또 다른 일일 터인데, 1900년대에는 아직 이 일이 가능하지 않았던 것이다. '문'이나 '문학'이라는 말에 전제되어 있었던 포괄적 의미가 해체되기 시작하였고 한편으로는 서구 문학의 단편적 소개가 계속되었지만, 1900년대의 글쓰기가 문학으로 제시될 수는 없었다. 미적이고 예술적인 영역, 인간의 정적인 측면에 대한 이해는 1900년대의 몫이 아니었다.

그럼에도 1900년대는 예술과 문학의 독자성을 모색하고 새로운 세계상을 찾아가는 데 핵심적인 계기를 수용하기 시작한 시기이다. 미적·예술적 가치와 직결되어 있는 근대 국가라는 항이 이때 형성되기 시작했다는 점에서 그렇다. 미와 예술은 지식·도덕 등에 비해 상대성과 개별성을 강조하는 데 일층 적절하다는 점에서 민족 국가가 각기 다른 역사와 특색을 주장할 때 유용한 거점이 되었고, 역으로 민족 국가를 발판으로 해서 존재 의의를 다질 수 있었다. 1900년대 이후 '소설'이 거친 변화는 바로 이러한 경과를 보여주고 있다. 음란하고 허탄하다는 세평을 받아왔던 '소설'은 1900년대 들어 급속한 지위 상승을 경험한 바 있다. 신지식으로 국민을 계몽하는 데 소설만한 방책이 없다 하여 널리 주목을 끈 까닭이다. 그러나 이때 '소설'은 전통적으로 일컫던 '소설'과는 다른 존재였다. 전대의 '소설'이 처음에는 하잘것없는 이야기를 뜻했고 점차 빙허착공憑虛鑿空으로 인정물태人情物態를 그려내는 서사라는 방향으로 의미 변화를 경험해 왔다면, 1900년대의 '소설'은 이런 속성과 절연하고 이상적 이념형을 제시하는 역할을 할 것을 요구받고 있었다. 결과적으로 1900년대에 '소설'의 모범으로 추천되었던 글쓰기는 전대의 '소설'과도 다르고 오늘날 말하는 '소설'과도 판이한 특색을 보여준다. 이른바 역사·전기물이라고 하는 글쓰기가 그것이다. 오늘날 역사·전기물=소설이라는 생각은 낯설지만, 1900년대의 시각에서 보자면 역사의 추이나 위인의 사적을 통해 '소설'로서의 효과를 달성할 수 있다는 생각은 당연한 것이었다. 1900년대에 '소설'이란 다른 무엇이기 이전에 자국어로 된 글쓰기였기 때문이다.

모든 글쓰기가 자국어로 이루어지고 있는 오늘날, '소설'에서 다른 특성을 제쳐두고 자국어 글쓰기로서의 자질에 주목하려 한 시각은 일견 기이하게 보이기도 한다. 그러나 1900년대에 자국어 글쓰기라는 전제는 막 만들어지고 있는 참이었다. 무엇이 자국어 글쓰기인지에 대한 합의도 뚜렷하지 않았고, 자국어 글쓰기의 전범은 더더욱 분명치 않았다. 한문을 배제하고 한글을 글쓰기의 지평에 넣어야 한다는 합의 정도만이 있었던 당시 '소설'은 자국어 글쓰기의 전통으로 참조할 수 있는 유일한 예였다. '소설'이라 불려온 글쓰기의 다른 특징은 중요하지 않았다. '국민'이라는 이름하에 발견된 새로운 집단이 모두 이해할 수 있는 글쓰기를 만들어 내야 한다는 요구가 하도 급박한 것이어서 '소설'의 다른 특징은 하찮게 보일 뿐이었다. 비록 오랜 세월에 걸쳐 이루어진 '소설'의 제반 특색이 단번에 지워질 수는 없었다 해도, 국민 계몽이라는 초조한 요구는 '소설'에서 자국어 글쓰기의 자질만을 추려내어 이를 민족적 과거에 대한 탐색과 연관 짓고 있는 참이었다. 비록 다른 특색 역시 암암리에 '소설'이라는 이름으로 승계되기는 했지만, 이 선을 담당한 신소설마저 국민의 형성과 계몽이라는 과제를 피할 수는 없었다. 1900년대의 신소설이 근거 없는 허구와 절연하고 사실에 입각한 기록으로 풍속 개량의 목표를 달성하겠다고 선전한 것은 이 때문이었다. 신소설은 역사·전기물만큼 '소설'로서의 자의식을 두드러지게 앞세우지는 않았지만, 기록으로서의 가치를 천명하고 인물의 발화를 직접 재현하는 방법을 마련하는 등 새로운 '소설'로서의 근거를 구축하려는 고심을 계속해 나갔다. 역사·전기물이 국한문 혼용체를 자국어 글쓰기의 길로 제시하면서 한문 지식층과 문맹文盲을 두루 포괄하려는 기획을 실천한 반면 신소설은 여성·평민 등의 주변 집단이 '소설'의 문체로 즐기던 국문체를 자국어로 제안해 내려 했고, 또한 역사·전기물이 이념형의 제시에 주력한 반면 일상의 묘사에 힘썼다. 역사·전기물이 한문으로 표상되는 문자의 세계를 존중하여 이를 대중적으로 전파하는 데 노력했다면, 신소설은 일상적 발화로 대표되는 음성의 질서를 존중하고 자국어의 체계를 음성에 기반하여 만들고자 한 것이었다. 그만큼 1900년대에 '소설'은 자국어를 구상해 나가는 데 핵심적인 계기였으며, 자국어는 민족 국가의 형성에서 중요한 고리였다.

1910년 국가 상실 이후에도 '소설'은 민족적 가치를 토대로 예술적 가치를 확보한다는 시도를 계속해 나갔다. 자국어 글쓰기로서의 의의를 확고히 하고 이를 글쓰기 전반의 관습으로 확대시킨 위에, 허구이되 사실보다 진실한, 그렇기에 예술적인 글쓰기로서의 특성을 다져 나가게 된 것이다. 1910년대에 '소설'은 허구라는 자질을 적극적으로 내세운다는 커다란 변모를 보였다. 전대에서나 1900년대에나 허탄무거라는 소설의 특징이 터무니없는 거짓이라는 뜻으로 조명되었다면, 1910년대에 허구는 표피적인 사실 이면을 드러내는 장치라는 의미로 새롭게 주목되기 시작하였다. 1900년대 신소설이 허구임을 부정하고 사실의 기록임을 주장함으로써 '소설'에 대한 부정적 시각을 피하고자 했다면, 1910년대의 소설은 도리어 허구라는 사실을 강조하여 '소설'의 고유한 근거를 마련하고자 했던 것이다. 1910년대에 이처럼 새로운 시도가 나올 수 있었던 것은 사실과 허구에 대한 엄격한 분리가 이때 비로소 생겨났기 때문이다. 1910년대는 공적으로 알릴만한 가치가 있는 정보를 취택取擇하고 그 사실성을 조회하여 객관적으로 알린다는 '사실'의 제도가 처음 등장한 때였다. 이 제도의 밑거름이 된 것은 물론 새로운 변모를 보이고 있었던 신문이다. 1900년대의 신문이 정치와 교육적 계몽에 편향된 채 사회 사건을 '이야기'라는 시각에서 주로 다루어 왔던 반면, 1910년대 들어 신문은 객관적 사실 보도의 매체로 재평가되고 있었다. 공유할 만한 정보를 적절하게 평가・해석하여 제공하는 것이 '사실'의 영역이 되었다. 이야기의 요소는 여기서 배제될 수밖에 없었다. 또한 공적 정보의 층위에 둘 수 없는 사적 정보가 있다는 생각이 현실적 힘을 얻으면서 이전에는 공공연하게 다루어졌던 개인의 사정 역시 축출 대상이 되었다. '소설'의 근거를 허구성에 바탕하여 찾으려 한 시도는 '사실'로부터 배제된 대상, 즉 세세한 이야기의 요소와 개인의 내밀한 정보를 독립시킨 것이었다. 이로써 '소설'은 사실과 별도의 논리를 가진 것이 되었다.

저마다 독자적이고 고립된 내면을 가진 개인의 상이 나타난 것 역시 이곳에서이다. 인간을 정적인 존재로 이해하는 시각이 확산되면서 각자의 개별성이 전제되고, 다른 사람의 내면을 통찰한다든가 공론화하는 것이 불가능한 일이라는 사고가 싹트면서, '소설'은 저마다의 개별성에 접근할 수 있는 특별한 통로로 자리매김된다. 소설은 객관적인 외면이 아니라 각기 다른 내면을 다루는 글쓰기로서, 이를 통해 역설적으로 현실성을 확보할 수 있었다. 있는 사실을 다루는 대신 사실 너머를 다루되 보편적 진실을 제기한다는 점에서 현실적이라는 인상을 빚어내기에 이른 것이다. 이처럼 소설이 내면 탐색을 기초로 하는 글쓰기, 현실성의 효과를 발휘하는 글쓰기로 서는 데 큰 역할을 한 것이 '~다'체이다. '~다'체는 흔히 언문일치의 문체라고 논해지는 문체지만 사실상 일상 언어와는 거리가 멀다. 하대의 말투라 다수의 독자를 상대로 하는 화법이 되기도 어렵고, 일상에서 자주 쓰이는 말투도 아니다. 말하기의 상황을 십분 의식한다면 익명의 다수를 상대로 하는 글쓰기에서 '~다'체는 성립되기 어렵다. '~다'체가 소설의 문체, 나아가 글쓰기 전반의 문체가 될 수 있었던 것은 반대로 구체적인 대상을 모두 가려 버렸기 때문이다. '~다'체는 고립된 개인의 독백 언어로서 소설의 문체가 될 수 있었다. 한국의 근대 소설은 개인의 독백에서, 개인의 내면적 목소리를 듣고 보편성을 환기한다는 역설적인 기획에서 출발점을 찾게 되었다. 자국어 글쓰기라는 의의와 개인의 내면을 포착하여 표현하겠다는 의도가 '소설'이라는 특이한 글쓰기를 구분 짓게 된 것이었다. 근대의 '문학'은 이 같은 '소설'을 준거로 해서 형성될 수 있었다.

부언_ 2006년의 몇 마디[3]

'문학의 죽음'이며 '인문학의 위기' 같은 말이 수사로서의 생명조차 다해가고 있는 시절이다. 위기에 저항하려는 레지스탕스들마저 회복에의 신념은 이미 잃어가고 있는 듯 보인다. 문학과 인문학의 위축이 기정사실임을 의심하는 사람은 이미 없다. 위축 뒤에 어떤 운명이 기다리고 있는가, 혹은 어떤 운명을 택할 것인가—보호받아야 할 희귀종으로서의 삶? 가차 없는 시장 논리 속으로의 흡수? 새로운 영역의 발견? 대체 누가 살아남고 누가 죽게 될 것인가?—등의 문제가 있겠지만, 이제 남은 것은 사후처리의 절차일 따름이다. 문학과 인문학을 중심으로 한 시각에서 벗어나 보자면 이런 변화는 사실 당연할 것이다. 식민지시대 이래 "현실적으로는 불가능하기 때문에 문학이 모든 것을 떠맡았던"[4] 기나긴 시절이 끝나고 정치와 사상의 몫이 회수되면서, 문학은, 또한 인문학은 뒤늦게 독자적인 자기 가치를 증명해야 한다는 요구에 직면해 있다. 내포가 다를 수밖에 없는 '문학'과 '인문학'을 함께 묶게끔 만들었던 공통의 특성, 즉 보편적 문제와 씨름하고 보편을 향해 발언한다는 의식이 위기에 처하면서, 문학-인문학은 비非 보편으로서의 존재 양식을 요청받고 있는 중이다.

곳곳에서 소규모 방어 진지가 구축되고 있는 상황은 이와 무관하지

---

3 황호덕의 『근대 네이션과 그 표상들』(소명출판, 2005)에 대한 서평으로 2006년 『SAI / 間 / 사이』 제1호에 썼던 「문학의 과거와 문학연구의 미래」 중 일부를 따오고 몇 마디를 덧붙였다. 췌언이기 쉬울 것으로 생각하지만, 마지막 대목에서나마 『한국 근대소설의 기원』이 첫 출간된 2000년과 지금 시점 사이에 가교를 두고 싶었던 까닭이다.

4 柄谷行人, 조영일 옮김, 『근대문학의 종언』, 도서출판b, 2006, 49면.

않을 터이다. 다른 분야에서도 그러하거니와 '문학'과 '인문학'이 함께 얽혀 있는 한국 근대문학 연구의 경우 더욱 그렇다. 1980년대 중·후반 본격적인 성장기를 맞았던 한국 근대문학 연구는, 이후, 1990년대 중반부터 계속 모색의 상황을 통과해 왔다. '근대성 자체에 대한 성찰'과 '탈민족주의적 경향'이 비교적 공통된 노선이었다고 할 수 있겠으나[5] 최근 몇 년 사이에는 각개약진의 양상이 한결 두드러진다. 주제로는 문학 제도 및 매체에 대한 연구, 파시즘과 식민 말기 글쓰기에 대한 연구, 문화·풍속론적 연구—방법론으로서는 특히 포스트콜로니얼리즘이나 페미니즘—대상에 있어서는 1900년대에서 1970년대까지 이르는 넓은 분포를 보이는 연구의 경향은, 때로 겹치면서도 근본적인 고립 속에 있다. 근대성이라는 화두나 국민국가에 대한 비판적 시선마저 그 일반적 위력을 상실해 가고 있는 중이다. 문학 텍스트의 관습적인 경계가 무너지고 있지만, 경계 너머를 탐사하는 방법은 소극적 실증주의로 수렴되고 있으며, 이 속에서 문제 제기의 활력은 점차 줄어들고 있다. 문학-인문학의 재조정은 자칫 어떤 해방의 효과도 낳지 못한 채 위축과 무기력증으로 귀결되고 말 상황이다.

고립을 벗어날 수 있는가? 보편에의 욕망과 자폐적인 위축 사이에서 분열되는 대신 다른 길을 발견할 수 있을 것인가? 비非 보편으로서의 독자적인 존재 방식을 찾아나갈 수 있는가? '문학'이 이제 바야흐로 죽음을 마주하고 있다면, 성공적으로 죽음 직전의 꽃Angstblüte을 피우고 그 씨앗을 널리 남길 수 있을 것인가? '문학' 자체의 생존이란 문제를 떠남으로써 '문학'을 더 풍요롭게 계승하는 일이 혹 가능할까? 이 책에서 살

5 김철, 『'국민'이라는 노예 : 한국문학의 기억과 망각』, 삼인, 2005, 191~92면.

펴본 기원의 풍경은 '한국'의, '근대'의, '문학'의 기원에 두루 해당한다. 오늘날 목격하고 있는 것이 '문학'의 죽음일 뿐 아니라 멀리는 1900년대 이래, 가까이는 1960년대 이래 한반도(남녘)에서 구축해 온 체제 전반의 위기라고 한다면 기원을 참조할 필요는 더 절실해진다. '지금, 여기'에 필연성의 신화를 덧씌우는 대신 기원 속 각축과 경합과 공존의 양상을 살피고, 억압되고 외면당했던 몫을 추스르고, 현재 자체를 새롭게 읽어내는 속에서 길은 혹시 열릴 것이다. 더 이상 좇을 구미歐美도 없고 더 목표할 숫자도 희미해진 지금, 한반도의 지난 1백 여 년을 신생의 원천으로 삼을 수 있을지— 소수화되고 주변화되어야 할 위치에서나마 '문학'과 '인문학'의 일감은 여전히 많다.

부록 1-1

1900년대 풍속 자료 解題

1. 청결의 불결한 거래

'똥'. 글자에 형상이나 냄새가 배어 있을 리 없지만, 그래도 이 글자를 기꺼워하는 사람은 드물다. 금기를 즐겁게 넘나드는 어린아이들이나 반겨할까, '똥'이란 이제 일종의 문화적 금기이다. 그렇지만 1908년 10월 11일 『대한매일신보』 논설에 '똥'이라는 글자는 거침없이 넘쳐나고 있다. "셩ᄂᆡ 인민은 무슴 연고로 걸음회샤에 ᄯᅩᆼ을 ᄲᅦ앗기며 셩밧긔 결음[sic] 쟝ᄉᆞᄂᆞᆫ 무슴 연고로 걸음회샤에 ᄯᅩᆼ을 ᄲᅦ앗기며 허다ᄒᆞᆫ 농민들은 무슴 연고 걸음회샤에 ᄯᅩᆼ을 사셔 ᄡᅳᄂᆞᆫ고"! 똥이 문제다. 똥을 빼앗긴 것이 문제, 사서 쓰는 것이 문제, 거리에 똥이 넘쳐나고 있는 것이 문제다. 그리고 '논설'이라는 제목을 단 글쓰기에 '똥'이라는 글자가 범람하고 있다는 사실 또한 문제다.

전통적인 농경 사회에서 똥・오줌은 훌륭한 자원이었다. 토지를 비옥하게 하는 데 분뇨 썩인 것만큼 좋은 거름이 없었으므로 배설물은 절로 재활용되기 마련이었다. 농촌에서라면 분뇨가 바로 퇴비더미로 갔고 도시에서라면 거름장수가 분뇨를 거둬 인근 농가에 팔았다. 농반 진반으로 쌀 한 되보다 똥 한 사발이 더 귀하다고 할 정도였다. "쌀 ᄒᆞᆫ 되ᄂᆞᆫ 오ᄂᆞᆯ 져녁에 밥을 지으면 두 사발이 될 ᄲᅮᆫ이오 ᄯᅩᆼ ᄒᆞᆫ 사발은 ᄅᆡ년에 보리가 몃 셤이 될 터"라는 것이었다. '똥'이란 덮어버리기 급급한 치부만은 아니었다. 더럽기야 했지만, 생활 속에서 재활용되는 이 자원을 완벽하게 추방해 낼 수는 없었다. 똥・오줌은 없애고 잊어버려야 할 오물이라기보다는 적절하게 처리해야 할 자원이었다. 길 여기저기 분

기산 김정근이 풍속화첩에서 그린 조선 말 거름장수 모습. 도시 근대화 이전 오물의 재활용을 맡았던 이들이다.

뇨가 널려 있는 것도 어찌 보면 당연한 일이었다. 궁중이나 대갓집에야 정방淨房・측간厠間・서각西閣 등으로 불렸던 화장실이 있었지만 평범한 민가에 굳이 화장실이 있을 필요는 없었다. 화장실이 있다 해도 분뇨는 보통 길가로 흘러나가게 설계되어 있었다. 거름 장수가 걷어가기 쉽게 하기 위해서였다. 어차피 분뇨는 머잖아 처리되어 논밭으로 갈 것이었다. 길에 일을 본다고 크게 흉 될 것도 없었다.

그러나 도시화・산업화로 상징되는 근대 문물을 먼저 맛본 이들의 눈에, 대소변을 거리에 보는 것은 지독한 악습이었다. 거리는 온통 악취를 풍기는데다 오물의 기운이 천지를 침해하고 있다! 길가에 널린 대소변은 위생의 적이다! 얼마 전까지는 똑같이 대소변을 거리에 버리던 처지였지만, 서구 및 일본과 조선 사이의 거리는 이제 아득하게 멀었다. 개천을 청소할 것, 노상路上에 방뇨하지 말 것, 물을 끓여먹을 것, 푸성귀를 개천물에 씻지 말 것, 밤에 거리에서 자지 말 것, 벌거벗고 다니지 말 것, 술집에서 서로 호흡을 가까이 하지 말 것, 목욕탕을 설치할 것, 상한 생선과 고기를 팔지 말 것—신문명의 선구자들은 쉴 틈 없이 까다로운 요구를 해 댔다. 문명화를 위해서는 건강한 신체부터 조직할 수 있어야 하고, 그렇다면 위생 문제만큼 중요한 것은 없다고 역설하였다. 비위생은 야만의 증거이며, 국민 건강을 해치고 국가 경쟁력을 떨어뜨린다는 것이었다.

거리의 대소변을 없앨 것은 특히 중요한 요구였다. 1904년 청결법이 시행되었을 때 초점이 된 것도 대소변 처리 문제였다. 먼저, 집집마다 화장실을 설치해야 했다. 비용은? 화장실을 만드는 데 드는 만만찮은 돈은 물론 제각기 알아서 해결해야 했다. 문명으로 가는 길은 누구나 즐거이 따라야 할 길이었던 까닭이다. 화장실에 모인 분뇨를 처리하는 데 드는 돈도 각기 부담해야 했다. 예전 같았으면 거름 장수가 와서 분뇨를 실어다 농가에 파는 식이었으니 따로 돈을 낼 필요는 없었다. 그러나 분뇨의 '근대적' 처리를 담당하기에는 거름 장수의 작업이 너무 주먹구구식이라고 했다. 담당 구역이 확실치도 않고, 작업에 체계가 잡혀 있는 것도 아니며, 지나치게 소규모라 하였다. 망태로 분뇨를 져 나르다 보니 더럽기도 이루 말할 수 없었다. 믿을 만한 체계를 구축하기 위해서는 대규모 회사를 세워야 했다. 그리하여 '위생회사' 혹은 '청결회사'라고 불리는 회사가 설립되었다. 이 회사에서는 인부를 고용하여 손수레로 분뇨를 실어 날랐는데, 1908년 당시 인부 숫자 5백에 손수레가 83좌座라 했으니 만만찮은 규모였다. 이 회사의 책임자가 누구였는지는 분명치 않다. 국채보상 운동에 관여했고 협률사 사장을 지낸 서상돈이 위생회사를 차렸다는 기사도 보이나, 여러 가지 맥락으로 볼 때 회사의 실질적인 주인은 일인日人이었다고 할 수 있을 듯하다. 위생회사에서는 분뇨를 수거할 때 돈을 받는 외에, 이를 농촌에 내다 팔고 다시 대가를 챙겨 실로 막대한 이익을 남기고 있었다. "몃빅만명 한국인의 똥이 일인의 손으로 모다 넘어가셔 몃쳔만셕 걸음의 리익이 일인의 입으로 다 드러"갔다는 탄식은 때문에 나온 것이었다.

일본인이 이익을 독차지하게 된 일은 그렇다 치자. 청결법이 시행되고 위생회사가 설립되었으니, 거리는 눈에 띄게 깨끗해져야 했다. '위생비'라는 명목으로 돈까지 바치고 있는 참인데, 애초에 주장한 대로 신문명에 걸맞은 깨끗한 거리가 탄생한다면 그것도 그럭저럭 참을 만한 일일지 몰랐다. 그러나 실상은 전혀 그렇지 않았다. "동리마다 기천에 똥물이며 집집마다 뒤ㅅ간에 똥산"인 판이었다. 거리는 청결법이 시행되기 전보다 훨씬 더러워졌고, 악취는 견딜 수 없을 지경이었다. 무엇 때문에?

혹독한 규제 덕에, 거리에 대소변 보는 일은 점차 사라져 갔다. 거리에서 대소변을 보다 발각되면 참담한 수모를 겪을 것을 각오해야 했다. 소변을 보다 들켜 자기 오줌을 핥아먹어야 했던 사람까지 있었다. 뭇매와 벌금은 기본이었고, 일본에서 하는 대로 한 달 징역에 처하자는 의논도 있었다. 그럼에도 악취는 좀처럼 가시지 않았다. 길거리에 대소변을 보는 '야만'은 한층 더 야만적인 규제 아래서 사라져 갔지만, 신문명이 만들어 낸 새로운 '야만'이 대신 출현한 탓이었다. 다달이 2전씩 걷는 위생비, 바로 이것이 말썽이었다.

매달 2전이란 서민층에는 상당한 부담이었다. 자연히 위생비를 제때 내지 못하는 집이 흔했다. 그럼에도 위생비 관리는 대단히 엄격하게 이루어졌다. 위생비를 낸 집은 표찰을 받아 문간에 붙여 두도록 되어 있었고, 그렇지 않은 집의 분뇨는 위생회사에서 수거해 가질 않았다. 애써 만든 화장실에 대소변이 대책 없이 쌓여 가는 판이었다. 참다못한 사람들은 이웃집 표찰을 몰래 떼다 자기 집 앞에 붙여 놓기도 했고, 분뇨를 개천에 내다 버리기도 했다. 위생비를 내지 못하는 집이 많아짐에 따라 거리는 예전보다도 더욱 더러워지고 있는 참이었다. 거름 장수는 일체 금지된 후였고 위생회사는 외면으로 일관했으므로, 거리의 악취를 해결할 길은 없었다. 더욱이 이 악취는 이전보다 훨씬 고약한 종류의 악취였다. 이전의 악취가 재활용될 자원이 내는 악취였다면, 새로운 악취는 폐기되어야 할 오물이 뿜어내는 악취였기 때문이다. 이것은 문명의 악취, 눈에 띄지 않고 사라져야 마땅한, 그렇기에 더욱 견디기 힘든 악취였다.

2. 흰 옷에 먹을 뿌리다

1905년 10월, 경무사 신태휴가 독특한 법령을 발포한다. 흰 옷 대신 검정 등 짙은 색 옷을 입으라는 것이다. 온통 흰색 옷을 입고 다니던 때였으니 만큼 법령의 파장은 컸다. 더욱이 검은 색이란 조선에서 철저히 기피하던 색이었다. 살벌한 북성北性을 나타낸다 하여 불길하게 여겼던 까닭이다. 1884년과 1894년 두 차례에 거쳐 시도된 의제개혁衣制改革이 난항難航을 거듭했던 이유도 관복을 검은 색으로 하자는 방침이 격렬한 저항을 샀다는 점에 있었다. 양복이나 일본옷이야 검은 색 일색이었지만 조선에서 심흑색深黑色이란 아무래도 낯선 색이었다. 평상시는 흰색, 외출할 때도 노랑·분홍이나 하늘색 같은 화사한 색을 주로 한 것이 조선인의 차림새였다. 이 판에 갑작스레 심흑색 옷만을 허용하겠다 했으니 한바탕 소동이 일지 않을 수 없었다.

이윽고 흰 옷을 규제하는 조치가 시작되었다. 흰 옷 입고 거리를 다니는 사람을 잡아, 염색을 할 수밖에 없게끔 옷을 더럽히는 일이 시작된 것이다. "순검들이 白衣人을 禁斷ᄒᆞᄂᆞᆫ딕 혹 其衣 背上에 黑字도 書之ᄒᆞ며 墨字도 書之ᄒᆞ며 又或染色 二字도 書之"한다고 했다(『대한매일신보』, 1906.1.7). 등판에 '흑黑' 자도 쓰고 '묵墨'자도 쓰고, 혹은 '염색'이라고도 써 짙은 색으로 물들이지 않을 수 없게 하였다. '징역'이라고 썼다가, 흰 옷 입었다고 징역 살라는 법은 없는데 웬 행패냐는 항의를 받은 일도 있었다. 갑자기 옷감 끊어 새 옷 장만하기 어려웠던 사람들은 거리에 나서기조차 어려운 수난을 고스란히 감당해야 했다.

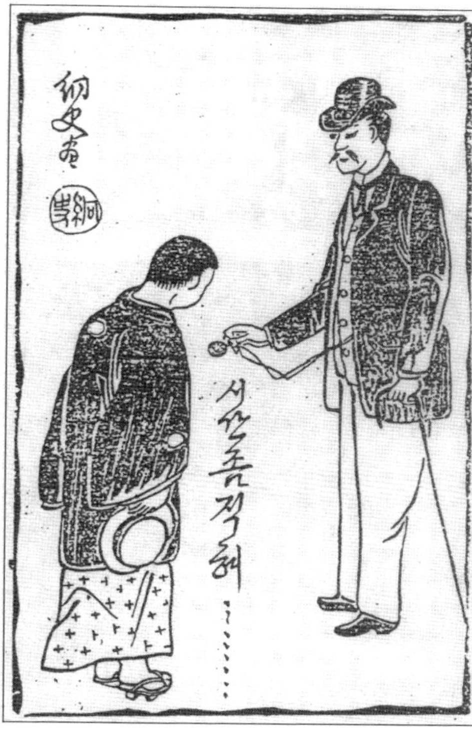

한국의 전통적인 복색이 흰색 위주였던 반면, 서양옷이나 일본옷은 대개 검은색이었다. 1900년대에 검은옷은 신문명의 상징으로 받아들여졌고, 또한 강요되었다.

왜 이런 일이 벌어진 걸까? 1900년대의 온갖 잡다한 범절을 밝혀놓은 「가정주의」에서는 "경편 리익을 좃차 남녀 의복을 심흑식으로 쥬장홀 ᄉ"라고 제안하고 있다. 흰 옷 대신 짙은 색 옷을 입으면 편리하다는 말이었다. 혹은, 흰 옷은 비위생적이라는 주장도 있었다. 흰 옷은 불편하고 비위생적이며, 검은 옷이 편리하고 위생적이라고 했다. 흰 옷은 미개未開의 징표이며, 검은 옷이야말로 신문명에 잘 어울린다는 것이었다. 신태휴가 흰 옷 금지를 명한 것은 이런 생각에 자극받아서일 터였다. 그러나 편便・불편 여부야 차치하더라도, 위생・비위생이 옷 색깔에 따라 갈린다는 주장은 좀 억지스러워 보인다. 흰 옷이 쉬더러워지는 대신 검은 옷은 때가 타지 않는다는 것이야 사실이지만, 그렇다고 실제 오염의 속도가 다르다고 할 수야 없지 않은가? 눈에 보이는 오염 정도가 곧 실제 오염 정도는 아니지 않은가? 위생이란 '눈에 보이지 않는 박테리아' 같은 상상력에 기대려는, 미시微視의 영역을 다루려는 문제틀이 아니었던가?

1900년대 당시에도 의문은 바로 제기되었다. 위생을 위해 옷을 염색해야 한다는 선전은 아무래도 의심쩍다는 것이었다. 일본에서 수입된 색색의 옷감이 잘 팔리지 않았다는 사정도 이 의심에 힘을 더해주었다. 짙은 색 천이나 염료가 불티나게 팔리기 시작한 것은 흰 옷 금지 조치 후부터였다. "참 좃소 정말 좃소 심청 심흑 입는 기회가 정말 좃소 우리 나라 무명이나 면쥬에 심흑 심청으로 우리 나라 물 좀 드려 입어보셰 빗사도 입어보셰 숭[:숭]히도 입어보셰"라며 심흑색 옷이 강제된 김에 조선 옷감, 조선 염료를 많이들 사야 한다는 사람이 있기는 했지만(『대한매일신보』, 1906.1.10), 비싸고 흉해도 조선 물건을 써야 한다는 주장은 받아들이기 어려운 것일 수밖에 없었다. "우리 나라 것스로 지어입은 ᄉᆞ람은 코에 흑이 뭇도록 절ᄒᆞ겟소만 약 외국 물건으로 입은 사람은 기ᄀᆞᆺ튼 얼골에다 침을 밧틀 데니"라 해도 달라질 것은 없었다. 싸고 좋은 물건을 두고 '나라를 위해' 굳이 비싸고 허름한 물건을 고를 사람은 드물 터였다. 더욱이 '나라를 위해'라는 명제는 애매한 것이었다. 지금 옷감 한 필 사는 일이 어떻게 '나라'라는 큰 주제와 직결될 수 있단 말인가? 사람들은 망설이면서도 일본 옷감과 염료를 사 들었고, 일본의 염료 산업은 이 기회에 조선 진출의 발판을 확실하게 다지고 있었다.

흰 옷 금지 조치가 단번에 생활을 바꾸어 놓은 것 같지는 않다. 1900년대 말까지도 조선옷은 늘 흰 색으로 묘사되고 있으며, 한일 강제병합 후에도 이 사정에 급격한 변화가 오지는 않았다. 식민말기까지도 일상 통제의 쟁점 중 하나는 백의 통제였다. 본래 조선은 흰 옷에 대한 집착이 유별한 나라였다. 흰 옷을 어떻게 더 하얗게 보이게 하느냐가 의복 색깔에 대한 관심 중 가장 큰 문제일 정도였다. 일찍이 흰 옷 표백이 유행하다 규제령까지 내려진 일이 있었거니와, 1900년대에 새로운 문물이 들어올 때도 역시 표백 효과가 관심을 끌었다. 전통적으로 써 온 양잿물은 옷감을 상하는 결점이 있었는데, 순소다를 써 보니 효과는 더 뛰어난데도 별 문제가 없더라는 것이었다. 포목전에서 순소다를 쓴다는 사실을 내세워 손님을 끌기도 했다. 흰 옷은 더욱 희게－적어도 이 대목에 있어서는 서양이나 일본이 단번에 결정적인 영향을 미치지 못했다. 그렇지만 한번 있었던 일은 두고두고, 길게 영향을 미쳐나갈 것이었다. 1905년 말의 흰 옷 금지 조치는 일본 염료 산업의 진출과 조선 염료 산업의 부분 성장이라는 결과를 남기고 사그라들었지만, 백의의 전통은 이미 몰락하기 시작하였다.

3. 매매춘의 관리

일본 제국주의의 매매춘은 이른바 공창公娼 제도였다. 국가에서 매춘 허가를 내 주고 매춘을 관리하는 제도이다. 이 제도의 관건은 매매춘에서 주로 생겨나는 질병, 통칭 성병性病을 어떻게 통제하느냐에 있다. '국가 관리'라는 조건 아래 매매춘을 합법화한 명분이 성병 억제를 위해서는 이 방법이 보다 효율적이라는 주장이었기 때문이다. 조선의 경우 개항 이전에는 매매춘이 공식화되어 있지 않았다. 기생 가운데 일패一牌·이패二牌 외에 삼패三牌는 흔히 매춘을 겸했다 하나 따로이 관리 체계가 있었던 것은 아니다. 일패·이패가 관官에 소속된 정식 기생으로 정악正樂에 능했다면 삼패는 준 기생으로서 유행가인 잡가를 주로 했고, 일패·이패가 푸른 양산을 들었던 반면 삼패는 붉은 양산만 쓸 수 있었다고는 하지만, 정식 기생과 유녀遊女 사이의 구분이 절대적이지도 않았던 듯하다. 기량이나 인기 정도에 따라 일패·이패·삼패 사이의 거리는 유동적이었다. 매매춘에 관련된 또 다른 여성군, 사당패나 색주가 등도 엄격한 관리 하에 있는 것과는 거리가 멀었다.

매춘 여성을 격리 수용하고, 등록하여 허가를 받게 하며, 세금을 걷고 위생 검사를 하게 된 것은 1900년대 중반의 일이다. 17세기 이래 공창 제도를 택해 온 일본의 영향을 강하게 받아서였다고 한다. 일본은 상업과 무역이 흥했고 그만큼 일찍부터 매매춘이 발달했으며, 말 그대로 담을 높이 쌓아올린 유곽遊廓

『신구잡가』 표지. 삼패 기생이 손님과 어울려 춤추고 노래하는 모습을 보여준다.

을 만들어 유녀遊女들을 거주케 했다. 세금을 징수하여 막부幕府의 재원으로 요긴하게 쓰기도 했다. 메이지 유신 이후에는 창기 해방령으로 거주지 선택의 자유를 형식적으로 인정한 대신 성병 강제 검진을 실시하였다. 이 같은 일본의 매매춘 제도가 1876년 이후, 먼저 일본인 거류지에서 시작하여 한국으로 고스란히 이전되었던 것이다. 일본은 처음에는 열국列國에 추문이 된다 하여 매매춘을 엄금하였으나, 강화도 조약 이후 부산 · 원산 · 인천 등이 속속 개항되면서 일본인 거류지에서 밀매춘은 계속 번성해 나갔고, 청일전쟁 · 러일전쟁을 거친 후에는 이윽고 공창제가 허용되기에 이르렀다.

전통적으로 매매춘을 금지한다는 태도를 취했던 한국 내에도 변화가 없을 수 없었다. 일본인 상대의 조선인 매춘부는 진작부터 등장했던 참이었다. 1904년, 경무사 신태휴는 삼패 기생 및 밀매음녀를 서울 시곡詩洞에 모아 일종의 매매춘 지역을 만든다. '상화실賞花室'이라 불렀다. 그밖에 인천 화개동에 집창촌集娼村이 형성되는 등 매매춘의 공식화는 빠르게 진행되었던 듯하다. 이에 따라 주요 도시에서는 이른바 위생 검사 역시 실시하게 되었다. 1906년부터의 일이라 한다. 검사 후에 병이 없어야만 검증장을 주어 객客들이 직접 확인케 하니 "인민 위생상에 公利甚大흠을 可贊"할 일이라는 기사가 1906년 3월에 보인다. 서울 거주 창기 1백 12명을 검사한 결과 12명이 유질자有疾者였다는 소식도 등장하고 있다.

1909년의 보도로는 창기 숫자가 서울에서만 2천5백을 헤아릴 정도였다고 한다. 1900년대 보도의 관습으로 볼 때 숫자를 그대로 믿기는 곤란하지만, 적은 숫자는 아니었다고 할 수 있겠다. 이들 창기들은 영업 규칙에 따라 조합을 만들고 규정을 정한 후 인가를 청해야 했다. 이 조합은 일패 · 이패 기생의 조합과 마찬가지로 '기생 조합'이라 불렸다는데, 처음으로 이 조합을 만든 이는 현영운이었다고 전한다. 조합에는 사무 · 조장 등이 있어 화채 · 놀이채 등을 규제하고 세전 납부나 위생 검사를 책임졌던 것으로 보인다. 신소설『명월정』에서는 기생 조합 조장이 등장, "계집을 나루비갓치 하로 멧놈식 가라타게 ᄒᆞ고 화치花債 뎡한이 잇ᄂᆞ니 노리치는 멧원이니 경찰셔에 위험물危險物갓치 토요일마다 미독梅毒이 잇고 업ᄂᆞᆫ 것을 검ᄉᆞᄒᆞ게 ᄒᆞ"는 일이 고작이라며 한탄한 일도 있었다. 위생 검사가 매 토요일마다 이루어졌다는 사실은 여기서도 알 수 있다. 일본의 위생 검사가 2주 한 번꼴이었던 데 비하면, 한국에 와서 소위 위생 검사는 한결 철저해진 셈이었다.

철저해진 위생 검사가 실제로 어떤 처방을 내릴 수 있었는지는 의문이다. 성병 균이야 19세기 후반에 발견되기 시작하여 20세기 초에는 거의 다 드러났지만, 성병 치료에 전기를 마련한 페니실린이 발명되기까지는 아직 20년 정도를 더 기다려야 했다. 낯선 일본인 의사가 '기계'를 사용하여 검사한다는 소문도 치명적이었다. 중인환시衆人環視 속에 검사하는데 병을 없앨 방책은 없는 판이며, 검사 자체가 부정확할 때도 많다고 하여 창기들 사이에 소요가 일기도 했다. 실제로 검사 도중 하문下門이 상한 이가 여럿 나온 일도 있었다. 불안한 소문이 떠도는 중에 인천에서는 창기들이 검사를 피해 도망치는 사건이 벌어지기까지 하였다. 창기 영업을 허가받는 대가로 바치는 세전稅錢도 적지 않은 와중이었다. 세전 때문에 인허장을 반납하는 일도 있었는데, 그렇게 부담을 치르고도 돌아오는 것이라곤 굴욕적인 위생 검사밖에 없는 듯했다.

매매춘을 통해 전염되는 질병을 예방하려면 매춘賣春과 매춘買春 쌍방을 다 검사해야지 창기만 문제 삼아서야 병근病根이 뽑힐 수 없으리라는 지적도 있었다. 쌍방을 다 검사하는 제도가 실시되리라는 예견까지 있었으나, 지금도 그렇듯 이는 불가능한 일이었다. 전염병을 막는다는 명분 아래 창기에게 1주일에 한 번씩 치욕을 강요하면서, 전염병의 또 다른 경로는 속수무책으로 방관한다는 역설은 예나 지금이나 마찬가지다. 창기에게 병인病因이라는 책임을 지우고 그것이 철저하게 관리·통제되고 있다는 인상을 심는 것, 무엇보다 중요한 것은 이것이었을지도 모르겠다. 검사의 실효라고 해 보았자 영업 정지가 고작, 치료의 효력은 의심스러운 상황이었다. 그럼에도 조합을 통한 통제와 위생 검사를 요체로 하는 공창 제도는 1910년 이후 전국으로 퍼져 나가게 되지만, 이때 이르면 '병인'으로서의 오명을 써야 하는 것은 창기에 그치지 않았다. 식민지 조선 자체가 '창기'요 '병인'이라는 인상으로 포장되기 시작했기 때문이다.

4. 병세계病世界의 건강

1900년대 신문 광고에서 주류를 이룬 것은? 책, 담배, 모자, 그리고 약이다. 책은 근대적 지식에의 정열을, 담배와 모자는 새로운 복장의 유행을 보여주는 것이겠지만, 약 광고가 범람했던 까닭은 무엇일까? 청심보명단淸心保命丹・회생수回生水・소생단蘇生丹・자강단自强丹・자양환滋養丸・팔보단八寶丹・장양복원단壯陽復元丹……. 이름도 현란한 약들이 제생당濟生堂・공애당共愛堂・자혜약방慈惠藥房 등의 간판 아래 열거되어 있다. 기운을 북돋우고 소화를 도우며 성 능력을 배가시킨다고 한다. 구체적인 효능을 발휘하는 치료제라기보다 강장제强壯劑인 셈이다. 강장제에 속하면서 기능이 좀 더 특화된 약도 많아서, 위강환胃强丸・양위산養胃散・평위환平胃丸 같은 위장약, 태양조경환胎養調經丸 같은 임산부 영양제, "긔운이 잇는 사름이라도 부부간에 셔로 잘 썩에 미우 조흔 일이 만"다는 쾌락환 등 역시 일종의 보양제補陽劑로 선전되었다. 그밖에 임질・치질이나 진해鎭咳 치료제 등이 있기는 했지만, 강장제 선전이 요란했던 데 방해 구체적 효능을 갖는 치료제는 별 관심거리가 아니었다. 1910년 이후 성병 치료제 광고가 제일 흔했던 사실에 비겨 본다면, 1900년대의 약품 광고란 꽤 독특한 양상을 보였다고 할 수 있다.

약의 효능은 광고에서만 나타난 것이 아니었다. "한국인은 병인이오 한국 셰계는 병세계"라는 진단이 널리 나타나면서 "정치 위싱 톄조 디지 력ᄉ 산슐 물리 화학 등 (……) 각죵 지료롤 정셰작말ᄒ야 일심단톄환을 지어" 동포에게

◀黃海灣風濤光景▶

제생당 약 광고. 대화 위주로 전개되는 허구적 서사라는 독특한 양식이다.

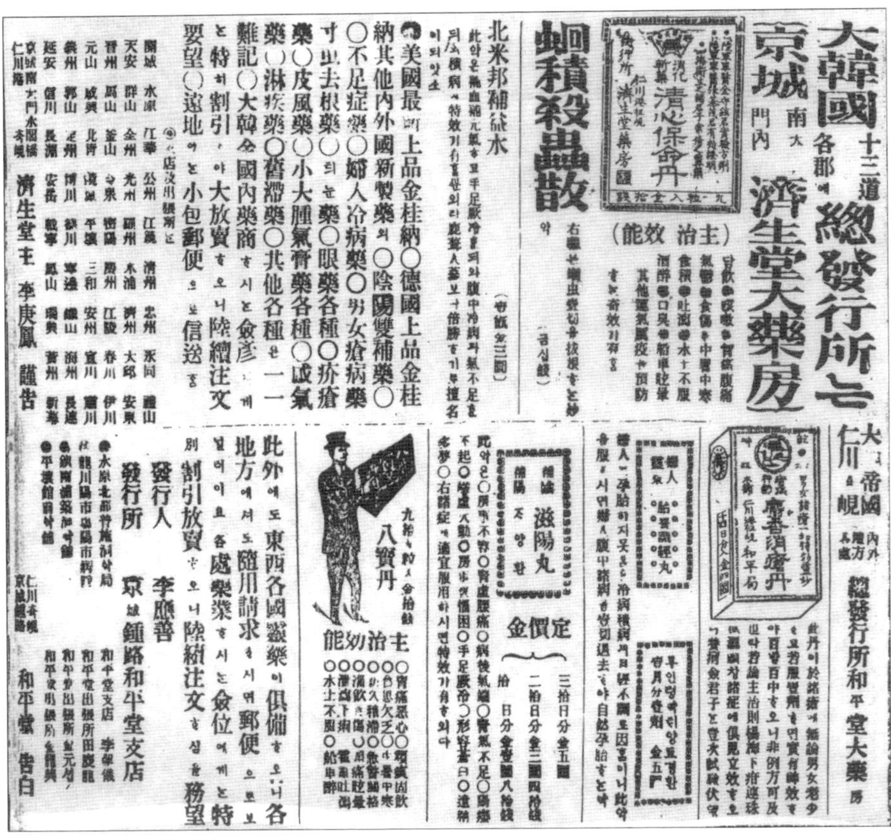

大韓國十三道各郡에總發行所는

京城南大門內濟生堂大藥房

淸心保命丹

蛔積殺蟲散

北米邦補益水

八寶丹

滋陽丸

濟生堂主 李庚鳳 謹告

發行人 李應善

發行所 京城鍾路和平堂支店

和平堂 告白

신문에 실린 각종 약 광고.

먹여야 한다는 은유가 일반화되었는가 하면(『대한매일신보』, 1908.9.26), 부패 정치를 바로잡기 위해서는 정수리에 침 한 대, 산업 부진에 원기를 불어넣기 위해서는 십전대보탕, 혼미한 정신을 깨치는 데는 청심환이라는 식으로 비유가 구체화된 예도 적지 않았다. 한국이 고질痼疾에 시달린 지 오래되었으니 약제를 적절하게 처방해야 한다는 것이었다. 배꼽에 뜸뜨고 손가락 끝에 침놓는 것 같은 치료는 미봉책밖에 되지 않는다고 했다. 원기를 돋우고 체질 자체를 바꾸어야 했다. 개인이나 국가나 마찬가지였다. 「소경과 안즘뱅이 문답」 「병인간친회록病人懇親會錄」처럼 불구不具의 육체에서 국가 상황을 발견하려는 상상력도 있었지만, 대개는 '정문침頂門針'·'청심환'·'대보탕大補湯' 등으로 문제를 해결할 수 있을 것이라고 믿었다. 딱히 뚜렷한 병이나 장애가 있다기보다 정신이 몽롱하고 원기가 쇠한 것이 문제이니, 보약으로 다스릴 수 있다고 생각한 것이다.

국가가 "큰 나", "춤 나"라는 사고가 팽배해 있던 참이라 약 먹기에는 개인과 국가의 구별이 없었다. 국가의 원기를 회복하는 데 약이 필요하다면, "나라를 맛튼 자"인 '나'에게도 의당 약이 필요할 터였다. 약으로 개인의 건강을 다스리면 국가의 일 분자를 강하게 하는 셈이요, 국가의 힘이 자랄 수 있었다. 구토·소화불량·멀미 등에 특효가 있다는 약에 '자강단自强丹'이라는 이름을 붙이고 "我同胞의 자강 정신을 배양ᄒᆞ기 위ᄒᆞ여" 특별히 제조했다고 광고를 하기까지 했다. '자강自强'이라는 말을 개인과 국가에, 신체와 정신에 한꺼번에 연결시켰던 셈이다. 개인과 국가, 신체와 정신 사이에는 뚜렷한 구별이 없었다. 증세를 적절히 진단하고 약을 처방함으로써 개인적으로는 건강을, 국가적으로는 문명 부강을 이룰 수 있다고 했다. 개인의 건강이 문명화의 지름길이라고도 했고, 신체의 질병을 자강력으로 치유할 수 있다고도 했다. '약'이란 개인·국가, 신체·정신에 동시에 관여하는 일종의 비유이기도 했다. 새로운 상상력이었던 셈이다.

새로운 상상력과 신약新藥의 실제는 불가결한 관계를 맺고 있었다. 청심환·십전대보탕 같은 전통적 약제도 여전히 인기가 있었으나, '약'의 새로운 의미가 구축될 수 있었던 것은 우선 신약의 소개 및 개발에 의해서였다. 1909년 말에 실렸던 광고를 참조해 보자. 제생당의 인기 품목이었던 청심보명단을 선전했던 이 광고는 꽤나 흥미롭게도 서사 형식, 그것도 대화나 연설을 중심으로 하는 서사 형식을 취하고 있다. 그 하나. 「강호만유객江湖漫遊客 담화」라는 제목의 광고에서는 두 노인이 뱃놀이를 하며 흥겹게 술잔을 기울이다가 술 깰 약을 찾는다. 동자의 대답: "丸約은 淸心丸 蘇合丸이 잇삽고 湯藥은 人蔘養胃湯과 對금飮子 잇ᄉᆞ오니 命令ᄃᆡ로 ᄒᆞ오리다." 그러나 노인은 청심환·소합환이나 양위탕은 '진약陳藥'이라 불가하다며 "現今 時代ᄂᆞᆫ 기명적 時代인즉 (……) 吾儕가 雖老나 亦是化育中產物인즉 현時代 기명적 藥品으로 第一 良好ᄒᆞᆫ 最發明者를 가져오"라고 주문하고 특히 청심보명단을 찾는다. 또 다른 광고 하나. 「황해만풍도광경黃海灣風濤光景」이라는 제목이 붙은 광고이다. 1백 명도 넘는 승객이 탄 상선商船이 장산곶에 이르러 위태롭게 출렁인다. 승객들이 혼비백산해 있는 중에 옥 같은 얼굴에 별처럼 빛나는 눈을 가진 미소년이 등장, 학도 모자를 쓰고 검은 색 주의周衣를 입은 품새로 "際此新風潮ᄒᆞ야 搭乘外국之船ᄒᆞ고 涉彼大海에 豈無豫備之신發明藥料乎아"라고 연설을 하더니 청심보명단과 녹용대보원을 꺼내 승객들에게 권한다. 승객들은 그 "新發明之藥品과 開明的高見"에 감읍. '개명'의 인상을 발휘하는 데는 신약만한 것이 없다.

신약의 효능이 구체적으로 증명된 것은 아니다. 청심환·소합환·양위탕보다 청심보명단·녹용대보원이 낫다는 근거는 오직 "最發明者", "신發明藥料"라는 점에 있었다. 신약이 확실한 우위를 점할 수 있으려면 옛날 약으로선 따를 수 없는 신약 고유의 효능이 검증되어야 했다. 마치 서양 의학이 외과 기술을 통해 처음 입지를 굳히기 시작했듯이, 신약 역시 예전엔 몰랐던 병을 진단해 내고 신효神效를 발휘해야 실제 설득력을 높일 수 있었다. 1910년대에 접어들면 이 조건이 본격적으로 충족되기 시작하는 듯 보이지만, 1900년대라면 신약은 아직 실제적인 효능이라기보다 일종의 '기호'이자 '비유'였다. 개인과 국가에 다 같이 원기 회복의 새로운 비책秘策이 필요하다는 발상에 신약의 비유가 적절하게 들어맞았던 것이다. 온갖 최신 보제補劑의 투약에도 불구하고 국망의 현실이 닥쳤을 때, 그때 '약'이라는 기호는 다시 전신轉身을 꾀할 것이었다.

5. 문명의 개인적 기호, 담배와 모자

갓 쓰고 도포 입고 긴 담뱃대로 타구唾具를 땅땅 두들기는 노인네—조선 시대 양반의 상이란 대략 이렇다. 윤기 찰찰 흐르는 말총으로 짠 갓, 소매폭이 두 자는 됨직한 도포, 그리고 팔 길이만큼 뻗어나간 담뱃대. 이 중에서 도포는 "남ᄌᆞ 의복은 경착ᄒᆞ게 졔조"해야 한다는 주장에 의해 점차 추방당하게 되지만, 갓이나 담뱃대는 어떠했던가? 몸에 달라붙는 양복이 유행하게 된 이상 소품 역시 변할 것은 정한 이치겠지만, 변화의 구체적인 경과는 어떠했는가?

새로운 유행을 받아들인 멋쟁이들의 실상을 먼저 보자. 이들은 "울는 ᄭᅮᆺ스로 양복을 말슉ᄒᆞ게 지어 입고 다ᄶᅡ쏘시에 불란셔 졔조 살쥭경을 쓰고 흰 ᄯᅥᆨ가리만ᄒᆞᆫ 여송연을 반도 치 타지 못ᄒᆞᆫ 것을 희ᄉᆞ덥게 휙 ᄂᆡ버리고 죵녀 단장을 오강 ᄉᆞ공 노질ᄒᆞ듯 휘휘 ᄂᆡ둘으며"(『빈상설』) 나타난다. 혹은 "의복을 션명히 입고 방망이 갓흔 여송연을 식로 퓌여 ᄲᅥᆨᄲᅥᆨ ᄲᆞᆯ고 죱기에셔 보셕 시계를 내여 련히 보"거나(『산천초목』) "파나마 모자를 폭 숙여 쓰고 금테 안경은 코허리에 걸고 양복 얍셥 ᄶᅥᆨ 갈라붓친 속으로 츅 느러진 시게줄은 월광에 틔여 반작반작ᄒᆞ며 바른손에는 반짐 탄 여송연을 손가락에 가마쥐고 왼손으로 단장을 드러 향ᄒᆞ는 길를 지졈ᄒᆞ고 회동회동"(『추월색』) 등장하기도 한다. 멀리서도 눈에 띄는 이들의 외형을 구성하는 것은 'ᄭᅮᆺ스' 즉 구두, 양복, '쏘시' 즉 모자, 안경, 여송연, 단장短杖, 시계 등이다. 'ᄭᅮᆺ스くつ'나 '쏘시ぼうし'라는 외국어가 보여주

짧게 깍은 머리에 모자를 쓰고 일본옷을 입고, 여유있게 담배 연기를 뿜어내는 사람을 내세운 일본 궐련 광고. 모자와 궐련은 모두 신문명의 상징이었다.

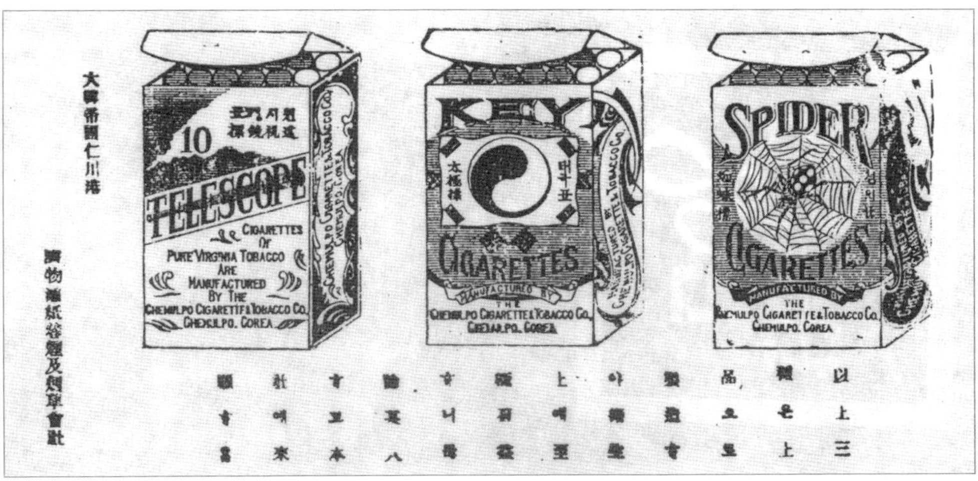

각종 담배 광고. '태극표'라는 상표를 덧붙인 것도 있지만 모두 외국산이다.

듯, 또 '종녀'라는 낯선 식물명과 '불란셔 졔조'라는 명기明記가 보여주듯, 이들 새로운 의상과 장신구는 외래의 것이다. 1895년 양복이 허용되고 이어 단발령이 시행되면서 비로소 들어온, 이전에는 없었던 새로운 문물이 양복이요 모자며 안경·단장·시계·여송연이었다.

모자야 머리를 짧게 깎은 다음에는 당연히 필요한 소품이었다. 1895년 12월 법령 선포, 이듬해 고종의 시범 단발로 기세등등하게 전개되는 듯했던 단발령은 격렬한 저항에 부딪혀 한때 '종편위지從便爲之'하라는 선으로 후퇴하기도 했으나, 1904년 진보회 회원들이 집단 단발을 감행하면서 널리 번져나가기 시작하였다. 진보회 통문通文 중에는 회원이라면 일제히 단발을 해야 한다는 조항이 있었고, 동학당·진보회·일진회가 별 구분 없이 보도되는 가운데 이들은 곳곳에서 군대와 대치하면서 위세를 떨쳤다. 비록 일부 지역에서는 진보회원을 몰아내거나 단발 운운하기만 해도 때려죽이리라고 으름장을 놓기도 했고, 진보회원 가운데서도 막상 단발한 후에는 목 놓아 통곡하는 이도 많았다고 하지만, 단발이 보편화되기 시작한 것은 진보회의 집단행동을 통해서였다. 1907년 8월에는 다시 황제가 단발을 하여 단발을 최종적으로 승인하였다. 이발소 몇몇이 황제 단발을 기념하여 이발비를 반값만 받겠다고 떠들썩하게 나서는 중에, 학교에서 함께 단발을 하자는데 굳이 거부한 학생들에게 뭇매를 주는 사건까지도 일어났다. 단발은 시대적 추세가 되어가고 있었다. 이발소나 모자 상점이 성가聲價를 올릴 것은 응당 예측할 수 있는 일이었다.

여송연—궐련이라는 새로운 상품은 어떠했던가? 궐련은 비단 양복에만 어울릴 기호품은 아니었다. 비록 새로운 기호품으로 들어와 새로운 복식과 쉽게 결합하기는 했지만, "져 홀로 슈구당이 되랴든지 공단결 갓흔 망건에 쎡국점 갓흔 옥관ᄌᆞ"를 붙인 차림새에도 "ᄋᆡ급 권연을 손삿세다 비스듬이 ᄭᅵ"는 멋은 충분히 있을 수 있었다. 그렇다면 이 시기에 들어와 궐련이 유행했던 까닭은?

새로운 맛, 새로운 멋을 즐기려는 심리가 큰 이유였겠지만, 다른 한편 궐련은 장죽을 '미개未開'로 낙인찍으면서 들어온 상품이기도 했다. 긴 담뱃대가 미개의 징표라니? 긴 담뱃대로 담배를 태우려면 시중 들 사람이 필요했다는 점에서, 그러므로 평민은 대개 짤막한 곰방대를 썼고 담뱃대 길이란 신분에 비례했다는 점에서, 신문명에 반反하는 것이라는 인상이 생길 수도 있었겠다. 그렇지만 실제로 담뱃대가 문제된 이유는 이렇지 않았다. 담뱃대가 위험하다는 것이었다. 긴 담뱃대를 물고 길을 가다 넘어지기라도 하면 목이 꺾이는 등의 사고가 생기기 쉽다고 했다. 술에 취한 채 길을 가다 넘어져 담뱃대에 볼이 꿰이는 사고가 일어났다는 기사도 있었다. 궐련을 피운다면 이런 사고가 없을 것이라 했다.

이런 선전의 효과는 무엇이었을까? 장죽의 느릿한 세계가 사라져 가는 한편으로, 당연히 외국 담배가 들어올 시장을 개척하는 것이었다. 긴 담뱃대가 구시대의 악습인 반면, 담뱃대를 대신할 새로운 상품은 문명과 개화를 상징하는 것일 수 있었다. 미개 대 개화, 야만 대 문명이라는 대립항은 여기서도 예외 없이 관철되고 있었다. 그리하여, 히이로hero니 호오니honey니 하는 담배가 유행하고 애급 궐련이 사치품으로 인기를 누리는 가운데 장죽을 사용하는 사람은 점점 사라져 갔다. 새로이 유행하게 된 궐련의 생산과 판매를 장악한 것은 물론 일본이었다. '한반도' 같은 한국산 담배가 값이 싸고 품질도 괜찮으니 애용해야 한다는 계몽이 때때로 있었지만, 일본의 담배 산업 장악은 신속하고도 철저했다. 경품권을 넣어 팔아 판촉을 꾀하기도 하고 광고를 대대적으로 벌이기도 하면서, 이미 국가가 전매권專賣權을 장악한 일본의 담배 산업은 한국이라는 새로운 시장을 성공적으로 개척하고 있는 참이었다. 궐련이 신문명의 기호로 각광을 받는 한편에서 담뱃대는 점차 자취를 감추어 가고 있었다. 긴 담뱃대로 상징되는 문화 또한 마찬가지였다.

6. 기차가 달려오는 신천지

기차만큼 매혹적으로, 동시에 위압적으로 근대 문명을 증거하는 것은 없다. 아득한 철로 위에서 기적 소리를 뿜으며 지나가는 행렬, 기차는 하루에도 몇 번씩 '저 먼 곳'을 상기시키며, 마음만 먹는다면 그곳을 단숨에 맛볼 수도 있다는 상상을 북돋운다. 기차는 한 걸음 한 걸음 헤아리면서 걸어야 했던 머나먼 길을 단축시키고, '산 넘고 물 건너'라는 자연의 장애를 동일한 속력으로 꿰뚫는다. 저쪽 물자를 이쪽에 부리고, 이쪽 사람을 저 동네에 풀어놓는 일을 순식간에 해치운다. 한 사람이 맛볼 수 있는 가능성의 영역을 몇 십 배, 몇 백 배로 확장시킨다. 그러나 다른 한편 기차는 무시무시한 존재이다. 거대한 몸체로 세상을 누비면서, 기차는 이전에 있었던 삶의 질서를 여지없이 짓밟는다. 집이건 논밭이건 무덤이건 기차가 가야 할 '합리적인' 방향에 가로놓여 있는 것은 모두 소멸의 운명에 처한다. 선산先山 훼철毁撤의 통지를 받은 사람이 선조 묘에 차례로 불을 지르고 분신焚身해 버린 사건까지 있었지만, 이런 저항은 아예 사묘私墓를 없애야겠다는 엉뚱한 결론을 불러왔을 뿐이다. 1912년부터 강력 추진되었던 공동묘지 정책이 바로 그 여파에 속한다.

지단가地段價 보상조차 제대로 이루어진 경우가 드물었다. 1905년 1월 1일 전 구간이 개통된 경부철도의 경우, 애초에 일본 측이 내건 조건 중에는 한국이 부지를 무상으로 제공해야 한다는 조항도 있었다. 동양은 본래 토지 국유주의가 원칙이었다고 주장하고, 수용지에 실제 거주하는 사람에 신경 쓸 이유는

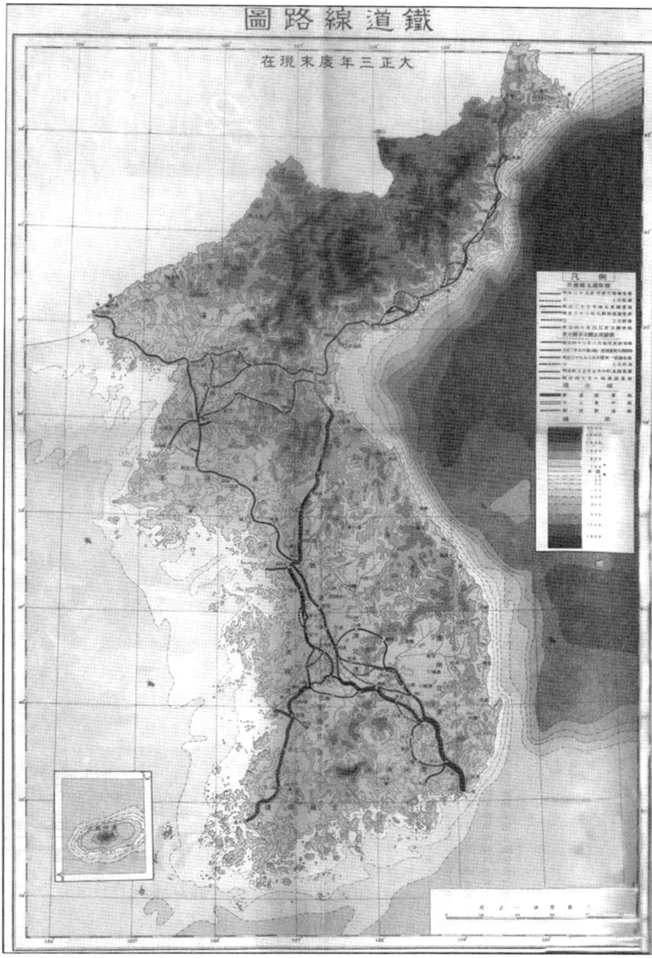

한국의 철도망을 표시한 지도.
1914년에 제작된 것이다.

『대한민보』에 실린 만평.
철로 수용지(收用地)에 보상조차
제대로 해 주지 않음을 비난한
내용이다.

없으니 한국 정부가 부지의 무상 양도를 책임지라는 것이었다. 이 요구대로라면 철도 및 각지 정거장 건설에 필요한 어마어마한 땅을 한국 정부가 책임져야 하고, 그 땅에 얽혀 있는 삶은 아무 대가 없이 짓밟힐 판이었다. 실제로 일이 그렇게 간단하지는 않았다. 경부철도의 출발점이 될 남대문 정거장 부지부터 문제였다. 일본은 11만평에 달하는 부지를 요청했는데 서울 중심에서 그만한 땅을 무상으로 떼어내기란 불가능한 일이었다. 민간에서나 정부에서나 불만의 목소리가 끊이지 않았다. 일본 정거장은 평균 3만평에 불과한데 한국에서는 그 몇 배를 요구하니 이는 철도 건설을 핑계로 국토를 잠식하려는 계교요, 일본의 세력 확장 음모라는 것이었다. 결국 일본은 남대문 정거장 부지를 축소했고, 철도와 정거장 수용지에 응분의 보상을 하기로 합의하였지만, 이 정도로 문제가 해결될 수는 없었다. 일본은 보상의 책임을 한국 정부에 미룬 상태였고, 철도 부지에 가옥이나 전답이 들어간 사람 수가 무려 1만 명을 넘는 형편이었다. 보상금이라 해도 몇 푼 안 되는 돈이, 그것도 몇 년 후에나 지급되었기 때문에 말썽이 끊이질 않았다. 남대문과 초량 등지에서는 집단 소요가 일었다. 1909년『대한민보』에 실린, "박살홀 요 좀놈 의리도 半點 없다 병든 백성 地段價를 다 안 주고 떼 먹어"라고 적혀 있는 만평처럼, 그나마 알량한 보상금을 지방 관리가 착복하는 일까지 있었다.

노동력 징발이라는 문제도 있었다. 철도 건설에는 당연히 막대한 노동력이 필요했던 까닭에 자원 인력만으로는 이를 충당할 수 없었다. 역시 당연히, 노동력 강제 동원이라는 절차가 따랐다. 각 군마다 노동자 수를 배정하여 징발을 독촉했고, 심할 경우 이들의 고가雇價까지 군민에게 떠맡기는 일도 있었다. 이렇게 강제 동원되어 끌려 간 철도 공사 현장에서, 한국인 노동자들은 실로 혹독한 대우를 받았다. 임금은 일본인 노동자의 1/2이나 1/3에 불과했고 그것도 체불되기 일쑤였으며, 러일 전쟁을 앞두고 속성 공사를 추진하고 있던 일본인들은 노동자들에게 폭력을 휘두르기를 서슴지 않았다. 전체의 불만을 대표해 나섰다가 처형을 당한 사람도 종종 있었다. 철도는 철저하게 폭력적인 방식으로 건설되고 있었다. 각처에서 철도에 대한 불만이 폭발해 나온 것은 너무도 자연스러운 일이었다. 큰 돌이나 나무를 철로 위에 두어 열차 사고를 유발하고, 전선을 끊어 운행을 방해하며, 집단적으로 일본인 노동자나 군대를 습격하는 일이 자주 있었다. 철도는 의병의 주요 공격 목표 가운데 하나이기도 했다.

"텰도ᄂᆞᆫ 문명식산의 리로온 그릇이 아님은 아니나 ᄌᆞ긔 나라ㅅ사ᄅᆞᆷ의 손에 잇스면 문명도 가히 긔발ᄒᆞᆯ 거시며 식산도 가히 진흥ᄒᆞ려니와" "외국인의 슈즁으로 도라간 거시야 외국의 문명은 더욱 긔발될지언정 ᄌᆞ긔 나라에 무어시 유익"하겠느냐는 비판도 있었다(『대한매일신보』, 1909.1.9). 서울에서 부산 가는 차를 상행上行이라 할 정도로 일본을 중심에 두려는 인식이 구석구석 뚜렷하였으니, 철도는 분명 정복자들이 이용할 수송의 경로로 건설된 것이라 할 수 있었다. 궁내부 철도국에서 착공했던 경의선이나 호남철도회사에서 주도했던 호남선 부설권마저 끝내 일본 손에 넘어간 판국이었다. 철도 부설권을 넘겨주고 받은 돈으로 국가 재정을 풍요롭게 할 수 있을 것이요, 철도 완공 후에는 산업이 흥왕케 될 것이라는 등 헛된 기대가 처음에는 있었지만, 적어도 이것이 한국 철도 건설의 직접 목표가 아니라는 사실은 이미 명백하였다.

그럼에도 기차의 매력은 매력대로 자라날 수 있었다. "오륙월 소락비에 텬동갓치 우루루 소릐가 뎜뎜 갓가이 들니며 지동ᄒᆞᆯ 쎡처럼 두 발이 쎨니더니 연긔가 펄석펄석 나며 귀쳥이 콱 막게 쎄익ᄒᆞᄂᆞᆫ 한 마듸에 사방이 두주 모양으로 싱긴 것이 큰나큼 집치ᄀᆞᆺ흔 륜거 ᄃᆡ여섯을 ᄭᅩ문이에 달고 ……." 이렇듯 장황하게 묘사될 만큼 기차의 신기한 모습은 여러 사람의 상상력을 자극하고 '먼 곳', '새로운 것'에의 기대를 부추겼다. 기차로 개화의 실상을 보여줄 수 있으리라 여긴 일각의 기대대로, 기차를 보고 신문명에 압도된 이도 많았다. 기차를 타게 된 사람들은 모두 차창 밖으로 고개를 내밀고 엄청난 속도에 경탄하느라 여념이 없었다. 차창 밖만 내다보다 선반에 올려 둔 갓과 탕건을 잃었다든지, 밖을 보다 갓을 날려 버렸다는 사연이 자주 등장하였다. 기차는 그렇게 이목耳目을 집중시키는 새로운 문물, 축지법에 비견되는 놀라운 경험이었다.

7. 시간은 돈이다

하루 24시간을 산다. 한 시간을 60등분하여 분分이라 부르고, 1분을 60등분하여 초秒라 한다. 하루가 바뀌는 시각은 밤 12시, 대개 잠자리에 들었을 시각이다. 이 모든 감각은 이제 세계적 보편성을 이루고 있는 듯 보인다. 연호年號에서 독자성을 고집하고 있는 나라는 많고 아랍처럼 월月・일日의 체재에서 고유한 기준을 택한 지역도 없지 않지만, 시간의 경험은 어디서나 같다. 시간 자체에 연연해하지 않는 곳이라면 모를까, '세계와 발 맞추어' 살아가기 위해서는 공통의 시간을 가져야 한다.

시간이 '조작'이라는 사실은 흔히 잊혀 진다. 지금이라도 시계란 시계를 모두 없애 버린다면 이른바 '시간'의 질이란 크게 달라질 터인데도, 하루 24시간, 한 시간 60분, 1분 60초라는 단위는 너무도 자연스럽게 느껴진다. 1년을 365등분하여 생활의 기본 단위로 삼고, 다시 그 안에 24등분, 또 60등분이라는 식의 구획을 두는 것은 이제 준準자연적인 조건이다. 아주 간혹, 일광 시간 절약제 등의 낯선 제도가 실시될 때나 시간이라는 것이 자연이 아니라 인위人爲라는 사실을 실감할 수 있지만, 그럴 때도 매일 매일의 삶은 여전히 시계의 째각거리는 속도에 맞추어 흘러간다. 이런 리듬이 생겨난 지 얼마 되지 않았다는 사실을 상기한다 한들 리듬이 멈춰 버리지는 않는다. 1주일이라는 리듬, 6일은 일하고 하루는 쉰다는 리듬, 그 하루하루가 24등분되어 있다는 리듬! 1년이라는 긴 리듬은 어떤가? 숨 가쁘게 하루하루를 사는 사람들은 대개 '빨간 날'을

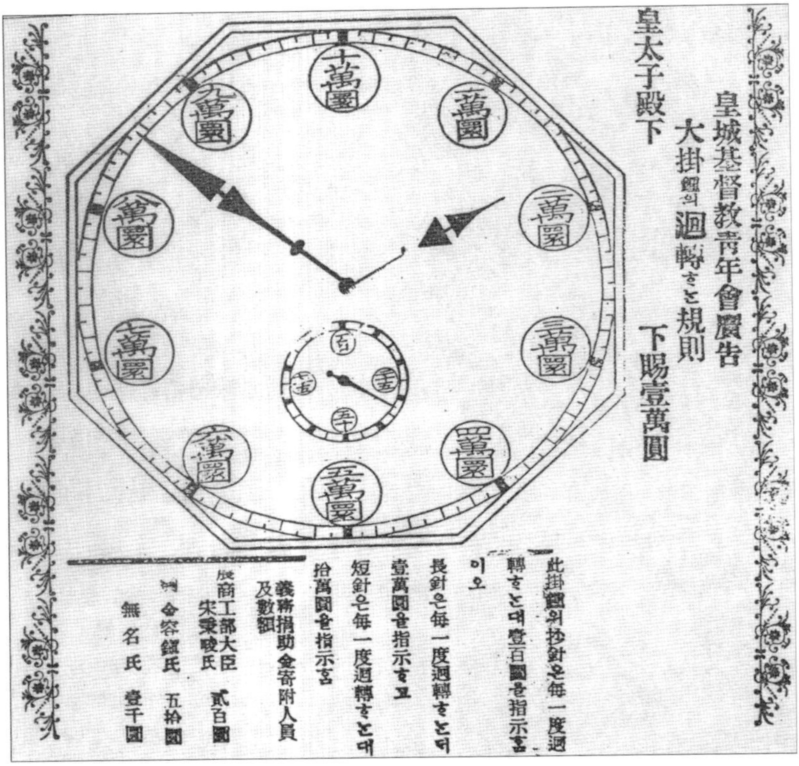

국채보상운동 당시 황성 기독교청년회의 모금 상황 광고. 시계 모양을 빌어 모금액수를 표현한 이 광고는 시계가 친숙한 물건이 되었음을, 또한 시간이 목표를 달성하려는 초조를 상징하게 되었음을 보여주고 있다.

손꼽아 기다린다. 7일에 한 번씩, 그리고 가끔 덤처럼 공휴일이 찾아온다. 공휴公休, 다 함께, 공식적으로 쉬는 날이다. 1년이라는 긴 리듬에 쉼표를 찍는 이 휴지休止들 가운데, 옛 부터 한결같이 '공휴'로서의 의미를 갖고 있는 날은 드물다. 설과 추석 정도를 꼽을 수 있을까, 나머지는 국경일, 혹은 공공의 행사가 이루어지는 날이다. 국가는 이렇게 삶의 리듬에 깊숙이 개입해 있다. 이런 변화는 1895년 건원절建元節・개국기원절・만수성절萬壽聖節 등 말 그대로 '국경일國慶日'이 처음 제정된 이래 차츰 뿌리를 내려, 1900년대에 나왔던 탄식, "인민의 싱활은 국가에 믜인고로(……) 그 명졀과 그 경졀이라 ᄒᆞ는 거시 태반이나 국민의 긔념ᄒᆞ는 날이어놀" "한국에는(……) 다만 슌환ᄒᆞ는 텬시를 보아셔 쳥명ᄒᆞ고 가히 ᄉᆞ랑홀 만ᄒᆞᆫ 날이면 이것을 명졀이라" 할 뿐이라는 탄식(『대한매일신보』, 1908.8.5)은 이제 정반대되는 회오悔悟를 기다릴 정도가 되었다.

시간은 실체가 아니다. 돌이켜 보았을 때의 변화가 있을 뿐, 순간순간 변화를 느끼면서 산다는 건 자연스러운 일이 아니다. 당연히 시간을 재는 정해진 방법이 있을 리 없다. 특히 태엽 시계가 발명되기 이전 변화의 공통 표준을 마련하려는 시도는 꽤 불안정했다. 해시계・물시계・모래시계 등 자연물을 이용한 측정 도구가 있기는 했지만, 시간을 균질화시켜 양으로 정확히 따지게 하자는 발상이 믿음직한 도구를 얻은 것은 근대에 접어들어서의 일이다. 근대 이전에도 시간의 흐름을 재는 단위가 있었다고는 하나 하루를 12지支로 나누는 관습 같은 것은 비교적 느슨하고도 완만했다. 지支 사이 변경선은 모호하였고, 일반적으로 각 지支의 구분은 감각적인 추측에 의해 이루어졌다. 하루를 100, 혹은 96단위로 나누는 각刻이라는 기준도 있었지만, 일상생활에서 이 기준은 거의 문제가 되지 않았다. 1884년 이후 창덕궁 금천교에서 저녁 통금 시작인 인정人定, 성문 개방 시각인 파루罷漏, 그리고 정오正午를 각각 대포를 쏘아 알리게 된 후에야 '정확한' 시간이라는 관념이 조금씩 번져 나갈 수 있게 된 정도였다.

서력西曆 기원과 태양력 및 7요일제, 24시간제가 공식 채용된 것은 1896년 1월 1일부터라고 알려져 있다. 당연히 낯선 체계였다. 일一・이二・삼三・사四 대신 1・2・3・4, 이런 등가等價 대치만도 어지러운 판에 12지支를 24시간 체계로 바꾸어야 한다는 요구는 더욱 까다로운 것이었다. 날짜도 예전처럼 새벽에 바뀌는 것이 아니라 한밤중에 바뀌게 되었다 했다. 음력 또한 물러나고 양력이 공식적 권위를 누리게 되었다. 그렇지만 이런 변화가 자리 잡는 데는 긴 시간이 필요했다. 근대적 매체인 신문조차 1900년대까지는 서력 기원과 함께 단군 기원・기자箕子 기원・개국 기원・일본 연호・청나라 연호, 그리고 음력을 함께 기재하고 있는 판이었다. 시간 변화의 기준을 일본에 맞춘 것 같은 종속성도 문제였다.

신소설 『빈상설』에 나오는 종복從僕이 정오를 알리는 대포 소리를 듣고 중얼거렸던 대로, "져 오포는 일본 오정이니까 우리 나라 오정은 반 시나 더 잇셔야 되게지만"이라는 감각이 1900년대 당시에는 아직 생생하게 살아 있었다. 세계적인 시간 기준선을 따라 정해지게 되어 있는 시간이 언제부터 일본 기준에 맞추어 30분 정도 빨라지게 되었는지는 분명하지 않다. 한국의 서울과 일본 도쿄 사이의 경도 차이가 8°정도이니까 원칙대로 치자면 한국 시간이 일본 시간보다 30분 정도 늦어야 하는데도, 언제부터인가 한국 시간은 일본 시간에 맞춰져 버렸다. 24시간제가 시행되던 처음부터 그랬던 것 같지는 않다. 경인 철도가 한참 운행되고 난 후인 1904년, 갑자기 기차 운행 시간을 도쿄시東京時에 맞춘 것으로 변경해 버리는 바람에 승객들이 낭패를 겪었다는 기사가 실린 일도 있다. 동경시 기준에서 벗어나 원칙대로 시간 기준을 마련할 것이라는 소문이 두어 차례 퍼지기는 했으나, 실제로는 이후 오늘날까지 한국의 시간이란 늘 도쿄시 기준이다.

자연스런 흐름인 양 보이지만 결코 자연스럽지 않은, 중립적인 듯 보이지만 극히 정치적인 이 새로운 '시간'을 살게 된 한국인들은 조금씩 낯선 자장磁場 속에 빨려 들어갔다. 24시간제를 세세하게 설명하면서 "사업을 성취ᄒᆞ야 草木同腐를 면코져 홀진ᄃᆡ 一時間을 만금과 ᄀᆞᆺ치 惜홀리로다"라 한 후 "一新을 放過ᄒᆞ면 一年之害가 有ᄒᆞ고 一日을 放過ᄒᆞ면 十年之害가 有"하다고 경고하고, "凡百 君子는 시계와 時鐘을 일개 玩好之物로 認知치 물고 / 我를 警醒케 ᄒᆞ

는 師友로 대우ᄒᆞ야" "시계와 時鐘을 항상 顧念ᄒᆞ야 시간을 放過치 말고 사업을 진흥"해야 한다고 촉구한 기사(『대한매일신보』, 1905.10.15)는 근대적 시간의 흡입력을 잘 보여주고 있다. "다른 사ᄅᆞᆷ은 강ᄒᆞᆫᄃᆡ 그ᄃᆡ들은 약ᄒᆞ며 다른 사ᄅᆞᆷ들은 용밍ᄒᆞᆫᄃᆡ 그ᄃᆡ들은 겁이 만"은 이유가 오직 "뎌 사ᄅᆞᆷ은 시간의 귀즁홈을 알고 이 사ᄅᆞᆷ은 시간의 귀즁홈을 알지 못ᄒᆞᄂᆞᆫ 연고"라는 주장 역시 같은 맥락에 놓인다. 시간은 누구에게나 똑같이 주어진 평등한 자산이다. 문제는 이를 얼마나 잘 활용하느냐에 있다. 일분일초를 허비하지 말고 알뜰히 쓰는 것, 이것이 시간의 효율성을 최대로 할 수 있는 성공적인 투자 비결이다.

이 지점에서 '시간'은 '돈'과 연결된다. 제한되어 있는 자원, 어떻게 절약하느냐가 문제인 자원, 절약이 왕도王道인 자원—그리하여 '시간은 돈'이 된다. 이런 사고와 거리가 먼 영역 역시 한편에는 엄존하였다. 많은 사람들이 함께 모이는 집단생활의 형식인 학교와 공장 제도가 일반화되어 감에 따라 시간 역시 점차 위세를 굳건히 했지만, 느슨하고 완만한 흐름에 의지하여 살던 감각이 하루아침에 없어진 것은 아니었다. 묘시(卯時, 5~7시) 출근 유시(酉時, 17~19시) 퇴근, 겨울이면 진시(辰時, 7~9시) 출근 신시(申時, 15~17시) 퇴근이었다는 조선시대 관인官人의 일상은 1900년대에 이르러 오전 8시에서 12시, 오전 9시에서 오후 1시, 혹은 오전 10시에서 오후 4시 30분이라는 식으로 오히려 느슨해진 듯 보이고, 은행 중역들이 회의하는 자리에서 시간에 개의치 않음을 다투어 자랑하기도 했다. 고위 관직에 있다 보니 사진仕進 시간에 개의치 않을 수 있고, 때문에 늦잠 자는 버릇이 붙어 도무지 회의 시간에 맞출 수 없다고 너도나도 으쓱대며 나선 것이었다. 이 자리에서는 꼬박꼬박 시간을 지키는 이가 도리어 조롱거리가 되고 있었다. 그렇지만 이미 일반의 감각은 달라지고 있었던 참이라, 시간은 귀중한 것인데 무심히 낭비하다니 어리석기 짝이 없다는 여론이 곧 이들의 조롱을 뒤덮었다. 1907년 국채보상운동 당시 모금액수를 '시계'의 형상으로 표현해 낸 것 같은 상상력은, 이처럼 '시간은 돈'임을 믿는 사고에서 비롯된 것이었다.

8. 전電, 우주에 가득찬 물질

1908년 『대한매일신보』에 난 광고. 제법 배가 불룩하게 나온 사내가 단순한 선으로 그려져 있다. 사내는 아래쪽 속옷만 걸친 채 맨살인데, 대신 이마와 허리에 각각 띠 같은 것을 차고 있다. 띠에서는 삐죽삐죽 화살표가 여럿 나와 있다. 중간에 한번 허리가 접힌 이 화살표들은 사방으로 뻗어나가는 중이다. 그림 위에는 '자택치료自宅治療 전기대電氣帶 광고'라는 글자가 박혀 있다. 왼쪽 옆 상단에 있는 그림이 바로 전기대인 양. 띠 모양인데, 속에 작은 직사각형 모양이 잇달아 박혀 있는 것이 보인다. 사내가 허리와 이마에 차고 있는 것이 바로 이 띠인 모양이다. 그리고 옆으로는 장황한 광고문이 보인다.

"夫電氣之於人에 爲關이 甚大ᄒᆞ니 人之百體가 皆由電力主持ᄒᆞ야 有電則生ᄒᆞ고 無電則死ᄒᆞ나니." '전기대'라는 이름에서 짐작할 수 있듯 이 광고는 전기의 효과를 선전하는 데서 시작한다. 전기는 사람 목숨을 좌우할 만큼 중요한 것이다. "중풍 마비 경련 陽위 等 症은 古來藥餌之所難治病이ᄂᆞ 然而至于今日ᄒᆞ야ᄂᆞᆫ 醫道日進ᄒᆞ야 以電氣施療에 無不實效ᄒᆞ니." 전기가 있으면 못 고칠 병이 없다. 예전 의도醫道가 치유하지 못한 질병도 문제가 되지 않는다. 전기대는 가히 만병통치의 효능을 자랑한다. 신경쇠약이나 불쾌, 성기능 장애, 소화기 장애, 두통 · 요통 · 신경통, 심지어 반신불수나 전신불수에 이르기까지, 전기대는 병명을 가리지 않는다. 불임 · 대하帶下 · 자궁질환 같은 부인병이라고 가릴 리 없다. 치료법도 간단하다. 전기대를 차고 있기만 하면 된다.

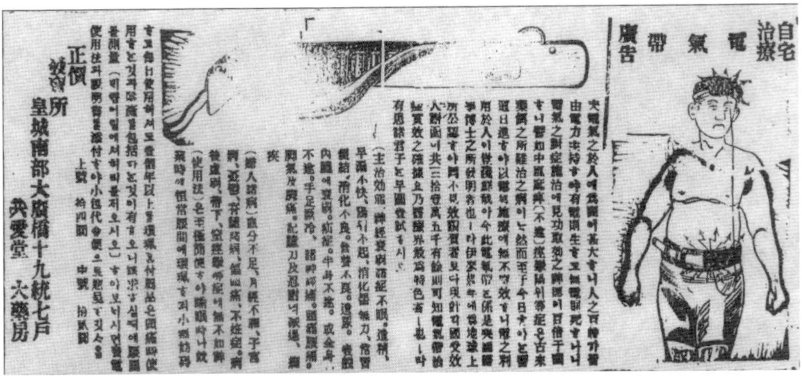

전기대 광고. 전기가 만병통치의 효능을 발휘한다고 자랑한 이 광고는 '전(電)'이라는, 물질적인 동시에 비물질적인 존재에 대한 매혹을 보여준다.

전기라는 게 무엇이기에 그런가? '전電'이라는 글자는 본래 번개, 천지의 음과 양을 가리키는 것이다. 이 글자는 번개 치는 모습을 묘사할 때나 드물게 등장하였을 뿐, 흔하게 쓰이게 된 것은 환하게 불을 밝히고 큰 차를 움직이며 멀리 떨어진 사람과 대화를 나눌 수 있게 해 주는 동력이 '전기電氣'로 번역된 다음부터였다. 미국 선교사 브릿지맨이 『대미연방지략大美聯邦志略』을 중국어로 번역한 데서 처음 나타났다고 전한다. 이후 '전'이란 새로운 문명을 상징하는 글자가 되었으며, 눈에 보이지 않는 거대한 에너지를 가리키는 말이 되었다. 의미의 확장은 여기서 멈추지 않는다. 전기는 눈에 보이지 않는데도 존재하고, 불확실한 것인데도 서구 문명의 동력을 이루고 있다. 그렇다면? 동아시아 전통의 사유를 포기하지 않았던 이들은 여기서 전통적인 사유가 서구 문물과 접맥될 수 있는 통로를 발견한다. 전기는 만물 어느 것에나 있다고 한다. 하늘, 땅, 나무, 바위, 일상 속의 자질구레한 물건들, 그리고 생명체에게도, 인간에게도. 전기의 편재성遍在性은 거의 신神의 편재성에 가까울 지경이다. 어디에나 있고 무엇에나 통한다.

그렇지만 기독교의 신이 받아들이기 어려운 낯선 존재였던 반면 전기라는 개념은 비교적 받아들이기 쉬운 것이었다. '전'이라는 글자를 단순히 물질적 의미로 푸는 데서 한 걸음 나아가 여기서 정신적 의미까지 발견해 내면 곧 동아시아 전통의 사유를 쉽게 만날 수 있었기 때문이다. 1911년 중국 신해혁명에 참가했다 목숨을 잃은 탄쓰퉁譚嗣同은 '전'을 곧 '천天'이요 '인仁'의 근거라고 해석하였다. 살아남아 탄쓰퉁의 사상을 이은 캉여우웨이康有爲 역시 마찬가지였다. 이들은 태초의 기운, 즉 원기元氣가 천지만물이 생겨나게 한 근원이라는 전통적인 우주론에 기대어, 원元·기氣·전電 등을 모두 만물의 근원이면서도 형체가 잡히지 않는 것으로 해석하고자 하였다. 이것들은 그 자체로는 손에 잡을 수 없는 추상이지만, 만물은 모두 이것이 화化해 빚어진 것이다. 전기는 원元이나 기氣와 마찬가지로 물질적인 동시 비물질적인 존재이다. 역시, 아무리 달라보일지라도, 세계의 근저는 똑같다.

그렇지만 이들 가치의 의미는 예전과 같지 않았다. 예컨대 탄쓰퉁은 전을 박애라는 새로운 가치의 근거로까지 확장시켰다. 우주 만물이 모두 원기元氣에서 비롯된 것이며, 전기는 세상 만물에 두루 통한다. 그러니 세계 안에 머무는 존재라면 모두 같은 원소에서 생겨나 같은 원소를 나누고 있는 셈이며, 다함께 형제인 셈이다. '나'는 한 개인에 그치지 않고 전 우주와 생명의 기운을 함께 나누고 있다. 어찌 박애로 나아가지 않을 수 있겠는가.

전기대 광고는 이런 사고가 극히 속화된 형태라 할 수 있다. 우주에 가득 찬 음양의 기운을 끌어와 신체의 건강을 다스릴 수 있다는 발상은, 한편으로 원소元素나 에테르 같은 다른 자연과학적 개념과도 결합하였다. 전기·원소·에테르 등은 모두 동아시아 사상의 전통 속에서 서구 자연과학을 흡수해 들일 수 있는 근거로 보였다. 특히 한국에서는 전기·원소 등의 개념보다 '에테르以太'가 큰 관심을 끌었다. 우주에 가득 찬 물질이 있다는 것, 그것이 에테르라는 것,

모든 존재는 그 물질을 공유하고 있다는 것—범신론적汎神論的이라 할 수 있는 에테르설은 동아시아 전통의 사고 속에서 서구 문명의 영향을 받아들이고, 정신과 물질을 일원론적으로 이해하면서, 그러나 유일신의 관념은 거부했던 태도를 보여준다. 이광수가 『무정』에서 토로했던 '커다란 생명체'로서의 우주, 그 이미지의 유추 속에서 그려진 세계와 '나'의 관계는 이 자장 안에 있었던 것이라 할 수 있겠다: "사ᄅᆞᆷ의 ᄉᆡᆼ명은 우쥬의 ᄉᆡᆼ명과 ᄀᆞᆺ다. 우쥬가 만물을 포용ᄒᆞᄂᆞᆫ 모양으로 인ᄉᆡᆼ도 만물을 포용ᄒᆞᆫ다. 우쥬ᄂᆞᆫ 결코 태양이나 북극만으로 그 ᄂᆡ용을 삼지 아니ᄒᆞ고 만텬滿天의 모든 셩신星辰과 만디滿地의 모든 만물로 다 그 ᄂᆡ용을 삼ᄂᆞᆫ다. 그럼으로 창궁(蒼穹)에 극히 조고마ᄒᆞᆫ 별도 우쥬의 젼 ᄉᆡᆼ명의 일부분이오 내지 디샹의 극히 미셰ᄒᆞᆫ 풀닙 하나 틔ᄭᅳᆯ 하나도 모다 우쥬의 젼 ᄉᆡᆼ명의 일부분이라 (……) 이와 ᄀᆞᆺ치 사ᄅᆞᆷ의 ᄉᆡᆼ명도 결코 일 의무나 일 도덕률을 위ᄒᆞ야 존ᄌᆡᄒᆞᄂᆞᆫ 것이 아니오 인ᄉᆡᆼ의 만반 의무와 우쥬에 ᄃᆡᄒᆞᆫ 만반 의무를 위ᄒᆞ야 존ᄌᆡᄒᆞᄂᆞᆫ 것이라." 고대 그리스 이래의 독특한 창안, 에테르설은 1900년대를 거쳐 1910년대에 이르면서 초월적 근거를 잃은 영혼을 위로하였고, 동시에 '모든 세부'가 중요함을 설득해 내는 효과를 발휘했다.

9. 혈죽血竹이 피운 꽃

1905년 11월 18일, 통감부 설치와 외교관 이양을 골자로 하는 한일 신협약이 체결되었다. 을사조약이라 한다. 총 여덟 명의 대신 가운데 다섯이 이 협약 내용에 '가可'자를 써 냈다. 이른바 '을사 오적五賊'이다. 참정 대신 한규설과 법부 대신 이하영, 탁지부 대신 민영휘만이 반대 의사를 밝혔다. 이 중 끝끝내 조인을 거부한 사람은 한규설 하나뿐이었다. 나머지는 모두 일본의 압력에 굴복했던 셈이다.

특히 문제적인 인물은 외부 대신 박제순이었다. 박제순은 외교권을 맡은 외부 책임자인데다 인망人望도 있고, 협약에 반대하겠다는 의지까지 천명한 바 있어 두루 주목을 끌고 있었다. 협약에 강경히 맞서되, 만일 여의치 않을 때는 옥새를 궁궐 연못에 던져 협약 조인 자체를 불가능하게 만들겠다는 것이 박제순의 결심이라 했다. 참정 대신 한규설과 외부 대신 박제순이 함께 목숨을 걸고 있는 이상 협약 체결은 불가능할 것이라는 소문도 떠돌았다. 그런데 어찌된 일인지 박제순이 '부否'자를 포기해 버리고 만 것이다. 황성신문이 전하는 바에 따르면, 박제순은 '부'자를 쓰고 나서 몇 군데 자구字句를 바꾸면 동의하겠노라는 주각註脚을 붙였다고 한다. 이토 히로부미는 박제순의 답을 보기가 무섭게 붓을 들어 두어 군데를 고쳤고, 박제순은 순순히 '부否'자를 '가可'자로 바꾸었다. 조금 전 황제 앞에서 절대 불가를 읍소泣訴한 사람답지 않은 결정이었다. 박제순이 무너지자 이하영과 민영휘도 '부'자를 고집하지 않았다. 황제가

(四) 光武十年七月十七日 大韓每日申報 第二百七十二號

右竹畵ᄂᆞᆫ本社員이韓國名畵楊基薰氏에게一副畵本을請得ᄒᆞ야本報欄內에印載ᄒᆞ야廣佈ᄒᆞ노니忠節을愛慕ᄒᆞ시ᄂᆞᆫ僉君子ᄂᆞᆫ此를愛玩ᄒᆞᆯ지로다

민 충정공이 흘린 피에서 자라났다는 혈죽(血竹) 그림. 「미국풍속화첩」을 그렸던 석연(石然) 양기훈 작(作)이다.

이미 허락한 이상 계속 저항하면 불충不忠으로 다스리겠다는 협박까지 곁들여졌던 터였다.

한 두 대신의 문제였을 리는 없지만 이렇게 하여 한일 신협약이 성립되었다. 일본이 한국의 외교권을 행사하고 내정內政을 지휘하는, 실질적인 식민지 시대가 시작되었던 것이다. 뒤늦게 이 소식을 접한 이들은 나라가 망했다며 통곡하였다. 특히 시종무관 민영환과 전 대신 조병세는 백관百官을 이끌고 상소 올리기를 계속했다. 일본 헌병에 잡혀가는 일을 몇 번씩이나 당하면서도 좀처럼 그치지 않아, 끝내는 왕명 거역죄로 평리원에 수감되었을 정도였다. 대죄待罪를 청한 후 풀려나기는 했지만, 민영환은 이때 국가가 돌이킬 수 없이 기울였다고 판단했다. 민영환이 자결한 것은 11월 30일, 137자에 달하는 유서를 남기고서였다. 바야흐로 약육강식의 시대이니 자강자립하지 못하면 멸절滅絶의 운명을 피할 수 없으리라 경고하고 "要生者必死, 期死者得生"의 이치대로 목숨 걸기를 두려워 말라고 격려한 민영환의 유서는 여러 사람을 분기奮起시켰다. 민영환의 뒤를 이어 조병세가 목숨을 끊었고, 그밖에 전 참판 홍만식, 학부 주사 이상철, 평양 진위대 군인 김봉학 등이 잇따라 자결하였다.

몇 달 후, 죽음도 잊혀 질 무렵, 민영환의 집에서 이상한 소문이 새어나왔다. 민영환이 죽은 방, 피를 흘렸던 바로 그 자리에서 대나무가 돋아났다는 것이었다. 자결할 때 쓴 칼과 입었던 옷을 넣어둔 채 오래도록 열어보지 않았던 방안에, 죽순竹筍 네 가지가 돋아나 있었다고 했다. 신선한 공기가 모자랐는지 누런 색이기는 했으나, 긴 것은 3척, 짧은 것은 5촌 정도로 분명히 대나무 어린 싹이라 하였다. 방에서 대나무가 자란다는 것은 예사로운 일일 수 없었다. 게다가 나라의 운명에 자기 목숨을 걸었던 충정공忠正公의 집에서임에랴! 대나무는 죽은 민영환의 피에서 자라났다고 해 '혈죽血竹'이라는 이름이 붙었고, 이를 보겠다고 사방에서 사람이 몰려들었다. 한시 게재란인 '사림詞林'에는 연일 혈죽에 관한 시가 실렸으며, 직접 본 사람이 다시 말을 전해 혈죽 이야기는 끊일 새가 없었다. 혈죽血竹을 보고 온 학생이 흥분에 차 "빗나도다 빗나도다 / 정츙절긔 민츙정공 / 절ᄉᆞ함은 빗나도다 / 우리 독립 위ᄒᆞᆷ일세"라고 읊으면 다른 학생들이 "나라 위히 죽ᄂᆞᆫ 죽엄 / 영광 중에 데일일셰 / 영싱일셰 영싱일셰 / 민츙정공 영싱일셰", "보답하셰 보답하셰 / 민츙정공 보답ᄒᆞ셰 / 잇지 마셰 잇지 마셰 / 츙의 두 ᄌᆞ 잇지 마셰" 등으로 화답하면서 눈물을 흘리는 식이었다. 혈죽의 존재가 알려지고 10여일 후, 1906년 7월 17일에는 혈죽을 그린 죽화竹畵가 『대한매일신보』 한 면을 온통 차지하는 크기로 실리기도 했다.

민영환은 대한제국이 처음으로 낳은 국가 영웅이었다. 1909년에 가면 안중근이 이토 히로부미를 살해해 충격을 던졌지만, 이때 반응은 민영환의 자결을 대할 때처럼 폭발적이지는 않았다. 안중근의 사진이 널리 팔리기는 했으나, 이토 히로부미를 처단했다는 사실 자체가 민영환의 자결처럼 절대적 공감을 불러일으키지는 못했던 듯하다. 이토 히로부미에 대한 반응이 다양했고 그가 죽었다는 사실의 의미를 재는 시각 역시 다양했기 때문이리라. 그러나 민영환의 자결은 이의가 있을 수 없는 영웅적 행동이었다. 나라를 위해 목숨을 바쳐야 한다고 입버릇처럼 말해 온 열혈熱血의 시대는 국망의 위기에 실제로 몸을 던진 인물 앞에서 감격해 마지않았다. 더욱이 민영환은 전권대사까지 지낸 세력가 출신인데다 일종의 왕족이기까지 했다. 이것만으로도 조선인 사이에서 민영환이 차지하는 위치는 확고하였다.

이 위에 혈죽이라는 극적인 계기까지 덧붙여진 것이다. 민족 영웅을 갈구하던 조선으로선 영웅의 숭고한 존재를 새삼 느낄 수 있었다. 민충정공의 일을 이야기하다 보면 절로 마음이 흥분되어 애국의 결의를 한층 다지게 되곤 했다. 조선인으로서 민충정공의 죽음 앞에 범연할 수 있는 사람은 없었다. 누가 더욱 분격하느냐, 누가 더더욱 분발하느냐가 문제일 뿐이었다. 동생에게 민충정공의 자결을 전해들은 누이는, 이윽고 끼니때가 되어 밥을 달라는 동생에게 지금이 밥 운운할 때냐고 당당하게 말할 수 있었다. 듣기만 해도 가슴이 막히거늘, 태연하게 끼니를 챙길 수 있는 것은 애국심이 부족한 탓 아니냐고 힐난한 것이었다. 민영환의 자결은 한국인 모두가 참여한 상징적 사건, 함께 한국인으로서의 의식을 나눈 정치적 사건이었다. 혈죽은 두고두고 사람들 입에 오르내렸고, 필통이나 술잔 등의 문양으로도 쓰였으며, 시조의 소재가 되어 멀리까지 퍼져나가기도 했다. 혈죽에서 피어오른 꽃, 그것은 바로 '국민'이라는 꽃이었다.

10. 황제의 시선이 미치는 땅

왕이 궁을 벗어나는 것은 드문 일이었다. 조선 왕조 5백 년 동안, 왕이 궁 밖으로 오랫동안 외출한 경우로는 기껏 정조의 화성華城 행차를 꼽을 수 있을 뿐이다. 왕의 궁 밖 나들이는 보통 1년에 한두 차례 정도였고, 능陵이나 원園, 즉 부모・처자 등의 묘를 찾는 행차가 대부분이었으며 며칠을 두고 머물지도 않았다. 도로나 교통수단이 발달하지 않았던 조선 시대, 궁을 떠나 오래 머문다

1909년 서도 순행 당시 개성역에 도착한 순종 일행.

는 것은 불편한 일이었고 동시에 위험한 일이기도 했다. 왕은 외전外殿 · 내전內殿 · 중전中殿으로 구성되어 있는 궁성에서 움직이지 않는 중심으로 있어야 했다. 1896년 고종이 러시아 공사관에 머물렀던 이른바 아관파천俄館播遷 같은 사건은, 전쟁이나 천재지변 때에나 있을 수 있는 극히 예외적인 사건이었다.

고종이 황제 자리에서 물러나고 순종이 즉위한 지 1년여 후, 1909년 초 순종이 경상도와 평안도 · 황해도 일대를 돌아본 것은 그만큼 관심을 끈다. 전쟁이 벌어진 것도 아닌데 왕이 그토록 멀리 도성을 벗어나기란 조선 왕조에서 처음 있는 일이었다. 순종은 1월 7일부터 12일까지, 다시 1월 27일부터 2월 3일까지 각각 1주일 정도에 걸쳐 남도南道와 서도西道를 돌아보았다. 『조선철도사朝鮮鐵道史』에 실린 기사를 참조해 보자 : "한국 황제는 통감 伊藤博文公의 주청을 받아들여 明治 13년(1909) 1월 지방 巡幸을 결정하고, 1월 7일 伊藤 통감 · 이 首相 이하 文武官을 거느리고 서울을 출발하여 먼저 南鮮으로 가서 대구 · 부산 · 마산 각지로 御駕를 옮기시고, 여러 차례 조칙을 내려 舊來의 迷夢을 깨고 새로운 정치에 화답할 것을 절절히 논하셨으며, 교육산업을 장려하고 노인을 賑恤하며 효자 · 節婦를 표창하셨다. 이는 실로 李朝 건국 이래 미증유의 盛事로서 국민으로 하여금 깊이 감격케 하는 바 있었다. 이윽고 황제는 1월 12일 歸京했다가, 며칠 쉬지도 않고 1월 27일 다시 서울을 떠나 西鮮 지방으로 향하여, 평양 · 신의주 · 의주 · 개성 등에 들르신 후 건강이 좋지 않아 2월 3일 귀경하셨다."

순종의 남도南道 · 서도西道 행차는 '순행巡幸'이라 불렸다. '행幸'이란 왕의 행차를 가리키는 말로 능陵에 가면 능행陵幸, 원園에 가면 원행園幸이라 했으니 순행이란 왕이 곳곳을 두루 돌아본다는 말이다. 대구 · 부산 · 마산, 그리고 평양 · 신의주 · 의주 · 개성. 대한제국의 황제는 일찍이 조선의 어떤 왕도 밟아 본 적 없는 땅을 고루 밟고 있었다. 그러나 기사에서 보이듯, 순종의 이 행차가 자발적인 것은 아니었던 듯하다. 이토 히로부미가 순행을 건의했고 순행 내내 함께 있었으며, 총리대신 이완용 등도 황제를 배행陪行했다. 건의를 이토 히로부미가 했을 뿐 아니라, 순행이라는 계획 자체가 일본의 경험에서 나온 것이기도 했다. 1872년부터 1885년까지 13년 동안에 걸쳐 메이지 천황이 여섯 차례나 감행했던 순행이 곧 1909년 한국에서 있었던 순행의 모델이었던 것이다.

메이지 천황은 짧게는 20일, 길게는 근 석 달까지 시간을 내서 일본 열도를 구석구석 돌아보았다. 홋카이도北海道를 제외하면 거의 전 국토를 거쳤다고 할 수 있을 정도다. 메이지 천황 즉위 초년에 집중되어 있었던 이 순행은 주로 해로海路를 통해 이루어졌으며, 천황의 현존을 널리 알리고 국토 곳곳에 그 존재를 심는 효과를 거두었다고 한다. 일본 열도에 거주하는 사람들이 '국민'으로서의 공통된 소속감을 갖게 되는 데 크게 기여한 것은 물론이다. 대한제국의 경우는? 순종은 기차를 이용하여 전국을 돌아보았다. 그러나 이때 '전국'이라는 것은 1909년 당시 철로가 미치던 곳, 즉 경부선과 경의선이 닿는 곳에 한정되어 있었다. 호남선・경원선이 본격 착공된 것은 1910년의 일이었기 때문이다. 그런 제약 속에서나마, 황제가 기차를 타고 곳곳을 돌아본다는 소식은 지방에서 열렬한 호응을 불러 일으켰다. 빠른 시간 안에 전국을 관통하는 기차의 이미지 역시 확실하게 심을 수 있었다.

고종이 강제 퇴위당하고 순종이 황제의 자리에 올랐던 당시 지방 인심은 자못 흉흉했던 것 같다. 전국 소식을 듣는 데 어두워서이긴 했겠지만, 제주도에서는 일본인들이 사람 껍질 벗기는 기계를 갖고 와 남녀노소를 가리지 않고 잡아 죽일 것이라는 소문이 퍼져 온 도민島民이 일종의 공황恐惶 상태에 빠진 일도 있었다. 먹고나 죽자고 기르던 소와 돼지를 잡고 한없이 술을 들이키기도 했다. 공포와 분노에 질려 자살하는 사람들까지 나왔다. 이 상황에서 이토 히로부미가 순종을 내세워 전국을 다닌 까닭은 황제의 존재로써 민심을 진정시키는 동시에 일본의 영향력을 확실히 보여주자는 데 있었을 터이다. "디방 인민들이 텬안을 쾌히 뵈오니 누가 감동ᄒᆞ여 눈물이 흐르지 아니리오"라는 반응을 십분 활용하자는 것이었겠다. 그러나 "이번 슌힝ᄒᆞ시는 일은 본국 옛 시ᄃᆡ에 데왕들이 이덕을 정병ᄒᆞ기 위ᄒᆞ야 슌힝ᄒᆞ시는 것과 ᄀᆞᆺ치 봄이 불가"하니 "일병이 좌우에 비립ᄒᆞ며 대신들이 젼후에 시위ᄒᆞ여 양양찬란ᄒᆞ게 태평긔샹을 나타"내는 모습을 보고 무엇을 느꼈느냐는 날카로운 반응 역시 적지 않았다(『대한매일신보』, 1909.1.15). 국세國勢를 떨치는 왕이 아니라 날로 쇠잔해 가는 국가를 상징하는 왕으로서, 외국 군대와 매국賣國 대신들에 옹위되어 나아가는 순종의 모습은 분루憤淚를 흘리게 하는 것이기도 했다.

황제를 영접하기 위해 나온 학생들에게 일장기를 들게 한 방침도 이런 반응을 촉발하였다. 통감부에서는 총 1만여 개에 이르는 일장기를 만들어 연로沿路에 태극기와 함께 달라고 지시한 바 있었다. 그러나 대부분의 지역에서는 이를 단연히 거부하였다. 지방 관리가 일껏 달아놓은 일장기는 백성의 손에 끌어 내려졌고, 평양에서는 교주校主 안창호가 시달림을 받는 가운데서도 대성학교 학생들이 일장기 들기를 거부, 주목을 끌었다. 통감 이토 히로부미를 예우하기 위해서라도 일장기를 들어야 했느니, 일본이 사실상 한국의 종주국인데 어찌 국기는 거부했냐느니 설왕설래가 많았으나, 아직까지는 한국이 태극기를 "당당ᄒᆞᆫ 국긔"로 자랑할 수 있었다. 그러나 5백 년 만에 처음 왕이 궁성을 벗어나 돌아본 땅은 이미 왕의 통치 하에 있는 땅은 아니었다. 처음으로 황제의 시선이 미친 땅은 1년여 후면 '일본'으로 등록될 땅, 실질적인 '남의 땅'이었다.

부록 1-2

가정주의

가뎡주의 (『대한매일신보』, 1908.3.12~22)

위ᄉᆡᆼ (일)

일 가뎡에 화초를 심어서 청결ᄒᆞᆫ 긔운으로써 정신을 비양ᄒᆞ며 병긔를 졔ᄒᆞᆯ ᄉᆞ

일 가뎡과 거쳐와 의복 음식과 졔구를 일졀 졍결케 ᄒᆞᆯ ᄉᆞ

일 위ᄉᆡᆼ과 경편[1]ᄒᆞᆷ을 위ᄒᆞ야 남ᄌᆞᄂᆞᆫ 단발ᄒᆞᆯ ᄉᆞ

일 더운 ᄯᅢ에 악취로 병이 ᄉᆡᆼᄒᆞ며 졍신을 샹ᄒᆞᄂᆞ니 뇨강 타구를 폐지ᄒᆞᆯ ᄉᆞ

일 치운 ᄯᅢ라도 방즁에 통혈[2]을 두어 신공긔를 통케 ᄒᆞᆯ ᄉᆞ

일 ᄉᆞ오일에 일ᄎᆞ식 목욕ᄒᆞ여 신톄를 졍ᄒᆞ게 ᄒᆞᆯ ᄉᆞ

일 어린ᄋᆞ히 거쳐를 더운 ᄃᆡ 두지 말고 온긔를 고르게 ᄒᆞᆯ ᄉᆞ

일 녀ᄌᆞ ᄋᆡᆼᄐᆡ시에 음식과 ᄒᆡᆼ동을 조심ᄒᆞᆯ ᄉᆞ

교육 (이)

일 남녀 ᄌᆞ손을 칠셰로브터 쇼학교에 입학케 ᄒᆞᆯ ᄉᆞ

일 쟝셩ᄒᆞᆫ 쟈ᄂᆞᆫ 밤에 각 학문을 학습ᄒᆞ야 보통 자식[sic]을 알게 ᄒᆞᆯ ᄉᆞ

일 남녀간 신문 잡지와 각 셔젹을 ᄆᆡ일 보와 문견을 발달케 ᄒᆞᆯ ᄉᆞ

일 남녀에 보통으로 ᄒᆡᆼ문[3]키 위ᄒᆞ야 국문을 통용ᄒᆞᆯ ᄉᆞ

1 輕便 : 가볍고 편리함.
2 通穴 : 바깥과 통하는 구멍, 틈새.
3 行文 : 문자 생활을 함.

일 쟝년 남녀는 미월 일추식 각 학교를 심방홀 스

일 헛된 고담 등 칙즈를 쇼화[4]ᄒᆞ고 신학문을 연구홀 스

인ᄉᆞ (삼)

일 만국 통힝에 경편홈을 위ᄒᆞ야 양력을 용홀 ᄉᆞ

일 경절 명절에 상견례ᄒᆞ는 인ᄉᆞ는 국가를 위ᄒᆞ야 축ᄉᆞ로 홀 ᄉᆞ

일 명절에 심방홀 ᄯᅢ는 디면홀 필요가 업는 경우에는 명함으로 디표홀 ᄉᆞ

일 샹경ᄒᆞ는 례는 고두 혹 거슈로 홀 ᄉᆞ

『대한매일신보』 잡보란에 연재되었던 「가정주의 원칙」. 새로운 문명의 시대에 지켜야 할 규율을 세세하게 밝히고 있다.

4 燒火 : 불태워 없앰.

일 인ᄉᆞᄒᆞᆯ ᄶᅵ에 진지 잡수엇쇼 밥 먹엇나 ᄒᆞᄂᆞᆫ 말은 폐지ᄒᆞᆯ ᄉᆞ

일 ᄆᆡ일 인ᄉᆞᄂᆞᆫ 일긔가 됴ᄉᆞ쇼 밤이 됴ᄉᆞᆺ죳쇼 ᄒᆞᆯ ᄉᆞ

일 남녀 동포의 각별 ᄂᆡ외를 ᄒᆞᄂᆞᆫ 법을 폐지ᄒᆞᆯ ᄉᆞ

일 하등 샤회 동포를 경ᄃᆡᄒᆞ며 하ᄃᆡ치 말아 공화를 쥬ᄒᆞᆯ ᄉᆞ

의복 (ᄉᆞ)

일 경편 리익을 좃차 남녀 의복을 심흑ᄉᆡᆨ으로 쥬장ᄒᆞᆯ ᄉᆞ

일 다만 하텰 의복은 ᄐᆡ양을 방어ᄒᆞ기 위ᄒᆞ야 ᄇᆡᆨᄉᆡᆨ 의복을 닙게 ᄒᆞᆯ ᄉᆞ

일 남ᄌᆞ 의복은 경착ᄒᆞ게 졔조ᄒᆞ기를 주장ᄒᆞᆯ ᄉᆞ

일 녀ᄌᆞ 의복은 광장[5]ᄒᆞ게 졔조ᄒᆞ기를 주장ᄒᆞᆯ ᄉᆞ

일 남녀에 례복을 졔조ᄒᆞ야 경ᄋᆡ간[6] 착용케 ᄒᆞᆯ ᄉᆞ

일 녀ᄌᆞ에 쟝옷과 삭갓을 폐지ᄒᆞᆯ ᄉᆞ

일 공기롤 통ᄒᆞ기 위ᄒᆞ야 보션에 솜을 덜게 ᄒᆞᆯ ᄉᆞ

음식 (오)

일 음식 ᄇᆡ치ᄒᆞᄂᆞᆫ 상은 큰 상 ᄒᆞᆫ두 기를 소용ᄒᆞᆯ ᄉᆞ

일 다ᄉᆞᄒᆞᆯ 시ᄂᆞᆫ ᄒᆞ로 밥 ᄒᆞᆫ 번 지여 이삼시를 지공케 ᄒᆞᆯ ᄉᆞ

일 개고기와 대단히 루습[7]ᄒᆞᆫ 고기 등물을 먹지 아니ᄒᆞᆯ ᄉᆞ

일 음식은 건조ᄒᆞᆫ 것과 정결ᄒᆞᆫ 것스로 주의ᄒᆞᆯ ᄉᆞ

일 대단히 더운 물건과 지극히 찬 물건을 먹지 아니ᄒᆞᆯ ᄉᆞ

일 더운 ᄯᅢ 몰[sic]에 병근이 만흐니 쓰리던지 턱ᄒᆞ야 먹게 ᄒᆞᆯ ᄉᆞ

---

5 廣長 : 넓고 넉넉함.

6 慶哀間 : 기쁜 일이나 슬픈 일을 당했을 때를 막론하고.

7 漏濕 : 축축한 기운이 새어 나옴.

일 슐을 취ᄒᆞ고 아편을 먹어 일싱을 허송치 아니홀 ᄉᆞ

혼인 (륙)

일 남녀 팔구셰에 혼인ᄒᆞᄂᆞᆫ 습관을 졔ᄒᆞ고 십팔구셰로 셩혼홀 ᄉᆞ

일 혼인은 사ᄅᆞᆷ을 턱ᄒᆞ고 문벌과 젼지를 탐치 아니홀 ᄉᆞ

일 혼인 시에 다솔하인[8]ᄒᆞ고 아ᄋᆞᄒᆞᄂᆞᆫ 헌화지폐[9]를 졔홀 ᄉᆞ

일 쳥년 과부에 ᄀᆡ가를 허ᄒᆞ야 화긔를 주쟝홀 ᄉᆞ

일 입방[10]은 미월 몃츠로 작뎡ᄒᆞ야 신체 강건을 주쟝홀 ᄉᆞ

샹례 (칠)

일 힝상[11]ᄒᆞᄂᆞᆫ ᄯᅢ 소래ᄒᆞ고 츔추며 장구 북 치ᄂᆞᆫ 폐를 졔홀 ᄉᆞ

일 상여ᄂᆞᆫ 수십명식을 쓰ᄂᆞᆫ 것을 폐ᄒᆞ고 ᄉᆞ인 상여를 용홀 ᄉᆞ

일 상립을 졔ᄒᆞ고 빅모ᄌᆞ로 대용홀 ᄉᆞ

일 렴습ᄒᆞᄂᆞᆫ ᄃᆡ 포쇽을 용ᄒᆞ고 릉라 쥬의를 물용홀 ᄉᆞ

일 상복은 검은 거시나 흰 거시나 슌식 옷에 남좌 녀우로 팔에 삼촌 빅포를 챡홀 ᄉᆞ

일 곡례ᄂᆞᆫ 방셩대곡을 무시로 ᄒᆞᄂᆞᆫ 거슨 졔홀 ᄉᆞ

일 산숑으로 징투ᄒᆞ고 숑ᄉᆞᄒᆞᄂᆞᆫ 폐를 제ᄒᆞ고 동포 상ᄋᆡ홈을 쥬쟝홀 ᄉᆞ

일 졔ᄉᆞᄂᆞᆫ 졍결홈을 쥬쟝ᄒᆞ고 만반 진슈의 비셜을 졔홀 ᄉᆞ[교인은 ᄎᆞ에 부지홈]

---

8 多率下人 : 하인을 여럿 이끎.
9 喧嘩之弊 : 시끄럽게 떠드는 폐단.
10 入房 : 남녀가 한 방에 들어 交合함.
11 行喪 : 喪禮를 지냄.

사상 (팔)

일 범ᄉᆞ에 락심ᄒᆞ고 수심ᄒᆞᄂᆞᆫ 거슬 졔ᄒᆞ고 활발홈으로 희망ᄒᆞᄂᆞᆫ ᄉᆞ상을 주의홀 ᄉᆞ

일 각인 각심 쓰ᄂᆞᆫ 것을 졔ᄒᆞ고 공동 리익을 주의홀 ᄉᆞ

일 쥬식잡기와 ᄌᆞ포ᄌᆞ기ᄒᆞᄂᆞᆫ ᄆᆞᄋᆞᆷ을 졔ᄒᆞ고 진보 ᄉᆞ상을 주의홀 ᄉᆞ

일 허망ᄒᆞᆫ ᄆᆞᄋᆞᆷ 투긔ᄒᆞᄂᆞᆫ ᄆᆞᄋᆞᆷ 비루ᄒᆞᆫ ᄆᆞᄋᆞᆷ을 졔ᄒᆞ고 방졍ᄒᆞ고 졍대홈 을 주의홀 ᄉᆞ

일 헛된 귀신을 위ᄒᆞ야 금젼과 셰월을 허비치 아니홀 ᄉᆞ

일 남ᄌᆞᄂᆞᆫ 무단히 녀ᄌᆞ를 압졔치 말고 평등을 주의홀 ᄉᆞ

일 로복은 문셔를 쇼화ᄒᆞ고 고용 일톄로 ᄉᆞ용홀 ᄉᆞ

일 부모가 어린ᄋᆞ히를 압박ᄒᆞ거나 거짓말노 희롱치 아니홀 ᄉᆞ

ᄌᆞ조ᄌᆞ쳔조론[12]

덕국 지샹 비ᄉᆞ믹[13]씨가 한 친구로 더브러 들에 나가 산양ᄒᆞ다가 그 벗이 실족ᄒᆞ야 슈렁에 ᄲᅡ져 목만 남아 죽을 디경이라 그 벗이 비ᄉᆞ믹을 향ᄒᆞ여 살녀달나 ᄋᆡ걸ᄒᆞ거ᄂᆞᆯ 비ᄉᆞ믹 왈 그ᄃᆡ를 구ᄒᆞ려다가 ᄂᆡ가 ᄯᅩᄒᆞᆫ 죽을지라 출하리 총으로 쏘와 ᄋᆡ쓰믈 면케 ᄒᆞ리라 ᄒᆞ고 즉시 탄환을 직약ᄒᆞ여 가지고 그 친구의 두골을 향ᄒᆞ야 대호 왈 하ᄂᆞᆯ이 사ᄅᆞᆷ을 ᄉᆞ랑ᄒᆞᄂᆞᆫ 뜻으로 그ᄃᆡ에 명을 ᄭᅳᆫᄂᆞ니 죽기를 ᄉᆞ양치 말나 그 사ᄅᆞᆷ이 이 말을 듯고 창황분격ᄒᆞ야 죽을 힘을 다ᄒᆞ야 슈렁에 나와 언덕에 오르ᄂᆞᆫ지라 비ᄉᆞ믹 왈 그ᄃᆡ가 그ᄃᆡ의 힘을 다ᄒᆞ지 아니ᄒᆞ엿스면 엇지 살기를 ᄇᆞ라리오 하ᄂᆞᆯ은 ᄌᆞ긔가 구ᄒᆞ고 ᄌᆞ긔가 돕ᄂᆞᆫ 쟈를 구조ᄒᆞ나니

12 自助者天助論 : 스스로 돕는 자는 하늘이 돕는다는 말. 영국인 스마일즈(S. Smiles)가 지은 『自助論(Self Help)』의 영향을 받아 19세기 말~20세기 초 한국 · 중국 · 일본 등지에서 유행한 격언.

13 독일 재상 비스마르크(O. von Bismarck).

라 그 벗이 청필[14]에 왈 내가 내 힘을 다ᄒᆞ지 아니ᄒᆞ고 다만 형씌셔 구조ᄒᆞ기만 ᄇᆞ랏스면 죽을 ᄯᆞ름이라 과연 ᄌᆞ조쟈는 텬조라 ᄒᆞᄂᆞᆫ 말숨이 올토다 ᄒᆞ고 고두샤례[15] ᄒᆞ더라

의뢰쟈를 경셩[16]

---

14 聽畢 : 듣기를 다 마침.

15 叩頭謝禮 : 머리를 조아려 감사의 뜻을 표함.

16 警醒 : 경계하고 깨우침.

부록 1-3

서호문답(西湖問答)

서호문답(西湖問答)(『대한매일신보』, 1908.3.5~3.8)

※ 일러두기 : 『대한매일신보』 국문판의 표기를 그대로 따르되 띄어쓰기는 현대어 원칙에 따라 고쳤다. 오자(誤字) 혹은 탈자(脫字)로 판단되는 부분은 [ ] 표시를 한 후 내용을 보충하였다.
이 글은 서호자(西湖子)가 동호객(東湖客)의 여러 가지 물음에 답하는 문답형식으로, 교육의 필요와 그 구체적인 방도를 주로 논하고 있다. 대개 신채호가 지었다고 추측하나 결정적인 근거는 없다. 여기서는 그저 1900년대의 인식을 잘 보여주는 '집체적' 자료로 소개해 둔다.

1908.3.5

셔호문답 셔호ᄌᆞ

◀ 동호ᄀᆡᆨ이 쥬인ᄃᆞ려 무러 ᄀᆞᆯᄋᆞᄃᆡ 하ᄂᆞᆯ이 사ᄅᆞᆷ을 세상에 내시매 만물 즁에 ᄀᆞ쟝 신령케 ᄒᆞ심이 엇지 범연ᄒᆞᆫ 뜻이리오 사ᄅᆞᆷ이 되고야 사ᄅᆞᆷ의 의무를 맛당히 ᄒᆡᆼᄒᆞᆯ지니 그 의무ᄂᆞᆫ 어ᄃᆡ 잇ᄂᆞ뇨

쥬인왈 뎨일은 교육이라 교육은 사ᄅᆞᆷ 되ᄂᆞᆫ 긔관이니 [이 긔관이 잇슨즉] 사ᄅᆞᆷ이오 이 긔관이 업스며[:업스면] 새와 즘싱과 ᄯᅩᆼ과 ᄒᆞᆰ만도 오히려 ᄀᆞᆺ지 못ᄒᆞ니라

◀ ᄀᆡᆨ왈 엇지ᄒᆞ야 그럿타 ᄒᆞᄂᆞ뇨

◀ 쥬인왈 새와 즘싱에 비ᄒᆞᆯ진ᄃᆡ 새 즁에ᄂᆞᆫ 봉황이 잇셔 ᄭᆡ끗ᄒᆞᆫ 죽실을 먹ᄂᆞᆫ지라 비루ᄒᆞᆫ 사ᄅᆞᆷ의 탐욕 잇ᄂᆞᆫ 거슬 보면 더럽다 ᄒᆞ야 피ᄒᆞᆯ 거시오 즘싱 즁에ᄂᆞᆫ 긔린이 잇셔 산풀을 밥지 안ᄂᆞᆫ지라 악ᄒᆞᆫ 사ᄅᆞᆷ의 잔인ᄒᆞᄂᆞᆫ 거슬 보

면 흉ᄒᆞ다 ᄒᆞ야 멀니ᄒᆞᆯ 거시오 ᄯᅡᆼ과 흙에 비ᄒᆞᆯ진ᄃᆡ ᄯᅡᆼ은 오곡을 붓게 ᄒᆞ고 흙은 만물을 기르ᄂᆞ니 그 효력이 엇더케 크다 ᄒᆞ리오

◂ ᄀᆡᆨ왈 그러ᄒᆞᆫ즉 교육이 업ᄂᆞᆫ 사ᄅᆞᆷ은 이러ᄒᆞᆫ 효력을 능히 내지 못ᄒᆞ리니 사ᄅᆞᆷ이 되고 새와 즘ᄉᆡᆼ과 ᄯᅡᆼ과 흙만도 못ᄒᆞ면 출ᄒᆞ리 스ᄉᆞ로 죽ᄂᆞᆫ 거시 나흘지로다

◂ 쥬인왈 그러ᄒᆞ다 이 몸이 잇고야 교육을 엇지 힘쓰지 아니ᄒᆞ리오

◂ ᄀᆡᆨ왈 사ᄅᆞᆷ의 당연히 ᄒᆡᆼᄒᆞᆯ 의무가 ᄯᅩ 잇ᄂᆞ뇨

◂ 쥬인왈 잇ᄂᆞ니 곳 나라를 ᄉᆞ랑ᄒᆞᄂᆞᆫ ᄆᆞ음이라 ᄋᆡ국심은 사ᄅᆞᆷ의 귀즁ᄒᆞᆫ 물픔이 되나니 텬하의 갑업ᄂᆞᆫ 보ᄇᆡ라 사ᄅᆞᆷ이오 이 귀즁픔이 업스면 사ᄅᆞᆷ의 갑시 업다 ᄒᆞᆯ지니라

◂ ᄀᆡᆨ왈 그런즉 지금 세계에 금강셕이니 보셕이니 ᄒᆞᄂᆞᆫ 물건이 지극히 귀즁ᄒᆞ다 ᄒᆞᆯ지라도 이에 비ᄒᆞ면 족히 귀ᄒᆞᆯ 게 업다 ᄒᆞ겟소그려

◂ 쥬인왈 뎌 보물이 잇스면 사ᄅᆞᆷ마다 원ᄒᆞᄂᆞᆫ 바 쟝ᄉᆡᆼ불ᄉᆞᄒᆞᆷ을 엇겟ᄂᆞᆫ가 사ᄅᆞᆷ마다 요구ᄒᆞᄂᆞᆫ 바 명예와 공명이 ᄌᆞ직ᄒᆞ겟ᄂᆞᆫ가 그럿치 못ᄒᆞᆫ즉 엇지 귀ᄒᆞ고 즁ᄒᆞᆷ이 되리오 다만 거즛 보ᄇᆡ요 쓸ᄃᆡ업ᄂᆞᆫ 물건이니라

◂ ᄀᆡᆨ왈 녜젼에 위 혜왕이 졔 위왕으로 더브러 회견ᄒᆞᆯ식 광치가 열두 수레에 빗최ᄂᆞᆫ 보ᄇᆡ 구슬이 잇다고 ᄌᆞ랑ᄒᆞ매 제왕이 ᄃᆡ답ᄒᆞ기ᄅᆞᆯ 나ᄂᆞᆫ 신하 네 사ᄅᆞᆷ이 잇셔셔 그 일홈이 쳔리에 빗친다 ᄒᆞᆫ즉 위왕이 크게 붓그러워셔 갓다 ᄒᆞ니 이러ᄒᆞᆫ ᄭᆞ닭이로고

◂ 쥬인왈 이로 보아도 셰상에 엇더ᄒᆞᆫ 보물이던지 열심히 ᄋᆡ국ᄒᆞᄂᆞᆫ 쟈의게ᄂᆞᆫ 비치 못ᄒᆞᆯ 줄을 알지니라

◂ ᄀᆡᆨ왈 ᄋᆡ국심이 잇ᄂᆞᆫ 쟈의 효험이 무어신지 듯고져 ᄒᆞ노라

◂ 쥬인왈 제ㅅ나라ᄂᆞᆫ 륙국 시절에 전국을 거의 다 일코 즉믁 ᄶᅡ만 ᄂᆞᆷ엇더니 필경에 팔십여셩을 회복ᄒᆞ엿고 셔ᄉᆞ국은 구라파의 뎨일 적은 나라로 타

국의 압제를 밧다가 일조에 국권을 차졋스니 이거시 익국ᄒᆞᄂᆞᆫ ᄆᆞ옴의 효험이니라

◂ 긱왈 그런즉 이러ᄒᆞᆫ 귀즁픔을 엇더케 엇ᄂᆞ뇨

◂ 쥬인왈 곳 교육ᄒᆞ기에 잇고 다른 도리ᄂᆞᆫ 업스니 교육이 업스면 익국심이 업고 익국심이 업스면 그 나라가 업슬지라 사ᄅᆞᆷ이 되고 익국심이 업스면 스ᄉᆞ로 그 나라ᄅᆞᆯ 멸망ᄒᆞᄂᆞᆫ 거시니 엇지 두렵지 아니ᄒᆞ리오 미완

1908.3.6

셔호문답 (속)

◂ 긱왈 지금 세샹의 인심을 ᄉᆞᆲ히건ᄃᆡ 사ᄅᆞᆷ々々이 다 말ᄒᆞ기를 교육이라 ᄒᆞ고 익국이라 ᄒᆞ니 사ᄅᆞᆷ의 ᄆᆞ음은 곳 하ᄂᆞᆯ의 ᄆᆞ음이라 이 긔관과 이 귀즁픔을 하ᄂᆞᆯ이 주샤 사ᄅᆞᆷ으로 ᄒᆞ여금 의무를 각각 극진케 ᄒᆞ심이뇨

◂ 쥬인왈 그러ᄒᆞ다 교육이 업고 익국심이 업ᄂᆞᆫ 쟈ᄂᆞᆫ 하ᄂᆞᆯ ᄯᅳᆺ을 슌죵치 아니홈이오 의무를 극진케 아니홈이니 그 몸과 그 나라를 스ᄉᆞ로 멸망케 홈이니라

◂ 긱왈 교육은 사ᄅᆞᆷ의 긔관이오 익국심은 곳 사ᄅᆞᆷ의 귀즁픔이라 ᄒᆞ오니 ᄒᆞᆫ번 설명ᄒᆞ심을 듯고져 ᄒᆞ노라

◂ 쥬인왈 이 두 가지ᄂᆞᆫ 톄와 용이 되ᄂᆞᆫ지라 톄가 잇고 용이 업스면 그 일이 일우지 못ᄒᆞᆯ 거시오 긔관이 잇고 귀즁픔이 업스면 그 그릇이 리ᄒᆞ지 못홈이오 교육이 잇고 익국심이 업스면 그 사ᄅᆞᆷ이 완젼치 못홈이니 교육이 잇[고] 익국심이 업슬진ᄃᆡ 츨ᄒᆞ리 교육이 업ᄂᆞᆫ이만 ᄀᆞᆺ지 못ᄒᆞ고 긔관이 잇고 귀즁픔이 업슬진ᄃᆡ 츨ᄒᆞ리 긔관도 업ᄂᆞᆫ이만 ᄀᆞᆺ지 못ᄒᆞ고 톄가 잇고 용이

업슬진ᄃᆡ 출ᄒᆞ리 톄도 업ᄂᆞᆫ이만 ᄀᆞᆺ지 못ᄒᆞᆯ지라 그럼으로 이 두 가지가 안과 밧그로 샹응ᄒᆞ야 잠을쇠와 열쇠와 ᄒᆞ나라도 업지 못ᄒᆞᆷ과 ᄀᆞᆺᄒᆞ니라

◀ ᄀᆡᆨ왈 그러ᄒᆞᆫ즉 ᄋᆡ국심이 츙만ᄒᆞ랴 ᄒᆞ면 불가불 교육을 잘ᄒᆞ여야 ᄒᆞᆯ지며 교육을 잘ᄒᆞ여 ᄋᆡ국심이 날진던 그 효과가 엇더ᄒᆞ오

◀ 쥬인왈 오늘에 급션무ᄂᆞᆫ 젼국 동포가 일졔히 교육을 밧아 ᄋᆡ국심을 품게 ᄒᆞᆯ 완젼ᄒᆞᆫ 교육을 불가불 구ᄒᆞᆯ지니 완젼ᄒᆞᆫ 교육이 잇슨 연후에야 졍밀ᄒᆞᆫ ᄋᆡ국심이 날 거시오 졍밀ᄒᆞᆫ ᄋᆡ국심이 잇슨 연후에야 그 계칙과 ᄀᆡ회가 ᄌᆞ연히 샹합ᄒᆞ야 견확ᄒᆞᆫ 단톄력을 양셩ᄒᆞᆯ지라 이 ᄣᅢ를 당ᄒᆞ야 누가 능히 ᄃᆡ뎍ᄒᆞ며 업수히 녁이리오 그러ᄒᆞ면 그 교육의 효험이 엇더타 ᄒᆞ겟ᄂᆞ냐

◀ ᄀᆡᆨ왈 젼일에 보로ᄉᆞ국이 불란셔국과 젼징ᄒᆞ야 득승ᄒᆞᆷ이 실노 쇼학교에 잇다고 ᄉᆞᄀᆡ에 ᄀᆡ록ᄒᆞᆫ 거시 이를 가ᄅᆞ침이뇨

◀ 쥬인왈 그런고로 나ᄂᆞᆫ 국가의 강력은 인민교육의 잇다 ᄒᆞ노라

◀ ᄀᆡᆨ왈 그런즉 교육은 엇지ᄒᆞ여야 완젼케 ᄒᆞ며 ᄋᆡ국심은 엇지ᄒᆞ여야 졍밀케 ᄒᆞ며 단톄력은 엇지ᄒᆞ여야 견실케 ᄒᆞ며 국력은 엇지ᄒᆞ여야 강경케 ᄒᆞ겟ᄂᆞ뇨

◀ 쥬인왈 그 졔도와 규모와 방침과 결과를 의론ᄒᆞᆯ진ᄃᆡ 고금 시ᄃᆡ와 동셔 렬국의 셩쇠흥망이 그 가온ᄃᆡ에 잇ᄂᆞᆫ지라 관즁과 악의의 슈단과 쇼하와 제갈량의 지혜와 가부이 가리파뎍의 ᄀᆡ기와 슈ᄐᆡ인 비ᄉᆞ막의 졍략이 아니면 일우기가 어려울 ᄯᅳᆺᄒᆞ나 그 규모가 먼 듯ᄒᆞ되 갓갑고 그 방침이 깁흔 듯ᄒᆞ되 엿고 그 결과가 어려운 듯ᄒᆞ되 곳 쉬우니라

1908.3.7

셔호문답 (속)

◂ 긱왈 나갓흔 천견박식으로는 고루ᄒᆞ고 용렬ᄒᆞ야 나히 사십이로ᄃᆡ 드름이 업ᄉᆞ오니 엇지 쾌히 말을 ᄒᆞ오릿가

◂ 쥬인왈 나도 ᄯᅩᄒᆞᆫ 이갓치 즁대ᄒᆞᆫ 언론을 엇지 능히 용이케 말을 ᄒᆞ릿가마는 구々ᄒᆞᆫ 소견이라도 대강 두어 마ᄃᆡ 말을 셜명ᄒᆞ노라

◂ 긱왈 교육에 셰 가지 부분이 잇스니 ᄎᆞ례로 듯기를 원ᄒᆞ노라

◂ 쥬인왈 쳣지는 가졍 교육이니 ᄒᆞᆫ 사ᄅᆞᆷ이 ᄯᅳᆺ을 세워 집안에셔 실시ᄒᆞ되 교육의 주의와 ᄋᆡ국ᄒᆞ는 ᄉᆞ샹을 가지고 우흐로 부모의게던지 아러로 쳐ᄌᆞ와 동긔ᄭᅵ지라도 사ᄅᆞᆷ々々이 서로 권면ᄒᆞ야 온 집안이 단테로 화락ᄒᆞᆯ지니라

◂ 긱왈 이는 실디의 학식과 문견이 업스면 능치 못ᄒᆞ겟지오

◂ 쥬인왈 그런고로 집안에 부녀와 ᄋᆞ희들이라도 몬져 국문을 익히게 ᄒᆞᆫ 후에 틈이 잇는 ᄃᆡ로 시간을 뎡ᄒᆞ야 가뎡 잡지와 국문 신보를 열람ᄒᆞ게 ᄒᆞ되 남편은 그 안희를 ᄀᆞᄅᆞ치고 할아비는 그 손ᄌᆞ를 ᄀᆞᄅᆞ쳐셔 온 집이 이로ᄡᅧ 안으로는 집 사ᄅᆞᆷ의 ᄉᆞ업을 슴고 밧그로[는] 나라 ᄇᆡᆨ셩의 의무를 슴으면 비단 ᄒᆞᆫ 잡[:집]의 다ᄒᆡᆼᄒᆞᆯ ᄲᅮᆫ 아니라 온 나라의 유익ᄒᆞᆷ이 되ᄂᆞ니 이도 국가의 일분ᄌᆞ 되는 단톄니라

◂ 긱왈 그 다음을 ᄯᅩ 듯고져 ᄒᆞ노라

◂ 쥬인왈 둘지는 학교 교육이니 시국이 이처럼 위급ᄒᆞ매 사ᄅᆞᆷ의 일도 불가불 촉급히 ᄒᆞᆯ지라 세상에 나셔 네다섯 살이 되거든 집안에서나 유치원에셔 공부ᄒᆞ는 규례룰 견습ᄒᆞᆯ 거시오 칠세여든 쇼학교에 드러가셔 보통학과를 ᄇᆡ홀 거시오 십셰여든 즁학교에 드러가셔 고등과룰 ᄇᆡ홀 거시오 십

삼세여든 대학교에 드러가셔 전문과를 공부ᄒᆞ야 십오세에 졸업케 ᄒᆞᆯ지니라

◂ 긱왈 나는 이 졔도에 ᄃᆡᄒᆞ야 학년이 너무 일으다 ᄒᆞᆯ 뜻ᄒᆞ오

◂ 쥬인왈 결단코 그러치 아니ᄒᆞ니 지금 네 살 먹은 ᄋᆞ희가 능히 쳔ᄌᆞ를 다 닑고 동몽션습을 ᄇᆡ호는 쟈도 잇고 일본셔는 다셧 살 된 ᄋᆞ희가 유치원으로 업혀가셔 ᄇᆡ호는 쟈도 잇고 왕년에 열 살 된 아희가 경서를 능통ᄒᆞ고 시편을 능히 짓는 쟈가 잇셧스니 지금 즁학과를 족히 공부ᄒᆞᆯ 만ᄒᆞᆫ지라 이로 보면 엇지 닐으다 ᄒᆞ리오

◂ 긱왈 이ᄀᆞᆺ치 나히 어려셔 공부를 졸업ᄒᆞᆫ[:졸업한] 후에 장ᄎᆞᆺ 무엇을 ᄒᆞ릿가

◂ 쥬인왈 이 ᄯᅢ는 능히 샤회상에도 츄축ᄒᆞᄂᆞ니 왕발이가 등왕각셔를 짓던 나히 지나고 손칙이가 강동을 뎡ᄒᆞ던 ᄯᅢ도 갓가온지라 남ᄌᆞ가 십오세면 대쟝부라 아니ᄒᆞ겟는가 굿은 ᄯᅳᆺ과 놀낸 긔운으로 텬하를 횡힝ᄒᆞ며 영웅을 ᄉᆞ괴고 호걸을 롱락ᄒᆞ야 일국의 흥망을 담당ᄒᆞ엿다가 평싱의 ᄯᅳᆺ을 ᄒᆞᆫ번 펴면 사름의 의무가 될 ᄲᅮᆫ 아니라 만국의 훈업가를 부러ᄒᆞ지 아니ᄒᆞ리로다

1908.3.8

셔호문답 (속)

◂ 긱왈 샤회 교육이라 ᄒᆞ는 거시 무어시뇨

◂ 쥬인왈 샤회 교육이라 ᄒᆞ는 거슨 ᄉᆞ농공샹과 여러 가지 ᄉᆞ업상에 실디로 시험ᄒᆞ는 것과 목격으로 견습ᄒᆞ는 거시니 각각 일부분의 교육이 되ᄂᆞ니라

◂ 긱왈 그거슬 빅홀진뎐 맛당히 엇더케 ᄒᆞᄂᆞ뇨

◂ 쥬인왈 관리는 닉치와 외교를 잘ᄒᆞ야 닉국의 셩패 되는 정치를 숣히고 외국의 득실 되는 긔회를 엿보다 힘써 힝홀지니라

◂ 긱왈 농ᄉᆞ는 맛당히 엇더케 ᄒᆞᄂᆞ뇨

◂ 쥬인왈 농ᄉᆞ는 텬하의 큰 근본이라 토픔을 보아 심으며 텬지롤 숣혀[:삷혀] 예방홀 거시오 봄에 갈고 가을에 거두기를 때롤 일치 아니ᄒᆞ야 오곡이 풍등ᄒᆞ거든 외국에 슈츌홈이 젼보다 빅나 만케 ᄒᆞ며 목화 등쇽을 빅앙[ᄒᆡ]야 필육[:필육]의 조직이 흥왕케 ᄒᆞ고 감쟈 등쇽을 만히 심어 식물의 슈입이 업게 ᄒᆞ면 빅셩들이 이로 말ᄆᆡ옴아 부요홀지니라

◂ 긱왈 공업은 맛당히 엇더케 ᄒᆞᄂᆞ뇨

◂ 쥬인왈 공업은 각각 그 지됴의 능홈을 좃차 녀ᄌᆞ의 공업이 흥왕ᄒᆞ고 남ᄌᆞ의 공업이 번셩ᄒᆞ야 직조 회샤와 졔조 공창이 업는 곳이 업시 도쳐에 셜시ᄒᆞ고 졔조ᄒᆞᆫ 물픔이 날노 싸히여 슈츌홈이 만ᄒᆞ면 외국 물픔은 ᄌᆞ연히 빅쳑될지니라

◂ 긱왈 샹업은 맛당히 엇더케 ᄒᆞᄂᆞ뇨

◂ 쥬인왈 샹업은 일국의 혈ᄆᆡᆨ을 륭통케 ᄒᆞ는 긔관이니 각국이 샹권으로 닷토기를 병력으로 젼징ᄒᆞ는 것보다 더욱 심ᄒᆞᆫ 시ᄃᆡ라 긔광ᄒᆞ는 텬조물과 졔조ᄒᆞ는 인조물을 만히 슈츌ᄒᆞ야 외국의 직졍을 슈입ᄒᆞ면 ᄌᆞ연히 민부국강홀지니라

◂ 긱왈 그 다른 여러 가지 ᄉᆞ업은 맛당히 엇더케 ᄒᆞᄂᆞ뇨

◂ 쥬인왈 낫〻치 말ᄒᆞ기는 어려오나 사롬〻〻이 각〻 무슨 ᄉᆞ업을 ᄒᆞ던지 ᄌᆞ국 정신을 일치 아니ᄒᆞ야 그 ᄉᆞ업이 실노 이러케 될진뎐 학식을 넓게 ᄒᆞ고 학력을 빅양ᄒᆞ는 교육보다 더욱 낫다 홀지니라

◂ 긱왈 교육을 힘쓸진ᄃᆡ 반ᄃᆞ시 정신덕으로 홀지니 정신덕이 아니면 교육

이 온전치 못ᄒᆞ겟지오

◂ 쥬인왈 그런고로 가령 디지를 비홀진ᄃᆡ 어ᄂᆞ ᄯᅡ은 요히쳐이니 가히 군ᄃᆡ를 쥬둔ᄒᆞ리라는 ᄆᆞ음이 뇌슈에 박히고 엇던 나라는 ᄯᅡ이 넓으니 식민을 ᄒᆞ리라는 ᄆᆞ음이 뇌슈에 박힐 거시며 력ᄉᆞ를 닑을진ᄃᆡ 엇던 사ᄅᆞᆷ은 나라를 폴엇스니 노ᄒᆞ야 ᄭᅮ지지며 살어셔 그 사ᄅᆞᆷ을 볼가 두려워ᄒᆞᄂᆞᆫ ᄯᅳᆺ이 장위에 박히고 엇던 사ᄅᆞᆷ은 나라를 회복ᄒᆞ엿스니 흠션ᄒᆞ야 ᄉᆞ모ᄒᆞ며 ᄌᆞ긔도 이와 ᄀᆞᆺ치 ᄒᆞᆯ ᄯᅳᆺ이 장위에 박힐 거시며 엇던 나라는 부강ᄒᆞ니 그 문물과 졍치를 본밧아 우리 나라로 ᄒᆞ여곰 더 낫게 ᄒᆞ고져 ᄒᆞᆯ ᄉᆡᆼ각이 장위에 박힐지니라

◂ ᄀᆡᆨ왈 일언이폐지ᄒᆞ고 아모 학문이라도 어려셔 비화 장셩ᄒᆞ여 그ᄃᆡ로 ᄒᆡᆼᄒᆞᆫ즉 가ᄒᆞ오닛가

◂ 쥬인왈 그러타 비홀 적에 반ᄃᆞ시 후일에 국가를 위ᄒᆞ야 슈용ᄒᆞ기로 ᄌᆞ긔ᄒᆞ고 졍신을 여긔다 드리며 긔력을 여긔다 슈운ᄒᆞ야 ᄒᆞᆫ ᄌᆞ라도 범연히 보지 말고 ᄒᆞᆫ 말이라도 범연히 듯지 말지니라

1908.3.10

셔호문답 (쇽)

◂ ᄀᆡᆨ왈 교육의 세 가지 죵류가 ᄯᅩ 잇다 ᄒᆞ니 무엇시뇨

◂ 쥬인왈 지육과 덕육과 톄육이라 지육으로 말ᄒᆞ면 인류의 ᄀᆞ쟝 신령홈으로 학슐의 졍미홈을 감동ᄒᆞ야 지혜의 신묘ᄒᆞᆫ 거슬 나타내ᄂᆞ니 사ᄅᆞᆷ의 신령홈이 아니면 학슐의 졍미홈을 발명치 못ᄒᆞᆯ 거시오 학슐의 졍미홈이 아니면 지혜의 신묘홈을 통달치 못ᄒᆞᆯ지라 지금은 지육의 발달홈이 극도에

니르러셔 의학가에셔는 능히 비룰 가르고 창ᄌ룰 그러내며 능히 얼골의 얽은 것도 곳치고 죽을 날도 짐작ᄒᆞᄂᆞ니 쟝릭에는 병 업는 법도 투득홀 거시오 화학가에셔는 능히 물노써 불이 니게 ᄒᆞ며 불노써 물이 나게 ᄒᆞ니 쟝릭에는 능히 거러ᄃᆞ니는 사름도 문돌 거시오 비와 슈레를 문ᄃᆞ러 공즁에 놀나 ᄃᆞ니게 ᄒᆞ며 줄도 업는 뎐화를 졔조ᄒᆞ야 능히 빅리 샹거에셔 셔로 말을 ᄒᆞ게 ᄒᆞ니 쟝릭에는 연긔 업는 탄약과 소릭 업는 대포도 문ᄃᆞ러 낼 거시니 지육의 효험이 이와 ᄀᆞᆺ치 크니라

◀ ᄀᆡᆨ왈 덕육은 맛당히 엇더케 ᄒᆞᄂᆞ뇨

◀ 쥬인왈 하놀 리치를 슌죵ᄒᆞ야 긔관쳔션ᄒᆞ고 인의로 만민을 감동케 ᄒᆞ며 덕화로 만국을 평화케 ᄒᆞᄂᆞ니 이는 종교의 쥬의니라

◀ ᄀᆡᆨ왈 그러ᄒᆞᆫ즉 우리 한국 사름의 맛당히 존슝홀 바ㅣ 무엇시뇨 션도이닛가

◀ 쥬인왈 션도는 그 법이 금으로 단약을 문ᄃᆞ러 먹는다 ᄒᆞ나 실상인즉 션텬긔운을 좃차 거ᄉᆞ려 미루매 슈화샹졔ᄒᆞ는 법으로 ᄆᆞ음이 신경과 합ᄒᆞ야 티를 일우고 삼년을 온양ᄒᆞ며 아홉히를 취정ᄒᆞ야 닐곱날을 죽엇다가 환형탈티ᄒᆞ고 신션이 되면 능히 공즁에도 놀아ᄃᆞ니며 ᄯᅩ 능히 죽기도 ᄒᆞ고 살기도 ᄒᆞ야 벼화가 무궁ᄒᆞᄂᆞ니 이는 사름마다 엇기가 어렵거니와 혹 엇드리도 나라의 일과 사름의 일에는 쓸딕가 업스니 하놀을 거ᄉᆞ리고 나라를 망케 ᄒᆞ는 쟈요

◀ ᄀᆡᆨ왈 그런즉 불도이닛가

◀ 쥬인왈 불도는 춤션ᄒᆞ며 념불ᄒᆞ야 점저 씨ᄃᆞ르미 ᄆᆞ음을 열어 셩픔을 보다가 극락 세계에 나셔 무한ᄒᆞᆫ 쳥복을 밧고 부쳐를 일운 후에는 불싱불멸ᄒᆞᆫ다 ᄒᆞ나 홀노 제 몸만 착ᄒᆞ게 ᄒᆞ고 허무젹멸ᄒᆞ야 그 도가 뷔고 뷔엿스니 이는 인종을 멸망케 홀 쟈요

◀ 긱왈 그런즉 유도이닛가

◀ 쥬인왈 유도는 션현들이 사름의 욕심을 막고 하늘 리치를 두어 몸을 닥고 집을 가직케 ᄒᆞ며 나라를 다ᄉᆞ리고 텬하를 평케 홈으로 위쥬ᄒᆞ더니 즁고 션비는 학업만 닥고 례문만 슝샹ᄒᆞ야 스ᄉᆞ로 놉흔 톄ᄒᆞ고 근일 션비는 글이나 닑고 글귀나 짓기에 침혹ᄒᆞ야 도의 근원을 일헛ᄂᆞ니라

1908.3.12

[셔]호문답 (속)

◀ 긱왈 덕육을 힘쓸진뎐 긔독교를 밋는 거시 가ᄒᆞ닛가

◀ 쥬인왈 그러ᄒᆞ다 예수 긔독은 곳 하ᄂᆞ님 아들이오 만국 뎨왕의 왕이신ᄃᆡ 셰샹을 구원ᄒᆞ시려고 강싱ᄒᆞ셧다가 텬하 만국 만민의 죄악을 ᄃᆡ쇽ᄒᆞ야 십ᄌᆞ가에 못 박히셧스니 곳 우리 한국 이쳔만 인민의 죄도 ᄃᆡ신ᄒᆞ야 도라가신지라 오늘날 우리 한국이 텬리를 슌죵치 아니ᄒᆞ고 의무를 쥰힝치 아니ᄒᆞ야 죄악이 관영ᄒᆞᆫ즉 허다ᄒᆞᆫ 죄악을 일일이 다 말홀 수 업스나 개인의 나라를 망홀 죄와 온 나라의 권리를 일흔 죄가 훙만ᄒᆞ야 츙만ᄒᆞ야 싱젼 디옥에 침혹ᄒᆞᆫ 것을 보니 어진 사름이야 엇지 참아 이거슬 보리오 원컨ᄃᆡ 동포들은 다 구쥬를 독실히 밋어 ᄒᆞᆫ 몸의 죄와 ᄒᆞᆫ 나라의 죄를 쇽량ᄒᆞ고 쥬의 은혜를 감복ᄒᆞ야 몸이 쥭드ᄅᆡ도 어진 ᄉᆞ업을 일우며 창싱들도 구졔홀지어다 동포들 ᄉᆞ랑ᄒᆞ는 범위가 이에 버셔나지 아니홀지니라

◀ 긱왈 이 교를 독신ᄒᆞ면 나라이 강ᄒᆞ여지겟소

◀ 쥬인왈 샹뎨로 대쥬지를 숨고 긔독으로 대원슈를 숨고 셩신으로 검을 숨고 밋음으로 방픽를 숨아 용밍 잇게 압흐로 나아가면 누가 죄를 ᄌᆞ복지

아니ᄒᆞ며 누가 명을 슌죵치 아니ᄒᆞ리오 지금 예수교로 종교를 삼는 영 미 법 덕국의 진보된 영광이 엇더ᄒᆞ뇨 우리 동포들도 이거ᄉᆞᆯ 부러워ᄒᆞ거든 그 나라들의 슝봉ᄒᆞᄂᆞᆫ 종교를 좃칠지니라

◀ ᄀᆡᆨ왈 톄육은 맛당히 엇더케 ᄒᆞᄂᆞ뇨

◀ 쥬인왈 신톄를 활동ᄒᆞ야 긔운을 강장케 ᄒᆞ며 기예를 연습ᄒᆞ야 군법을 ᄇᆡ호ᄂᆞ니 일본을 볼진던 쇼학교에셔 톄조 운동과 긔계 운동을 ᄀᆞᄅᆞ치며 즁학교에셔ᄂᆞᆫ 담총 교련과 포격 연습에 죵ᄉᆞᄒᆞ야 항오가 졍졔ᄒᆞ고 군률이 엄슉ᄒᆞ니 후일에 지원병과 예비병이라 온 나라 인민이 이거슬 ᄇᆡ호지 아니ᄒᆞᄂᆞᆫ 쟈ㅣ 업ᄂᆞᆫ고로 학ᄉᆡᆼ도 후일에 병뎡이오 샹민도 젼일에 병뎡이오 농민도 젼일에 병뎡이라 이ᄀᆞᆺ치 징병을 실시ᄒᆞ야 젼국 ᄇᆡᆨ셩이 다 군ᄉᆞ가 됨으로 나라가 ᄌᆞ연 부강ᄒᆞ니라 일본이 한국에 ᄃᆡᄒᆞ야 가위 션진이라 ᄒᆞ겟고 어진 스승이라 ᄒᆞ겟고 은인이라 ᄒᆞᆯ지라 한인이 일본을 잘 ᄇᆡ와셔 교육 졔도와 졍치 방침과 외교 법슐을 분명히 알면 후일에 한국이 일본에 ᄃᆡᄒᆞᆫ 졍칙을 써셔 은혜로 은혜를 갑흘지니라

◀ ᄀᆡᆨ왈 그러ᄒᆞᆫ즉 세 가지 교육 즁에 엇던 거시 뎨일 긴ᄒᆞ뇨

◀ 쥬인왈 톄육이라 지혜를 구ᄒᆞᄂᆞᆫ 쟈ㅣ 몸이 건장치 못ᄒᆞ면 긔부가 슈쳑ᄒᆞ고 혜두가 막힘으로 지혜가 나지 못ᄒᆞᆯ 거시오 덕을 구ᄒᆞᄂᆞᆫ 쟈 몸이 건장치 못ᄒᆞ면 뇌슈가 쵹샹ᄒᆞ야 ᄆᆞ음이 합지 못ᄒᆞᆷ으로 덕이 나타나지 못ᄒᆞᆯ지라 몸이 건장치 못ᄒᆞ면 지혜와 덕이 온젼키가 어려온고로 몬져 톄육을 힘쓸 거시오 이샹에 모든 교육이 일치ᄒᆞ게 발달되여야 가위 완젼ᄒᆞᆫ 교육이 되ᄂᆞ니라

1908.3.13

셔호문답 (속)

◂ 킥왈 익국 졍신을 엇지훈즉 발양케 ᄒᆞ겟ᄂᆞ뇨

◂ 쥬인왈 사ᄅᆞᆷ이 이 나라에 나셔 이 나라에셔 쟝셩ᄒᆞ고 쟝ᄎᆞᆺ 이 나라에셔 죽을 터이니 이 몸은 이 나라의 몸이오 다른 나라의 몸이 아니라 맛당히 이 나라를 위ᄒᆞ야 몸을 밧치되 이 나라 즁히 녁이기를 이 몸 즁히 녁임과 ᄀᆞᆺ치[ᄒᆞ]며 내 나라 ᄉᆞ랑ᄒᆞ기를 내 몸 ᄉᆞ랑홈과 ᄀᆞᆺ치 홀지니라

◂ 킥왈 몸과 나라의 관계가 엇더ᄒᆞ뇨

◂ 쥬인왈 ᄒᆞᆫ 터럭과 ᄒᆞᆫ 팔이 다 나의 몸인 줄을 알면 ᄒᆞᆫ 풀과 ᄒᆞᆫ 나무도 다 나의 나라인 줄을 알 거시오 ᄒᆞᆫ 힘쥴과 ᄒᆞᆫ ᄲᅧ가 다 나의 몸인 줄을 알면 ᄒᆞᆫ 흙과 ᄒᆞᆫ 돌도 다 나의 나라인 줄을 알 거시라 내 나라의 ᄒᆞᆫ 풀과 ᄒᆞᆫ 나무를 일는 거시 내 몸의 ᄒᆞᆫ 터럭과 ᄒᆞᆫ 팔을 일는 것과 ᄀᆞᆺ치 앏흐며 내 나라의 ᄒᆞᆫ 흙과 ᄒᆞᆫ 돌을 일는 거시 내 몸의 ᄒᆞᆫ 힘쥴과 ᄒᆞᆫ ᄲᅧ를 일는 것과 ᄀᆞᆺ치 앏흘지니라

◂ 킥왈 엇더케 ᄒᆞ여야 익국쟈라 ᄒᆞ겟ᄂᆞ뇨

◂ 쥬인왈 익국ᄒᆞᄂᆞᆫ ᄆᆞ옴이 ᄒᆞᆼ샹 잇스되 좌와긔거에도 나라를 위ᄒᆞ야 안ᄭᅩ 눕ᄂᆞᆫ 줄노 알고 언양굴신에도 나라를 위ᄒᆞ야 굽히고 펴ᄂᆞᆫ 줄노 알며 먹으나 닙으나 자나 ᄭᅵ나 나라를 ᄉᆞ랑ᄒᆞᄂᆞᆫ ᄆᆞ옴이 잠시라도 업지 못홀지니 잠간이라도 니져ᄒᆞᆫ[:니져] ᄇᆞ리면 사ᄅᆞᆷ의 도리가 [아]니니라

◂ 킥왈 사ᄅᆞᆷ마다 몸을 ᄉᆞ랑ᄒᆞᄂᆞᆫ ᄆᆞ옴이 잇셔셔 ᄌᆞ긔 ᄒᆞᆫ 터럭과 ᄒᆞᆫ 팔과 ᄒᆞᆫ ᄲᅧ가 ᄯᅥ러지고 샹ᄒᆞᄂᆞᆫ 거슨 앗기고 압허ᄒᆞ면셔 제 나라 강토와 셩텹과 숨림은 ᄲᅦ앗기고 훼쳘ᄒᆞ며 작별ᄒᆞ되 통곡도 아니ᄒᆞ고 민망히 녁이지도 아니홈은 엇지ᄒᆞᆫ 연고ㅣ뇨

◂ 쥬인왈 이는 다름이 아니라 교육의 정신이 뇌슈에 들지 못홈이니 교육이 업스면 몸이 잇는 줄 알되 나라이 잇는 줄은 알지 못ᄒᆞ며 몸을 보호홀 줄은 알되 나라를 보호홀 줄은 아지 못ᄒᆞ며 몸이 나라에 잇는 줄을 알되 몸이 나라에 관계되는 줄은 알지 못ᄒᆞ며 임군이 잇는 쥴은 알되 동포가 잇는 줄은 알지 못ᄒᆞ며 임군을 ᄉᆞ랑홀 쥴은 알되 동포를 ᄉᆞ랑홀 쥴은 아지 못ᄒᆞ며 임군이 나라인 쥴만 알고 동포가 나라인 쥴은 알지 못ᄒᆞ니 엇지 ᄋᆡ국심이 잇다 ᄒᆞ리오

1908.3.14

▌셔호문답 (속)

◂ ᄀᆡᆨ왈 ᄋᆡ국심이 업셔셔 망ᄒᆞᆫ 나라가 디구샹에 몃치나 되ᄂᆞ뇨

◂ 쥬인왈 낫낫치 혜일 수가 업스니 원시경을 가지고 멀니 보지 말고 근시경을 가지고 갓가히 보면 가히 알지니라

◂ ᄀᆡᆨ왈 ᄋᆡ국심이 잇셔셔 흥ᄒᆞᆫ 나라이 몃치나 되ᄂᆞ뇨

◂ 쥬인왈 각국 독립ᄉᆞ와 건국지와 유신ᄉᆞ는 셰샹 사ᄅᆞᆷ이 다 아는 바라 말홀 거시 업거니와 갓가히 잇는 일본을 볼지어다 그 혈셩인즉 어린ᄋᆞ희라도 말ᄒᆞ기를 나라일을 위ᄒᆞ야는 맛당히 죽으리라 ᄒᆞ며 그 용밍인즉 엇기에 총을 메힌 쟈ㅣ 전쟝에 나가면 살 ᄉᆡᆼ각이 업스며 그 결과인즉 로동쟈ㅣ라도 구미 각국 사ᄅᆞᆷ과 동등 권리를 닷토고져 ᄒᆞ니 ᄋᆡ국심이 업고야 엇지 그러ᄒᆞ리오

◂ ᄀᆡᆨ왈 이를 인ᄒᆞ야 이덕지국이라도 샹젼이 될 수 잇고 례의지방이라도 노례가 될 수 잇겟ᄂᆞ뇨

◂ 쥬인왈 나라의 흥망은 사름의 익국심이 잇고 업는 딕 잇슬 짜름이라 엇지 다시 말흐리오마는 이 무음이 업스면 스스로 몸과 나라를 망흐는 거신딕 엇던 사름은 텬수ㅣ라 흐니 이거시 어리셕은 말이니라

◂ 긱왈 텬운을 밋지 아니홀 거시뇨

◂ 쥬인왈 사름이 뎡흔 후에야 하놀이 응흐느니 사름이 잇서셔 일을 문돌미오 결단코 운수의 소관은 아니라 제가 스스로 업수히 녁인 후에야 놈이 업수히 녁이고 제가 스스로 도은 후에야 하놀이 도으시느니 이 무음을 구흐거든 엇기를 긔약흐고 엇거든 일치 아니흐기로 밍셔를 흐여야 가위 견고흔 익국심이라 홀지니라

◂ 긱왈 인민의 단톄에 무숨 방침이 잇느뇨

◂ 쥬인왈 혈먹이 합흐야 일신의 단톄가 되고 인민이 합흐야 일국의 단톄가 되느니 단톄는 곳 여러 힘을 합흔 거시라 그 강력은 쇠와 돌이라도 감히 당치 못홀 거시오 칼과 챵이라도 능히 딕뎍지 못홀지라 그러나 이거슨 익국셩이 업스면 일우지 못하고 교육력이 업스면 알지 못홀지라

◂ 긱왈 그러흔즉 교육을 가히 흔 말노 엇으며 가히 흔 힘으로 일우겟느뇨

◂ 쥬인왈 아니라 완젼흔 교육을 엇지 사름사름이 다흐게 흐리오 단톄에 뜻이 잇는 쟈는 몬져 전국 동포의 상하 샤회를 물론흐고 다 국민을 익히며 졍신뎍 교육을 밧아셔 몸이 나라에 크게 관게되는 쥴을 알어야 몸이 잇는 거슨 모로고 나라히 잇는 것만 알아셔 단톄에 몸을 밧친 연후에야 그 나라의 힘이 강흐지 안코져 흔들 안될 수 잇스리오 이러허여야 가위 견실흔 단톄라 흐노라

1908.3.15

셔호문답 (쇽)

◀ 긱이 골ᄋᆞᄃᆡ 국력이 강장ᄒᆞᆫ 후에는 그 결과가 엇더ᄒᆞ뇨

◀ 쥬인이 골ᄋᆞᄃᆡ 국력은 단톄력에셔 싱ᄒᆞᄂᆞ니 단톄가 확실ᄒᆞᆫ즉 국력이 강장홈은 셜명치 아니코도 알 거시나 대강 의론ᄒᆞ노니 희망뎜을 멀니 두고 동양을 ᄃᆡᄒᆞᆫ 정칙 외에도 셔양을 ᄃᆡᄒᆞᆫ 정칙ᄭᆞ지라도 주의ᄒᆞ면 그 범위 안에 잇는 일은 가히 알지니라

◀ 긱왈 그 결과를 일울 만ᄒᆞᆫ 방칙이 어ᄃᆡ 잇ᄂᆞ뇨

◀ 쥬인왈 혈셩 잇는 쟈는 가히 지ᄉᆞ라 홀 거시오 락망ᄒᆞ는 쟈는 비부ㅣ라 홀지니 지ᄉᆞ라는 거슨 일심을 가지고 빅졀불회ᄒᆞ고 열심히 나라를 구원ᄒᆞ고 비부라난 거슨 이심을 가지고 라약ᄒᆞ고 쥬져ᄒᆞ야 셰를 ᄯᆞ라 외인에게 붓치나니 일심을 가진 쟈는 그 ᄆᆞ암을 좃차셔 리두에 나라를 구원홀 거슬 목하에 보는 듯시 ᄒᆞ고 이심을 가진 쟈는 그 ᄆᆞ옴을 좃차셔 목젼에 외국에 붓치여 렴치를 보지 못ᄒᆞᄂᆞ니라

◀ 긱왈 일심을 가진 쟈는 셩공홈을 가히 기필ᄒᆞ려니와 이심을 두는 쟈가 잇슴으로 완젼ᄒᆞᆫ 호력을 보기가 어렵겟지오

◀ 쥬인왈 연고로 이심을 가진 쟈가 ᄒᆞ나만 잇스면 ᄌᆞ긔의 터럭 ᄒᆞᆫ 개 ᄲᅢ짐보다 앗기고 몃쳔명이 잇스면 ᄒᆞᆫ 손ᄀᆞ락을 ᄭᅳᆫ흠보다 앏흐게 알고 ᄉᆞ십만이 잇스면 ᄒᆞᆫ 팔을 일흠보다 슯허홀지니 그런즉 이심을 가진 쟈를 보거든 고심혈셩으로 권면ᄒᆞ기를 너희가 몸에셔 ᄯᅥ러진 손ᄀᆞ락이나 팔과 ᄀᆞᆺᄒᆞ셔 스ᄉᆞ로 ᄡᅥᆨ을 ᄯᆞ름이니 급급히 몸에 다시 붓치라고 권면ᄒᆞ고 경계ᄒᆞ야 일심과 이심이 필경 하나히 되어야 결과를 가히 셩취홀지니라

◀ 긱왈 오늘날 우리 한국 사름이 학문이 ᄎᆞᄎᆞ 열니고 지식이 졈졈 발달ᄒᆞ야

젼국 안에 학교 정도가 진보되야 여ᄌᆞ 교육과 로동쟈의 야학교ᄭᆞ지 니러나며 각 디방 샹무의 방침이 흥왕ᄒᆞ야 지어 외국 물화를 직슈입ᄭᆞ지 홈과 사탕을 졔조ᄒᆞᄂᆞᆫ 셰쇄ᄒᆞᆫ 영업ᄭᆞ지 ᄒᆞᄂᆞᆫ지라 이ᄂᆞᆫ 한국의 즁흥ᄒᆞᆯ 근인이오 독립의 긔초라 ᄒᆞᆯ 만ᄒᆞ지 아니ᄒᆞ겟ᄂᆞ뇨

◂ 쥬인왈 나도 보고 깃버ᄒᆞ며 듯고 감격ᄒᆞ게 녁이거니와 교육계에 마귀가 ᄉᆡᆼ겨셔 참 교육에 큰 원슈라 학교 셜립을 져희ᄒᆞ며 고등학과를 금지ᄒᆞ고 미구에 졸업ᄒᆞᆯ 쟈를 ᄲᅵ여 내며 외국에 유학ᄒᆞᄂᆞᆫ 쟈를 막ᄂᆞᆫ 거시니라

1908.3.17

셔호문답 (속)

◂ ᄀᆡᆨ왈 그 물건이 무ᄉᆞᆷ 물건인고 만일 알면 질너 쥭이고져 ᄒᆞ며 갈어 마시고져 ᄒᆞ며 부슈어 업시고져 ᄒᆞ노니 그것의 셩명을 말ᄒᆞ라

◂ 쥬인왈 엇더ᄒᆞᆫ 사ᄅᆞᆷ이 남문 문루에 올나가셔 길노 왕ᄅᆡᄒᆞᄂᆞᆫ 사ᄅᆞᆷ을 죵일 구경ᄒᆞ고 와셔 말ᄒᆞ기를 오놀에 내가 두 사ᄅᆞᆷ밧긔ᄂᆞᆫ 보지 못ᄒᆞ엿노라 ᄒᆞ매 겻헤ㅅ사ᄅᆞᆷ이 무러 ᄀᆞᆯᄋᆞᄃᆡ 두 사ᄅᆞᆷ이 누구뇨 답왈 공ᄉᆡᆼ원과 리ᄉᆡᆼ원이라 ᄒᆞᄂᆞᆫ지라 내가 가마니 ᄉᆡᆼ각ᄒᆞᆫ즉 ᄒᆞᆫ 사ᄅᆞᆷ의 일홈은 명이오 ᄯᅩ ᄒᆞᆫ 사ᄅᆞᆷ의 일홈은 익이라 세샹 사ᄅᆞᆷ이 다 공명과 리익에만 분주ᄒᆞᄂᆞᆫ 고로 그 사ᄅᆞᆷ의 죠쇼ᄒᆞ야 말홈이러라 이 두 가지 물건이 지금ᄭᆞ지 ᄶᅡᆨ을 지어 ᄃᆞᆫ니며 업셔지지 아니ᄒᆞ야 우리의 열심 공부ᄒᆞᄂᆞᆫ 교육계에 마귀가 되니 나ᄂᆞᆫ 그 일홈을 곳쳐 환욕이라 직욕이라 ᄒᆞ노니 직몰[:직물]을 탐ᄒᆞᄂᆞᆫ 쟈인 고로 학교를 져희ᄒᆞ며 벼슬을 탐ᄒᆞᄂᆞᆫ 쟈인 고로 류학을 방해ᄒᆞᄂᆞ니라

◂ ᄀᆡᆨ왈 이 물건을 엇더케 쳐치ᄒᆞ겟ᄂᆞ뇨

◂ 쥬인왈 교를 밋기에 잇스니 교를 밋으면 마귀를 능히 이긔기는 족히 념려홀 게 업거니와 뎨일 큰 원슈가 또 잇스니 나라힘을 양셩홀 단톄력의 마귀라 그 심슐인즉 두어 사름만 굿치 모혀 섯셔도 심히 믜워ᄒᆞ고 우익이 되랴 ᄒᆞᄂᆞᆫ 거슨 희산케 ᄒᆞ며 그 셰력인즉 십만 인즁도 챵귀가 되게 ᄒᆞ며 빅만 샹민도 폴닌 물건이 되게 ᄒᆞᄂᆞ니 그 독ᄒᆞ고 악홈이 가외가 아니뇨

◂ 긱왈 그ᄃᆡ 말이 이굿흐나 나는 반신반의ᄒᆞ야 잇고 업는 거슬 씨닷지 못ᄒᆞ겟노라

◂ 쥬인왈 이거시 허ᄉᆞ된 말이 아니라 과연 잇스니 국력이 강장ᄒᆞ기를 열심히 희망ᄒᆞ며 단톄가 견확ᄒᆞ기를 고심으로 쥬쟝ᄒᆞᄂᆞᆫ 즁에 장이물이 되는 거슬 사름마다 졀치부심ᄒᆞ야 잠시라도 그져 잇지 못ᄒᆞ겟기에 곳 말을 ᄒᆞ노니 이거슨 ᄉᆞ긔심과 노례셩이라 사름이 각ᄉᆞ ᄉᆞ긔ᄒᆞᄂᆞᆫ ᄆᆞ음이 잇는 고로 단톄가 되지 못ᄒᆞ고 노례를 달게 녁이는 고로 폴닌 물건이 되기를 됴와ᄒᆞ니 ᄉᆞ긔ᄒᆞᄂᆞᆫ 쟈는 쇠가 쇠를 먹고 살이 살을 먹는 리욕만 잇스며 노례라 ᄒᆞᄂᆞᆫ 거슨 놈의 뇌슈 즁에셔만 놀 ᄯᆞ름이니라

◂ 긱왈 이 물건은 또 무어스로 쳐치ᄒᆞ겟ᄂᆞ뇨

◂ 쥬인왈 셩신의 능력으로 원슈 ᄉᆞ랑ᄒᆞ기를 내 몸과 굿치 ᄒᆞᄂᆞᆫ ᄆᆞ음이 잇스며 상뎨의 ᄌᆞ녀가 되어셔 ᄌᆞ유ᄒᆞᄂᆞᆫ 동등 권리가 잇슨즉 화ᄒᆞ지 아니홀 거시 업고 어려올 바ㅣ 업ᄂᆞ니라

1908.3.18

셔호문답 (속)

◂ ᄀᆡᆨ왈 그러나 일이 될 터이ᄃᆡ 되지 못ᄒᆞ면 유지ᄉᆞ가 눈물을 흘니고 ᄯᅳᆺ을 일울 터인ᄃᆡ 일우지 못ᄒᆞ면 영웅이 ᄒᆞᆫ을 품ᄂᆞ니 이 눈물을 엇더케 금ᄒᆞ며 이 ᄒᆞᆫ을 엇더케 셜치ᄒᆞ리오

◂ 쥬인왈 실망ᄒᆞᆫ 쟈와 이심된 쟈를 도로 붓좃게[:붓좃게] ᄒᆞ며 환욕 잇ᄂᆞᆫ 쟈와 직욕 잇ᄂᆞᆫ 쟈를 ᄌᆞ복케 ᄒᆞ며 싀긔ᄒᆞᄂᆞᆫ 쟈와 노례된 쟈를 귀화케 ᄒᆞ야 만ᄉᆞ가 여일ᄒᆞ고 일국이 단톄 되면 일과 ᄯᅳᆺ이 일울지니 ᄌᆞ유의 활발ᄒᆞᆫ 긔샹과 문명의 화협ᄒᆞᆫ 긔관이 산과 ᄀᆞᆺ치 놉흐며 물과 ᄀᆞᆺ치 쇼샤 대한 강산이 특별히 빗날지라 후셰에 ᄉᆞ긔를 쓰ᄂᆞᆫ 쟈ㅣ 말ᄒᆞ기를 이십셰긔에 뎨일 몬져 된 독립국이라 ᄒᆞ리니 공도 그럿케 될 줄을 밋으며도[:밋으며] ᄯᅩ ᄇᆞ라ᄂᆞ뇨

◂ ᄀᆡᆨ왈 엇더ᄒᆞᆫ ᄉᆞᄅᆞᆷ은 말ᄒᆞ기를 시셰가 발셔 느졋다 ᄒᆞ고 엇더ᄒᆞᆫ 쟈ᄂᆞᆫ 말ᄒᆞ기를 긔회가 아직도 일으다 ᄒᆞ니 엇더ᄒᆞᆫ뇨[:엇더ᄒᆞ뇨]

◂ 쥬인왈 결코 늣지도 아니ᄒᆞ고 일으지도 아니ᄒᆞᆫ지라 몃십년 젼이면 일이 별현치 아니ᄒᆞ야 견긔ᄒᆞᆯ 길이 업슬 거시오 몃 ᄒᆡ 후면 일이 지내셔 착슈ᄒᆞᆯ 곳이 업스리니 이 ᄯᅢ가 뎍즁ᄒᆞᆫ ᄯᅢ오 영웅이 착슈ᄒᆞᆯ 날이라 아모조록 교육을 급히 힘써 강국 되기를 ᄇᆞᄅᆞᆯ지어다

◂ ᄀᆡᆨ왈 유지ᄉᆞᄂᆞᆫ 나라를 근심ᄒᆞ고 ᄉᆞ랑ᄒᆞᄂᆞᆫ 쟈ㅣ오 영웅은 시무와 시셰를 아ᄂᆞᆫ 쟈ㅣ라 나라를 근심ᄒᆞᄂᆞᆫ ᄆᆞᄋᆞᆷ은 ᄉᆞᄅᆞᆷ마다 아ᄂᆞᆫ 거시니 유지ᄉᆞ 되기ᄂᆞᆫ ᄌᆞ긔ᄒᆞ려니와 영웅은 특이ᄒᆞᆫ ᄉᆞᄅᆞᆷ이라 감히 ᄌᆞ쳐ᄒᆞ지 못ᄒᆞᄂᆞ니 영웅이 지금에도 잇ᄂᆞ뇨

◂ 쥬인왈 이거슨 오ᄒᆡᄒᆞᆷ이 심ᄒᆞ도다 영웅은 별 물건이 아니라 말도 잘ᄒᆞ고

글도 잘ᄒᆞ고 락루도 잘ᄒᆞ야 능히 사ᄅᆞᆷ을 감동케 ᄒᆞ며 사ᄅᆞᆷ을 놀ᄂᆡ며 사ᄅᆞᆷ을 격동ᄒᆞᄂᆞᆫ 쟈도 영웅이니 연셜노 사ᄅᆞᆷ을 감동케 ᄒᆞᄂᆞᆫ 쟈도 지금 잇고 문쟝으로 사ᄅᆞᆷ을 놀ᄂᆡᄂᆞᆫ 쟈도 잇고 락루ᄒᆞ야 사ᄅᆞᆷ을 격동ᄒᆞᄂᆞᆫ 쟈도 내가 보앗스니 우리 한국에 다수ᄒᆞᆫ 영웅이 업다 ᄒᆞ리오 나는 유지쟈가 다 영웅이라 ᄒᆞ노니 이러ᄒᆞᆫ 연셜가와 문쟝가와 락루ᄀᆡᆨ을 보지 못ᄒᆞ엿스며 알지 못ᄒᆞᄂᆞ뇨 영웅을 아ᄂᆞᆫ 쟈ᄂᆞᆫ 영웅을 아ᄂᆞᆫ 영웅이오 영웅을 벗ᄒᆞᄂᆞᆫ 쟈ᄂᆞᆫ 영웅을 벗ᄒᆞᄂᆞᆫ 영웅이오 영웅을 밋ᄂᆞᆫ 쟈도 영웅이오 ᄉᆞ랑ᄒᆞᄂᆞᆫ 쟈도 영웅이오 공경ᄒᆞᄂᆞᆫ 쟈도 영웅이오 ᄉᆞ모ᄒᆞᄂᆞᆫ 쟈도 영웅이니 유지쟈ㅣ라 ᄒᆞᄂᆞᆫ 사ᄅᆞᆷ이 엇지 영웅으로 쟈쳐ᄒᆞ지 아니ᄒᆞ리오 시무와 시셰를 아ᄂᆞᆫ 거슨 어렵다 ᄒᆞ겟스나 여러 영웅이 합ᄒᆞ면 하늘 뜻도 이긔고 하늘 긔틀도 쎄앗을지라 시무와 시셰의 알지 못ᄒᆞᆷ을 엇지 근심ᄒᆞ리오 (완)

부록 2-1

『학지광』 8호와 편집장 이광수

『학지광』 8호와 편집장 이광수[1]

『학지광』 제8호를 소개한다. 나주의 명문 박씨가(전남 나주시 남내동 95-7번지)에 소장되어 있던 『학지광』 제8호를 당시 성균관대 동아시아학술원에 재직 중이던 한기형·박헌호·류준필 선생이 촬영하여 제공한 것이다. 나주 박씨 집안의 근대문학 자료는 나주 지역 지방사를 정리하던 목포대학교 박물관의 선영란 선생, 성균관대학교 대동문화연구원의 손병규·권기중 선생 등이 최초로 확인하였고, 한기형·박헌호·류준필 선생이 자료를 구체적으로 점검하고 수습했다. 2008년 11월 초, 위 세 분 선생이 대학원생 유석환과 함께 나주를 방문해 박씨가의 현 가주家主인 박경중朴炅重씨를 만나 『학지광』 외 수종의 자료 촬영 허락을 받았다. 『학지광』 제8호의 원 소장자는 박경중씨의 조부인 박준삼朴準三(1898~1976) 선생이다. 그는 1915년 서울의 중앙고등보통학교에 진학했고 1919년 3.1운동 참여로 제적되었다. 이후 1921년부터 1923년까지 일본 릿교대학立教大學 예과에서 수학했다. 『학지광』 제8호는 그가 중앙고등보통학교 재학 무렵 입수한 것으로 보인다.

『학지광』 제8호의 발견이 처음 보고되는 것은 아니다. 이미 7년 전 일본 와세다대학의 호테이 도시히로布袋敏博 교수가 미국 국회도서관에서 『학지광』 제8호와 11호를 발견하여 『조선문학논총』에 「『학지광』 소고 : 새로 찾은 제8

1 『민족문학사연구』 제39호(2009)에 자료 해제로 썼던 글을 조금 손보아 그대로 싣는다.

호와, 제11호를 중심으로」에서 그 대강을 보고한 바 있다.[2] 『학지광』 제8호에 이광수의 글이 다수 실려 있다는 사실도 이 논문을 통해 알려졌으며, 몇 년 전에는 '거울'이라는 필명으로 발표된 「크리스마스밤」(원 표기는 「크리스마슷밤」)을 분석하여 이광수의 창작임을 논증한 논문 또한 국내에서 발표되었다.[3] 이 두 논문을 통해 『학지광』 제8호에 대한 기본적인 정보, 즉 발간 및 압수 상황이라든가 목차, 수록 원고의 집필 시기 등은 대략 정리되어 있는 상태이다. 그럼에도 『학지광』 제8호가 여전히 발굴 자료로서 가치가 있으리라고 판단한 것은 지금껏 그 원문이 공간公刊된 바 없기 때문이다.

재在 도쿄東京 조선 유학생 잡지 『학지광』이 1910년대를 이해하는 데 핵심적인 자료 중 하나라는 사실은 새삼 재론하지 않아도 좋겠다. 『학지광』을 주제화한 논문이나 석사학위논문이 몇 편 제출된 바 있고 지금도 준비 중이라는 사실은 『학지광』의 중요성을 단적으로 보여준다. 1896년 대조선유학생친목회가 결성되고 그 기관지로 『대조선유학생친목회회보』가 발간된 이래 1900년대에는 도쿄를 중심으로 일본 내 조선 유학생 사이 조직 결성이 활발했고 『대한유학생회학보』 『대한흥학보』와 『태극학보』 등의 잡지가 잇따라 나왔으나, 1910년 8월 일본의 조선 강점 이후에는 한동안 이러한 조직 및 매체 활동 또한 적요했다. 출신 지방별 조직은 남아 있었으나 대한흥학회처럼 힘들게 결성된 통일 조직은 해산되었던 것이다. 강점 당시 반대 선언 발표를 시도한 고원훈高元勳이 당시 대한흥학회 회장이었다는 회고가 있는 것으로 보아 대한흥학회의 해산은 이 상황과 연관되어 있는 듯 생각되기도 한다.[4]

---

2 布袋敏博, 「『學之光』 小考 : 新發見の第八號と、第十一號を中心して」, 『朝鮮文學論叢 : 大谷森繁博士古教記念』, 東京 : 白帝社, 2002.

3 김영민, 「이광수의 새 자료 「크리스마슷밤」 연구」, 『현대소설연구』 36호, 2007.

4 황석우, 「동경유학생과 그 활약」, 『삼천리』 5권 1호, 1933.1, 25면 참조.

1910년 이후 전라도 출신 학생들의 호남친목회湖南親睦會, 경상도 출신의 낙동동지회洛東同志會, 경기 출신의 삼한구락부三漢俱樂部, 황해 출신의 해서구락부海西俱樂部, 강원·충청 합동의 동서구락부東西俱樂部 등으로 분립되어 있던 도쿄 유학생 조직에 다시 통합의 기운이 일기 시작한 것은 1913년의 일이다.[5] 『학지광』은 그 통합 과정에서 중요한 몫을 담당했다. 초대 편집인이었던 김병로의 술회에 따르면 호남친목회와 낙동동지회 양측을 설득해 유학생 잡지로 『학지광』을 발행한 것이 먼저였고, 조선유학생학우회(이하 학우회) 창립 및 출신 지방별 조직의 해산은 이후의 수순이었다고 한다.[6] 『학지광』에 대해서는 애초에 송진우의 개인잡지였다는 증언도 있는데[7] 아마 김병로 등과 더불어 창간을 주도했으며 창간사도 집필했다는 사정이 와전된 것이 아닌가 짐작된다.[8] 김병로 역시 자신이 편집을 맡았던 『학지광』 초기 간행 즈음에는 송진우의 「도덕론」이 두드러진 장편 논문이었다고 적고 있는 것으로 보아[9] 초기에 송진우가 주도적인 활약을 했음은 분명해 보인다.

이렇듯 호남친목회와 낙동동지회 연합이라는 형식으로 송진우·김병로 등의 주도 하에 발간되던 『학지광』은 제3호부터 학우회 기관지로서의 성격을 갖추게 된다. "1·2호 난 후에는 학우회로 넘기"었다는 송진우의 회고대로, 제3호 판권지에는 김병로의 이름이 보이지 않고 신익희가 발행인, 최승구가 인쇄인으로 기록되어 있다. 『학지광』의 유료화가 단행된 것은 제5호부터이다. 제3·4

5 『민족문화대백과사전』(한국정신문화연구원, 1997)에 따르면 조선유학생학우회는 신익희·안재홍 등을 중심으로 대한흥학회의 조직을 승계·개칭한 것으로 되어 있다. 1910년 대한흥학회가 해산된 후 유학생들 사이 통일조직이 없다가 『학지광』 발간을 시작으로 학우회 결성 움직임이 본격화되었다는 일련의 회고와는 상충되는 셈인데, 여기서는 일단 송진우 · 김병로 · 황석우 등의 증언을 신뢰하여 1913년경 『학지광』이 창간되고 이어 학우회가 결성되었다고 추정해 두기로 한다. 황석우에 따르면 "학우회는 1913(大正 2년)년 秋冬間에 그 성립을 성공시켰던 것"(위의 글)이라 한다.

6 김병로, 「방랑, 교수, 변호사」, 『삼천리』 2호, 1929.9, 34면.

7 황석우, 앞의 글, 같은 곳.

8 「기미년 이전 송진우」, 『동광』 26호, 1931. 10, 37면.

9 김병로, 앞의 글, 같은 곳.

호까지는 판권지에 '비매품'이라고 적혀 있는 데 비해 제5호에는 '정가 13전, 郵稅 2전'임이 명기되어 있다. 역시 제5호 말미의 「우리 소식」에 학우회 임원 현황도 보이는데, 당시 편집부는 부장 장덕수, 부원 신익희·현상윤·최두선으로 구성돼 있었음을 확인할 수 있다. 판권지에는 장덕수가 발행인, 현상윤이 인쇄인으로 기재되어 있는 것으로 보아 편집부장이 발행인을 맡고 부원 중 한 명이 인쇄인 행세를 하는 것이 관례였다고 추측된다. 실제 인쇄를 맡았던 요코하마橫浜 소재 복음인쇄합자회사 사장인 무라가타 헤이키치村岡平吉[10]가 인쇄인으로 명시된 것은 제10호부터의 변화이다.

『학지광』 제3~17호의 판권지를 참조하면, 1910년대 학우회의 편집부장이자 『학지광』 발행인으로서의 책임이 신익희 → 장덕수 → 변봉현 → 현상윤 → 최팔용 순으로 넘어가고 있음을 볼 수 있다. 1915년 2월 28일 발간한 제4호에서 "차호는 3월 하순에 발행할 터이니까 원고는 3월 중순 이내로 송치하시기 바랍니다."[11]라고 쓰고 있는 것을 보면 매월 1회 발간할 계획까지도 한때 세웠던 모양이지만, 제12호에 가면 "발행은 월간이 아니요 연 4차"[12]라고 공언하고 있음이 눈에 띈다. 실제로는 자금난과 인쇄소 사정에 검열과 압수까지 겹쳐서 연 4회 발간조차 뜻대로 이루어지지 못했다. 특히 『학지광』이 성장일로에 있었던 1915~6년에 제7·8·9호가 연달아 발매금지를 당함으로써 그 기세가 꺾일 수밖에 없었다. 이번에 발견된 제8호는 바로 이 상황에서, "7호 8호 9호가 연속하여 발매금지를 당"하고 이어 "여러 가지 말씀할 수 없는 불편한 사실"에 의해 제10호 역시 면면이 초라해지는 상황[13] 속에서 간행되었다. 일별을 위해 먼

10 복음인쇄회사 설립자인 무라가타 헤이키치의 출판활동에 대해서는 秋山憲兄, 『本のはなし : 明治期のキリスト教書』, 新教出版社, 2006 참조.

11 「편집소에서」, 『학지광』 4호, 1915.2, 55면.

12 「편집여언」, 『학지광』 12호, 1917.4, 60면.

13 「편집소에서」, 『학지광』 10호, 1916.9, 59면.

저 목차를 제시하면 다음과 같다.

어린 벗에게---외배

살아라--李光洙

네 이마에 침 한 개----------------------------------尹顯辰

강자의 노력---邊鳳現

조선인의 삼대 결점----------------------------------玄相允

我觀의 유학생---------------------------------------金錣洙

농촌 재산가의 반성을 구함---------------------------盧俊泳

우리의 부끄러움-------------------------------------李丙燾

과학과 종교---田榮澤

종교의 진수와 필요----------------------------------同上

조선 현하의 경제상 공황과 청년의 자각-------盧翕根

人中人 [존 스튜어트 밀 及 其父 제임스 밀]

朝鮮人之朝鮮詩 [吳洵의 「삼각산」 외 한시 8수]

세계의 처음---流暗

설노래

소설 「狼」(싸이체프)-------------------------------夢夢 譯

소설 「크리스마스밤」-------------------------------거울

龍洞(농촌문제연구에 관한 실례)----------------흰옷[帝釋山人]

사회단평--一記者

笑話一束

편집소에서

학우회기사 及 내외소식[14]

『학지광』 여느 호와 마찬가지로 제8호에도 1910년대의 주요 유학생 논객의 활약이 두드러진다. 이광수·현상윤·이병도·전영택과 유암流暗 김여제, 몽몽夢夢 진학문 등 근대문학사에서 낯익은 이름은 물론이고 당시 『학지광』의 경제 관련 기사를 도맡아 쓰다시피 한 노익근, 이미 사회주의적 시각을 내보이는 논설을 다수 집필한 김철수, 이후 제10·11호 편집 책임을 맡게 되는 변봉현, 각각 메이지대학과 와세다대학에 재학 중이던 윤현진과 노준영 등이 『학지광』 제8호 목차에서 확인할 수 있는 이름들이다. 이번에 발견된 판권지에 의하면 『학지광』 제8호는 1916년 3월 2일 인쇄하여 3월 4일 발행한 것으로 되어 있다. 편집 겸 발행인은 이광수, 인쇄인은 현상윤이며 인쇄소는 여느 때와 마찬가지로 복음인쇄합자회사 동경지점이다. 이광수의 주소는 '東京市 四谷區 片町 18번지 高木方', 현상윤의 주소는 '東京府 豊多摩郡 戶塚町 字下戶塚 597'로 되어 있으며 인쇄소인 학지광 발행소의 주소 역시 동일하다. 편집후기에 따르면 이 호는 지가 상승 때문에 모두 6호 활자로 인쇄했으며, 정가 역시 2전을 높여 15전에 판매토록 결정했다고 한다.

『학지광』 발간의 관례에 따라 판권지의 정보를 해석하면 제8호를 발간할 무렵에는 발행인 이광수가 학우회 편집부장, 인쇄인 현상윤이 부원 중 한 명이었다고 판단할 수 있다. 이광수는 신익희와 장덕수에 이어, 그리고 현상윤·변봉현·최팔용에 앞서 『학지광』 편집을 담당했다. 제7호와 제9호가 발견되지 않아 이광수의 편집부장 시절이 얼마나 계속되었는지는 확인할 수 없으나, 황석우 역시 "이광수의 학지광 편집"을 회상하고 있는 것으로 보아, 『매일신보』의 기고자로 등장하기 직전 1916년에 초에 이광수가 『학지광』 편집 책임을 맡았

14 필자 이름은 목차 원문대로 옮겼지만 제목은 의미 전달에 문제가 없는 한에서 한자를 한글로 변환하고 표기 또한 현대어 표기대로 고쳤다. 쪽수 안내 또한 옮기지 않았다. [ ] 표시한 부분은 각각 순서대로 목차와 다른 본문상 필자명, 목차에는 누락되었으나 본문에 제시되어 있는 표제, 내용에 대한 간단한 설명에 해당한다. 원문은 『민족문학사연구』 제29호에서 확인할 수 있다.

다는 사실은 이 자리를 빌어 공언해 두어도 좋겠다.

『학지광』 제8호에서 가장 두드러진 특징은 편집장 이광수의 종횡무진 활약이다. 이광수는 『학지광』 제8호에 '외배'라는 필명으로 시 「어린 벗에게」를 썼고 '이광수'라는 실명으로 권두논설 격인 「살아라」를 발표했다. '거울'이라는 필명으로 발표된 소설 「크리스마스밤」에 대해서는 '寶鏡'이라는 아명과 필명의 유사성 및 단편소설 「어린 벗에게」(『청춘』 11호, 1917.11)를 연상시키는 장면을 들어 이광수 소작임을 추론한 논문이 이미 발표되어 있거니와[15] '일기자' 명의로 발표된 「사회단평」 역시 이광수의 글일 가능성이 적지 않고, 그 밖에 '흰옷(본문에는 제석산인)'이라는 필명으로 발표된 「龍洞(농촌문제 연구에 관한 실례)」은 이광수의 원고임이 분명하다. 1910~13년의 오산학교 교사 시절 용동이라는 동리의 동회 일을 맡아본 적이 있다고 후일 「문단생활 30년을 돌아보며」(1934)에서 이광수 자신이 쓰고 있기 때문이다.[16] 이 글에 따르면 1911년 오산학교 교주였던 이승훈이 체포된 이후 "이교주의 고향인 용동이라는 작은 동네의 조직체"에서 이광수 자신이 "남강의 뒤를 이어 회장이 되"었으며 "청결과 풍속개량과 저축을 목적으로 하여 매월 일차 남녀가 다 모여서는 일도 의논하고 강연도" 듣는 등의 여러 개량 사업을 시도하였다고 한다.

"청결을 힘쓴 결과로 헌병(일본)의 청결검사에 용동에는 들르지를 아니하였고, 매회에 남자면 신 한 켤레, 여자면 糧米 얼마를 모아 공동으로 저축을 한 것도 상당한 양에 달하였다."는 이 용동 동회 사업은 평생을 통해 이광수에게 깊은 인상을 남긴 듯, 소설풍의 논설 「농촌계발」(『매일신보』 1916.11.26~1917.2.18)에 등장하는 '向陽里'를 거쳐 소설 『흙』(1932)의 '살여울'에 이르기까지 농촌계몽이라는 주제와 더불어 등장하는 이상적 마을은 모두 용동의 변형이라고 할 수

15 김영민, 앞의 논문.
16 이광수, 「문단생활 30년을 돌아보며」, 『이광수전집』 10, 우신사, 1979, 352면.

있다.[17] 『학지광』 제8호의 「용동」은 바로 이 용동 체험에 대한 가장 직접적이고 구체적인 진술이다. 이광수에 따르면 용동은 "평안북도 정주군"에 자리잡은 "호수 20, 인구 90 되는 빈촌"이다. 평범하디 평범한 이 마을이 "원래 남의 집 사환으로서 점점 신용을 얻어(…) 벼 백 석이나 추수"를 하게 된 '이참봉'의 각성과 지휘에 의해 탈바꿈해 가는 모습이 이 글의 초점일 터인데[18] 어느 모로 보나 남강을 연상시키는 이참봉 등의 3년여 노력 끝에 용동은 "집들은 새로 지은 듯이 되고(…) 길들은 눈 감고 다니게 되고 밤에는 光名燈이 환하고 파리는 絶種하고" "1년 365일에 큰소리 나는 것을 듣지 못하겠고 밤이면 아이들 글 외는 소리뿐"인 별천지로 변모한다.[19]

결국 10년 세월을 거쳐 "조선의 현재와 미래의 그림"을 보는 듯 판이하게 달라졌다는 용동의 개혁 경험은 작가로서, 그리고 사상가로서 이광수의 평생을 지배한 중요한 화소話素 중 하나였던 것으로 보인다. 눈앞에서 자치적 개혁의 성공을 목격한 사람으로서 이광수는 그 노선에 대한 깊은 신뢰를 일생토록 잃지 않았다. 이처럼 그 정신의 원점 중 하나를 알려주는 「용동」 외에, 권두시 「어린 벗에게」와 권두논설 「살아라」 등도 이광수의 개성적 면모를 잘 보여주고 있는 글이다. 기발표시 「새 아이」(『청춘』 3호, 1914.12)를 확장한 듯한 「어린 벗에게」는 "政壇에서 움직이면 / 링컨과 비스막 / 講壇에서 움직이면 / 퀴히테가 칸트"가 될 만한 "아리따운 어린 벗"에 대한 찬양이며[20] 강렬한 제목의 논설 「살아라」는 "살아라, 퍼져라"는 표어야말로 삶의 준칙이 되어야 한다는 요구이다. 「살아라」에서 이광수는 생존과 번영에의 욕망이 전 생명체의 요구이

---

17 논설 「농촌계발」과 장편소설 『흙』의 연관에 대해서는 김윤식, 『이광수와 그의 시대』, 솔, 1999, 557~59면 참조.

18 제석산인, 「용동」, 『학지광』 8호, 1916. 3, 41면.

19 위의 글, 43면.

20 외배, 「어린 벗에게」, 『학지광』 8호, 1916. 3, 2면.

자 인간의 근본적인 요구, 또한 르네상스 이후 서양인의 원칙이라고 주장하면서 '삶'의 근간에 '욕망'을 위치시킨다.[21] 이 단순한 "살아라, 퍼져라."의 욕망은 동·식물부터 인간까지를 동일하게 지배하고 있다. '자연'의 일부분으로 인간을 위치시키고자 했던 진화론의 영향이 느껴지는 논리라고 할 수 있는데, 당연히 그 귀결은 "욕망의 내용은 복잡하고 요구력은 강렬"해지는 것이야말로 문명화의 지표라는 것이다.

이 '욕망'은 "소고기와 닭고기와 물고기와 좋은 채소와 좋은 과실과 좋은 술과 양념"에 대한 요구, "금시계 보석 노리개에 고귀한 향수와 향유"와 "대리석 청기와 高樓巨閣"에 대한 요구를 포함한다.[22] 국가-민족의 부강보다 개인의 쾌락을 지시하는 '욕망'은 그 자체로 이광수의 문명화 기획이 이미 '부국강병'으로 요약될 수 없는 것이라는 사실을 보여준다. 물론 이광수는 이러한 의식주에의 쾌락이 보다 높은 욕망으로 발전해 갈 것이라는 첨언을 잊지 않지만, 문제는 '욕망'의 운동성이 국가-민족적 부강에 대한 지향을 넘어 개인화되어 가는 과정 그 자체이다.

이광수의 글 외에도 『학지광』 제8호에 실린 여러 글은 문명의 표준이 변화하고 있는 1910년대 한복판의 정경을 잘 보여주고 있다. 윤현진은 「네 이마에 침 한 개」에서 "섣부른 자유다 평등이나 개인주의다 하는 말"을 거부하고 "근면, 역행, 至誠, 부강, 실력" 등을 지향하자고 주장함으로써 자유·평등이며 개인주의 등의 발화가 유행하기 시작한 당시를 역설적으로 증거하고 있으며[23] 변봉현의 「강자의 노력」은 '강'의 조건을 장엄한 정신과 고상한 이상에서 찾음으로써 "문명의 대정신"을 창도하기 위해서라도 "사상가, 철학가, 시인, 도

21 이광수, 「살아라」, 『학지광』 8호, 1916. 3, 3면.
22 위의 글, 5면.
23 윤현진, 「네 이마에 침 한 개」, 『학지광』 8호, 1916. 3, 7면.

덕가"가 필요함을 역설하고 있다.[24] 현상윤의 「조선인의 삼대 결점」이나 김철수의 「我觀의 유학생」처럼 지식 · 誠力을 착실히 하고 시간·금전을 아끼며 단체적 심성을 가질 것을 촉구하는 계몽적 논설이 실린 한편에서는 진학문이 러시아 소설 「狼」 번역을 통해 "암흑하고 잔인하고 적적하고 냉담"한 인생면을 부조해 낸다. 그밖에 전영택의 「과학과 종교」 「종교의 진수와 필요」는 과학정신이 발달할수록 종교가 강조하는 '내적 생명'이 소중해진다고 주장을, 노준영의 「농촌 재산가의 반성을 구함」과 노익근의 「조선 현하의 경제상 공황과 청년의 자각」은 상공업 진흥과 산업에의 착수, 은행 설립과 조합 조직의 필요에 대한 문제 제기를 앞세우고 있다. 존 스튜어트 밀과 그 아버지 제임스 밀을 소개하고 있는 「人中人」은 (1)이라는 번호가 달려 있는 것을 보아 고정란으로 기획되었다고 짐작되는데, 그러나 이후 호수에는 보이지 않는다.

총 49면에 달하는 『학지광』 제8호 마지막을 장식한 것은 여느 호와 마찬가지로 「편집실에서」와 「소식」이다. 이를 통해 1916년 1월 23일을 기해 각 지방 분회를 폐지하고 학우회로 조직을 통일했다는 것, 1월 29일 유학생 "유지 십여 인"이 조선학회를 설립했다는 것 등의 소식을 접할 수 있다. 마지막에는 민천식·최승구 두 사람이 세상을 떠났다는 기사가 「有爲한 二 청년지사를 곡함」이라는 표제 하에 실려 있다. 1916년 봄에 세상을 떠난 것으로 알려져 있는 최승구의 사망일자를 좀더 구체적으로 추정케 해 주는 자료이겠다. 이렇듯 마지막 페이지까지 값진 정보를 담고 있는 『학지광』 제8호의 의의는 원문을 통해 보다 소상히 접할 수 있으리라 믿는다. 발매금지의 원인이 대체 무엇이었는지에 대한 궁금증도 연구가 축적되면서 풀릴 수 있지 않을까 기대해 본다.

24 변봉현, 「강자의 노력」, 『학지광』 8호, 1916. 3, 10면.

부록 2-2

이광수 발굴 자료

어린 벗에게[1]

외배

一

아릿다온 어린 벗아
방그레 웃는 벗아
뛀치고 노는 벗아
내 노래 바닷스라

네 눈이 光彩도 잇다
바로 샛별 갓고나
우숨 가득 英氣 가득
名哲까지 가득하다.

1 『학지광』 8호, 1916.3, 1~2면.

우슴이 靑風 되어
네 눈에서 불어나와
素寞한 눈 벌판에
가즌 꼿 피워 노코

우슴이 曙光 되어
내 눈에서 내어쏘아
캄캄한 洞窟속을
환하게 비초이고

우슴이 甘泉 되어
네 눈에서 흘러 나와
地獄에 목마른이
골고로 축여주라

네 눈의 明徹함이
萬卷書를 나리외어
新文明의 빗과 맛을
半島에다 옴겨다고

네 눈이 X光線
萬事物을 께뚤러서
풀다남은 宇宙의 謎
마자플어 닐러다고

슬픔 보던 네 눈으로
깃븜을 보게 하라
낡은 半島 보던 눈이
새 半島를 보게 해라

光彩잇는 네 눈을
希望잇는 네 눈을
福샘되는 네 눈을
세번 敬拜하노라.

二

토실토실한 네손이어
엣브고도 튼튼하다
손톱 끗끗마다
매친 것이 「造化」로다

네 손이 藥손이다
슬픔, 성남, 失望, 罪惡
알는者 죽는者를
만지면 낫는고나

네 눈 압헤 저 病身들

알는이들 죽는 이들
造化잇는 네 손으로
고로고로 만져다고

네 손이 움즈길 때
萬物이 創造된다
내 손이 잇는 뜻은
萬物을 創造코저

붓 갑은[:잡은?] 네 손이
조희 우로 움즈기면
萬人을 感動하는
글이 되고 그림 되고

끌 잡은 네 손이
大理石에 움즈기면
英雄되고 美人되고
龍과 虎가 뛰어나고

고동잡은 네 손이
木과 鐵에 움즈기면
氣水陸에 一萬 船車
各色 文物 쏘다지고

鍵을 잡은 네 손이
피아노에 음즈기면
우레 벼락 狂瀾怒濤
松風 鳥聲 울어난다

造化잇는 네 손아
半島를 꿈여 줄손
살려주는 네 藥손을
세번 敬拜하노라

三

蓮쏫 가튼 네 얼굴
香내나는 네 입술
꼭 다믄 네 입술
힘 만흔 네 입술아

不義를 怒할 때에
霹靂이 울어나고
正義를 웨칠 때에
狂瀾이 激하노나

政壇에서 음즈기면

린컨과 비스막
詩壇에서 읍즈기면
퓌히테와 칸트로다

슬픈 노래 부를 적에
山川이 눈물지고
깃븐 詩를 읍흘 적에
水石이 웃는고나

半萬年玉洞簫가
네게서 울어낫고
三千里 싸힌 긔운
네가 부르지젓고나

蓮꼿 가튼 네 입술
香내나는 네 입술
힘 만흔 네 입술을
세번 敬拜하노라

使命 만흔 네 生命
精力 만흔 네 生命
億萬年 살 네 生命
내 生命인 네 生命

土筆 가치 쑈리 깁히
잔듸 가치 얽히어
三千里에 二千萬이
한 生命이 되도록

아릿다은 어린 벗아
방그레 웃는 벗아
뽈치고 노는 벗아
내 노래 바닷스라

(四二四九, 一, 一 ○)

살아라[2]

李光洙

「살자, 살자」 하는 것이 現代人의 소리외다. 살음이란 말처름 現代人의 興味를 刺激하는것이 업습니다. 富와 貴를 저마다 憧憬한것은 過去 일이로되 現代人이 저마다 憧憬하는것은 이 살음이외다. 以前에는 살기를 重히녀기면서도 살음은重히 아니녀겻나니 이는 아직 살음이라는 自覺이 아니생긴 까닭이외다. 그럼으로 以前 모든 思想과 制度는 空漠한 天理니 天道니 하는데 基礎를 두어 空漠한 標準으로 善惡을 가리엇스므로 或 善이라는것이 도로혀 우리 天性을 거슬이며 우리 生命을 殘害하야 個人이나 民族이그 善을 行하려할때에 疑惑하고 逡巡하고 또 큰 苦痛을 격것습니다. 假令 父母喪에 三年을 不出門庭 不食酒肉 不犯房 不笑娛함이 善이라 하니 이를 行하려할때에 누가 疑惑하고 逡巡하고 苦痛하지아니하엿겟습닛가. 不出門庭하고 衣食은 엇지 벌어요, 不食酒肉하면 身體의 健康은 엇지하며 不犯房하면 靑春의 情慾은 엇지하고 生殖은 엇지해요? 이럼으로 이善은 極히 골學者아니고는 行하지못할것이니 善이 엇지 사람을 짜라 다르겟습닛가, 眞正한 善은 萬人이 다할수잇는것일것이외다. 대개 舊道德은 그 基礎를 眞實한 살음우에 두지아니하고 空漠한 人造的 天理우에 둠이외다. 그런데 現代文明人의 道德은 純全이 이 살음우에 基礎를 두엇나니 그럼으로 文明諸國의 社會道德과 國際關係를 이 見地로 보면 一目瞭然할것이외다.

---

2 『학지광』 8호, 1916. 3, 3~6면.

생각합시오, 造物이 萬生物을 낼적에 첫 命令과 첫 祝福이 「살아라」요 둘째라 「퍼지어라」일것이외다. 人類世界의 憲法의 第一條는 實로 이 「살아라 퍼져라」외다. 그럼으로 人類의 萬般行動은 이 「살아라 퍼져라」의 演繹이요 敷衍이외다. 살고 퍼지기에 合當한 일이면 絶對한 善이오 아니면 絶對한 惡이외다. 歐洲人은 十四世紀 소위 루네산쓰후에 이 眞理를 解得하엿습니다. 그네도 그前까지는 우리와 가치 空漠한 독단적 人造天理上에 선 道德에 얽히어 肉體를 自由로 못하는同時에 精神도 自由로 못하엿섯습니다. 그네도 안즐 때에 안는 法度를 생각하고, 우슬 때에 웃는 法度, 울 때에 우는 法度, 생각할 때에 생각하는 法度, 旅行할 때에 旅行하는 法度를 생각하야 萬般行動를[sic] 쏙 獨斷的 空漠한 道德의 規矩準繩에 束縛되엇섯습니다— 우리네와 가치. 그러나 그러는[sic] 루네산쓰라는 一聲雷一閃電에 귀가 뚤리고 눈이 쩟습니다. 그네는 「살아라, 퍼져라」가 生物界의 不易할 黃金律인줄을 解得하엿습니다. 그래서 그네는 소매 길고 거틋거리는 장삼을 버서바리고 가든한 옷을 입으며 그네는 소위 점잔타고 가만가만히 것기를 말고 身體의 健康을 위하야 다름질도 하고 헤엄도 치고 사냥도 하엿습니다. 道를 닥노라고 蓬髮垢面에 跪坐長揖하기를 그치고 그네는 肉體가 아름답기 爲하야 香油를 바르고 털을 싹고 비단옷을 닙엇습니다. 그네는 美와 安樂을 爲하야 쓸어져가는 草堂을 헐어바리고 돌과 벽돌과 鉄와 琉璃로 華麗宏壯한 建築을 하엿습니다. 그네는 空理를 캐고 僞德을 싸키를 말고 土地를 차즈려黃金과 金剛石을 엇고 奴隷를 어드려고 一葉舟를 저어 太平洋과 太西洋과 南北極을 휘돌앗습니다. 그네는 살음에 반하는 舊敎를 때트리고 舊制度를 깨트리고 猶太와 中古歐羅巴의 살음을 否認하는 모든 偶像을 불살으고 希臘과 羅馬의現世를 肯定하고 살음을 嘆美하는 科學과 藝術 이라는 眞主를 崇拜하엿습니다. 이리하야 그네는 水蒸氣를 찻고 電氣를 차자 오늘날 燦爛한 文化를 形成하야 아직도 「살아라 퍼져라」를 解得치못하는 五色民族을 차고 밟고 橫行活步하는것이외다.

그네의 善惡의 標準은 果然 簡單하고 直截하고 平易하고 分明하외다―「살아라 퍼저라」. 그럼으로 그네는 萬人이 다 이 眞理를 解得하고 實行하는것이외다. 果然 그네는 實用的 學術을 배호기에 奔走하야 倫理道德의 修養을 할 餘裕가 업건마는 그네는 文明한 人士로 疑惑업시 逡巡업시 苦痛업시 堂々하게 世上에 處하여갑니다. 以前 우리들이 二十年 三十年을 왼통 道學 배호기에만 바치고도 오히려 莫知所之하는데 비겨 果然 엇더합닛가. 이는 다름이 아니라 그네들은 살음이라는 確實하고 切實한 事實로 萬般行爲의 標準을 삼음으로 이 標準에 비최어보아 합하면 善, 아니면 惡이라 判斷하야 正邪善惡이 一目瞭然하되 우리는 空漠한 理論으로 標準을 삼으매 얼는 善惡의 區別이 分明하지아니하고 또 善이라고 判斷한 뒤에도 거긔 絶對的權威가 업습니다. 禽獸虫魚가 음즈기고 소리함도살고 퍼지기 爲하야 草木花卉가 뿌리로 빨고 닙흐로 마심도 살고 퍼지기 爲하야 各國이 教育을 힘쓰고 軍備를 힘쓰고 商工業을 힘씀도 살고 퍼지기 爲하야, 지금 歐洲大戰도 살고 퍼지기 爲하야― 내가 이러한 말을 쓰고 讀者가 이러한 말을 닑음도 살고 퍼지기 爲하야― 眞實로 宇宙間 森羅萬象의 動하고 變함이 모다 이 「살자 퍼지자」를 爲함이외다.

우리도 사람이외다 그럼으로 살고 퍼져야 하겟습니다. 가장 즐겁게 가장 價値잇고合理하게 가장 榮光스럽게 살아야 하겟고 할수만 잇스면 南北極에까지라도 퍼져야 하겟습니다. 그런데 事實은 이와 反對로 우리는 날로날로 잘 못살게 되고 잘 못퍼지게 되는 衰運에 잇습니다. 우리가 이 運數를 挽回함에는 새로온 精神과 氣魄으로 낡은 精神과 氣魄을 代身함에 잇습니다. 무릇 한집이 興하려할 때에 그를 興하게 할만한 精神을 가진 사람이 出現하야 全家族으로 하여곰 이 精神下에서 行動하게 하는것이외다. 民族이 興할 때에도 역시 그럴 것이외다. 歷史를 보면 환하외다. 이제 우리에게 이와 가튼 새 精神을 가져야 할때가 왓습니다. 그러고 그 精神은 두말할것 업시 「살자 퍼지자」외다.

이에 살음이라 함은 廣狹 兩義가 잇습니다. 俠義로 말하면 죽지안코 산다는 살음이니 죽지아니하리만한 衣食만 잇스면 사는 살음이외다, 마치 終身懲役하는 사람의 살음 모양으로 自由도 업고 希望도 업고 活動이나 事業도 업고 心腸의 鼓動과 呼吸과 體溫이 남앗스니 죽지안코 살았다는 살음이외다. 무론 이 살음이 重하외다, 基本되는 살음이외다, 이 살음이 잇기에 모든 問題가 생기는것이외다. 그러나 이 살음으로만 滿足하던 人生은 距今 七八千年前에나 잇섯습니다. 文明한 오늘에는 우리 몸에 여러 겹 옷을닙는 모양으로 살음에도 여러 가지 複雜한 屬性이 생겻습니다. 廣義의 살음이란 즉 이 俠義의 살음에다 여러 가지 屬性을 添加한 살음을 니름이외다. 文明이란 槪念의 內容을 複雜하게 하는것이라 함과 가치 文明人일사록 살음의 내용이 複雜한것이외다. 이제 말하려하는것은 이 廣義의 살음이외다.

人生에게는 欲望[sic]이 잇습니다, 慾望이 잇슴으로 要求가 잇고 要求가 잇는지라 그 要求을[sic] 滿足케하랴는 意志가 發하고 이 意志가 發하는지라, 萬般 活動이 생기는것이외다. 그런데 慾望의 內容은 文化의 程度를 쌀라서 더욱 複雜하여지는 것이니 文化의 程度가 나즐사록 그 內容이 單純하고 놉흘사록 複雜할것이외다. 單純하매 要求가 적고 要求가 적으매 滿足하랴는 意志가 弱하고 意志가 弱하매 活動하랴는 努力이 적은것이외다. 文明人이 極히 奔走하고 野蠻人이 極히閒暇함이 이 까닭이외다. 우리도 꽤 閒暇합니다. 奔走한지라 文化가 생기고 文化가 생기는지라, 權力이 생기고 權力이 생기는지라 榮光이 생기며 閒暇한지라 文化가 아니생기고 文化가 아니 생기는지라 權力이 업고 權力이 업는지라 羞辱이 돌아오는 것이외다. 그럼으로 各國의 教育은 人民의 慾望의 內容을 極히 複雜하게 하여주고 또 熱烈하게 刺激하는 것이외다.

우리 살음의 慾望의 內容은 複雜하고 要求力은 强烈할것이니 一言以蔽之

하면 「살음의 內容의 複雜과 要求의 强烈이 萬善의 본」이라 합니다.

우리는 밥만 먹으려 아니합니다, 소고기와 닭고기와 불고기와 조흔 菜蔬와 조흔 果實과 조흔 술과 약념을 가장 맛나게 料理하야 먹으려 합니다. 우리는 빗결 조코 짜뜻하고 가비얍고 부드러은 옷을 입으려 합니다, 우리는 金時計 寶石 노리개에 高貴한 香水와 香油 뿌리고 번적하는 馬車 自動車로 아스팔트 반뜻한 길에 大理石 靑기와 高樓巨閣으로 出入하려 합니다.

우리는 구름 날고 비오는것, 山 잇고 바다 잇슴, 하늘에 별, 짱에 草木禽獸, 사람은 무엇이며 宇宙는 무엇인가 알고십허합니다.

우리는 하루千里萬里 가고십고 안자서 萬里外 親舊와 談話하고십고 洋々한 大海上과 蒼々한 太空중에 自由自在로 다니고도십고 죽은 魂과 말하고 土星 金星에 遊覽하고십흡니다.

그러나 쏘 우리는 울고십고 웃고십고 사랑하고십흡니다. 喜怒哀樂之未發을 上乘으로 녀기는 敎理를 우리는 넘어 乾燥하야 遵奉할수업스니 슬플 째에 실컨 울고 깃불 째에 맘쩟 웃고 사랑스러을 째에 쓸어안고십흡니다. 우리 情은 오래 束縛되엇섯스나 解放할 째가 臨하엿습니다.

그러나 쏘 우리는 天下萬人을 對手로 잡아 意見을 陳述하고 십흡니다. 내 思想과 感情을 잇는래로[sic] 發表하고십흡니다. 제 思想과 感情을 숨겨두기는 未開한 쌔 일이외다, 現代人은 心中에 잇는 思想과 感情을 正直하게 大膽하게 發表하고야 말려합니다. 쏘 藝術, 哲學 가튼 精神文明은 이 各人의 思想 感情 發表에서 오는것이외다. 우리는 古人의 敎義에만 沈泥하야 各人의 個性을 沒却하엿습니다. 그러나 이제는 가장 正直하게 大膽하게 서로 思想 感情을 發表하여야할 時期가 到達하엿습니다. 이리하야 우리 속에서 藝術이 나오고 哲學이 나오고 大思想이 나와야 할것이외다.

우리는 人格의 尊嚴을 가져야 할것이외다. 나의 高潔한 人格을 萬人이 犯

할수 업슬만한 尊嚴을 維持하여야 할것이외다. 우리는 우리의 個性을 發揮하야 可及한 範圍內에서 自由意志를 保全하여야 할것이외다. 天下로도 밧고지 못하고 天子라도 휘지못할 人格의 尊嚴을 保全하여야할것이외다.

우리는 손이 잇스니 손을 맘대로 두루고 입이 잇스니 입을 맘대로 놀려야 할지오 知가 잇스니 知의 極致를 窮究하고 情이 잇스니 情의 發露를 自由로 하고 意가 잇스니 意志의 尊嚴을 保全하여야 할것이외다. 一言以蔽之하면 우리가 禀賦바든 모든 性質과 能力을 할수잇는 대로 發揮하고십흡니다.

이 밧게도 重要한것이 만흘지나 여긔서 말할바가 아니외다. 아모러나 나의 말하는 살음은 이러한 諸屬性을 가진것을 니름이외다. 나는 이諸屬性중에서 하나를 쎈 살음도 滿足하지못하겟습니다. 나는 汽車에 一等을 타고 가장 華麗한 家屋과 衣服 飮食 馬車로 社會의 最高位에 處하야 一世를 感化指導하여야 되겟고 全力을 다하야 내 意志를 尊重하고 내 思想과 感情을 自由로하야 權威잇는 發表를 하도록 하여야 될것이외다. 少不下 나는 이리 되랴고 全力을 다하여야 될것이외다.

이는 文明人이 저마다 하려고 努力하는 살음의 內容이매 文明人이 되랴는 나는 이리 아니할수업습니다. 그리고 누구나 우리는 다 이러한 살음의 慾望을 가지고 이를 達하랴는 努力을 하여야할것이라 합니다. 各人이 다 이러한 慾望을가지고 奮鬪努力하는 중에 燦爛한 文明과 富가 생길것이라 합니다.

이 見地로 보아 現在 우리 青年은 넘어 慾望이 單純하고 딸라서 要求가 薄弱한것을 無限恨嘆합니다. 좀더 살음의 强烈한 慾望을 가지어 할수잇는대로 完全한 滿足한 살음을要求하고 努力하여야 할것이외다. 우리 青年에게 가장 缺乏한것이 强烈한 살음의 慾望이오 가장 緊急한 것이 또한 强烈한 살음의 慾望이라합니다.

因하야 두어 머리 노래를 읍흐니

살아지다 살아지다 億年이나 살아지다
百子千孫 엉킈엉킈 十萬里나 퍼져지다
잘 살고 잘 퍼지도록 一生 힘을 쓰과져

쓰라 주신 손톱 발톱 그저 두기 惶悚해라
큰일 마튼 머리와 입 묵일줄이 잇소릿가
웃기나 울기낫 間에 실컷 맘썻 하리라.

빗일세면 다홍빗이 아니어든 草綠빗이
소리어든 우렛소리 아니어든 바닷소리
그러나 겨울 눈 녀름 비를 외다 아니하리라

크리스마슷밤[3]

거울

金京華는 여러 親故들과 함믜 會堂에 갓다. 門에는 머리에 기름바른 執事들이 順序紙를 돌리며 고개를 숙인다. 京華와 成順도 順序紙를 바다들고 들어갓다. 會堂 벤치는 半쯤 차고 婦人席이 만히 부엿다. 執事들은 모다 기름바른 머리로 奔走한다. 兩人은 부인 자리를 차자 바로 講壇압헤 안젓다. 京華는 成順에게,

「會席가튼데서는 뒤에들 안끼를 조하해요.」

「그것도 일종 自尊心이야요.」

「이中에 信者가 몟사람이나 될가요.」

「五分에一이나 될가. 大部分은 크리스마스에 온것이아니라, 活動寫眞구경왓지오. 教人中에도 다른 禮拜日에는 아니오다가 오늘저녁에는 남보다 몬져왓슬 사람도 잇슬것이오.」

「그러닛가 세상은 다 遊戱야요. 眞心으로 무엇을 하는이가 드믈구려.」

그러나 文明程度가 좀더 놉흔 民族은 이처름不眞實하지는 아니하리다. 보시오주려[sic] 무슨 會席 가거나 眞實한 맘으로 出席하고 眞實한 맘으로 辯論하고 擧手하는 사람이 어듸 잇서요— 다 遊戱的으로 또 一時의 感情으로 할뿐이오그려.」[sic]

「아직 眞實하게될만한 自覺이 업는게야요.」

3 『학지광』 8호, 1916. 3, 35~39면.

이때에 엇던 세비로 닙은 學生이 돌아다니면서 아는 사람을 차자 人事하고 엇던 執事는 無事奔走로 東馳西走한다. 京華도 이곳에 잇는 몟 친구다려 目禮한다. 女學生席에는 數十人이 무어라고 속은속은하고는 씨득々々 웃는다. 모다 크리스마스에 아모 相觀업는 니야기들을 하고 執事들만 오르며 나리며 들며 나며한다. 成順은 京華의 손을 꼭 쥐며.

「여봅시오. 저 女學生들이 나죵에 무엇이 될가요. 암만 생각해도 모르겟서요.」하고 웃는다.

「老兄은 平生 女學生 생각만 하시오? 至今껏 女學生席만 보고 잇섯구려.」하고 京華도 웃는다.

「앗불사 쏘 넘어갓습니다그려. 女學生席 보는 사람이 나뿐이겟기에. 가만히 봅시오, 只今 萬人의 視線이 (或은 正面으로 或은 側面으로) 어듸로 쏠렷나봅시오. 나는 제법 經世家의 눈으로나 보지오, 저 萬人은 一點慾을 가진 눈으로 보는것이야모.[sic]」하고 더욱 소리를 나초아,「저 執事들의 눈도 可及的은………하々々.」웃고 한번 左右를 휙둘러보더니 다시,「생각합시오 저 여학생들이 將次 무엇을 하겟습니가 싀집도 못가고.」

「퍽 걱졍도 만해. 싀집은 웨 못가?」

「눈은 놉지오, 여간 남자는 사람으로 아니볼것 이외다. 그러고 상당한 남자는 다 已婚者요………」

「싀집가는것만이 여자의 事業이겟소?」

그러면 싀집아니가고 무엇해요?」[sic]

「敎會나 敎育界에서 活動하지오. 只今 文明國女子들이 다 그러치안습닛가.」

「푸푸,千萬. 百年後에 말씀입닛가. 只今 우리나랏 여자가 하기는 무엇을 해요. 空然히 되지못하게 휘젓고 돌아다니기나 하지오. 前例를 보시구려 前例를 — 貞信, 培花……」

쫘 守舊시구려. 女子들도 相當한 自覺이 잇슬터이지오, 평생 舊阿蒙이겟습닛가. 또 各國이 다男女의 敎育程度를 가치하랴고 努力하는中인데 우리 나라에도 저런 女學生이 만하아하지오.[sic]」

「그야, 나도 아주 女子를 無知한대로 束縛하쟈하는 그런 頑固는 아니야요. 그러나 오늘날 우리 女子敎育界는 時勢에 不適해요— 아모 所用업는 나마이씨[生意氣 : 건방짐, 주제넘음] 계집만 만든단말이야요.」

「過渡時代에야 不可免이지오, 우리 男子는 아니그럿습닛가, 공연히 女子攻擊만 하지말고 좀 우리도 自重해서 그네를 引導하도록 합세다그려.」

「그래 저 女子中에 무슨 큰 抱負를 가진 사람이 잇섬즉합닛가, 저 속에.」

「그야 엇지 알아요. 아마 잇겟지오 또 잇서야하지오. 그래서 이 男子중에는 그래 얼마나 抱負가 만함즉하오. 老兄은 未婚이시닛가 工夫나 잘하야 그 配匹이나 되어보시오그려.」成順은 고개를 쩔레々々 흔들며,

「아이구 실허요, 쌀리게요.」하고 室內를한번 돌아보고나서,「別로 큰 抱負가진 人物도 업는것 갓소이다.」

牧使가 후로크를 닙고 講壇에 나서자 滿場이 잠잔듯 고요하여진다. 兩人은 니야기를 그치고 順序紙를 들엇다. 第一에 「奏樂……o孃」이라한것을 보고 京華는 몸을 흠칫하면서 놀난다. 가는 무늬 하오리에 沈香色 하까마닙은 o孃은 고개를 숙이고 바로 兩人압 피아노쎄로 온다. 京華는 슬젹보고 얼굴이 붉어지며 가슴이 뛴다. 겨오 정신을 진정하야 o孃의 머리엣 반쟉반쟉 조개로 아르색인 살쟉을 보고 안젓다. 曲調가 울어난다. 滿場의 눈과 귀가 피아놋소리와 演奏者에게로 쏠린다. 執事들도 奔走하기를 그만두고 各々 한 구석에 팔쟝을끼고 섯다. 執事 하나이 아직도 二層席에서 奔走하다가 고양이걸음으로 나려와 피아노겻헤 섯더니 수접은 생각이 나는지 멧걸음 물러나 걸어안는다. 滿場은 音樂을 잘 듯는듯하다. 京華는 혼자 가슴을 두군거리고 안젓다. 成順은 京華

의 녑구리를 찌르며,

「이런 羞恥가 잇소? 數千圓자리 피아노를 數千圓 들인 솜씨로 타는데도 무슨 맛을 모르겟구려. 내 曲調업는 洞簫소리만도 못하외다그려.」

「本來 音樂의 素質 업는것이야 엇더하겟소. 타는 當者는 그 眞味를 알고 타는지?」

「曲調 일흠이라도 알앗스면 죠켓소이다. ……아모러나 쏼 되엇서요. 四百名 東京留學生에 피아놋 曲調 하나 理解하는 사람이 업소구려.」

「웨 업나요, 저 會堂에서 늘 타는 그야 알겟지오, 다 老兄 가튼줄만 알으시구려.」

「웨 나만이야요. 안다해도 우리가 新文明 아는 모양으로 썹더기나 알겟지요. 참 생각하면 文明思潮中에 우리가 저 音樂을못理解하는 모양으로 理解하지못하는 思潮가 만히 잇겟지오.」

「우리가 只今 이 音樂을 잘 듯는체 하는 모양으로 못理解하는 思想을 理解하는체 하는수도 만켓지오. 지금 다들 어서 活動寫眞이나 보여주엇스면 하면서도 音樂을 못理解한다는 말들을가 보아서 가장 醉한체들 하고 안젓지오」

「지금 저는 理解하는체 하는이가 이웃사람다려참 잘한다 할는지도 몰라요, 그러면 그 이웃사람은 더잘 理解하는체 하노라고 좀 서툴다할는지도 모르지오?」

京華는 고개만 쓰덕쓰덕하고 對答을 아니한다, 成順도 다시 피아놋소리를 듯는다. 果然 참다못하야 뒤에서 돌아안는 소리와 속은거리는 소리가 난다. ㅇ孃은 듯는이도 업는데 저혼자 열심히 탄다. 성순이가 또.

「音樂은 모르겟서도 타는 모양이 좃소이다. 나도 이제 돈 모하서는 피아노사고 탈줄아는 안해 어드랍니다.」京華는 無言하다. 피아노가 긋나고 讚頌歌를 부르고 二層에서 奔走하던 그 執事가 聖經을 보고 기름 만히 바른 美男子執事가 西洋人 목소리로 기나긴 感謝感謝를 올리고 其他 두어 사람이 熱性으로 演說을 한다.

活動寫眞機械에서는 푸시푸시하는 소리가 난다. 錦輝館 가는 代身에 모힌 群衆들은 連해 時計를 내어본다. 집사들은 또 右往左來하면서 무슨 周旋을 하기 始作한다. 京華는 몸이 아프로라 핑계하고 몬져 나왓다. 어두운 골목을지내어 神田客館에 돌아와 책상에 지대에[sic] 안젓다.

「變햇다」하고 한숨을 후 쉰다.「七年동안에 彼此에 퍽도 變하엿다. 내 얼굴과 내 맘이 變하여 가는줄을 알앗건마는 그의 얼골도 퍽 變하엿다. 일즉 ○○女學校 應接室에서 보던 야리야리하던處子가 어느덧 발서 老成한 婦人가치 되엇고나. 내 胸中에 깁히깁히 박혀잇던 그의 貌像과 앗가 피아노 타던 그의 貌像과는다만 輪廓이 비슷할뿐이오 빗과 내는 전혀 짠것이로고나.」

경화는 卷煙을 피워 煙氣 날아오르는것을 보면서 七年前 일을 생각한다.

「쑴이로다, 그때에는 鬚髯도 업고 볼도 붉엇다. 그때에는 아직도 實世上 밧게서 멀리 紅塵이 濛々한 實世上을 바라보며 저속에는 여러 가지 자미잇고 즐거은것이 만호려니한엿다[sic]. 그러고 그 속에 잇는 모든 名譽와 事業과 快樂은 나를 기다리고 잇스려니, 내 좁은 胸中에 지어노흔 모든 아름다운 空想은 다 實現될것이어니, 實世上에 處하는 맛이 마치 學校에서 上學하고 複習하고 試驗츠리고 優等하고 放學하엿다가 또 上學하는 맛과 갓거니만 하엿다. 그때에 나는 實世上의 幸福의 첫걸음으로 사랑을 구하려하야여러 詩人의 戀愛詩를 외오고는 혼자 人生의 美妙함을 嘆服하고 나도 實地로 그것을 맛보앗스면 하엿다. 그때 나는 톨스토이와 木下尙江의 진실한 弟子로 自任하야 사랑을 求호대 극히 淨潔한 플라토니크 사랑을 要求하엿다. 그때 내 생각에 主義와 理想을 가치하는 愛人을 더불어 서로 돕고 서로 勸하면서 不潔한 人類社會를 廓淸하리라 하엿다. 그때 나의 생각은 내 純潔한 靈과 精誠과 能力이 足히 이 理想을 實現할수잇스리라하엿다. 그러나 勇氣와 精力의 샘이될 愛人이 잇고야 되리라고 確信하엿다. 그러고는 晝夜로 未來의 愛人의 畵像을 그리고 善良한 愛人을 어드랴면 져부터 善良하여야하리라하야 맘과 言行을 힘써 닥갓다. 꼭 예수와 가치될수 잇스리라하야 馬太福音 五六七章을 暗誦하고 꼭 그대로 실행하기를 힘썻다. 그때에 電車로 通學하엿는데 車中에서는 來往에 다 多數한 女學生을 만나고 혹은 바로 겻헤 안기도하며 안듯이 서기도하야 여러 다른 靑年들이 하던 모양으로 心中에 淫慾을 放恣히하엿섯다, 그러나이 作定함으로부터는 잇는 힘을 다하야 이 劣情을 制御하고 一週日後에는 조곰도 이 劣情이 發作하지안케 되엇다. 혹 무거은 수레를 쓰는 老人을 보고는 땀이 흐르도록 뒤를 밀어주기도하며 下宿 下女도 누이나 다름업시 親切하게하엿다. 決크[sic] 남을 미워하지아니하고 남이 請求하는바를 拒絶하지아니하엿다. 엇던 親舊가 熱病으로 呻吟할때에 나는 眞情으로 三晝夜를 안져 새엇다. 거의 半年 동안이나 나는 일즉 憎惡 嫉妬 憤怒의 念을 發하야 본적이 업섯다. 나는 항상 讚美하고 祈禱하고 天使와 함께 즐겨하엿다. 오직 한 精神的 愛人을 希求하면서.」라고 京華는 그쌔 생각이 퍽 情다은드시 빙긋 웃더니 또 생각한다.

「바로 그때에 엇지엇지하야 그를 보앗다. 말할때마다 살작 붉어지는 그의 맑읏맑읏한얼골. 한녑흘 슬적 갈라 츠렁츠렁 짜하늘인 머리, 作別할때에. 『奔走하신데……』하던 목소리. 그는나의 가슴에 아직 지나보지못한 火焰을 던졋다. 그때 나의 어린 생각에는 올치 져야말로 내가 구하는 天使라하엿다. 그러고 나는 數十日 동안을 혼자 애를 타이다가 엇던날『나를 사랑하여주소서 올아비와가치 사랑하노라 하여주소서, 나는 決크 그대의 얼글을 다시 보고져아니하나이다, 永遠히 아니보더라도 다만 그대의 오라비야 내 너를 사랑한다 한마듸로 一生의 힘을 삼으리이다」[sic]하는 뜻으로 詩를지어보내엇다. 그러나이 말이 그의 올아비 귀에 들어 已婚男子로 無禮한 일을 하엿다하야 絶交의 請求를 밧고 다시 이말이 全留學生界에 傳播되어 나는 不良한 墮落生으로 注

目밧게 되엇다. 나는 失望과 羞恥를 의긔지지못하엿다[sic]. 나는 나의 바라던 모든 것을 빼앗겻슬뿐더러 社會(社會라야 내 知人學生數十人이지마는)에서는 大罪人과가튼 冷遇를 바닷다. 나는 울고 울엇다. 이제는 내 生命은 임의 破壞되엇거니하고 스스로 冷灰에 비겻다. 나는 엇던날 평생 첨 술을 만히 마시고 澁谷 鐵道線路에서 自殺을 하려하야 遺詩를 써노코 線路에 누어서 마즈막 그를 생각하면서 汽車가 어서 와서 내 生命을 마자 끗키를 기다렷다. 그때에 나는 실로 죽을수밧게는 길이 업거니 하엿섯다. 그러나 마츰 工夫에게 붓들려 巡査에게 萬般說諭를 밧고 다시 살아낫다. 그러고는 學校도 다 내어던지고 歸國하엿다. 歸國後에는 酒狂이 되어 二三朔동안 世人의 嗤笑를 바닷다. 그때에 만일 새로운 愛人을 맛나지아니하엿던들나는 永遠히 酒狂이 되고 말앗스리라. 그러나 나는 行인지 不幸인지 한 새 愛人을 만낫다. 그는 누구뇨, 배달이엇다. 나는 이 새 愛人을 爲하야 獻身하기로 決定하엿다. 마치 失戀한 사람이 或 僧侶도 되며 或 慈善事業家도 되는모양으로. 그리하야 가슴에 마즌 아픈 상처를 참고 지나더니 그도 얼마아니하야 그 愛人도 죽고 말앗다. 나는 그 愛人의 무덤을 쓸어안고 내 不幸을 痛哭하다가 할일업시 東西八方으로 漂浪하기를 始作하엿다, 마치 크게 失望한 사람이 하는 모양으로. 그래서 天涯地角으로 遊離하는 동안에도 두 愛人의 생각이 番갈아 닐어나 花朝月夕에 慟哭한적이 몟번이런고. 나는 萬年을살아야 다시 두 愛人을 보지못할가 하엿다. 그러고 쏘 살아갈동안 자미부칠 무엇이 잇슬가하고 다시 東京으로 굴어들어왓다.」 京華는 不勝感慨하야 한참이나눈을감고 안것더니[sic].

「不意에 그의 얼굴을 다시 보앗다. 한 愛人은 이믜 보앗거니와 쏘 한 愛人은 다시 볼는가 말는가.」

이때에 成順이가 헐덕헐덕하고 들어오면서,

「올치, 웨 일즉 오신지 내가 압니다,」 하고 壯한드시 웃는다. 京華도 우스면서,

「나는 또 무슨 큰 일이나 낫는가 햇지오, 헐덕거리고 뛰어들어오기에. 웨 다 보지안코 왓소」

「큰 일이 잇지오, 내가 다 알아요. 모르는줄아시는구려. 내가 언제 선생의 日記를훔쳐보앗지오. 그 속에 o가 엇져고엇져고 햇습데다그려. 오늘 그 o가 그 o가아니야요?」

「그o가 그o지 무엇이야. 내 日記에 무슨o란 말이 잇는가……잘못보신게지오.」

「아니야요, 그 o야요. 그래서 얼는 오셧구려?그래 내가 잘못 알앗서요?」

京華는 잠잣고 안것더니[sic] 조희를 다리이[sic]

「그 불씰 다차말자 왈々々 타던 가슴
그 불씰 또 다하도 다시 타지안노매라
그 불씰 다 태엇스니 안타는가 하노라
그 얼굴 다시 보니 깃블뜻도 하건마는
보고 돌아서니 섧음만 나는뜻은
가슴에 잇던 그 얼굴이 죽음인가 하노라

그나 내낫間에 어린제 지낫스니
숫곱지 달싸한맛 볼길이 업건마는
다만지 큰 일 이루어 소리로나 듯과져.」

龍洞[4]

帝釋山人

平安北道定州郡에 龍洞이라는 동네가 잇다. 戶數 二十, 人口 九十되는 貧村이라. 住民는[sic] 다 一本同姓李氏인데 원래 그골 賤한 家門이라. 元職業은 毋論 農業이나 하그도 田地가 不足야 或如器商도 하고 魚商도 하고 木手노릇도 하는데 鍮器商 魚商하면 꽤 크게 하는드시 들리나 鍮器商은 당나귀에 限十餘圓어치 싯고 江界楚山等地로 二三朔이나 行商하야 돈十圓이나 벌어오는것이오 魚商이라함도 아츰에 돈圓어치나사지고[sic] 終日 이촌져촌 돌아다녀서 쌀되나 남겨먹는것이라. 본시 賤한 家門이오 또 無教育하닛가 술 못먹는 사람이 업고 투젼 아니하는 사람이 업다. 이 동네에는 겨울이 되면 젹어도 투젼판이 二三處는 되고 四方 浮浪悖類들이 晝夜로 들쌀는다. 그러닛가 하로에 한두번 爭鬪아니날적이 업고 쥬정 아니날적이 업다. 집들은령이 썩어 석가래가 팔을 부르것고 길과 마당에는 두엄과 풀이 가득하다. 더욱이 歲末이나 되면 酒債 麵債 투젼빗쟝이들이 쏘리를 맛물고들어나며 叱辱도 하고 門도 치고 솟도 떼고 亂離가 난다. 그러면 男子들은 빗달년하기 실혀避하고 女子들은 치마도 아니닙은채로 달려들어서 머리를 풀어허치고 울며불며 야단을한다. 그러고는 內外 싸홈, 姑婦 싸홈, 父子 싸홈, 아이들 싸홈—全洞中이 修羅場이 된다. 한그믐이되어도 먹을것이 업서 이웃집에 쌀을 꾸러가면, 「이젼 꾼것도 아니가져오고 또 꾸어달래,」「어듸, 너희만 잘 먹고 사나보자. 너희놈들이 天罰을 바

4 『학지광』 8호, 1916. 3, 39~44면.

드리라, 이 도야지가튼 놈들」하고 一家끼리 辱판이 터진다. 아모러나 朝鮮末世의 農村은 다이러케 腐敗하엿다. 일즉 禮儀之邦이라 일컷던 朝鮮八道는 다이러케 되엇다.

이 동네에 李參奉이라는 사람이 잇다. 그도 原來 남의 집 使喚으로서 점々信用을 어더 五十이 된 只今에는 볏白石이나 秋收도 하고 집도 깨긋하게 지엇다. 그는 이제는 쟝사를 그 만드고 아들 孫子 다리고 餘生을 편안히 보내려하엿다. 그러나 그는 末世 朝鮮人과가티 無氣力 無希望하지아니하엿다. 그는 한번 兩班行世를하여보리라는 생각이 낫다. 그래서 一邊 巨大한金錢을 虛費하야 가난한 兩班집과 婚姻을 짓고 一邊 書齋를 新築하고 兩班先生을 延聘하야 費用을獨擔하면서 一洞子弟들의 教育을 勸奬하엿다. 自己는 볼줄도 모르면서 셔을 가서 四書五經과 三國志, 列國誌, 詩集, 百家書를 上品으로 求하여다가 書庫에 간직하고 舍廊設備며 器皿이며 文房諸具를 말슴 한다하는 兩班式으로 하여노핫다. 그러고 항상 洞民와 子弟다려 니르기를, 「우리라고 平生 상놈노릇만 하겟는가. 이제 次々 우리가 行世만 잘하면 兩班노긋[sic] 할때가 오너니,」하엿다. 그는 恒常 「될수 잇소, 잘될수 잇소」를 말하고 쏘 그대로 밋고 미드면 대개는 밋는대로 되엇다. 그는 子弟의 教育을 힘쓰는 동시에 洞中 惡習과 洞民의 放蕩不道德함을 矯正하려고 힘을 썻스나 마츰내 큰 效力이 없섯섯다.

한번은 그가 平壤을 갓다가 엇던 學校 開學式에서 당시 엇던 名士의 演說을 듯고 感動되어 당장 머리를 싹고 새로은 希望과 새로은 決心으로 집에 돌아왓다.

돌아와서 그날 밤으로 洞民을 자기 집에 모흐고 時勢가 變한것과 文明國人의 生活에 比하야 우리 生活이 아조 野蠻됨을 極說하고 만일 우리가 生活을 고쳐 文明人의 生活과 가티아니 하면 滅亡할것을 말하고, 만일 우리가 生活을 고쳐 文明人의 生活과 가치만 되면 衣食도 足하여지고 지금보다 幸福되기도 하고 또 훌륭한 兩班이 되어 前과가티 남에게 賤待 아니바들것을 말하고 그러닛가 지금부터 新生活을 始作하여야 된다는 말을 熱烈하게 說明한다. 그러나 或 至今껏 투젼하다가 온 사람은 四字五字에만 맘이 잇고 술 먹다 온 사람은 안쥬 식는 걱정만하고 아모도 이 萬古歷代에 들어보지도못한 말을 귀담아 듯는 이가 업다. 그래서 그날은 失敗로 씃낫다.

그러나 그는 이 失敗로 失望하지아니하엿다. 「될수 잇소, 잘될수 잇소」 主義로 세 번 네 번 쑤준하게 別아別 애를 다 써 第五日만에 「그러면 그러케 해보지오」하는 群衆의 應諾을 바닷다. 그의 精誠은 마츰내 그 頑固하고 暗味한 무리의 맘을 깨트린것이다. 그러고 四五人을 남기고는 一齊히 爲先 斷髮하엿다. 이는 바로 十年前이라, 그때에는 極히 少數된 耶蘇教人 天道教人外에 斷髮한 사람이 업섯다. 그러고 洞會라는 會를 組織하고 每朔二次式 모히기로 作定하엿다. 첫 洞會에 그는 세가지 議案을 提出하고 會員의 討論과 議決을 請하고 爲先 會長을 選擧하자하야 生前 첨 投票라는 것으로 그가 被選하엿다. 세가지 議案이란것은.

一, 書堂을 廢하고 學校를 세울 일

二, 飮酒와 雜技를 嚴禁할 일

三, 女子를 돈 밧고 婚姻하며 또는 돈 주고 며느리 엇기를 禁할 일

第一案은 學校가 무엇인지 모르니 會長의 處置에 一任하기로 擧手可決하고, 第二는 或은 雜技는 禁호대 飮酒는 禁할수 업다하며 或은 雜技飮酒가 무슨 잘못이완대 禁하랴하는 極端論者도 잇고 或은 平時에는 禁하다가라도 名節에는 許하자는 折衷派도 잇서 甲論乙駁에 議場이자못 喧擾하더니 마츰내 雜技만 嚴禁하고 飮酒는 過飮만 아니하기로 修正通過되엇스나 그中 二三人은 飮酒는 아니하고도 견듸려니와 雜技를 아니하고는 견될수도 업슬뿐더러

먹고 살수도 업다 하야 極力反對하엿다, 그러나 會長의「從多數取決」이라는 說明을 듯고 게두덜거리다가 참앗다, 第三案은 第二案보다도 더욱 議論이 粉々하야 닭울때까지 쓸엇다. 「方今 밥을 굼는데 쌀이라도 팔아먹어야지,」「世上이 다 하는 일인데相關이 무엇인고,」「내 쌀은 空으로 주어도 남이며느리를空으로 아니주니 엇지하나,」「우리만 그런다고 일될가 世上이 다 돈을 밧는것을」 하는것이 反對意見의 要點이엇다. 會長은

밥을 굶으면 子息을 살마라도 먹겟는가, 팔아먹고 살마먹는것이 마치한가지가아닌가, 設或 제가 굴머죽을지언뎡 제 색기를 엇지 참아 살마먹으랴, 또 술과 雜技를 말고 정당한 職業을 힘쓰면 굴머죽을理가 웨 잇스랴 하늘은 결크 쌈흘리는자에게 衣食 주기를 닛지아니하신다, 그러니 쌀을 파는것이 올치아니하고. 또 남들이 다 하는일이니 무슨 相關이랴 하니 우리 民族이 末世가 되어 이러케 腐敗한것이라, 이러케 腐敗한것을 우리가 先導者가 되어서 覺醒 시겨야 아니하겟는가, 「世上이 다 그러는데 나 혼자 그러니 쓸데 잇나」 하는것은 亡하여가는 놈의 하는 말이니 興하여가는 사람은 「남은 다 외게하여도 나는 올케하리라」하는것이라. 또 쌀을 空으로 주면 며느리는 엇더케 엇는가 하니 쌀을팔아 며느리를 어드랴거든 제출물로 쌀로 며느리를 삼을것이아닌가, 쌀을 팔아 며느리를 사기나 쌀로 며느리를 삼기나 무슨 달음이 잇을가, 또 쌀을 팔지안케 되면 며느리도 사지안케 되는것이니 아모리하야도 쌀을파는것은 올치안타하고 다시 말을 니어 諸君의 쌀을팔지아니함으로 만일 諸君의 아들이 쟝가를 들수업다하면 그는 내가 擔當하마하야 百般曉諭한 結果로 겨오 可決이 되엇다. 그러나 한가지 難問은 이中 바로 二三日前에 十三歲된 女子를 七百兩에팔아서 그 돈으로 나귀 사고 酒債 물고 투전하야 일코 洋傘 하나 사고 갈보 외입 한번 하고 이제 百兩밧게 아니남은 사람이 잇다. 이제 이 規定이 旣往에 遡及하랴말랴 하는 議論이 粉々하야 當者는 極力으로 旣往에 遡及치못

한다고 主張하엿스니 會長의 强勸으로 마츰내 남은 돈 百兩과 全會員의 第一次 共同事業으로 義捐 百兩을 거두고 不足額 五百兩을 會長이 自擔하야 그 七百兩을 新郎집에 還送하기로 하고 閉會하엿다.

그 後에 會長은 京城에 急行하야 呂○○라는 교사를 延聘하여다가 그 書堂에서 開學式을 行하엿다. 學生은 十七人. 課程은 漢文 算術 體操. 쏘 勞動夜學을 設立하고 男女老少가 每夜 一時間式 國漢文을 배호고 新敎師의 講演을 듯고 靑年農夫는 體操를 배호고 唱歌를 불럿다. 그 後로는 밤마다 「右向웃」 「압선者를 부러말고」 「이긔기를 조하하고,」 하는 소리와 북소리 나팔소리가 들렷다. 鄰村에서는 「져 쌍놈들 미쳣다,」 「대가리들을 웨싹갓는고」 하고 嘲笑하엿다. 이 嘲笑가 도로혀 龍洞民을 刺激하야 참말 熱心히 나게하엿다. 洞內 아희들은 다 學校에 다니게 되어 이렁그렁 學生數가 四五十名이나 되고 洞中 男女도 帝國新聞(當時 純國文으로 내던)을 뜻은 잘 모르나 이럭저럭 쓰더보게 되엇다.

李參奉은 同郡 儒林을 다래어 鄕校財産과 鄰近洞의 契錢을 資本으로하고 龍洞附近에 잇는前 經義齋의 建物을 어더 校舍를 삼고 二三人의 敎師를 더 延聘하야 速成師範科와 中學科를設置하고 儒林中 有力者로 校長을 삼고 自己는 校監이 되어 學生을 大募集하엿다. 째는 마츰 平安北道에 學校가 蔚興하고 意味도 모르는 新敎育熱이 膨脹할째라, 四方에서 四十以下 二十以上의 舊學者派가 雲集하야 不過一年에 學生이 二培以上에 達하엿다. 當時 學生들은 상투에 갓쓰고 體操를 배호앗다. 敎師 呂氏는 元來 名門의 出로 漢學이 贍富하며 人格이 高潔하야 그 頑固한 舊式 靑年들도 그에게는 感服하엿섯다. 學生들은 或은 그림으로 혹은 말로 世界列國의 文明의 宏壯함을 보고 우리도 힘쓰면 저와가티 되리라, 十年內에 져와가티 되리라 하엿다. 그네 생각에 文明이란 一年이나 二年內에 다 窺知할 수잇거니하엿다. 實狀 當時에(只今도 그러치마는)文明이 엇더한가, 얼마나 깁흔가 를 아는이가 업고 다만 文明이란 大體 조흔것이라, 算術, 地理, 歷史, 體操를 배호노라면 文明이 되려니 하엿슬쑨이다. 그러나 여긔서는 學校말을할 餘暇가 업스니 다른데서 다시 말하기로 하고 龍洞니야기에 들아가자[sic].

그后 龍洞洞舍는 今期마다 늘 모히고 모히면반다시 한두가지 새로은 作定이 잇섯다. 그러나 그것을 仔細히 말할 紙面이 업스니 그 會錄中에서 重要하다 생각하는 바를 멧가지 썝자.

第○回. 一, 男子로十五歲以上된 會員은 매삭 草鞋一雙式을 모호대 이돈은 全洞 公益事業에 쓰기. 二, 洞內 道路를 넓게하고 가운데가 놉게하며, 學校에 가는 길을 넓히고 고개를 십尺假量 나추기, 三. 學校 建築工事에 每人 二日式 出力할事. 日常衛生에 關한講話.

第○○回. 일, 秋收도 씃낫스니 이때를 이용하야 멍석이나 기타 農家用 草器 一個式을 一個式을 一個月內로 製作하기. 二, 움물을 츠고, 쏘 一年三次 츠기로 하기. 三, 每年四回 大淸潔 (家具를 내어 曝陽하고 몬지 썰고)과 每朔 一回 小淸潔(家內와庭除를 洒掃하고)과 每週一回 부엌淸潔을 行하되 會長이 巡視監督하기, 文明國 村里강화.

第○回. 一, 某氏가 뱀에 물려 柴草準備를 못하엿스니 每人 一束式 寄附하고 婦人네는 粟 一升式 寄附하기. 二, 某氏가 火災를 當하엿스니 穀草一束 색기 五百발式 모호기. 三, 一齊히 白紙로 窓戶하기. 患難相救講話

第○○回. 一, 男子 十八以上 女子 十五以上아니고는 婚姻 못하기, 婚姻時에 金銀首飾 綵緞等 奢侈品을 禁하기. 勤儉貯蓄講話.

第○回. 一, 養蠶契를 組織하고 明春부터 着手하기. 女子의 六七兩個月間 김매는 所得은 日貰 二十錢치고 十二圓에 不過하나 만일 그가 누에 두방을 치면 不過 二十日에 二十圓 收入을 어들지니 만일 一年 三次 한다하면 實로 六

十圓의 收入이 될지오 龍洞 四十餘人婦人의 收入을 合하면 實로 二千四百餘圓의 巨額에 達할지니 이를 每戶에 分하면 平均 一百二十圓의 收入이니 이만 가지고도 足히 貧寒한 一家計가 될지라, 只今 우리 婦人네는 勞力을 浪費하나니 만일 그 勞力을 養蠶에 너흐면 十年이 나지못하야 龍洞은 弊러다니는者가 업시 될지라 하는 會長의 說明으로 滿場一致 可決되다. 養猪養鷄問題가 낫스나 一時에 여러가지를 着手함이 不得策이라 하야 明年으로 밀고 그 대신 그 資本에 보태기 위하야 每戶 每日 白米 二匙式 貯蓄하기로하다. 이것도 每朔 三圓午六十錢.

第○○回. 一, 夏節에는 流行病이 만코 이를 傳染케하는것은 파리와 모기니 爲先 이를撲滅하고 淸潔消毒에 더욱 注意하자하야 每室 一個式 파리듣[sic], 窓에는 모긔장을 바르고 飮食도 모긔장으로 덥고 또 每週一次式 不潔處에 石油와 石灰와 石灰酸水를 쑤리기, 二. 夏節이라도 小兒들을 벌거벗기지 말것. 衛生講話와 小兒養育法講話.

第○回. 一, 洞中 三個 處所에 光明燈을 허기. 二, 新聞과 書籍縱覽所를 두기 三, 各人은 男女를 勿論하고 每年 一卷以上 반다시 讀書하기. 四, 洞中人끼리는 男女間 修人事하고 談話도 許하기. 小兒養育講話.

第○回. 一, 小兒를 戱弄하거나 짜리거나 叱辱하지말기. 二, 小兒가 죽어도 어른과 同體로 하기, 三, 洞中에서는 或 傳染病患者가 잇서도 交通하기. 男女交際法.

이밧게도 만히 잇스나 이만하면 그 대강을 斟酌할지라. 이러한지 三年後에 이 洞中은 엇지되엇는가. 집들은 새로 지은듣시[sic] 되고 움물은 함석 집웅 윗집에 쇠사슬 들어박을달고 길들은 눈감고 다니게 되고 밤에는 光明燈이 환하고 파리는 絶種하고 男女間 무명이나마 깨끗한옷을 입고 歲末이 되어도 써드는 소리 우는 소리도 업시 全洞이 和氣靄々하게 썩에 고기에 送舊迎新을 하며

夏節이 되면 새로 시머成林된 白楊아까시아에 매암과 꾀꼬리가 노래한다. 婦人들은 날마다 머리 빗고 세수하고 아이들을 책망하여도 「一銓아, 남의 實果를 짜서 못쓴다, 네 고대로 압집에 갓다 들이고 잘못하엿스니 容恕하여 줍시오 하여라」 하면 一銓도 「네」 하고 눈물이 그렁그렁하야 어머니 시긴대로 한다. 一年 三百六十五日에 큰 소리 나는것을 듯지못하겟고 밤이면 아히들 글 외는 소리쁜이로다. 이제는 鄰洞에서도 「龍洞 사람이야 거즛말 하나, 투젼 하나」 하게 되엿다. 龍洞은 노는 사람이 업다, 성난 사람이 업고 不平한 사람이 업다. 그네는 自己네 생활이 三年前에 比하야 훨신 高尙하고 意味잇고 자미잇는줄을 自覺하야 더욱 向上하려한다. 그네는 깨끗한 新生活을 憧憬한다.

그後에 龍洞人은 모다 耶蘇敎人이 되엇다. 예수의 敎訓은 사랑과 純潔과 勉强과 協同을 渴求하는 그네에게 가장 合當하엿다. 그네는 그네가 至今토록 애써오던바가 다 新約全書니에 잇슴을 發見하엿다. 그네가 夜學에서 배흔 글과 洞會에서 어든 理解力은 足히 聖經을 닑고 理解할만하엿다. 그네의 집에서는 每日 讚美歌가 들리고 日曜日에는 집보는이 하나 남기고는 다 會堂에 간다. 그러나 播種도 他洞里보다 몬져 하고 除草와 秋收도 恒常 남보다 二三日은 몬져 하엿다. 그네는 日曜日에 놀므로 다른 六日間은 놀지아니하고 일한다.

그러한지 于今 十年에 龍洞은 아주 자리잡힌 文明國이 되엇다. 白楊과 아까시아에는 발서 까치가 둥지를 틀고 그때에 七八歲 되엇던 아희 七八人이 발서 그곳 中學校 四年級이 되어 龍洞 一切 事務와 夜學과 敎會일을 그네의 손으로 보게되엇다. 또 그 洞中靑年으로서 只今 日本에 留學하는이가 三人이니 하나는 神學, 하나는 醫學 하나는 文學이라 다 今明年間으로 卒業할터이며 또 洞費로 男子 一人을 水原 農林學校에 女子 一人을 京城 養蠶學校에 留學시기는中이며 前에 留學시기던이는 只今 洞營 養蠶 養猪, 養鷄에 從事한다. 今年부터 婦人네는 一切 養蠶과 紡績에만 從事하고 農場업는 男子는 桑園과 養

猪 養鷄에 從事한다. 昨年 年末 統計를 보니

種目		十年前
養蠶	二〇〇〇円	三〇円
家畜	五〇〇	五〇
農産	四〇〇〇	六〇〇
會金	二五〇〇	一二〇
每戶富力	一〇五〇	一〇四
每人富力	二一〇	一八

右表를 보아 十年間 富力의 增加를 알지오, 또 十年間에 學校敎育을 바든 자 男 三十人 女 二十一人이라. 그 동안 그네의 精神的 進步야 말해 무엇하리오. 李參奉의 預言은 適中하야 그네는 果然 兩班이 되고 富者가 되고 福잇는 者가 되엇다. 쌀을 팔지아니하고도 조흔며느리를 엇게되엇다. 그러나 그는 이로써 滿足하지아니하고 더욱 生産力의 增進과 敎育의 普及을 힘쓰는 중이라.

나는 이를 보고 朝鮮의 現在와 未來의 그림을 본듯하엿다. 이 洞會에서 最近에 議決한 몃가지 事項을 記錄하고 이글을마초자, 亦是 會錄에서.

第〇〇〇回. 一, 會金(月捐과, 各種貯金) 은 十萬元되기를 기다려 (二十年豫想) 大學 하나를 設置하기. 二, 自作自給을 主義로 삼아 一切 外國品을 不用하기. 三, 男女 傳道師를 두어 面內에 傳道하게하며, 男女 勸誘員을 두어 面內 各洞에 産業의 振興과 文明한 生活을 勸誘할일, 四, 今年 醫學修業한 留學生의 回還을 기다려 貧民病院을 세울 일, 五, 女學校를 獨立시기고 中學科를 신설할 일 (一九一六, 一, 二四)

난 날[5]

寶鏡

北國의 싸힌 눈 밋헤서
萬彙가 첫숨을 쉴쩍에
그 숨결 짤라서 내生命이
無限한 暗黑에서 솟앗네—
홰에서 수탉이 소리를
놉혀서 두세홰 울때에
東편 하늘에 구름이
새벽의 붉은빗 될째에—

밤새어 켜노흔 燈불이
비최인 피곤한 두얼굴!
産褥에 누으신 어머니
말업시 서게신 아버지!
자조뛰는 가슴의 속에는
엇더한 希望과 念慮가
「으아」의 첫소리 들을때
번개갓치 빠르게 지냇나?

5 『기독청년』 5호, 1918. 3, 11~12면.

잘때에 둥글은 木枕과
깨어서 안아줌 업어줌
百日이 차기를 못참아
沐浴과 齋戒와 井華水
愛子를 아버지 품안고
어머니 말업시 뒤쌀아
부처께 神靈께 愛子의
목슴과 富貴를 빌엇다

몸이좀 달아도 醫藥을
소경을 무당을 祈禱를
深夜에 鉦소리를 마쳐
소경의 부르난 呪文이
오르난 소지의 불결이
별만흔 하늘에 몃百番
그네의 精誠된 祈禱를
잇글어 올려갓난가
살이에 물결이 밀드시
밀어오난 貧寒의 毒牙가
愛子의 몸에 못 밋게코져
그네의 니마에 큰주름
잡히도록 애써도 못막어
無心히 쉼쉬난 愛子의
얼굴을 보면서 深夜에

눈물을 흘니기 멧번가

衰하난 家道를 니르켜
祖先의 일흠을 빗내고
들어오는 親戚과 朋友의
嘲弄과 賤待를 물니고
너바라 하게 번젹하게
네나 살아보라 난생각
힘업서 글방에 못보내도
집에서 論孟을 가라칫다

그러나 그네난 업고나
불러도 못듯고, 보랴도
못보난 먼곳에, 그러케
貴해하던 愛子를, 써나서
간지가, 가서 못오난지가,
어느덧 열이오 여슷해
異域에 노니난 孤子의
흐르난 눈물을 보난가

짜뜨시 물데워 洗首하고
어머니 손으로 적은머리
감격서 빗겨서 새당긔를
들이고 두자석자 자라라고

머리서 등ᄭᅵ지 두다린뒤에
籠열고 어저께 잘다려둔
바지와 저고리 두루마기
입혀서 세우고 보고ᄯᅩ보고,
닭국에 찰밥에 白魚生鮮
주시던 그ᄯᅢ의 나의 난날!
東西로 內外로 浮萍갓치
ᄯᅥ도난 十六年 지낼ᄯᅢ에
누라서 이날을 記憶하고
白魚의 生鮮을 주엇스랴,
半이나 넘어난 니젓셧고
記憶한 ᄯᅢ이면 혼자울ᄲᅮᆫ

밤새어 켜노흔 燈불밋
「으아」의 첫소리 치던애,
굴느고 굴느며 二十六
난날을 보내고 마즈며
당신네 두분과 이애와
셋이서 보앗던 져해빗
異域에 나혼자 對하야
난날의 노래를 부르네

(一九一八,二,二二東京城西)

참고문헌

1. 기본자료

『독립신문』, 『협성회회보』, 『매일신문』, 『황성신문』, 『제국신문』, 『대한매일신보』, 『대한민보』, 『경남일보』, 『매일신보』.

『소년 한반도』, 『야뢰』, 『소년』, 『신문계』, 『학지광』, 『청춘』.

『한국 개화기 학술지 총서』, 아세아문화사.

『한국 개화기 교과서 총서』 1~8, 아세아문화사.

『신소설・번안소설』 1~10, 아세아문화사.

『역사・전기소설』 1~10, 아세아문화사.

『신소설 전집』, 계명문화사.

『단재 신채호 전집』, 단재신채호선생기념사업회.

『박은식 전집』, 단국대 출판부.

『위암문고』, 국사편찬위원회.

『이광수 전집』, 삼중당.

『동인전집』, 홍자출판사.

2. 국내논저

강명관, 『조선시대 문학예술의 생성공간』, 소명출판, 1999.

______, 「근대 계몽기 출판운동과 그 역사적 의의」, 『민족문학사연구』 14호, 민족문학사연구소, 1999.

강병조, 「신소설과 개화담론의 대응양상 연구」, 서울대 석사논문, 1999.

강신항, 『훈민정음 연구』, 성균관대 출판부, 1994.

강영주, 『벽초 홍명희 연구』, 창작과비평사, 1999.

고미숙, 『18세기에서 20세기 초 한국시가사의 구도』, 소명출판, 1998.

고영근, 『국어 형태론 연구』, 서울대 출판부, 1989.

권영민, 「개화기 소설의 문체 연구」, 서울대 석사논문, 1974.

______, 『한국 민족문학론 연구』, 민음사, 1988.

______, 『서사양식과 담론의 근대성』, 서울대 출판부, 1999.

권오만, 『개화기 시가 연구』, 새문사, 1989.

김경미, 「조선 후기 소설론 연구」, 이화여대 박사논문, 1994.

김교봉·설성경, 『근대전환기 소설 연구』, 국학자료원, 1991.
김근수, 『한국잡지 개관 및 호별 목차집』, 한국학연구소, 1973.
김기동·전규태 엮음, 『홍길동전(외)』, 서문당, 1994.
김도형, 『대한제국기의 정치사상 연구』, 지식산업사, 1994.
김동식, 「한국에서 근대적 문학 개념의 형성 과정 연구」, 서울대 박사논문, 1999.
김문환, 「한국 근대미학의 前史」, 권영필 외, 『한국미학시론』, 고려대 한국학연구소, 1994.
김병국, 「고대소설 서사체와 서술시점」, 이상택·성현경 엮음, 『한국 고전소설 연구』, 새문사, 1983.
김병철, 『한국 근대 서양문학 이입사 연구』 上, 을유문화사, 1980.
김봉희, 『한국 개화기 서적문화 연구』, 이화여대 출판부, 1999.
김성학, 「서구 교육학 도입과정 연구」, 연세대 박사논문, 1995.
김영민, 『한국근대소설사』, 솔, 1996.
김영철, 『한국 개화기시가의 장르 연구』, 학문사, 1990.
김용섭, 『한국근대농업사연구』, 일조각, 1975.
김윤식, 『한국근대문학양식논고』, 아세아문화사, 1980.
______, 『이광수와 그의 시대』 1, 솔, 1999.
______·김현, 『한국문학사』, 민음사, 1973.
김윤재, 「백악춘사 장응진 연구」, 『민족문학사연구』 12호, 민족문학사연구소, 1998.
김일권, 「고대 중국과 한국의 천문사상 연구」, 서울대 박사논문, 1999.
김준오, 『한국 현대 장르비평론』, 문학과지성사, 1990.
김태준, 『증보 조선소설사』, 학예사, 1939.
______, 『조선한문학사』, 한성도서주식회사, 1931.
김필동, 『차별과 연대 : 조선 사회의 신분과 조직』, 문학과지성사, 1999.
김학동, 『한국 개화기시가 연구』, 시문학사, 1981.
______ 편저, 『최소월 작품집』, 형설출판사, 1982.
김현숙, 「근대기 서·사군자관의 변모」, 한국미술의 자생성 간행위원회, 『한국미술의 자생성』, 한길아트, 1999.
김흥규, 『조선 후기 시경론과 시의식』, 고려대 민족문화연구소 출판부, 1982.
남영신, 『국어 천년의 실패와 성공』, 한마당, 1998.
남풍현, 「언어와 문자」, 한국고문서학회, 『조선시대 생활사』, 역사비평사, 1996.

도면회, 「1894~1905년간 형사재판제도 연구」, 서울대 박사논문, 1998.
류탁일, 『한국 고소설 비평자료 집성』, 아세아문화사, 1994.
문성숙, 『개화기 소설론 연구』, 새문사, 1994.
문정진, 「청말의 '신소설' 연구」, 고려대 박사논문, 1999.
문준영, 「대한제국기 '형법대전' 제정에 관한 연구」, 서울대 석사논문, 1998.
민정기, 「晩淸 시기 上海 문인의 글쓰기 양상에 관한 연구 : 王韜를 중심으로」, 서울대 박사논문, 1999.
백영서, 『중국 현대 대학문화 연구』, 일조각, 1994.
백 철, 『조선신문학사상사』, 수선사, 1948.
백현미, 『한국 창극사 연구』, 태학사, 1997.
서중석, 「한국에서의 민족문제와 국가」, 한국역사연구회 엮음, 『근대 국민국가와 민족문제』, 지식산업사, 1995.
손인수, 『한국근대교육사』, 연세대 출판부, 1971.
송기형, 「불란서 대혁명기의 언어정책 : 제헌의회에서 熱月 반동 직전까지」, 서울대 박사논문, 1989.
송 무, 『영문학에 대한 반성』, 민음사, 1997.
송민호, 『개화기 소설의 사적 연구』, 일지사, 1976.
송영섭, 「언론 통제의 한 요인으로서의 명예 훼손에 관한 연구」, 연세대 석사논문, 1986.
신범순, 『한국 현대시사의 매듭과 혼』, 민지사, 1992.
신용하, 『한국근대사와 사회변동』, 문학과지성사, 1980.
심보선, 「1905~1910년 소설의 담론적 구성과 그 성격에 대한 사회학적 연구」, 서울대 석사논문, 1997.
심형철, 「근대전환기 중국의 소설론 연구」, 서울대 박사논문, 1997.
안종화, 『新劇史 이야기』, 진문사, 1955.
안 확, 『조선문학사』, 한일서점, 1922.
양승국, 「1910년대 한국 신파극의 레퍼터리 연구」, 『한국 극예술연구』 6집, 1998.
오세영, 『20세기 한국시 연구』, 새문사, 1989.
유민영, 『한국 근대 연극사』, 단국대 출판부, 1996.
유영익, 『갑오경장 연구』, 일조각, 1990.
윤명구, 『개화기 소설의 이해』, 인하대 출판부, 1986.
윤여탁, 『시 교육론・2 : 방법론 성찰과 전통의 문제』, 서울대 출판부, 1998.

이강엽, 『토의문학의 전통과 우리 소설』, 태학사, 1997.
이광린, 「대한매일신보 간행에 대한 일 고찰」, 『대한매일신보 연구』, 서강대 출판부, 1986.
______, 『개화파와 개화사상 연구』, 일조각, 1989.
이구열, 「근대한국미술사료」, 『근대한국미술논총』, 학고재, 1992.
______, 『근대 한국미술사의 연구』, 미진사, 1992.
이기문, 『개화기의 국문연구』, 일조각, 1970.
______, 『국어의 현실과 이상』, 문학과지성사, 1997.
이만열, 『한국 기독교 수용사 연구』, 두레시대, 1991.
이보경, 「20세기 초 중국 지식인의 '문학(文)'의 해체와 구성」, 『중국현대문학』 16호, 1999.
이상경, 「'은세계' 재론」, 『민족문학사연구』 5호, 1994.
이용남, 『이해조와 그의 작품세계』, 동성사, 1986.
이우성, 『한국의 역사상』, 창작과비평사, 1982.
이원호, 『개화기 교육정책사』, 문음사, 1983.
이익섭, 『국어표기법 연구』, 서울대 출판부, 1992.
이재선, 『한국 개화기소설 연구』, 일조각, 1972.
______, 『한국 현대소설사』, 홍성사, 1979.
이정훈, 「5·4 시기 周作人 문학이론 연구」, 서울대 석사논문, 1994.
이종민, 「근대 중국의 시대 인식과 문학적 사유」, 서울대 박사논문, 1998.
이청원, 『한국민족문학사론』, 원광대 출판국, 1981.
이현식, 「문학의 자율성, 주체의 발견, 근대라는 미망」, 『문학과지성』, 1998 가을.
이화 1백년사 편찬위원회, 『이화 1백년사』, 이화여대 출판부, 1994.
임형택, 「'동국시계혁명'과 그 역사적 의의」, 『한국문학사의 시각』, 창작과비평사, 1984.
______, 「20세기 초 소설의 신구 양식의 관련양상 : 『鬢上雪』과 『興善擊惡錄』의 경우」, 제30회 동양학 학술대회 발표문, 1997.
임 화, 「개설 신문학사」, 『조선일보』, 1939.9.2~1940.5.10 및 『인문평론』, 1940.11~1941.4.
장석만, 「개항기 한국 사회의 '종교' 개념 형성에 관한 연구」, 서울대 박사논문, 1992.
전광용, 『신소설연구』, 새문사, 1986.
전복희, 『사회진화론과 국가사상』, 한울, 1996.

정선태, 『개화기 신문 논설의 서사 수용 양상』, 소명출판, 1999.
정옥자, 『조선 후기 문학사상사』, 서울대 출판부, 1990.
정우택, 「근대 자유시 양식의 모색과 갈등」, 민족문학사연구소 엮음, 『민족문학과 근대성』, 문학과지성사, 1995.
정형민, 「한국 근・현대 미술 용어의 변천과 정체성」, '미술 용어의 정체성 : 한국・중국・일본 근・현대 미술 용어의 수용과 정착' 심포지움 자료집, 1999.
조경란, 「진화론의 중국적 수용과 역사의식의 전환」, 성균관대 박사논문, 1994.
조경희, 「신문학 초기의 공리주의적 문학관 연구 : 신청년파와 문학연구회를 중심으로」, 고려대 박사논문, 1993.
조남현 편저, 『개화가사』, 형설출판사, 1978.
______, 『소설원론』, 고려원, 1982.
______, 『한국 현대소설 연구』, 민음사, 1987.
조동일, 『신소설의 문학사적 성격』, 서울대 출판부, 1970.
______, 『한국소설의 이론』, 지식산업사, 1977.
조명렬, 『체육사상사 개론』, 교학연구사, 1984.
조석곤, 「수탈론과 근대화론을 넘어서」, 『창작과비평』, 1997 여름.
조연현, 『한국 신문학고』, 을유문화사, 1977.
조정육, 「한국 미술사에서 서화협회의 성과와 한계」, 『근대한국미술논총』, 학고재, 1992.
조항래 편저, 『1900년대의 애국계몽운동 연구』, 아세아문화사, 1993.
조항범 편저, 『註解 순천 김씨墓 출토 간찰』, 태학사, 1998.
주종연, 『한국소설의 형성』, 집문당, 1987.
최갑수, 「서구에서 근대 국민국가의 형성과 민족주의」, 한국사연구회 엮음, 『근대 국민국가와 민족문제』, 지식산업사, 1995.
최공호, 『한국 현대 공예사의 이해』, 재원, 1996.
최남선, 『조선상식문답 속편』, 삼성문화재단 출판부, 1972.
최석태, 「이도영 미술의 근대성」, 한국미술의 자생성 간행위원회, 『한국미술의 자생성』, 한길아트, 1999.
최원식, 「1910년대 친일문학과 근대성」, 『민족문학사연구』 14호, 민족문학사연구소, 1999.
______, 『한국근대소설사론』, 창작과비평사, 1986.
최재서, 『문학원론』, 춘조사, 1960.

하동호, 「신소설 연구초」, 『세대』, 1966.9~11.
한계전, 『한국현대시론연구』, 일지사, 1983.
한기형, 「신소설의 근대문학적 위상」, 성균관대 박사논문, 1997.
한승곤, 『국어철자첩경』, 광명서관, 1908.
홍상훈, 「전통 시기 중국의 서사론에 관한 연구」, 서울대 박사논문, 1999.
황종연, 「문학이라는 역어」, 문학사와 비평연구회, 『한국문학과 계몽담론』, 새미, 1999.

3. 동양논저

姜尙中, 이경덕·이성모 옮김, 『오리엔탈리즘을 넘어서』, 이산, 1997.
吉見俊哉, 「運動會の思想」, 『思想』 845號, 東京 : 岩波文庫, 1994.11.
魯迅, 「門外文談」, 『노신문집』 5, 일월서각, 1985.
______, 「擬播布美術意見書」, 張望 編, 『魯迅論美術』, 北京 : 人民美術出版社, 1982.
______, 「漢文學史講要」, 『魯迅全集』 9, 北京 : 人民文學出版社, 1981.
大村益夫, 「日本留學時代の李光洙」, 『朝鮮文學』 5號, 1971.12.
末松謙澄, 『演劇改良意見』, 東京 : 文學社, 1886.
毛以亨, 송환용 옮김, 『梁啓超』, 명문당, 1990.
白南雲, 하일식 옮김, 『조선사회경제사』, 이론과실천, 1994.
范忠信 외, 이인철 옮김, 『중국법률문화 탐구 : 情理法과 중국인』, 일조각, 1995.
柄谷行人, 박유하 옮김, 『일본 근대문학의 기원』, 민음사, 1997.
______, 송태욱 옮김, 『탐구』 1, 새물결, 1998.
福澤諭吉, 정명환 옮김, 『문명론의 개략』, 홍성사, 1986.
成田龍一, 「『少年世界』と讀書する少年たち」, 『思想』 845號, 東京 : 岩波書店, 1994.11.
小森陽一, 『出來事としての讀むこと』, 東京 : 東京大學出版會, 1996.
小野清一郎, 『刑法に於ける名譽の保護』, 東京 : 有斐閣, 1934.
孫世哲, 『蔡元培魯迅的美育思想』, 深陽 : 遼寧教育出版社, 1990.
矢野文雄, 『經國美談』, 東京 : 報知社, 1888.
阿英, 전인초 옮김, 『중국근대소설사』, 정음사, 1986.
野口武彦, 『三人稱の發見まで』, 東京 : 筑摩書房, 1994.
梁啓超, 『飮氷室文集』 下, 上海 : 廣智書局, 1905.

鈴木貞美,『日本の'文學'概念』, 東京 : 作品社, 1998.
外山正一,「演劇改良論私考」, 吉野作造 編,『明治文化全集』12, 東京 : 日本評論社, 1928.
柳父章,『飜譯語成立事情』, 東京 : 岩波文庫, 1982.
柳村,「美術の翫賞」, 稻垣達郞・佐藤勝 編,『近代文學評論大系』2, 東京 : 角川書店, 1972.
有賀長雄,『滿洲委任統治論』, 東京 : 早稻田大學出版部, 1905.
伊藤整 外, 유은경 옮김,『일본 사소설의 이해』, 소화, 1997.
李妍淑,『'國語'という思想 : 近代日本の言語認識』, 東京 : 岩波書店, 1996.
日本現代文學館 編,『日本現代文學大辭典』3, 東京 : 講談社, 1977.
張法, 유중하 외 옮김,『동양과 서양, 그리고 미학』, 푸른숲, 1999.
章炳麟,「國故論衡・文學總略」,『中國歷代文論選』下, 台北 : 木鐸出版社, 1981.
樗牛生,「美的生活を論ず」, 稻垣達郞・佐藤勝 編,『近代文學評論大系』2, 東京 : 角川書店, 1972.
佐藤道信,『'日本美術' 誕生 : 近代日本のことばと戰略』, 東京 : 講談社, 1996.
中村光夫,『明治文學史』, 東京 : 筑摩書房, 1963.
中村完・梅澤宣夫 註釋,『坪內逍遙集』, 東京 : 角川書店, 1974.
陳獨秀,「警告青年」,『獨秀文存』卷一, 上海 : 亞東圖書館, 1939.
村田雄二郞,「'文白'の彼方に : 近代中國における國語問題」,『思想』853號, 東京 : 岩波書店, 1995.7.
坪內逍遙,「小說神髓」,『坪內逍遙集』, 東京 : 角川書店, 1974.
許壽裳,『亡友魯迅印象記』, 北京 : 人民大學出版部, 1955.
胡適,「新文學大系導言」,『中國新文學大系』1, 上海 : 良友復興圖書印刷公社, 1940.
丸山眞男, 김석근 옮김,『일본정치사상사연구』, 통나무, 1995.
丸山眞男・加藤周一,『飜譯と日本の近代』, 東京 : 岩波書店, 1998.
Fenolosa, E. F,「美術眞說」,『明治文化大系』12, 東京 : 日本評論社, 1928.

4. 서양논저

Anderson, B, *Imagined Communities : Reflections on the Origin and Spread of Nationalism*, London & New York : Verso, 1983.
Ayres, P. ed, *Shaftesbury : Characteristicks of Men, Manners, Opinions, Times* Ⅰ, New York :

Oxford Univ. Press, 1999.
Bakhtin, M, 전승희 외 옮김, 『장편소설과 민중언어』, 창작과비평사, 1988.
Barthes, R, A. Lavers & C. Smith trs, *Writing Degree Zero*, New York : Hill & Wang, 1967.
______, 유기환 옮김, 『문학은 어디로 가고 있는가』, 강, 1998.
Benjamin, W, 반성완 옮김, 「얘기꾼과 소설가」, 『발터 벤야민의 문예이론』, 민음사, 1983.
Berman, M, *All that is Solid Melts into Air : The Experience of Modernity*, New York : Penguin Books, 1982.
Brennan, T, "The National Longing for Form", H.K.Bhaba ed, *Nation and Narration*, London : Routeledge, 1990.
Clark, K.& Holquist, M., *Mikharl Bakhtin*, Cambridge : Harvard Univ.Press, 1984.
Davis, L. J, *Factual Fictions : The Origins of the English Novel*, Philadelphia : Columbia Univ. Press, 1983.
Derrida, J, 김성도 옮김, 『그라마톨로지』, 민음사, 1996.
Duddy, T, *Mind, Self, and Interiority*, Avebury : Ashgate Publishing Conpany, 1995.
Emerson, R. W, 신문수 옮김, 『자연』, 문학과지성사, 1998.
Ermarth, E. D, *Realism and Consensus in the English Novel*, Princeton : Princeton Univ. Press, 1983.
Ernst, M. L. & Schwartz, A. U, *Privacy : The Right to be Let Alone*, New York : Macmillan Company, 1962.
Ferry, L, 방미경 옮김, 『미학적 인간』, 고려원, 1994.
Forster, E. M, *Aspects of the Novel*, Middlesex : Penguin Books, 1929.
Foucault, M, 이광래 옮김, 『말과 사물』, 민음사, 1986.
______, 이정우 옮김, 『지식의 고고학』, 민음사, 1992.
Frye, N, 임철규 옮김, 『비평의 해부』, 한길사, 1982.
Genette, G, J. E. Lewin trs, *Narrative Discourse*, Ithaca : Cornell Univ. Press.
Guillén, C, C. Franzen trs, *The Challenge of Comparative Literature*, Cambridge : Harvard Univ. Press, 1993.
Heidegger, M, 이기상 옮김, 『세계상의 시대』, 서광사, 1994.
Hobsbawm, E, 강명세 옮김, 『1780년 이후의 민족과 민족주의』, 창작과비평사, 1994.

Kay, D, *Short Fictions in the Spectator*, Alabama : Univ. of Alabama Press, 1975.
Kosellek, R, 한철 옮김, 『지나간 미래』, 문학동네, 1998.
Liu, Lydia H, *Translingual Practice : Literature, National Culture, and Translated Modernity — China*, 1900~1937, Stanford : Stanford Univ. Press, 1995.
Locke, J, 大日本教育會 譯, 『洛克氏教育思想』, 東京 : 大日本教育會事務所, 1895.
Moretti, F, *The Way of the World : The Bildungsroman in European Culture*, London : Verso, 1987.
Prince, G, 최상규 옮김, 『서사학』, 문학과지성사, 1988.
Ross, J, *Corean Primer*, Shanghai : American Presbyterian Mission Press, 1877.
Saussure, F. de, 최승언 옮김, 『일반언어학 강의』, 민음사, 1990.
Scholes, R. & Kellog, R, *The Nature of Narrative*, New York : Oxford Univ. Press, 1966.
Spence, J. D, 정영무 옮김, 『천안문 : 근대 중국을 만든 사람들』, 이산, 1999.
Spencer, H, 三笠乙彦 譯, 『智育・德育・體育論』, 東京 : 明治圖書出版株式會社, 1972.
Tatarkiewicz, W, 이용대 옮김, 『여섯 가지 개념의 역사』, 이론과실천, 1990.
Watt, I, 전철민 옮김, 『소설의 발생』, 열린책들, 1988.
Wellek, R, *Discriminations : Further Concepts of Criticism*, London : Yale Univ. Press, 1970.
Wittgenstein, L, 이영철 옮김, 『철학적 탐구』, 서광사, 1994.

부록 참고문헌

김영민, 「이광수의 새 자료 「크리스마슷밤」 연구」, 『현대소설연구』 36호, 2007.
박성래, 「한국 전근대 역사와 시간」, 『역사비평』 50호, 역사비평사, 2000 봄.
송연옥, 「일제 식민지화와 공창제 도입」, 서울대 석사논문, 1998.
이능화, 『朝鮮解語花史』, 동양서원, 1927.
정상우, 「개항 이후 시간 관념의 변화」, 『역사비평』 50호, 역사비평사, 2000 봄.
정재정, 『일제 침략과 한국 철도』, 서울대 출판부, 1999.
한국역사연구회, 『우리는 지난 100년 동안 어떻게 살았을까』 1・2, 역사비평사, 1998.
______, 『조선시대 사람들은 어떻게 살았을까』 1・2, 역사비평사, 1996.
『한국 철도 100년사』, 철도청, 1999.
한영우, 『정조의 화성 행차 그 8일』, 효형출판, 1998.
李澤厚, 『中國近代文學史論』, 北京 : 人民出版社, 1979.
李孝德, 『表象空間の近代 : 明治'日本'のメディア編制』, 東京 : 新曜社, 1996.
朝鮮總督府鐵道國, 『朝鮮鐵道史』 卷1, 1929.
鍾賢培 主編, 『康有爲思想硏究』, 廣東 : 廣東高等教育出版社, 1988.
秋山憲兄, 『本のはなし : 明治期のキリスト教書』, 新教出版社, 2006
布袋敏博, 「『學之光』 小考 : 新發見の第八號と、第十一號を中心して」, 『朝鮮文學論叢 : 大谷森繁博士古教記念』, 東京 : 白帝社, 2002.
Withrow, G.T., *Time in History : Views of Time from Prehistory to the Present Day*, Oxford : Oxford Univ. Press, 1988.

찾아보기

1. 인명

2. 책명 및 기사명

ㄱ

ㄴ

ㄷ